高等政法院校法治学系列教材

BLCOKCHAIN JURISPRUDENCE

区块链法学

顾　问 | 林　熹　杨　志
杨建军　陈　玺

主　编 | 李　想　杨锦帆

副主编 | 吴俊杰　国瀚文

编　委 | 郭　研　张夏恒
李佳飞　张永林
许程淮

法律出版社
LAW PRESS · CHINA
北京

图书在版编目(CIP)数据

区块链法学 / 李想，杨锦帆主编. -- 北京 : 法律出版社，2023

ISBN 978 -7 -5197 -8300 -6

Ⅰ. ①区… Ⅱ. ①李… ②杨… Ⅲ. ①区块链技术－科学技术管理法规－研究－中国 Ⅳ. ①D922.174

中国国家版本馆 CIP 数据核字(2023)第 172682 号

区块链法学
QUKUAILIAN FAXUE

李 想 杨锦帆 主编

责任编辑 李 群 赵雪慧
装帧设计 鲍龙卉

出版发行 法律出版社
编辑统筹 法规出版分社
责任校对 张红蕊
责任印制 耿润瑜
经　　销 新华书店

开本 710 毫米×1000 毫米 1/16
印张 24.25 **字数** 367 千
版本 2023 年 12 月第 1 版
印次 2023 年 12 月第 1 次印刷
印刷 固安华明印业有限公司

地址:北京市丰台区莲花池西里 7 号(100073)
网址:www.lawpress.com.cn
投稿邮箱:info@lawpress.com.cn
举报盗版邮箱:jbwq@lawpress.com.cn

销售电话:010－83938349
客服电话:010－83938350
咨询电话:010－63939796

书号:ISBN 978－7－5197－8300－6
定价:76.00 元

凡购买本社图书,如有印装错误,我社负责退换。电话:010－83938349

名称释义表

缩写	中英文全称
ABI	英国保险公司协会(The Association of British Insurers)
AI	人工智能(Artificial Intelligence)
AML	反洗钱(Anti - Money Laundering)
AMF	法国金融管理局(Autorité des Marchés Financiers)
ASIC	专用集成电路(Application Specific Integrated Circuit)
App	应用 Application
ATM	自助取款机(Asynchronous Transfer Mode)
ATS	替代交易系统(Alternative Trading System)
BaaS	区块链即服务(Blockchain as a Service)
BBA	英国银行家协会(British Bankers' Association)
BCSEC	白帽汇安全研究院旗下聚焦区块链安全生态,提供区块链行业领先安全解决方案的安全团队
Blockchain4EU	欧盟区块链:区块链促进产业转型
BSA	建筑协会(The Building Societies Association)
BSN	区块链服务网络(Blockchain - based Service Network)
BTC	比特币(Bitcoin)
BTG	比特币黄金(Bitcoin Gold)
BoE	英格兰银行(Bank of England)
B2C	"商对客"的电子商务模式(Business to Customer)
B2B	企业与企业之间通过专用网络或 Internet,进行数据信息的交换、传递,开展交易活动的商业模式(Business - to - Business)

续表

缩写	中英文全称
CASP	加密资产服务提供商(Crypto – Asset Services Providers)
CBDC	央行数字货币(Central Bank Digital Currency)
CCAF	剑桥大学商学院下的金融研究机构(Cambridge Centre for Alternative Finance)
CEF	连接欧洲基金(Connecting Europe Facility)
CFTC	美国商品期货交易委员会(Commodity Futures Trading Commission)
CFPB	消费者金融保护局(Consumer Financial Protection Bureau)
CFT	打击资助恐怖主义(Combating the Financing of Terrorism)
CHIPS	纽约清算所银行同业支付系统(Clearing House Interbank Payment System)
CME	芝加哥商品交易所(Chicago Mercantile Exchange)
CoBM	商业银行数字货币(Commercial Bank Digital Money)
CoT	Chain of Things 联盟,旨在探索区块链是否能够解决 IoT 所面临的安全威胁。
CSSF	卢森堡金融监管委员会(Commission de Surveillance du Secteur Financier)
C2C	消费者个人间的电子商务模式(Consumer to Consumer)
DAO	去中心化的自治型组织(Decentralized Autonomous Organization)
DAPP	去中心化应用(Decentralized Application)
DARPA	国防高级研究计划局(Defense Advanced Research Projects Agency)
DC/EP	数字货币与电子支付(Digital Currency/Electronic Payment)
DeFi	去中心化金融(Decentralized Finance)
DHS	美国国土安全部(United States Department of Homeland Security)
DLT	分布式账本技术(Distributed Ledger Technology)
DLT4Good	向善的 DLT:共同创建欧洲 DLT 促进社会公益的生态系统
DOD	美国国防部(United States Department of Defense)
DocuSign	海外业务电子签
DOE	美国能源部(Department of Energy)
DORA	数字化运营复原力法案(Digital Operational Resilience Act)

续表

缩写	中英文全称
DvP	券款对付(Delivery versus Payment)
EAST	银监会在 2008 年开发的具有自主知识产权的检查分析系统(Examination and Analysis System Technology)
EBA	欧洲银行管理局(European Banking Authority)
EBP	欧洲区块链伙伴关系(European Blockchain Partnership)
EBSI	欧洲范围内的区块链服务基础设施(European Blockchain Services Infrastructure)
EC	欧盟委员会(European Commission)
ECDSA	椭圆曲线数字签名算法(Elliptic Curve Digital Signature Algorithm)
EDPS	欧洲数据保护监督员(European Data Protection Supervisor)
eID	公民网络电子身份标识(electronic IDentity)
EIF	欧洲投资基金(European Investment Fund)
ESMA	欧洲证券与市场管理局(The European Securities and Markets Authority)
EP	欧洲议会(European Parliament)
EOS	一个开源区块链平台(Enterprise Operation System)
ETC	以太坊经典(Ethereum Classic)
ETH	一个开源的有智能合约功能的公共区块链平台(Ethereum)
FATF	金融行动特别工作组(Financial Action Task Force on Money Laundering)
FI	金融机构(Financial Institution)
FCA	英国金融行为监管局(Financial Conduct Authority)
FinCEN	美国财政部金融犯罪执法网络部门(Financial Crimes Enforcement Agency)
Fintech	突破传统金融服务方式的高新技术(Financial Technology)
FINMA	瑞士金融市场监督管理局(Swiss Financial Market Supervisory Authority FINMA)
FPC	英国央行金融政策委员会(Financial Policy Committee)
FTX	一家数字资产衍生品交易所
GDPR	《通用数据保护条例》(The General Data Protection Regulation)
GPS	全球定位系统(Geometrical Product Specifications)

续表

缩写	中英文全称
GPU	图形处理器(Graphics Processing Unit)
G7	七国集团(Group of Seven)
HMRC	英国税务海关总署(Her Majesty's Revenue and Customs)
HMT	英国财政部(Her Majesty's Treasury)
HR 5777	《加密货币协议保护和暂停法案》
HTTP	超文本传输协议(Hyper Text Transfer Protocol)
IBM	国际商业机器公司或万国商业机器公司(International Business Machines Corporation)
JMLSG	联合洗钱指导小组(Joint Money Laundering Steering Group)
LCC	生命周期成本(Life Cycle Cost)
Libra	Facebook 新推出的虚拟加密货币
ICO	首次代币发行(Initial Coin Offering)
ICT	信息和通信技术(Information and Communications Technology)
IETF	国际互联网工程任务组(The Internet Engineering Task Force)
IFO	首次分叉发行(Initial Fork Offerings)
IEO	首次交易发行(Initial Exchange Offerings)
IMO	以矿机为核心发行虚拟数字资产(Initial Miner Offerings)
IRS	美国国税局(Internal Revenue Service)
IoT	物联网(Internet of Things)
IPO	首次公开募股(Initial Public Offering)
ITU	国际电信联盟(International Telecommunication Union)
ISIS	“伊斯兰国”(Islamic State)
ISO	国际标准化组织(International Organization for Standardization)
KYC	了解客户规则(Know Your Customer)
MAS	新加坡金融监管局(Monetary Authority of Singapore)
MB	兆（Mbyte)
MFSA	马耳他金融服务管理局(The Malta Financial Services Authority)

续表

缩写	中英文全称
MiCA	加密资产市场监管提案(Markets in Crypto Assets)
MiFID Ⅱ	《欧盟金融工具市场指令》(Markets in Financial Instruments Directive)
MIT	麻省理工学院(Massachusetts Institute of Technology)
MMM	市场组合模型(Marketing Mix Model)
M0	流通中的现金
NFT	非同质化通证(Non – Fungible Token)
NIST	美国标准技术研究所(National Institute of Standards and Technology)
PIN	个人识别码(Personal Identification Number)
PoW	工作量证明机制(Proof of Work)
PoS	权益证明机制(Proof of Stake)
P2P	个人对个人(Peer to Peer Lending)
RegTech	监管技术(Regulation Technology)
RegChain	区块链 + 监管 = 法链(Regulation Blockchain)
RSA	一种公钥密码算法,它的名字由三位开发者姓氏的首字母组成
SaaS	软件即服务(Software as a Service)
SCF	供应链金融(Supply Chain Finance)
SDG	可持续发展(Sustainable Development Goals)
SEC	美国证券交易委员会(United States Securities and Exchange Commission)
SFA	销售能力自动化(Sales Force Automation)
SGD	随机梯度下降(Stochastic Gradient Descent)
SHA	安全散列算法(Secure Hash Algorithm)
SMTP	简单邮件传输协议(Simple Mail Transfer Protocol)
SHAl	安全哈希算法(Secure Hash Algorithm)
SWIFT	环球银行金融电信协会管理的国际资金清算系统(Society for Worldwide Interbank Financial Telecommunications)
TC260	全国信息安全标准化技术委员会(National Information Security Standardization Technical Committee)

续表

缩写	中英文全称
TCP/IP 协议	传输控制协议/网络通讯协议(Transmission Control Protocol/Internet Protocol)
TTP	可信第三方(A Trusted Third Party)
Twh	亿千瓦时
TSC	超级账本联盟链技术指导委员会(Technical Steering Committee)
VA	虚拟资产（Virtual Asset)
WG5	信息安全评估工作组
WG7	信息安全工作组
WWW	万维网(World Wide Web)
W3C	万维网联盟(World Wide Web Consortium)
ULC	美国统一州法全国委员会(Uniform Law Commission)
USDT	泰达币(一种将加密货币与法定货币美元挂钩的虚拟货币)
UTXO	未使用交易输出(Unspent Transaction Output)
VASP	虚拟资产服务提供商(Virtual Asset Service Provider)

目　　录

第一编 区块链法基础

第二编 区块链本体法律概览

第三编 区块链应用的法律风险及应对

第四编 区块链法治

导　言

一、何为区块链

党的二十大报告指出，坚持面向世界科技前沿，加快实现高水平科技自立自强。近年来，区块链技术已经以前所未有的态势涌入了国计民生的各行各业当中，成为具有国家战略意义、应进行原创性引领性科技攻关的关键核心技术。2019 年 10 月 24 日，习近平总书记在主持以区块链技术发展现状和趋势为主题的中央政治局第十八次集体学习时曾强调，区块链技术的集成应用在新的技术革新和产业变革中起着重要作用。我们要把区块链作为核心技术自主创新的重要突破口，明确主攻方向，加大投入力度，着力攻克一批关键核心技术，加快推动区块链技术和产业创新发展。2021 年 3 月 11 日，十三届全国人大四次会议批准通过《中华人民共和国国民经济和社会发展第十四个五年规划和 2035 年远景目标纲要》，该纲要将发展区块链技术作为这一阶段重要的发展方向，同时指出要推动智能合约、共识算法、加密算法、分布式系统等区块链技术创新，以联盟链为重点，发展区块链服务平台和金融科技、供应链管理、政务服务等领域应用方案，完善监管机制。此外，该纲要还点明了区块链服务平台以联盟链为技术支撑点，结合各行业领域的业务是未来区块链技术发展服务的主要形态。

（一）区块链的定义

区块链起源于 2008 年，化名为“中本聪”[①]的神秘学者发表了一篇名为“Bitcoin：A Peer – to – Peer Electronic Cash System”的论文，该文指出区块链技

---

① Satoshi Nakamoto，*Bitcoin：A Peer – to – Peer Electronic Cash System*，https：//bitcoin. org/en/bitcoin – paper.

术是构建比特币系统的基础技术，区块链记录着所有元数据和加密交易信息，从而建立了一个完全通过点对点技术实现的电子现金系统，一个纯粹的点对点版本的电子现金系统将允许在线支付直接从一方发送到另一方，而不需要通过金融机构。随后，比特币作为基于区块链技术诞生的新事物受到了前所未有的关注，甚至被称为自记账技术诞生起500年来的最重要技术突破，得到了越来越多人的关注和研究，区块链技术作为比特币系统的底层技术也得以被重视，由此拉开了研究区块链技术的序幕。

基于中本聪最初在论文中对区块链概念的描述，政府或者学术界都开始尝试为区块链技术下定义。

《区块链蓝皮书：中国区块链发展报告（2017）》对区块链的定义作了狭义和广义之分。从狭义来讲，区块链是一种按照时间顺序将数据区块以链条的方式组合成特定数据结构，并以密码学方式保证的不可篡改和不可伪造的去中心化共享总账，能够安全存储简单的、有先后关系的、能在系统内验证的数据。① 广义的区块链技术则是利用加密链式区块结构来验证与存储数据，利用分布式节点共识算法来生成和更新数据，利用自动化脚本代码（智能合约）来编程和操作数据的一种全新的去中心化基础架构与分布式计算范式。②

也有学者认为，区块链是一种将数据区块有序连接，并以密码学方式保证其不可篡改、不可伪造的分布式数据库技术，集合了分布式记账、点对点组网、非对称加解密、数字签名、智能合约等技术，可以在无须第三方背书的情况下实现系统中所有数据信息的公开透明、不可篡改、不可伪造、可追溯，其作为一种底层协议或技术方案，可以有效地解决信任问题，实现价值的自由传递，在诸多领域有广阔应用场景。区块链是一种特殊的分布式账本技术，是一种跨多个数据存储记录和共享数据的方法，其中每个数据存储区都有完全相同的数据记录，并由一个称为节点的分布式计算机服务器网络共同维护和控制。③

---

① 参见李伟主编：《区块链蓝皮书：中国区块链发展报告（2017）》，社会科学文献出版社2017年版，第2页。

② 参见李伟主编：《区块链蓝皮书：中国区块链发展报告（2017）》，社会科学文献出版社2017年版，第2页。

③ 参见尼基·威尔斯：《区块链技术的根本潜力》，载油管网，https://www.youtube.com/watch?v=JMT0xwmFKIY。

我国工业和信息化部、中央网信办于2021年5月联合印发的《关于加快推动区块链技术应用和产业发展的指导意见》指出:“区块链是新一代信息技术的重要组成部分,是分布式网络、加密技术、智能合约等多种技术集成的新型数据库软件……”[①]这一定义充分体现了区块链作为一项新技术所包含的密码学、基础数学、信息计算、互联网数据等诸多学科的交融共同催生了这一综合性技术的出现。究其本质,是一种典型的去中心化的、由多个独立节点共同参与的分布式网络数据系统,也可以理解为分布式账簿。[②] 此外,这一定义也表明国家相关机构已经及时意识到区块链技术在未来社会的重要意义。

(二)区块链的发展现状

目前,在世界范围内,区块链的技术已经迅速实现了迭代式、跨越式发展,其在与金融资本紧密结合后,更是得到了前所未有的技术助力和投资支持,[③]在世界范围内的发展呈现出以主要高科技持有国为发展突破口,其他国家紧随其后的主要特征。下文以区块链技术发展的先发国家为例,阐明该技术在世界范围内的发展概况。

1. 国内现状

目前我国在区块链领域的投入很大,已经从宏观政策和微观落实两大层面开始了对其的研究及应用。我国在区块链领域的发展现状主要呈现以下几个特点:

首先,中国目前的区块链基础设施建设全球领先。随着以太坊硬分叉、区块拥堵、权益机制的推出,区块链行业逐渐意识到空谈区块链改革而不注重基础设施建设无异于纸上谈兵。我国在这方面突飞猛进,从基础链来看,星火链网、长安链、BSN等国家级别的基础链设施飞速发展,在基础层面为设施助力;从行业分支层面来看,如华为云、蚂蚁链、京东至臻链、百度超级链等分别从零

---

① 工业和信息化部政务服务平台:《两部门关于加快推动区块链技术应用和产业发展的指导意见》,载工业和信息化部网2021年6月7日,https://ythxxfb.miit.gov.cn/ythzxfwpt/hlwmh/tzgg/xzxk/dxhhlwyw/art/2021/art_240850bc97bc44cd81fad5e52d2cad55.html。

② 参见蔡维德、郁莲等:《基于区块链的应用系统开发方法研究》,载《软件学报》2017年第6期。

③ 具体可参见本书第一章第一节第三部分和第一章第三节第三部分。

售、电商、物流等多角度在各行业基础链中开展升级。总的来说,中国的区块链基础设施已经初步具备全国性,并将向高端区块链竞争发力。

其次,中国的区块链应用成果丰硕。从国家所占份额来看,中国的应用实践高达47%,居全球第一位,遥遥领先。此外,中国的应用数量全球第一也意味着中国已经构建起全球最系统、最完善的区块链应用生态。① 目前,中国的政务区块链应用已经形成了从中央到地方、下沉到乡村的大链条,形成了难以被模仿、复制的独创性成果。

再次,中国的区块链应用热点与产业政策联动紧密。目前,全球的区块链应用变化较为迅速,从原来的数字货币扩展到诸多领域。应用热点的积极变化实则是对各国区块链政策的一种回应,从这几年的应用热点变化来看,区块链的应用场景已经大幅度提升。在中国,主要包括司法链上存证/链上验证、非同质化通证(NFT)数字藏品、双碳管理、能源转型、"互联网+"、文化新媒体、知识产权创新等。不可否认的是,区块链政策的实施效果与当地经济发展水平、产业配套情况、整体创业环境等因素紧密关联。但这种应用与政策之间的协同互动也体现出产业政策的巨大促进性,这为中国的省市一级的区块链备案、开发、发展带来了机会。②

最后,中国的区块链专利及应用落地全球领先。在2020—2021年区块链应用活跃程度排名中位居前五的国家,其累计的涉区块链相关的专利申请数量同样排名全球前五位,对于区块链应用的渴望催生了区块链专利技术的蓬勃发展,而专利技术的发展又加速了区块链应用的落地与实施。中国在专利数量和应用落地的数量上排名第一位,远超其他国家。③

2. 国外现状

(1)美国。

美国是区块链技术的重要参与国,其区块链的发展主要分为技术落地和法

---

① 参见姚前主编:《区块链蓝皮书:中国区块链发展报告(2022)》,社会科学文献出版社2022年版,第35页。

② 参见姚前主编:《区块链蓝皮书:中国区块链发展报告(2022)》,社会科学文献出版社2022年版,第35页。

③ 参见姚前主编:《区块链蓝皮书:中国区块链发展报告(2022)》,社会科学文献出版社2022年版,第28-29页。

规同步两大部分。

从技术落地的部分来看，目前美国已经开始积极将区块链技术下沉到各机构的日常运用中。例如，美国国土安全部（DHS）一直在探索区块链和分布式账本技术的应用，认为区块链可以为数字交易系统带来弹性。2019 年 11 月，DHS 科学技术局资助 Mavennet 公司 182700 美元，用于在海关边境保护局中使用区块链进行跨境石油进口跟踪。美国国防部（DOD）也在 2019 年 7 月发布了《国防部数字现代化战略》，DOD 对区块链的使用可包括确保野外军事单位与其总部之间的通信安全，并允许情报人员安全地将敏感信息传递给五角大楼。作为 DOD 的关键研发部门，国防高级研究计划局（DARPA）将区块链看作一种颠覆性技术。此外，美国能源部（DOE）支持的区块链研发项目非常多，仅在 2019 年一年内，DOE 就支持了多达四个高额技术项目。①

从法规同步的部分来看。2021 年，美国国会共提出 35 项涉区块链的法案，内容大体覆盖了数字加密货币的管理机制、区块链的应用开发技术规制以及央行数字货币（CBDC）这三大领域。② 首先，这 35 项法案中的绝大多数法案涉及数字加密货币的监管，鉴于 2016 年爆发的 The DAO 中的比特币被窃的黑客事件，美国已经日益注重如何通过监管的手段来调控数字货币的发展走向，以及如何在维持去中心化的基础上更好地保护区块链当中的分散节点用户的"投资"。③ 其次，美国对分布式账本等区块链的中心技术予以了规定和研究，这旨在推广该技术并最终为美国政府所用。最后，加大对央行数字货币的探索，具有浓厚去中心化意味的比特币的横空出世是对既有金融体系的一大冲击，央行采取相关措施想要维护并融合既有货币体系与数字货币，以应对加密货币对美

① 主要支持的项目有：（1）资助佛罗里达国际大学集成区块链和机器学习技术研发新型平台，用于化石燃料发电网络中的安全数据记录和处理（40 万美元）；（2）资助欧道明大学开发基于区块链的平台，用于保护化石燃料发电网络传感器身份管理和数据流安全（40 万美元）；（3）资助北达科他大学建立基于区块链的化石燃料发电网络安全保护系统（39.9778 万美元）；（4）资助小企业开展"用于基础设施保护的区块链安全结构"项目。DOE 的基础能源科学办公室、地热技术办公室、化石能源办公室和电力办公室均已经开展了区块链的研发部署，研发支持领域主要集中于利用区块链保护基础设施安全等。

② See Forbes, *In* 2021, *Congress Introduced* 35 *Bills Focused On US Crypto Policy*, https://www.forbes.com/sites/jasonbrett/2021/12/27/in-2021-congress-has-introduced-35-bills-focused-on-us-crypto-policy/.

③ 参见顾劼宁：《引法入链——由 The DAO 事件切入》，载《上海法学研究》2022 年第 11 卷。

元世界地位的威胁。从美国的各州立法来看,美国 17 个州在 2021 年出台了涉区块链相关的 34 项立法文件。这些文件的适用场域包括区块链虚拟场景下的身份状态验证、政务的处理记录、政府投票选举、物流供应链管理、资产数字化等。[①] 颇引人注意的是,在这些领域当中,美国的立法法案都不约而同地显露出视中国为对手,与中国保持竞争并保持其在该领域的全球领导力的态势。[②]

(2)欧盟。

欧盟作为一个特殊的区域化组织,其在区块链领域主要围绕欧洲内部的区块链建设开展战略布局,已出台一系列的政策,用以引导各国及其企业的发展,并为其提供了相关的资金支持。

在欧盟政策层面,主要重点最初放在加密资产和虚拟货币(如比特币)上。2016 年 11 月,欧盟与欧洲委员会合作,成立了一个金融科技横向工作组,专门设立了有关分布式账本技术的小组,随后于次年进行了公众咨询,并于 2018 年提出了金融科技行动规划。欧洲机构共同认为区块链对其他领域具有巨大潜在影响,开展了"欧盟区块链:区块链促进产业转型"(Blockchain4EU)研究项目。该项目是对基于区块链和其他分布式账本技术在各行业领域中现有、新兴和潜在应用的前瞻性社会技术探索。目前,欧洲委员会正在探索针对区块链的跨领域效应的战略,欧盟区块链观察站和论坛、欧洲央行和反假冒区块链论坛与行业、初创企业、政府、国际组织和民间社会的利益相关者也正在进行密切合作。许多使用区块链的探索性服务也正在开展,如可访问受监管信息、实时报告、身份管理、公证服务、监控物流等。欧盟支持实验和创新的核心包括一系列针对第三方的呼吁、研究计划和资金支持,例如,2018 年关于"中小企业区块链和分布式账本技术"的呼吁;欧洲创新委员会关于"区块链促进社会福利"地平线奖;试点项目"向善的 DLT:共同创建欧洲 DLT 促进社会公益的生态系统(DLT4Good)"等。此外,欧洲议会于 2018 年讨论并批准了两项决议——"分布式账本技术和区块链:通过非中介建立信任"和"区块链:前瞻性贸易政策"。

---

① National Conference of State Legislatures, *Cryptocurrency 2021 Legislation*, https://www.ncsl.org/research/financial-services-and-commerce/cryptocurrency-2021-legislation.aspx.

② 参见姚前主编:《区块链蓝皮书:中国区块链发展报告(2022)》,社会科学文献出版社 2022 年版,第 17 页。

此外，除了政策层面的全面推进外，欧盟的独特基因是组织化的行动，2018年，29个欧洲国家（所有的欧盟成员国+挪威+列支敦士登）联合组成了欧洲区块链伙伴关系（EBP），EBP意在打造欧洲范围内的区块链服务基础设施（EBSI），以EBP为契机，建构起一整套欧洲范围内的与公共服务相关的区块链网络，并为区块链的法律和监管、大规模的研究和创新提供资助。EBP的设想是最终建成有限的36个分布区块，主要由EBP的参与国的主管部门在国家一级进行经营和管理，截至2021年，已经上线运行25个区块。EBSI在前几年的发展核心在于“身份核验凭证”，包括欧盟公民的身份、学历互认、法人注册、税务查询等。[①] 从政策方面来看，欧洲委员会并不想区块链的链式多样化导致最终欧盟内部区块链的监管破碎化。[②]

二、作为新技术的区块链对伦理和法律的挑战与分析

作为一项新兴的技术，区块链的出现极大地改变了传统的互联网交互方式，也对道德伦理和法律产生了挑战。如何更好地规制这种新技术对传统的交易产生的冲击，如何在区块链时代催生新的信任机制并传承既有的道德伦理价值，显然成为社会科学的重要思考命题。

（一）对伦理的挑战与分析

1. 对伦理的挑战

安格尔（Angel）等人曾认为，比特币支付系统看似是一种道德和技术进步（因为它不存在付款人与收款人之间不对称的权力关系），但是它为不道德的使用方式提供了支持。[③] 这也从一个侧面反映出，区块链技术在带来巨大的技术

---

① 但是，截至2021年，欧盟委员会公布了一项通过欧洲数字身份钱包在欧洲创建统一数字身份识别系统的提案。2021年年底，EBSI发布了第一个生产就绪版本，并对入选的22个项目进行孵化，以帮助首批EBSI用户及其合作伙伴开发和启动试点应用。

② 2016—2019年，欧盟通过“地平线2020”计划为区块链研究和创新提供1.8亿欧元的支持。2020年10月，欧洲投资基金（EIF）宣布了一项7亿欧元的投资计划，将在2021年至2027年为欧盟国家在人工智能与区块链领域的创业活动提供风险资本支持。此外，连接欧洲基金（CEF）也为EBSI的部署提供了持续资助。

③ See J. Angel & D. Mccabe, *The Ethics of Payments: Paper*, Plastic, or Bitcoin?, 132 Journal of Business Ethics 603（2015）.

利好的同时,也会对既有的社会伦理带来不小的冲击。

第一,对安全伦理的冲击。区块链技术自落地以来就频繁地出现安全问题,这主要源于其独特的去中心化和共识机制的特征。去中心化意味着区块链所助力形成的去中心化自治组织注定没有一个共同的上级或具有强制力的上层机构来对区块进行统一管理,因此这种组织模式是极度民主化且松散的。此外,共识机制意味着全部区块都会参与到整链机制的表决中去。这种双重特点导致区块链在遭遇重大危机,需要作出判断的时候,效率会非常低下。① 2016年6月17日,著名区块链自治组织 The DAO 遭到黑客攻击,在几小时内,360万个以太坊货币被盗,当时价值7000万美元。截至2018年4月,区块链已发生超过200起重大安全事件,根据白帽汇安全研究院旗下的安全团队——BCSEC团队对区块链攻击事件的统计,2018年,区块链安全事件造成的经济损失约为21亿美元。除数字财产外,区块链技术对安全伦理的冲击也表现为智能合约的安全性和数据的真实安全性。区块链核心技术、机制和应用部署等方面均存在诸多安全隐患,其安全问题主要表现在区块链技术安全、区块链生态安全、区块链使用安全和区块链信息安全等方面。②

第二,对隐私伦理的冲击。鉴于每个独立区块均可以保存个人的所有信息,区块链技术曾一度被认为是维护隐私的杰作,隐私信息被掌握在自己手中。但是密码学专家逐步研究发现,通过匿名交易来保护隐私的方式实际上可能是伪匿名的,现有的技术仍然可以通过精细化操作使网络节点与实际的用户地址之间的连接成为可能。Steven Goldfeder 在2017年发表的文章"When the cookie meets the blockchain: Privacy risks of web payments via cryptocurrencies"中特别提到了区块链交易并非匿名的,第三方黑客可以通过现有技术对看似匿名的区块链进行反向解码,以此来识别用户的主体身份及交易信息。匿名性不断受到挑战已经成为区块链技术伦理的一大威胁。③

第三,对归责伦理的冲击。区块链为责任的归属问题带来了冲击。由于区

---

① See Iqbal M. & Matulevicius R. ,*Blockchain - based Application Security Risks: A Systematic Literature Review*,349 Lecture Notes in Business Information Processing (2019).

② 参见刘曦子:《2019年中国区块链发展形势展望》,载《网络空间安全》2019年第1期。

③ 参见曾诗钦等:《区块链技术研究综述:原理、进展与应用》,载《通信学报》2020年第1期。

块链去中心化的属性,当整链的功能对外产生破坏时,该如何追责?如果由不同的分布节点所组成的整条区块链因为技术性问题或基础设备的毁损而导致链外的其他主体因此遭受损失,则追责的主体到底是该链的设备维护者,还是所有的节点分布所有权人?此外,如果这条链上只存在少数区块用户,尚容易定责;但如果这条链上存在千万级的区块,应该如何追究?我国的执法机关能否精准定位并收集到这些小区块的拥有者的相关信息?如果所涉区块数量异常庞大,如何对全体人员追责?这都是区块链对归责伦理的冲击。[①]

第四,对分配伦理的冲击。区块链的一大技术特性就是通过矿工挖矿的模式来保证区块链中资源的产出,从这一特点来看是具有平等特征的。但是矿工的挖矿能力取决于该名矿工的线下物质基础,也就是挖矿机,从这一角度来讲,谁在进入挖矿市场前拥有更多的资源和实力,谁就能在较短时间内汇集大量的挖矿算力,这在纯粹的以市场为主导的自由主义经济体制下是无可厚非的。但是在中国特色社会主义市场经济的管理之下,这势必造成严重的两极分化,而这种基础设施的差异带来的两极分化,显然会严重地影响我国的分配伦理,甚至触及《反垄断法》或《反不正当竞争法》等法律,如果处理不当,很可能使我国失去区块链技术蓬勃发展的先机。

2. 对伦理挑战的应对分析

最直接的应对挑战的方法就是对这些直击伦理的挑战予以正面回应,但仅通过道德手段来对上述伦理范围进行维护是缺乏约束力和可操作性的,因为区块链技术是一个典型的需要获得节点共识的巨大系统,而任何一个整链都无法保证所有的节点用户是具有高尚道德情操的理性人。区块链这个系统极大程度地放大了人与人之间的不信任化,并通过技术手段,使这种不信任化得以被剪除,从而保证区块链的自主性。同时,区块链将另一种“潘多拉魔盒”带入了区块链的治理,即共识机制无法对人的道德水平给予保证,而现有的区块链技术显然还无法将非道德性的治理从技术中彻底切除。这就导致在对区块链的运行发表意见时,非道德性的区块用户的存在会破坏该系统的道德性,最终导

---

① See Mckinlay John et al., *Blockchain*: *Background*, *Challenges and Legal Issues*, https://www.dlapiper.com/en/uk/insights/publications/2017/06/blockchain-background-challenges-legal-issues/.

致对伦理的二次破坏。因此,用法律手段对伦理挑战予以规制就显得十分重要,法律手段的强制介入无须考虑共识机制的各个节点的道德性问题,而是通过从外而内的方法对区块链的可能弊端和挑战予以应对,最终实现区块链技术的合理化和合法化,对最低限度的科技伦理赋予强制性保障。

显然,区块链技术对伦理关系的挑战引发了引导科技向善、引导区块链技术向善的重大需求,这一需求说到底还是科技道德与法律规制之间的差异,以及科技诉求与伦理诉求之间的紧张关系。[①] 到底如何将这两大问题总结并融合,是目前区块链伦理问题领域亟待解决的问题。

首先,应该遵循以下基本原则:第一,具有底线思维,即维护人类社会最基本的生存需求和道德需求。如区块链技术不应当对个人信息、隐私进行滥用;不应当借科技实力侵犯或剥夺他人的财产;不应通过区块链技术损害他人的利益等。第二,引导区块链技术向善的基础务必是对个人权利的有效保护。这意味着通过法律对私人权利的维护能够形成一种威慑机制,促使区块链技术的发展在合理合法的范围内。第三,兼顾公共利益的保护。引导区块链向善并非一味地维护私主体的利益,作为一项公私领域均可借鉴的科学技术,区块链技术向善的外部性不仅局限在私主体领域,还会扩展到公共利益层面。

其次,区块链技术向善的实现路径应该围绕以下三点展开:第一,有效建立人本主义区块链技术,这主要是从伦理本身出发,维护人在科技生活中的中心地位,构建温暖的技术结构。第二,确立具有伦理性的区块链向善权力观,这个表述是针对现在的科技中如区块链杀熟、大数据引流、平台数据割据等问题所作出的回应。区块链技术也是一样,不应在获得前期头部发展后基于优势地位滥用科技权力,而应该构建起具有伦理观的区块链技术权力,形成完整健康的区块链权力行使流程。第三,将法律化的代码编入区块链技术的操作机制,即将具有法律意义的指令代码化,一旦出现触及法律底线的恶科技行为,就能够触发已经代码化的法律机制来维护权益。

总的来讲,目前科技向善已经成为高科技时代发展的突出需求,科技向善必须与法律规制相结合,只有"有牙齿的制度"才能最终引导科技向善的实现,

---

① 参见黎四奇:《数据科技伦理法律化问题探究》,载《中国法学》2022年第4期。

才能促进区块链技术的良性发展。

(二)对法律的挑战

区块链技术作为新兴的科学技术,与法律息息相关,其中的虚拟货币、智能合约、去中心化交易等诸多方面也给传统的法律规制带来了巨大的冲击。目前来看,最主要的冲击包含以下几个方面。

1. 区块链技术对传统民法的挑战

由于区块链技术的特殊性和前沿性,以智能合约为核心的区块链技术往往被认定为一套以数字化形式定义的承诺,大体包括合约参与方可以在上面执行这些承诺的协议,由此引申出对传统民法体系的几个挑战。

例如,合同的传统性与技术化之间的对立。链上交易的一大技术特征就是通过哈希运算来实现交易过程的不可逆和匿名性,这意味着一旦智能合约的技术链上所确认的节点达到要求,就会自动开启编码的运算和推衍,除非在智能合约的编码程序上提前预设好,否则合同的撤销、变更便失去了可能,传统的要约承诺体系将产生重大的变化。此外,智能合约也对传统的合同能力产生了冲击。按照现行《民法典》的规定,缔结合同的主体必须是具有行为能力的人,而不能是无民事行为能力的主体,一旦智能合约成为主流,鉴于合约的自动性,无民事行为能力的个人能否享受智能合约带来的便利,有待考究。更有甚者,因为智能合约交易的撤销或无效规则尚未明确,交易发生后,根据区块链技术难以撤销操作的特征,意思错误的合同将会陷入无法补救的窘境。

又如,区块链技术中数字产品的法律属性问题与传统的物权法的冲突。所谓虚拟商品财产,即使有区块链技术的携入,其实质也只是依托实体设备而存在的难以计数的数据及代码,在传统的交易手段中不属于商品的范畴,也无法归入民法领域的物权。我国《民法典》第 115 条规定:“物包括不动产和动产。法律规定权利作为物权客体的,依照其规定。”这一条文已经明确表示所有权针对的对象是不动产或动产,而一串代码数字到底能否被归入现有的民法财产权利体系?其实质是不是《民法典》第 127 条所承认的数据、网络虚拟财产所具有的法律属性?仍有待实践及理论的研判。

2. 区块链技术对传统刑法的挑战

区块链技术的最大特征是去中心化、共同治理和群体智慧，这种特征导致区块链的技术监管具有较大的困难，当针对网络漏洞开展攻击时，更是如此。The DAO 被攻击损失惨重，至今没有找出作案者，这足以证明在区块链技术还未至真至善的情况下，会被用于网络盗窃等行为，危害刑法所保护的法益，挑战传统刑法。这些挑战主要包括以下几个方面。

第一，非法集资/非法吸收公众存款的刑事风险。在区块链受到各国政府的大范围管制之前，曾有过一段监管宽松期。在这一时期，区块链技术和比特币的结合曾一度涌现出大量的通过在区块链上发行代币的模式用以集资并构建区块链产品的风潮。这场风潮将不少人推向创业的顶端，也导致大量的人倾家荡产。这种基于区块链和比特币而募集资金创业的模式引发了严重的法律监管漏洞问题，最终导致各国央行纷纷展开了对比特币和区块链技术的监管和研究。基于区块链这一技术模式和比特币特殊的“货币”属性，在区块链集资情形下，任何人都可以在以太坊上通过发布一份说明书的方式来向以太坊世界中的所有用户表明自己即将通过以太坊技术搭建起一个区块链应用，而开发应用的基础资金来源于以太坊世界中各位意向用户的注资，注资的货币单位就是比特币。由于以太坊是一个纯用户自治的体系，所以对于说明书的真假、项目的可靠性、项目的完成度等均没有相应的评估，用户完全是凭感觉投币。这就导致大量的投机取巧者看中了这一商机，他们发布一份看似美好的说明书，捞到大笔的比特币后随即消失，然后通过洗钱等手段将比特币在可兑换国家兑换成现实世界中可以使用的法定货币，之后逃之夭夭。

第二，诈骗的刑事风险。例如，在比特币的交易和流转过程中，如果比特币的交易机构或者类似货币的发行机构在这一过程中虚构事实、且该虚构以非法占有为目的，则该发行机构就可能构成诈骗罪、集资诈骗罪等。此外，如果比特币被认定为一种纯粹的数字商品，那么在商品的交易过程中，如果存在以非法占有为目的的虚构事实等诈骗罪的构成要件，其当然也会落入刑法的考量范围内。

第三，擅自发行股票、公司企业债券，擅自设立金融机构，非法经营等的刑事风险。目前在《刑法》的具体条文当中并未明确规定包含区块链、比特币或者以太坊等词的相关犯罪条文，但在中国人民银行等部委发布的《关于防范代币发行融资风险的公告》中已经明确提及了防止代币引发的刑事违法犯罪活动和刑事风险。此外，中国人民银行已经对何为金融机构给出了认定，[①]一旦比特币或者其他类型的货币集资触角深入这些领域，就可能会触犯与该领域相关的刑法条文，在具体的金融市场当中，可能被认定为扰乱市场或者非法经营等刑事罪行。

总之，区块链技术所包含的特征会使犯罪分子更轻松地逃脱现有运行机制的监管，甚至使该技术沦为犯罪分子的工具，用来洗钱、[②]避税、诈骗等。这就导致本意是设计为去中心化和共识机制的区块链反而为犯罪行为敞开了大门，无法实现技术目的与实践结果之间的完美闭环。

3. 区块链技术对传统经济法的挑战

区块链技术带来的最大特征就是数字货币的泛化，包括比特币、狗狗币等在内的一系列货币都出现在了区块链的世界里。但是数字货币是不是货币、该如何流通等问题也给监管带来了巨大的困难，传统的经济法规制的领域不再明确。

第一，数字货币的非中心性导致传统经济监管手段失灵。区块链世界中的数字货币天然地具有去中心化和分布式记账的特点，这就使监管的介入比较困难，因为任何一个节点都有整个区块链上的所有数据，这为区块链上不同节点之间的交流提供了便利，但对全节点之间的交易进行监管缺乏可操作性，而每一次的交易都会存在虚拟货币的流动，这在无形之中扩大了数字货币的监管困难，导致监管事后化。

第二，新兴技术的天然缺陷会导致风险的再调配。数字货币在经济法中的定性尚不明确，在融资领域往往被认为是证券，这种集资或募资等手段的衍生会导致新兴技术介入金融货币领域所带来的风险被转嫁到投资者身上，技术红利所带来的利润则会被平台和投机者吃掉，这无形中增大了社会风险的分配，

---

① 所谓金融机构，是指经中国人民银行批准设立的从事或主要从事吸收存款，发放贷款、办理结算、票据贴现、资金拆借、信托投资、金融租赁、融资担保、外汇买卖等金融业务活动的中介机构。

② 参见巫文勇：《货币数字化场景下洗钱犯罪形态和刑法重构》，载《中国刑事法杂志》2020 年第 3 期。

甚至导致风险的异化。

三、区块链法学

党的二十大报告指出，深化科技体制改革，形成支持全面创新的基础制度。因此，从法学角度去探讨区块链技术和法律之间的关系就显得尤为必要。区块链与法学之间存在主动联系与被动联系两种情况。主动联系意味着区块链与法学之间可以主动互相配合，如法学积极纳入区块链技术，在证据追查、法律信息上链等领域可以借助区块链的力量实现跨越式发展；被动联系意味着当区块链的发展随着技术进化而进化时，挑战现有法律规定和法学理论，产生相当数量的既有法学难以解决并未覆盖或未全面覆盖的新问题，倒逼法学理论研究进步。据此，区块链与法学的结合将具有两大非常明显的意义：第一，促进区块链3.0技术时代的迭代升级。目前区块链技术已经逐渐从最初的1.0数字货币时代逐步推向各行各业，而新技术的落地往往与科技信息等领域结合较快，与人文社科的关系却往往疏远，法学视角的引入将极大地丰富区块链与司法、执法等诸多领域的结合，倒逼技术的全面化和丰富化。第二，促进法学领域的研究发展。随着新技术、新形态的不断涌现，法律的规制往往具有滞后性，适时展开关于区块链这一跨时代技术的法学研究将极大地丰富法学的研究对象，同时将审视现有法律中存在的问题，更好发挥区块链技术在行政执法中的作用，推进区块链与司法改革的深度融合，推进法治中国的建设。

（一）何为区块链法学

本书已经在前文对何为区块链展开了较为详尽的讨论，但是如果我们把区块链与法学相结合，就会生出这样一个疑问：何为区块链法学？作为一项非常时新的技术，放眼整个学界，对于何为区块链法学尚无统一的看法。

本书结合区块链技术的新特征[①]，以及科技法学和网络法学等新型法律部门的定义，[②]对区块链法学作如下定义：

---

① 参见本书第一章第三节第二部分。

② 参见刘品新：《网络法学》（第2版），中国人民大学出版社2015年版，第15页；孙玉荣主编：《科技法学》，北京工业大学出版社2013年版，第12页。

区块链法学是以国家调整区块链技术应用及其社会关系的法律规范为研究对象的交叉法学学科，是法学研究的前沿领域和重要领域，属于法学与信息科学相融合的新文科。这里的社会关系大致可总结为在宪法引领下的交易关系、权利义务关系、行政关系、服务关系等。

（二）区块链法学是否能够成为独立分支学科

本书认为，区块链法学成为单独法学分支的条件尚不成熟，原因有以下几点：

第一，区块链仅仅是一种技术。当我们放眼法学的各大部门体系时会发现，无论是民法、刑法、行政法，还是其他法律，从立法名称上来看，均没有将某一时兴起的科学技术作为法学部门体系命名的先例。无论是第一次工业革命还是第二次工业革命，均未出现如“蒸汽机法”或“电气法”等名称，即使是现今的第四次工业革命，“网络法”也仅仅是部分人的称呼，更何况“网络”一词所能够包含的调整范围远大于仅为一项独立技术的区块链。而从调整或者规制的对象来看，民法、行政法等法律均是调整一类社会关系，如平等民事主体之间的交往关系或私主体与公主体之间的交往关系，而这些交往关系几乎是包罗万象的。虽然可以从书面上对“区块链法”下定义，即区块链技术活动中所形成的社会关系的法律规范，但是一项纯粹的技术能够调整社会关系吗？社会关系所隶属的哲学范畴真的能为纯粹的科学技术所调整吗？这一问题有待商榷。

第二，区块链的发展仍处于初级阶段。区块链技术虽然现世已久，但真正的发展是在近10年才开始的，其经由以太坊和共识机制得以飞速扩大。整体而言，其发展规模仍然较小，仍然存在大量的技术难题没有解决，比如区块扩容的问题、区块链技术经典硬分叉软分叉问题、区块链技术的安全周延性问题、区块链技术硬件维护的自然资源消耗问题。凡此种种，尚未得到解决，此时就急迫地将其界定为一种法学，会为未来的发展带来很多不确定性。

第三，区块链技术可以为现有法学体系所包含。区块链技术作为一种非常前沿的技术模型，会参与到大量的社会关系当中，最显著的如货币关系、网络关系、商业关系等。但是这些关系都是既存在现有的社会体系下的关系，这些既存的关系均可以被既有的法律体系调整，至于区块链可能因为其技术的时新性而出现的其他关系，因其尚未出现，我们不能对尚未出现的社会关系进行规范，否则会限制技术的发展，这既是法律天生具有滞后性的体现，也是区块链技术作为一项国家战略落地推广应用时的必然要求。

（三）区块链法学的可能性质

公法和私法在对社会关系调整的力度和模式上均存在不同。公法调整的是集中的且具有由上而下层级关系的社会关系，在这类社会关系中，主体必须按照法律的规定和提供的行为模式来为或不为，自主空间很小，主要体现了国家集权或威权的特殊地位。私法调整是分散的且具有平等层级关系的社会关系，在这类社会关系中，主体在不违法的前提下可以任意地选择或支配自己的权利并履行义务，自主空间很大，这主要体现了意思自治的自由特征。可见，公法具有集中性、垂直性、秩序性以及政府与公民之间的关系；而私法具有分散性、自治性、平等性以及私主体之间的交互关系。①

那么区块链法学到底具有公法属性还是私法属性呢？

1. 区块链法学具有公法属性吗？

本书认为区块链法学不具有纯粹的公法属性。区块链法学作为以技术特征为主要表达形式的法学分支，调整的是在区块链技术活动中形成的社会关系，而区块链的核心要素就是去中心化，不同于经济法或者行政法调整从上而下、从集中到分散的社会关系，区块链法学的调整对象并非纯粹的政府与公民之间的关系，不具有完全的集中性和垂直性。值得注意的是，区块链法学具有一定的秩序性。区块链法学是以去中心化为特征的一门学科，具有公法中维护社会秩序、保护社会公益的一大特征。这主要表现为区块链法学的共识机制是一种全节点参与的表决机制，这种机制实则维护了所有节点的民主特性，并最大化了区块链节点社区的共同意志，这与纯粹的意思自治有极大的区别。

2. 区块链法学具有私法属性吗？

本书认为区块链法学不具有纯粹的私法属性。区块链技术世界的技术话语权通常会与区块链中的挖矿和矿工联系起来，在比特币系统中更是如此。这

---

① 参见孙国华、杨思斌：《公私法的划分与法的内在结构》，载《法制与社会发展》2004 年第 4 期。

导致谁的基础设施强大，谁的矿机具有更强的算力，谁就能在区块链的世界里拥有更多的话语权，中国曾一度占领区块链算力的50%以上，欧美的区块链参与者特地赶来中国与中国的区块链挖矿公司进行谈判，以维持区块链世界的平衡与稳定。因此，只要算力机制还存在，区块链技术的话语权发展就不可能存在完全的平等，形式上的区块平等并不等于完全意义上的区块链法学内部的社会关系平等。需要注意的是，区块链法学具有一定的分散性和自治性以及私主体之间的交互关系。分散性是指区块链法学所调整的社会关系的主体是完全分散的，不具有一个统一的中心化机构；自治性即意味着在区块链法学的体系下，所有的决策都是通过共识机制共同作出的，这是一种完全意义上的全民（区块用户）投票；节点与节点之间的纯粹数据全互换则意味着这是私主体之间的交互。

3. 区块链法学兼具公法和私法的双重属性

根据上述两小节的推论，本书认为区块链法学既不具有纯粹的公法属性，也不具有纯粹的私法属性，而是兼具公法和私法双重属性。但同时发现，区块链法学的公私属性与其技术特点密不可分，这也意味着，一旦区块链在未来迎来重大革新，那么该部门法学的性质就可能出现改变。

（四）区块链法学的可能特征

1. 技术性

区块链法学第一大特征就是技术性。区块链是时下最具热度的技术之一，这意味着区块链法学的诞生将始终保持与科学技术的紧密连接。此外，区块链法学的发展对于人才的要求非常高，这意味着技术型人才与法学人才的复合培养模式才能够更好地满足区块链法学的需要。

2. 迭代性

区块链法学势必具有迭代性。区块链技术自步入大众视野至今，已经进化到了3.0时代。法学作为一门传统的社会科学，其一大特征是谦抑性和滞后性。法学与区块链技术之间的这种矛盾就造成了区块链法学在发展过程中，法学必须围绕区块链技术的迭代而更新，必须打破传统的长久不变的一大特征，而这种改变是通过鳞次栉比的规章制度或留有灵活性的条文缺口来实现的，仍有待未来实践的检验。

3. 交融性

区块链法学还具有显著的交融性。交融性意味着区块链法学是纯粹技术科学与社会科学的交融,而这种交融也将体现在区块链法学发展的方方面面。交融性的最大作用就是能够将以往看似互不往来的两大学科门类串通起来,真正实现知识的共享。

4. 复杂性

区块链法学具有极强的复杂性。这种复杂性主要源于其强烈的技术专业性之间的融通问题,如区块链技术是目前计算机学界技术性极强的子分类,法学也需要高度严谨审慎的思维逻辑和推理能力,这就对区块链法学的体系大厦构建提出了极高的要求。

四、区块链法学与其他部门法之间的关系

(一)区块链法学与民商法学

区块链法学与民商法学之间是彼此交融的关系。例如,以区块链技术为底层技术逻辑的比特币、智能合约、去中心化自治组织(DAO)等技术产物分别涉及商事关系中的货币管理体系、民法传统合同体系以及民法中的组织关系,这些都需要与传统的民商法法律关系相结合讨论。而区块链法学可能调整的共识机制协商、闪电网络性质等问题仍不是现在的民商法所能管辖或给予答案的内容。

(二)区块链法学与刑法学

区块链法学与刑法之间是彼此独立的关系。刑法所管辖的范围是犯罪行为,而区块链法学所管辖的范围仅仅是区块链所调整的社会关系。如果某一社会关系本应归区块链法学管辖,但是该行为一旦落入刑法的考量范围,则无论其技术特性、关系主体或可能结果,均应受到刑法的管辖。

(三)区块链法学与行政法学

区块链法学与行政法学是彼此交融但互不侵扰的关系。区块链技术的特征允许该技术为社会各级政府部门所使用,因此,区块链法学的调整范围自然

也就包括了政府部门在行使区块链技术时可能涉及的与该技术紧密相关的社会关系。而政府的行政活动中虽然包含了区块链的技术特征,但是行政法学仍是以行政法所调整的社会关系为研究对象的学科门类。因此,鉴于区块链技术的可用性,区块链法学可以深入地与行政法学相互交融,但是彼此的管辖范围仍然受到本部门法核心的紧密约束。

(四)区块链法学与经济法学

区块链法学与经济法学可能产生彼此重叠的关系。区块链技术的最重要产物就是以比特币为首的数字货币以及数据化商品的交易,而货币关系、商品的大宗流转、证券化等问题在传统上属于经济法范畴。当区块链法学独立为一门学科后,很难想象二者的调整关系不会发生冲突或重叠,这是否会产生法律关系管辖上的竞合？仍有待具体的法律条文的规定。

(五)区块链法学与诉讼法学

区块链法学与诉讼法学可能存在互助关系。区块链技术现在已经被我国的最高人民法院明确提及可被用到司法实践当中,最明显的当属最高人民法院《关于加强区块链司法应用的意见》。这表明区块链技术在诉讼法学中已经迈过了与实践紧密结合的门槛,尤其是在取证、证据固定、证据防伪等领域,可以发挥较大的作用,区块链法学也会借此与诉讼法学产生较为紧密的联系,甚至存在互助,这均是有可能的。

五、本书的框架结构

(一)本书的定位

区块链是目前技术革新的前沿课题,已上升为国家战略,未来也有广阔的应用落地场景。但这一技术专业性较强,在事实问题与法律问题的交织中,往往掺杂着对于特殊技术和新生问题的未知,这对法律从业者提出了新的要求,传统的法律理论和知识在遇到新问题时应当如何操作和解决？应当遵循怎样的路径去思考？显然,了解与区块链相关的法学理论和实务问题具有极强的必要性。本书将是一部专门以区块链技术相关的法学理论探索和实用法律问题为对象的教材,兼具理论性和实用性,以培养既懂技术又懂法律的复合型法学人才为目标。

本书的读者对象主要包括:(1)具有法学背景但又想了解区块链技术的学者和学生;(2)公、检、法机关中需要处理与区块链技术相关案件的工作人员;(3)代理与区块链技术相关案件的律师从业者;(4)在日常工作或者生活中需要运用区块链技术的其他行业从业者;(5)对区块链技术和法律的衔接问题感兴趣的读者。

总的来说,通过对本书的阅读,读者能够较快地迈过区块链法学的门槛,同时针对其所产生的相关问题具有一定的理论认识深度,且可以较深入地转化为实践操作能力。在区块链技术持续发展的今天,率先迈入这一领域的读者会在未来更快地接受新的技术迭代所带来的相关新内容。

(二)本书的脉络

本书共分为4编、11章。

第一编是区块链法基础,包括区块链技术的简介和区块链法的基本原理。该编主要讨论了基于现代技术对传统信任危机的赋能、去中心化技术的跨越式发展,最终孕育了区块链技术在现代社会的实践。同时,该编从科技起源的视角较为专业地讨论了区块链所包含的底层技术,如公钥私钥、哈希值等七大技术基础。这些技术是区块链得以形成并最终实现技术落地的关键因素,这为读者更直观地理解区块链技术提供了可能。除此之外,本编还对何为区块链法及该部门法的法律渊源予以梳理。首先重点讨论了其与宪法的关系,通过认定区块链技术的宪法性特征及以具体的实例为视角予以切入,提出智能宪法的观点,奠定了区块链法学中区块链所具有的龙头位置。而后依次对民法、刑法和个人信息保护法中最为突出的区块链衔接特征予以阐述。本编作为全书的基础,为后续内容的展开奠定了一定的知识基础和理论框架。

第二编是区块链本体法律概览,包括区块链技术法律概要、不同类型区块链的法律风险。该编从全貌到枝节,讨论了区块链在与法学产生碰撞时可能出现的一系列问题。这可以从两个视域出发予以理解:首先是从区块链技术本身的共通性切入,其次针对不同的区块链类型分别讨论可能的法律风险和问题。关于法律概要,区块链技术最受人关注的去中心化颠覆了传统意义上人们习惯的具有中心化的社会分支和部门结构,这势必导致传统的围绕中心化社会所构建起的部分法律规则难以继续或流畅地适用。因此,基于对去中心化的技术和哲学正当性及其社会价值的分析,该部分深入讨论了其与现代法律可能产生的冲突,而后对可能影响现代民事交易关系的智能合约问题予以阐述,在概括了智能合约与传统合同之间的冲突后提出了风险及应对措施,本部分还突出地讨论了"法链"的概念,这为针对区块链的监管措施提供了可能。关于不同类型区块链的法律风险,本书根据现有理论将区块链分为公有链、联盟链、私有链。三者的法律风险之所以不同,是因为三者在区块链性质上存在差别:公有链的门槛较低,开放性较大,因此其信息保护已产生较大风险,需注意相应的规避措施;联盟链的公开性较低且仅有部分的去中心化,但是其独特的联盟性会导致链中信息的交流不畅和信任机制出现错配,需要有所抑制;私有链的公开性最低,能够有效地降低各类成本,但是其私有性对法链监管产生了排斥效应,需要出台相应的监管措施。

第三编是区块链应用的法律风险及应对,包括区块链金融、区块链与知识产权保护、数字货币法律概要。该编重点围绕区块链在应用过程中可能出现的法律风险展开,并据以提出应对措施。该部分对极具热度的区块链金融的相关法律予以介绍并讨论了区块链金融的主要分支,得出结论即目前的区块链金融监管是最易出现漏洞的领域。在借鉴了域外的管理经验后,本书给出了从下而上和从上而下两套路径的应对策略。知识产权保护是另一大应用问题频发的可能领域,这主要涉及区块链技术在著作权、商标权和专利上的确权问题,本书肯定了区块链技术在知识产权领域能够发挥的作用并提出了确权领域的相关应对措施。最后,针对数字货币的问题,本书重点讨论了其属性及本质特征,并侧重于讨论数字货币在公与私两个维度上的刑事责任,在借鉴域外数字货币管理比较的基础上讨论了可供参考的规制手段。

第四编是区块链法治,包括区块链立法、区块链监管及社会治理、区块链司法。本编重点围绕区块链在现实社会中的法治操作问题予以展开,围绕立法、执法和司法进行阐述。在立法层面,围绕域外的立法经验,较详细地讨论了去中心化、加密货币和智能合约的立法难题，并据以展望了未来的发展趋势。在执法层面则聚焦于区块链监管的中心任务——人与事的穿透，在此基础上构建监管的方式与逻辑。在司法层面则深入分析了人民法院、人民检察院和公安机关在区块链司法制度建设中的难点和实践案例。

第一编 区块链法基础

第一章　区块链介绍

第一节　区块链起源

一、电子系统与信任

对于初次接触法律或者法学专业的人来说,区块链这个术语听起来很神秘,它的字面意思是一系列保存信息的块(block),这可能是解释区块链的最简单的方式。但仔细思考一下,为什么有人需要区块链,它的出现是为了解决什么问题?答案可能需要追溯到更早的时候,接近互联网初创时期。互联网是向所有人存储和分发信息的平台和工具,区块链也有一个类似的目标,它建立在以前的网络基础上,寻找改善这种现有网络分发信息的方法。为什么要改善呢?因为在区块链的系统成为现实之前,互联网需要以更可靠和分布式(distributed)的方式存在,并且需要被很多人使用。在20世纪60年代初期,互联网是一个简单、相对较小的网络,主要作为大学研究人员和美国政府数字共享信息的工具。随着时间的推移,早期的互联网先驱使该系统更加实用,直到后续传输控制协议/网络通信协议(TCP/IP)的发展,TCP/IP建立了首版通信标准,超文本传输协议(HTTP)支持网页浏览,简单邮件传输协议(SMTP)提供电子邮件。这些协议不仅使研究人员可以访问互联网,而且使互联网可以面向更广泛的群众,甚至包括越来越多的智能设备,如计算机、平板电脑和智能手机,互联网的发展永远地改变了人们的生活。现在,任何人都可以从互联网获得大量的信息和服务,其中大部分是免费的。

互联网带来便捷生活的同时也带来了相应价值交换的简易化,其中最重要的就是货币流通形式的转变。货币在人类文明发展史上起重要作用,它使人类社会经济、金融等体系的正常运转成为可能。货币的发展样态经历了从实物货币到铸币，再到法定纸币的演变；得益于科技的发展，目前货币的样态正在逐渐向电子化、数字化演变。货币数字化之后，金融交易是中间人信托和保险信托的主要依赖领域之一。今天，人们比以往任何时候都更多地使用借记卡和信用卡等电子金融工具。在一些国家，如中国或者瑞典，支付系统几乎完全是电子的，大多数客户在销售点使用智能手机和电子信用卡。对消费者来说，支付界面从物理到数字的转变是一个相对较新的趋势，但实际上为这种会计提供动力的系统长期以来一直是电子化的。大多数人可以随时获得现金，但在计算机系统中，钱基本上已经从纸币和硬币变成了数字。当价值从物理项转移到数据库时，涉及的多方之间必须存在信任元素。世界各地的大型支付公司都是基于这样一种理念创建的，即人们可以通过数字方式存储价值，从而信任这些品牌。然而，在金融领域，信任并不总是一个可靠的因素。2008 年的国际金融危机让人类社会经济一度停滞不前，许多人开始认为，对金融机构的盲目信任和信心并不如这些机构所宣扬的那样始终是对的。区块链是重建失去的信任的一种方向，它尝试使用专门的加密技术来自动化和加强对第三方的信任。比特币是第一个使用区块链概念的工作系统，在比特币出现之前，也有人尝试过创建类似的概念，如本节的第三部分所列举的具体例子，但他们都失败了，失败的主要原因之一是无法在互联网上构建一个真正的分布式系统来缓解信任危机。

二、分布式、中心化与去中心化

今天的互联网是中心化(centralized)和分布式应用程序的混合体。早期的互联网架构师希望创建一个更具弹性的系统，而不是建立只有一个故障点的中心化结构。分布式互联网的想法来自这样一个目标，即确保当系统的一部分受到攻击时，如果适当实施分布式手段，它仍然能够运行。就像在自行车车轮上(见图 1 - 1)，许多辐条连接到一个轮毂(轮轴)，这种设计就是分布式。即使某些辐条断裂，车轮也可以正常工作。分布式意味着没有任何单点故障可以使整个系统崩溃，例如为早期互联网实现提供动力的计算机网络。

图 1-1 自行车车轮的分布式设计

几十年前设计的早期互联网是为了保护网络免受任何类型的破坏,这一系统沿用至今已经很好地证明了自己的有效性。现代社会,谷歌、脸书、苹果和亚马逊等公司在很大程度上主宰了整个互联网。一些人希望区块链技术的分布式特性可以通过给个人用户更多的控制权来稀释这几家强大公司对网络的主导地位。在计算领域,分布式系统是指不止在一台计算机上完成计算处理的系统;相反,其计算处理是跨多个计算资源共享的。这些系统使用多种统一形式的消息传递方式相互通信,如单向传输与双向传输、串行传输与并行传输。

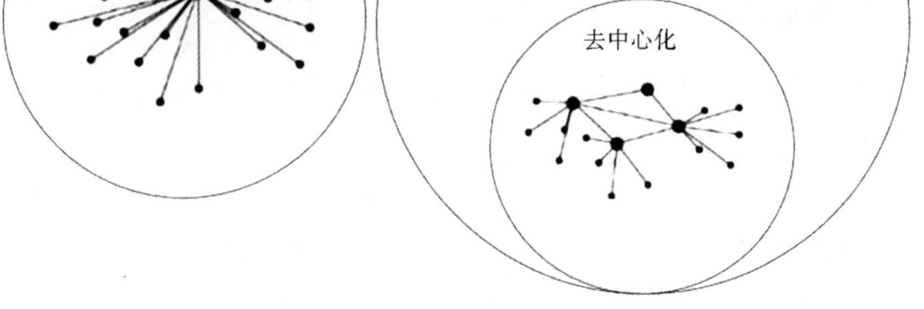

图 1-2 中心化、去中心化与分布式

图1－2说明了几种不同网络形式的关联与区别。分布式系统具有去中心化的特点，即单个实体（或节点）的故障并不意味着整个网络的故障。整个系统共同的目标是通过在多台计算机上分配责任，使用各自处理能力来共同完成任务。这种中心权力下放改变了共同目标和信息传递的概念。去中心化系统必然是分布式的，不仅每个节点是分布式的，所有的控制权也是分布式的，没有任何一个节点有权限唯一的系统控制权，它要求所有或者尽可能让所有节点参与系统的管理。另外，在完全去中心化的系统中，给定节点不一定会与其他每个节点协作以实现共同目标，这种协作决策是通过某种形式的共识来完成的，而不是将这一责任直接盲目地交给单个实体。

三、比特币前身

互联网的普及重塑甚至淘汰了许多行业，例如，在过去的几十年里，维基百科或多或少地取代了纸质百科全书；Craigslist（著名的分类广告网站）取代了报纸分类广告；谷歌地图使大多传统印刷地图集过时。金融业在相当长一段时间内能够抵御互联网的动荡变化，在2009年比特币推出之前，除了用户从模拟（实物货币和支票簿）转向数字（电子银行）之外，货币控制没有太大变化。鉴于这种转变，数字货币对于公众而言并不是完全陌生的概念，控制权仍然集中在发行权威手中。比特币之前的许多类似概念都曾作过大胆尝试，最终都因各种原因而失败，但这些尝试的初衷始终是一样的：增强金融主权或更好地控制用户的资金。回顾一下早期的一些失败案例就可以发现比特币流行的原因。

（一）DigiCash

DigiCash（电子货币）由David Chaum于1989年创立，是一家促进匿名数字在线支付的公司，Chaum是盲签名技术的发明者，该技术提出使用加密技术来保护在线支付的隐私。密码学使用基于加密的数学来掩盖敏感信息，长期以来一直被世界各国政府用作通信工具。DigiCash平台有自己的货币，称为cyber-bucks（赛博币）。注册该服务的用户将获得100美元的赛博币，通常被称为代币或硬币。该公司率先推出了安全的微芯片智能卡，类似于当今大多数信用卡中使用的系统。就用于存储价值的数字钱包的概念而言,它是一个早期的创新者,包括德意志银行在内的几家银行试用了 DigiCash 系统,包括图书出版商大英百科全书(Encyclopedia Britannica)在内的少数商家也签署了接受赛博币的协议。20 世纪 90 年代,互联网上的商业非常新,由于担心欺诈,大多数人不愿在网上使用信用卡,更不用说采用一种全新的支付系统。许多关注隐私的用户确实开始使用赛博币,甚至开发了一个邮件列表市场,该市场已经运行了一段时间。然而,由于缺少商机,DigiCash 一直未能获得发展,最终于 1998 年申请破产。

(二)E – Gold

E – Gold 是 1996 年建立的一家数字价值商店,由现实中的贵金属单位提供支持,并由一家名为 Gold & Silver Reserve 的公司运营,E – Gold 支持其用户在互联网上的即时传输。平台上的一切都以黄金或其他贵金属为单位。到 2006 年,电子黄金账户已超过 350 万个。当时,该公司每天的处理量为 590 万美元。该平台面额只有万分之一克黄金,是第一个在互联网上引入小额支付或转移小额价值概念的平台。E – Gold 在当时具有创新性,它还为开发人员提供了应用开发接口,允许其他人在平台上创建其他服务。商家接受将电子黄金作为一种支付方式,与在线购物车中的信用卡一起使用,1999 年开始支持移动支付。从 20 世纪 90 年代和 21 世纪初的特点来看,E – Gold 在技术上很有独创性。然而,作为一个中心化系统,它没有将账户与任何人的身份联系起来的机制。因此,该平台被用于非法目的,为洗钱、在线欺诈和其他非法活动提供了便利。2008 年,美国政府关闭了 E – Gold,没收了其资产,并为账户持有人建立了赎回系统。

(三)Hashcash

由 Adam 在 1997 年发明的 Hashcash 中提出了使用工作证明来验证数字基金有效性的想法,包括仅存在于互联网上的货币概念。工作证明意味着计算机需要产生某种可验证的计算密集型输出,以使电子货币具有普世价值。Hashcash 使用密码学来实现工作证明,并使用称为 SHA1 的算法来实现这一点。在最初提出的 Hashcash 提案中引用了 DigiCash,提出了在使用数字货币的电子邮件上增加费用或“邮费”可以减少垃圾邮件的想法。通过利用哈希或需要计算机处理的函数,Hashcash 将带来经济成本,进而限制电子邮件系统中的垃圾邮件。对于数字货币,由于数字单元可以像文件一样复制,需要花费多次,使用散列的概念将解决所谓的双重花费问题。使用哈希是为了通过工作证明或计算能力来施加成本,限制数字货币的这种可能性。尽管 Hashcash 在微软和开源软件提供商 Apache 的电子邮件系统中进行了测试,但它从未成功。从概念上讲,Hashcash 是一个很好的例子,它说明了引入基于互联网的货币所需的数字技术的稀缺性,但这项技术本身并不是一种好的数字货币形式,它的处理能力无法跟上交易的速度。

(四)比特币问世

2008 年,世界已经依赖互联网作为一个分布式实体提供大量服务。有了电子地图和全球定位系统(GPS)应用程序,人们可以通过互联网的帮助从 A 点到达 B 点。借助电子邮件、短信、Skype、WhatsApp 和其他通信应用程序,人们几乎可以即时与远近的朋友和家人建立联系。此外,人们也开始在网上购买越来越多的商品和服务,信用卡和借记卡以及其他电子支付已经成为流行的支付方式。然而,如前一节所述,许多人仍然希望通过互联网实现防篡改、分布式的价值传递方式,但这种方式尚未被设计出来。2006 年年初,世界经济蓬勃发展,从下半年起,金融体系开始出现裂痕。随着贷款限制放宽,许多借款人无法偿还债务,美国住房市场首次出现价值下降,这导致银行体系动荡;金融机构之间交易和持有的证券,如股票或债券,许多变得一文不值,这引发了金融体系的崩溃,也使世界各国政府不得不向该体系注入现金以拯救全球经济。

2008 年 8 月 18 日,域名 bitcoin. org 被注册。随后,一篇白皮书于 2008 年 10 月 31 日发布,这篇白皮书由笔名为中本聪的人或团体撰写,并在众多软件开发人员的邮件列表上共享,题目为“Bitcoin:A Peer – to – Peer Electronic Cash System”。该文提供了创建仅存在于互联网上的价值系统的详细建议,其目的是创建一种可以在与银行或中央政府没有任何联系的情况下运行的数字货币,并建立一个更透明的金融体系，以防止金融危机的灾难性事件再次发生。比特币提案的特点是从之前的各种尝试中提取了许多优秀的想法，其中包括安全的数字交易、使用密码保护交易、发送少量担保价值的理论能力、在政府系统之外创造货币以及使用工作证明验证数字基金的有效性等。这篇白皮书还介绍了许多人不熟悉的几个概念，包括双倍支出（double spending）、工作量证明（proof-of-work）、哈希集（hashes）以及随机数（nonces）等。自此，稳定可靠的区块链系统开始流入市场并逐渐蔓延，在特定的行业吸引众多人士的关注。与许多新兴技术一样，区块链开创了一种新的金融思考方式，因此，人们正在考虑新的存储价值的方法。区块链中的加密货币与法定货币、股票和债券以及黄金等贵重资产有一些相似之处，但是获取、转移和存储加密货币的方法与其他资产有较大差异。区块链引入了大量传统金融和法律领域的人也不熟悉的新术语，下一节将介绍一些基本元素和运行过程。

（五）区块链迭代

有了一系列前人的探索以及失败案例的研究，区块链技术的雏形终于形成且被提出，并在互联网中引起了强烈的探讨。那么，区块链到底什么样呢，这里通过建立一个简单的班级记账场景来模拟区块链概念以及它的流程。

假如一个班级里的所有人代表整个互联网，每个学生都看作互联网的一个节点。某天，张同学借给王同学 10 元钱，他们大声地宣布了这件事，然后班级里的所有同学都把这件事记录到各自的本子上，内容是某一天什么时间张同学借给王同学 10 元钱。之后如果王同学想要赖不还钱，那么大家就会站出来集体声讨王同学，所有的同学都可以拿出证据来证明这件事的存在，那么王同学还钱就是必然且合理的，而这事不需要老师的介入。至此，一个不需要借贷协议，不需要老师第三方公证，也不需要借据声明的去中心化记账系统就建立起来了。可是同学们为什么要记录别人的事呢，那肯定是有一定的好处，记账的同学都会得到好处，这样同学们才会抢着去记账。如果每一个同学都记录同一件事，每个人都发奖励，成本就太高了。可以奖励第一个记账成功的同学一个笑脸胸针，如果其余同学有胸针，那么这胸针可能是假的，因为所有人都可以买一模一样的胸针。怎么解决造假的问题呢？解决的办法就是给每一个笑脸胸针都打上一个特殊的记号。当李同学记账成功并宣布时,就得到了一个编号为10001的笑脸胸针,这样大家也都知道了编号为10001的笑脸胸针是李同学的,此模式实施以后,大家获得的笑脸胸针的数量都是公开的,也就不会有造假的产生,而且随时可以查询到。不过这个笑脸胸针有什么用呢,通常的做法是被赋予了货币的职能,可以充当一般等价物以购买商品或者变现,最后这个笑脸胸针就产生了价值,这也是虚拟货币——比特币的由来。

每位同学记下一笔账就代表一笔交易的产生,每一段时间所产生的交易都会被集中存储,每一次集中存储都会创造一个新区块,所有的区块按照顺序连接在一起就叫作区块链。由于区块链技术的快速发展和进步,应用领域不断扩展,其中一些好的设想已经实现。例如,Factom(公证通)利用区块链技术来革新商业社会和政府部门的数据管理和审计数据记录方式;ADFunds利用区块链技术打造了安全的广告联盟平台;SuperChain利用区块链技术打造了安全的数字藏品交易平台。根据区块链技术的当前发展速度,其他进步预计将在不久的将来实现。这里讨论的三代区块链出现在Melanie Swan的《区块链:新经济蓝图》一书中,并按应用程序的范围进行了类型化区分。

1. 区块链1.0

第一代区块链是随着比特币的发明而引入的,主要用于加密货币。此外,由于比特币是加密货币的第一个实现,所以将第一代区块链技术分类为仅包括加密货币是有意义的。所有替代加密货币以及比特币都属于这一类。它包括支付和应用程序等核心应用程序。

2. 区块链2.0

第二代区块链可看作数字货币和智能合约的结合。区块链2.0的代表是"以太坊",以太坊提供了一个强大的合约编程环境,实现了各种商业和非商业环境下的业务间的直接关联。除以太坊外,还涉及金融服务、智能资产、众筹、无信任的借贷等应用场景。

3. 区块链3.0

第三代区块链用于实现金融服务业以外的应用。与区块链2.0一样,以太坊、超级账本和具有编码智能合约能力的较新区块链被视为该区块链技术层的一部分,但其主要是解决区块链2.0时代应用领域局限性的问题。区块链3.0

的应用场景包括超越货币、经济和市场的公正应用和协作应用，涉及政府、法律、卫生、媒体、艺术，促进科学、健康、教育等领域的大规模协作，甚至可应用于整个社会，或成为"万物互联"的一种最底层的协议。

第二节　区块链核心技术

比特币的诞生对区块链技术至关重要，然而，它所基于的技术概念及其增长并不是凭空而来的，也不是一夜之间发生的。区块链能够得到广泛应用，依赖于许多技术，这些技术花费了专门的软件开发人员数十年的时间来构建，而这种集体努力也使区块链技术达到了今天的水平。上一节内容的最后通过一个通俗易懂的班级记账模型给读者建立了系统的区块链形象，那么这一节就介绍在记账也就是每一笔交易产生的过程中涉及哪些核心技术。

一、公钥与私钥——数据安全

密码学或加密的使用可以追溯到数千年前，它的主要用途是保护信息。直到 20 世纪，基本密码所需要的只是一个书写工具和一些可以用来编写基本代码的东西。机器和随后的计算机使用促进了加密的普及，直到 20 世纪 70 年代，现代密码学主要由政府使用。随着计算机网络的日益普及，公钥（public key）或非对称加密技术的发明使其应用更加广泛。公钥加密允许任何人使用接收方的公钥轻松加密消息，该公钥可供任何人使用；然后可以使用接收方的私钥（private key，只有接收方拥有）解密消息。密码学如今已经成为支撑互联网主要系统的关键之一，包括比特币等加密货币，例如，注册托管比特币钱包会生成公钥、私钥和比特币地址。表 1－1 是公钥、私钥以及比特币地址的简单示例。

表1-1　私钥、公钥和比特币地址示例

名称	示　　例
私钥	Kyc9JCPPKNPrMUopkCc7ng9PU5Bp9SGsjVkh8Hpfx4tCr5LGXgBf
公钥	033b368bfccf5921f8a5a42b81b0f5ecdc66583fac8dc13bcf860cf31290964c64
比特币地址	19PacjCFSSt9guX4zZ3GPpXpDrvDNQ7DC4

区块链中的公钥可用于生成比特币地址，该地址本质上是公钥的压缩版本，使其更易于阅读。比特币地址是公钥的翻译，可以在其中接收资金，也可以从中将资金发送到其他地址。这个地址可以与任何人共享以进行接收和发送，类似于用户名或电子邮件地址。私钥是保密的，用于解锁存储的加密货币。私钥用于对交易进行数字签名，是比特币地址的所有者向比特币网络证明他们是该地址的合法所有者及他们授权交易的证明。类似于在现实世界中，银行卡用户走到取款机（ATM）前，插入他们的卡，然后输入他们的个人识别码（PIN）。该 PIN 是私有的，只有用户知道它。对于 ATM 网络，有效的 PIN 表示 ATM 的用户已“签署并同意”交易。私钥是由随机生成器创建的随机 256 位数字，并以十六进制格式显示。一旦用户拥有私钥，就可以将其与公钥配对以解锁比特币地址。一旦私钥产生，用户就可以得到相应的公钥、公钥哈希和比特币地址，他们产生的顺序如图 1-3 所示。

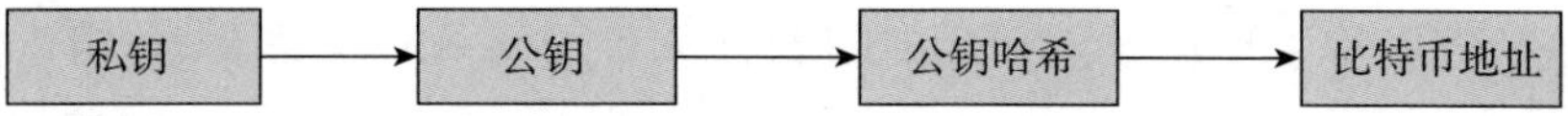

图1-3　私钥、公钥以及比特币地址产生顺序

二、UTXO 模型——存储形式

区块链中的交易（transaction）遵循一种独特的会计类型，称为未使用交易输出（UTXO）。交易本质上是一个输入列表和一个输出列表，每个输入表示提供资金的链上地址，以及该地址过去收到的未使用交易；类似地，每个输出表示接收资金的地址和该地址接收的金额。输入和输出之间的差额是交易费（fee），将由提交交易到区块链的开采商赚取。每个输入还包含一个数字签名（digital signature），用以证明该比特币地址的所有者授权该交易。图 1-4 为交易的示例。

图 1-4 现实的一笔简单基于区块链的交易示例

在本示例中，有四个输入。其中两个输入来自同一地址（1HXpg8D9AMGFVZ9FEU2tkZYvAZ8xBhVudo）。然而，这两个输入表示该地址过去收到的两个不同事务，一个用于 0.0027867 BTC，另一个用于 0.0034977 BTC。其他输入表示地址 14yPyVmGhNCSM9JgaabRZ8C3cT2RWEGd71 和地址 1MXDLBc2Tq2hnQ2x5qXTEPUen5xq9hDA39 过去收到的事务。这种情况下的输入总计为 0.0128 BTC，总输出量为 0.01145732 BTC。两者之间的差额 0.00134268 BTC 支付给将交易所在区块添加到区块链（“挖掘”区块）的“矿工”，交易的创建者支付该费用。

三、哈希——数据处理

区块链中的哈希包括加密哈希和块哈希。加密哈希是将任何形式的数据加密为固定大小字符串的函数，其具有以下属性。

（1）无论输入如何，结果哈希始终是固定长度的。例如，由 SHA-256 生成的哈希将始终为 256 位长。

（2）哈希是单向加密的，这意味着很容易加密数据。

（3）将哈希解密回原始输入数据是极其困难的，在没有私钥的情况下，解密散列的唯一方法是暴力破解，这意味着需要尝试输入数据的每个可能组合，并查看生成的哈希是否与有效哈希匹配。

（4）哈希是确定性的。这意味着每次输入相同的数据时，得到的哈希值总是相同的。之后也可以很容易地使用相同的输入重新创建哈希，并将其与原始哈希进行比较，以查看是否发生了任何篡改或数据损坏。

（5）对输入数据的任何微小更改都会使生成的哈希看起来非常不同，这增加了解密哈希的难度。

(6)加密哈希具有抗冲突性。严格意义上不可能找到两个会产生相同哈希的不同输入值。这意味着每个唯一的输入将有一个唯一的哈希输出。

目前有很多加密算法,较为常见的有 SHA－256 和 Keccak256。

块哈希是创建块时整个区块链的快照,它就像整个网络的资产负债表。网络中的每个节点都引用块哈希来验证其网络视图是否与其他所有节点的视图完全相同。哪怕一个节点的账本中只有一个微小的差异,它的块哈希看起来都会有很大的不同,这就是区块链可以防篡改的原因,如果内容遭到篡改或损坏,生成的哈希将不可能相同。

四、“挖矿”——数据上链

区块链挖掘即“挖矿”(mining),起初只是一部分此领域爱好者的追求。早期使用者希望支持比特币网络,所以下载并运行了比特币核心软件,他们只需在电脑上运行该软件,就可以随时随地挖掘一些比特币。2010 年,一枚比特币价值 0.3 美元,所以“矿工”们赚不了多少钱,这只是一种爱好。当时的区块奖励是 50 个比特币,所以如果“矿工”每天发现 1 个区块,他们将赚取 15 美元。然而,随着时间的推移,这种情况发生了变化,大量专业人士开始与业余爱好者竞争起来,这使比特币价格疯狂上涨,以及人们对更专业的“采矿”硬件的兴趣导致了新设备的出现,“挖矿”的“难度”也随之增加。“挖矿”过程本质上比拼的是计算能力,没过多久,仅仅用一台普通的电脑来“挖矿”是远远不够的。“矿工”们(所有链上的服务器节点)需要被称为图形处理器(GPU)的特殊计算机硬件来竞争。然后,他们开始使用称为专用集成电路(ASIC)的特殊微处理器来提高效率。如今,大多数区块链挖掘是在巨大的数据中心进行的,需要大量电力和冷却的“挖矿”机器,算力集中的地方被称为“矿池”。“挖矿”也被视为区块链系统的一种激励机制,因为有了廉价的电力和数据中心,开采区块链可以盈利。目前新的区块链也已出现,如以太币、火币等,但比特币已经达到了基于数据中心的大规模“采矿”的企业级别。

为什么区块链网络需要“挖矿”呢,“挖矿”的本质除了得到货币奖励之外还有什么呢? 许多区块链都需要“挖矿”,因为它们使用一种称为工作量证明的共识算法。在比特币系统中,通过运行计算来解决谜题,“证明”这项“工作”,

生成与特定模式匹配的哈希,运行完成后会显示正在挖掘的区块的地址。只有在当前难题解决后,才会向区块链中添加新区块。这种证明生成区块的工作的过程就是"挖矿"的另一本质。其含义是,挖掘区块所需的纯粹计算能力足以威慑比特币的安全性,事实上,比特币网络从未受到威胁。如图 1 -5 所示,解决密码难题所需的计算能力正在猛增。

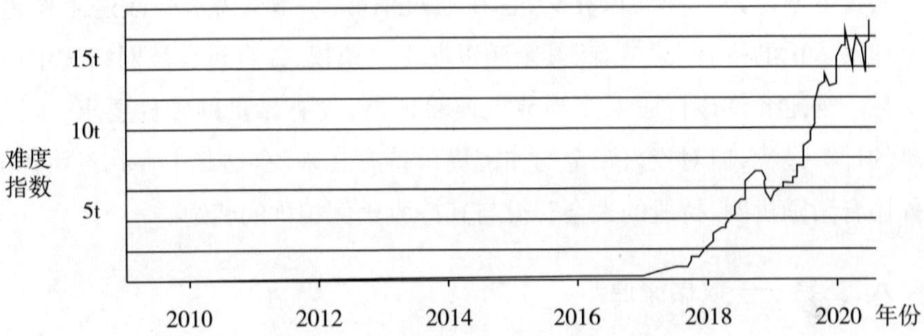

图 1 -5　比特币网络挖矿难度增长趋势

比特币的设计是每 2016 个区块调整一次其挖掘难度,因此,整个网络运行的时间越久,谜题实际上变得越难解决。这个解题数学设计的目的是,随着更多"矿工"加入网络,让生成的区块之间的时间间隔保持在 10 分钟左右。除了比特币之外,所有基于区块链开发的上层平台都需要"挖矿","挖矿"的流程都是一样的,这是区块链的天然要素,唯一不同的是,开发者可以根据需要设计"挖矿"的难度系数以及奖励形式。

五、共识——数据确认

共识(consensus)是在具有共同价值观和目标的不同参与者之间达成协议的一种方式,也是区块链网络成功的重要组成部分。尽管有其他达成共识的方式,但在区块链中,最常用的两种方式是工作量证明和股份证明(proof - of - stake)。使用区块链的企业应用程序通常不使用工作量证明共识,也不需要"矿工",因为他们的目的是借助技术优势解决实际问题,而不是通过算力"挖矿"来获取货币奖励。

通过工作量证明可以确认区块链交易,并在链上发布新的区块。贝尔实验室的马库斯·雅各布森和 RSA 实验室的阿里·朱尔斯在一篇研究论文中首次描述了工作量证明,最初创建工作量证明是为了通过计算机处理将经济价值与其他免费服务(如电子邮件)结合起来,以阻止垃圾邮件。由于工作量证明需要计算能力,所以减少了攻击或淹没系统的动机,因为工作量证明中提供的经济价值与“采矿”过程中使用的电力价格直接相关。

股份证明是另一种共识算法,旨在通过消除“挖矿”需求来改进工作量证明。加密货币的持有人“持有”其余额以获得投票权,并有机会被网络选中以验证交易。绑定允许该持股人充当节点或验证器,没有昂贵的硬件要求,也没有困难的计算过程,但对投入资金的加密货币持有者来说,这其中存在经济因素。此外还有激励机制,持股的人会获得与其持股比例相称的奖励。

六、交易——数据流通

在区块链中,交易表示价值从一个地址转移到另一个地址。在区块链上发布的交易称为已确认交易,由用户发起,资金控制权的转移需要使用私钥签署交易,然后,接收方使用相应的公钥来验证签名并验证交易。在大多数区块链中,用户还必须向网络支付少量费用才能进行交易,该费用通常向发现交易所在区块的“矿工”支付,用于激励“矿工”发布区块继续保护网络安全。比特币费用估计器和计算器等在线工具可以帮助预测交易中应该包含多少费用,以便在所需的时间内将其记录在区块链上(见图 1 -6)。

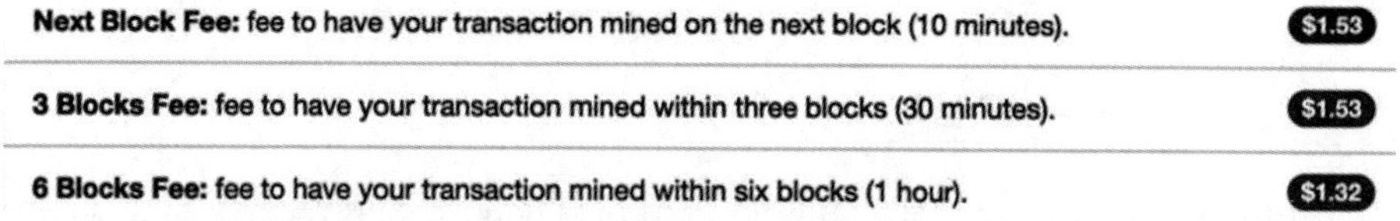

图 1 -6　向区块链提交一笔交易所需的估计费用

交易费用可能因网络容量、需要多快确认以及其他因素而异。由于在一个数据块上可以记录的事务数有限制,所以当前的限制是 1MB 的数据,或每个数据块大约 3500 个事务——这对提交者来说意味着需要更高的费用以提高事务紧迫性。在让“矿工”们确认交易方面,基本上存在一种竞争:更高的费用意味着更快的确认。图 1 -7 说明了在执行交易时发生的一系列事件。

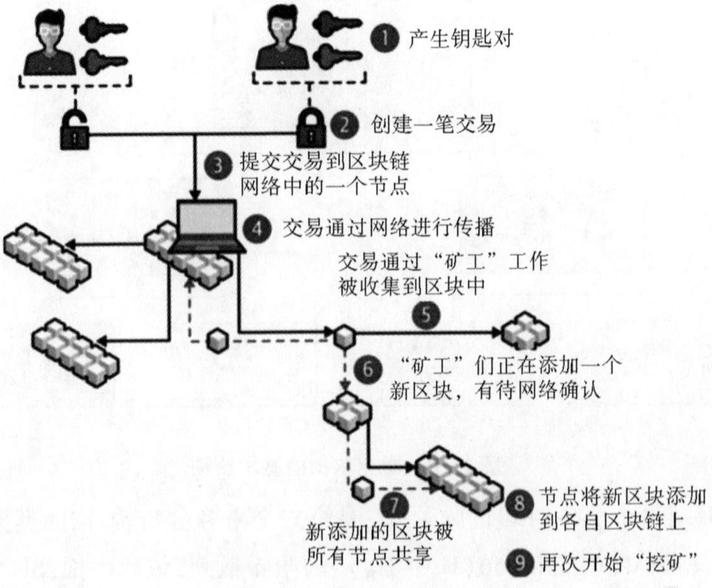

图1-7　交易执行过程中的一系列事件

（一）默克尔根

默克尔根(merkle root)用于显示当前区块中所有事务状态的快照，存储在256位字节中。这个名字来自计算机科学家拉尔夫·默克尔，他提出了默克尔树(merkle tree)，默克尔树是数字签名数据结构。除了捕获事务快照外，默克尔根在区块链中的重要性在于，当网络中的一个节点希望确保其拥有与其他每个节点完全相同的事务列表时，它不需要单独比较每个事务，只需要将其默克尔根与其他每个节点的默克尔根进行比较。要计算默克尔根，首先，创建默克尔树，其中“树”的“叶子”就存有当前区块中的事务。图1-8显示了默克尔树的基本结构。

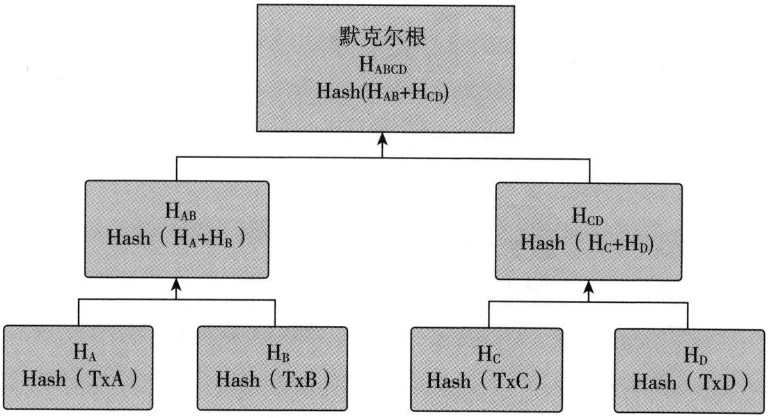

图1－8　默克尔树的基本结构

H_A是第一个事务(Tx)的哈希，H_B是第二个事务的哈希，依此类推。H_{AB} = H_A + H_B = SHA256[SHA256(H_A + H_B)]的哈希散列，依此类推，SHA－256是一种加密算法。为了检查事务是否在区块中被篡改，只需要记住树的根(H_{ABCD})，然后通过遍历散列指针访问事务，如果事务中有任何内容被更改，将反映在存储在父节点(在图1－8中，最下面一层为叶子节点，往上每一层的节点都是下面一层的父节点)中的散列上，进而影响上层节点中的散列，以此类推，直到到达根节点。在默克尔根的帮助下，默克尔树有助于消除区块中的重复或虚假交易，它生成一个区块中所有交易的数字指纹，头部的默克尔根被存储在下一个区块中的头哈希以得到进一步保护。

(二)交易签名与交易验证

每个交易输入包含一个签名，该签名提供了发送地址所有者已授权交易的证据。签名使用ECDSA生成和加密，ECDSA是一种加密算法，使用私钥和交易数据作为输入，如图1－9所示。

图1－9　ECDSA加密示意

当所有节点都在验证事务时,它们也可以通过使用 ECDSA 验证功能轻松验证签名的有效性。重要的是,不需要私钥来检查授权交易的数字签名是否有效。因此,所有节点都可以使用公共信息轻松验证事务,但它们自己无法生成签名,因为这需要私钥。

(三)Coinbase

每个数据块上记录的第一个事务称为 Coinbase,它由两个值组成:区块奖励,这是“矿工”从网络获得的奖励,奖励他们完成了发现区块的工作,并尽自己的力量为区块链网络提供处理能力,奖励的形式是向全球区块链中添加新的激励额度。交易费用,这是添加到当前区块的每笔交易中包含的所有交易费用的总和,等待处理的交易往往超过了一个区块所能容纳的数量,从而产生了一个收取交易费用的市场,“矿工”们希望交易处理得越快,费用就越高。相应的区块链费用网站会显示当前的平均交易费用。

七、智能合约——自定义规则

本节前面几部分介绍的都是区块链的必要组成技术,缺一不可,而智能合约本质上只是运行在区块链之上的由用户自定义的一串代码,并不是区块链的必需品。但这里为什么仍要介绍呢,因为读者读到这里可能已经了解了区块链大致是什么,但是没有找到针对应用可以着手的地方,以上介绍的区块链只是最底层的区块链组件,需要将它们拼凑起来使一个完整的区块链呈现在读者面前。在实际区块链应用到问题场景中时,仅靠单一的底层概念是无法满足具体需求的,且额外的用户操作规则无法注入链中。因此,智能合约就产生了,它是区块链投入生产必不可少的实现渠道。

智能合约只是存储在区块链上的程序,在满足预定条件时运行。它们通常用于自动化协议的执行,以便所有参与者可以立即确定结果,而不需要任何中介的参与或时间损失。它通过遵循写在区块链上的简单的“if/when... then...”语句来工作。当预先确定的条件得到满足并得到验证时,计算机网络就会执行操作,这些操作可能包括向有关方面发放资金、登记车辆、发送通知或开具罚单,当指定操作完成后便更新区块链。这也意味着所有操作不能更改,不能撤回,只有被授予权限的参与者才能看到结果。所以,在智能合约中,可以有尽可能多的规定,以满足参与者,使任务能够令人满意地完成。为了建立这些条款,参与者必须确定交易及其数据如何在区块链上表示,并就“if/when... then...”这些规则管理这些交易,探索所有可能的例外,定义一个解决争端的框架。

在实际应用场景中,区块链的固定功能是不变的,那么开发人员就可以通过开发各种各样的智能合约集来对即将进入链上的节点和交易进行规则约束。这里的约束不一定就是限制,它是为了降低节点之间的信任成本。比如某天张三向李四借了 10000 元钱,并保证 1 年之后归还,那么如何保证 1 年期到,张三一定会还钱呢? 此时就可以开发一个还钱的智能合约,将借钱的日期、还钱的日期、计时器、双方的银行卡号和身份信息等写进去,那么李四就不需要担心张三不还钱,因为日期一到,智能合约就会立即执行,从张三的卡里划走 10000 元钱到李四的卡里完成还款,这不仅节约了李四的催债成本,也不需要两人之间的绝对信任。由此可见,智能合约不仅快速有效,并且使信任透明化,在保证安全的前提下大大节约了操作成本。在现实世界中,智能合约曾有以下初步尝试。

(1)Sonoco 和 IBM 正在努力通过增加供应链透明度来减少救生药物运输中的问题。由 IBM 区块链 Transparent Supply 支持的 Pharma Portal 是一个基于区块链的平台,通过供应链跟踪温度控制的药品,跨多方提供可信、可靠和准确的数据。其中多方数据的收集以及药物信息上链都是靠智能合约完成的。

(2)Home Depot 公司在区块链上使用智能合约快速解决与供应商的纠纷,通过实时沟通和增加对供应链的可见性,他们正在与供应商建立更牢固的关系,从而有更多的时间进行关键工作和创新。

(3)企业可以通过加入由 IBM 区块链召集的贸易融资网络 we. trade 为全球贸易创造一个信任的生态系统。作为基于区块链的平台,we. trade 使用智能合约实现标准化的规则和简化的交易期权,以减少摩擦和风险,同时简化交易过程,扩大参与公司和银行的贸易机会。

第三节　区块链生成、运行、特点、分类与服务

一、区块的生成与区块链的运行

区块链之所以称为链，是因为它是由一个个包含用户交易信息并共识之后生成的区块前后串联形成的链式网络结构，每一个区块都包含与之相连的前一个区块的头部信息，用来确保链是畅通有效的。每个区块中都包含零笔或者多笔交易信息，即使当下没有任何交易提交，也会有新的区块不断地产生并添加到链上以确保交易处理的实时性与链的完整性，只不过该区块只包含前区块的头部信息与自身身份验证信息。区块内部结构信息以及区块间链式关系如图 1－10 所示。

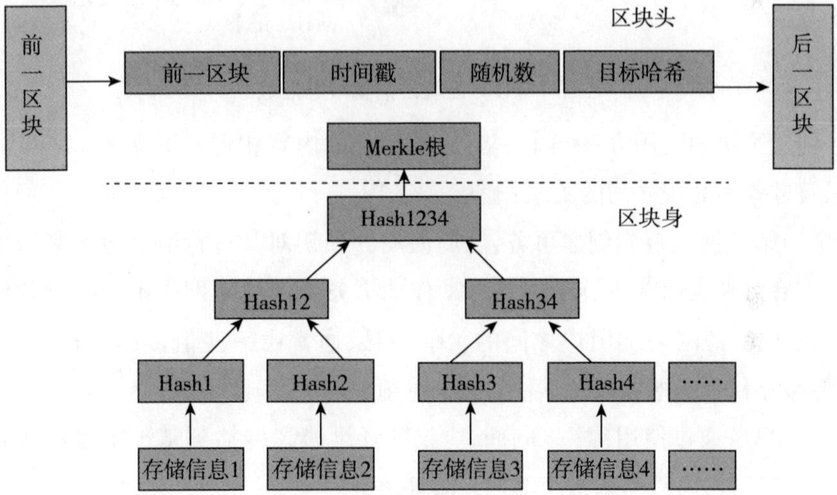

图 1－10　区块内部结构以及链式关系

更抽象的理解，区块链可以分为三层主要概念，如图 1－11 所示，首先需要有交易的产生，这里的交易不仅仅指虚拟货币交易，它可以是任何操作行为，比如存储少量数据（因为区块存储空间有限且价格昂贵，不适合存储大量数据）、赋予现实价值物品以可信的数字化身份等。这些交易由用户发起并提交，在经

过节点共识之后加密打包并生成新的区块来存储,且加密后的交易哈希会添加进默克尔树,随后该区块在“矿工挖矿”成功的情况下被添加到已有区块链的尾部。如此循环,随着交易的增多,链的长度就会增加,而随着节点的增加,区块链的吞吐量和交易执行能力也会加强。

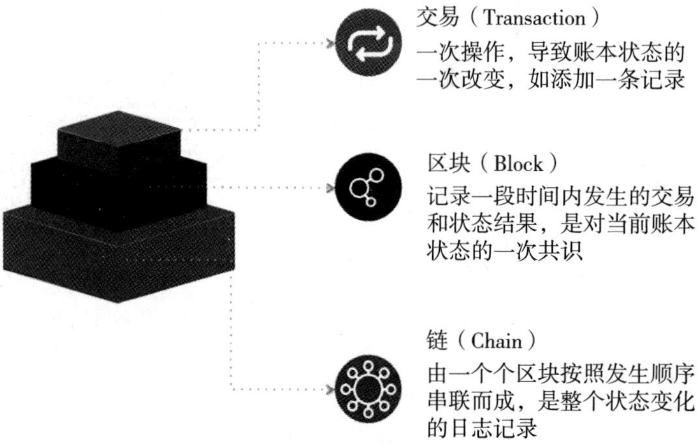

图1-11　区块链抽象概念层级

创建区块的通用方案与上一节交易部分的内容相似。下文展示了生成区块以及事务和区块之间的关系:

(1)节点通过首先创建事务,然后使用其私钥对其进行数字签名来启动事务。交易用来表示区块链中的各种动作。事务是区块链网络中的一种数据结构,表示区块链网络上用户之间的价值转移,通常由一些值传递逻辑、相关规则、传递源和目标地址以及其他验证信息组成。

(2)事务通过使用称为 Gossip 协议的泛洪协议传播到基于预设标准验证事务的对等方,通常需要多个节点来验证事务。

(3)一旦交易被验证,它就被包含在一个区块中,然后被传播到网络上,此时,交易被视为已确认。

(4)新创建的区块现在成为账本的一部分,下一个区块以加密方式将自身连接回该区块。在此阶段,事务获得第二次确认,区块获得第一次确认。

(5)然后,每次创建新区块时都会重新确认交易,通常需要六次确认才能将交易视为最终交易。

值得注意的是，第四个环节和第五个环节是非强制性的，因为交易本身是在第三个环节完成的；但是在必要的时候也会在第四个环节和第五个环节中执行阻止确认和进一步的交易重新确认。

二、区块链的特点与分类

区块链作为新一代互联网体制革新技术，试图从本质上缓解当代网络体系下人与人之间因为虚拟环境中的身份不确定性而产生的信任危机，当然，区块链本身并不是要解决身份的不确定性，而是通过多种技术的特性降低或者转化这种不确定性。

（一）区块链技术特点

1. 不可变性

不可变性是指不能被改变，这是区块链最重要的特性之一。区块链技术的工作原理与典型的银行系统略有不同，它不依赖中央授权机构，而是通过节点集合来确保区块链系统特性。系统上的每个节点都有一份数字账本，若要添加事务，每个节点都需要检查其有效性。如果大多数节点认为它是有效的，那么它就会被添加到分类账中，这提高了透明度。没有大多数节点的同意，任何人都不能向分类账中添加任何交易块。支持区块链关键特性的另一个事实是，一旦交易块添加到分类账上，就没有人可以直接回滚并更改它，网络上的任何用户都不能编辑、删除或更新它。

2. 去中心化

去中心化意味着它没有任何管理权威，也没有一个人负责框架，这是区块链技术完美工作的关键特性之一。区块链将用户节点置于一个直接的位置，由于该系统不需要任何管理权限，所以用户可以直接从网络访问它，存储加密货币、重要文件、合同或其他有价值的数字资产之类的任何东西，使用唯一的私钥直接控制它们，无须把访问、控制与管理等权限交付第三方。

3. 安全强化

区块链技术摆脱了对中央权威的需要，无人可以为了自己的利益而简单地改变网络的特征，因为它附带了一种特殊的装备——密码学。密码学是一种相当复杂的数学算法，充当抵御攻击的防火墙，网络上的信息隐藏了数据的真实本质。在这个过程中，任何输入数据都通过一个数学算法生成不同类型但长度固定的哈希值，而从数学上，要生成甚至破解相似度高或者相同的哈希值是几乎不具有可操作性的。

4. 分布式账本

所有区块链网络参与者都有一份完整透明的账本副本，这些副本都指向同一份公共分类账，公共分类账提供关于网络上所有参与者和交易的完整信息，跨计算机的分布式计算能力确保了更好的记账效果以及账本副本维护效率。

5. 强共识

每个区块链都有一个共识机制，以帮助网络作出快速和公正的决定。共识是一种决策算法，它使网络上活跃的一组节点更快地达成一致，以保障系统平稳运行。节点之间可能互不信任，但它们可以信任运行在网络核心中的算法来作出决策。

（二）区块链技术分类

1. 公共区块链

这些区块链完全遵循去中心化的理念，没有任何限制，任何有电脑和互联网的人都可以加入这个网络。公共区块链的名字是公开的，对公众开放，不属于任何人。网络中的所有计算机都保存着网络中存在的其他节点或区块的副本。在公共区块链中同样需要进行交易或者记录的确认。

2. 私有区块链

这些区块链不像公共区块链那样完全去中心化，而是只有选定的节点可以参与这个链，这使它比其他的区块链更安全，但它的私密性使它的受众具有针对性且在一定程度上受到约束，节点的加入或退出需要进行一定的核定。

3. 混合区块链

它是私有区块链和公共区块链的混合，其中链的一些部分由一些组织控制，其他部分作为公共区块链对节点可见。受控制的部分与私有链的运行机制相似，链上内容的访问控制权限也会受到相应的限制。其他部分则与公共区块链相同，所有节点拥有自己的数字内容的独立的访问控制权限，并且可以访问所有公开的内容。

4. 联盟区块链

这种区块链只针对某个特定群体的成员和有限的第三方,其内部指定多个预选节点为记账人,每个区块的生成由所有的预选节点共同决定,其他接入节点可以参与交易,但不过问记账过程,其他第三方可以通过该区块链开放的接口进行限定查询。

以上四种类型的区块链除了公共区块链外,其他三种都不算严格意义上的完全去中心化,但在它们的适用范围内是可以继承区块链所有特性并解决实际问题的,用户可以根据自己的需求确定适合的区块链。

三、区块链即服务

区块链即服务(BaaS)的概念是供应商提供易于实施的可定制解决方案,随着技术用例的增加,该概念的范畴可能会继续增长。与软件即服务(SaaS)和云产品类似,这些区块链产品提供了用户集中管理和节点分发等要素。本部分主要介绍不同层面的区块链应用策略。

大型金融机构、多国央行、许多行业都一直在研究区块链的实施,以寻找绕过过时、低效或其他昂贵流程的方法。所有这些并非都能完全发挥作用,但在这一领域的实验是区块链进步的标志。

(一)国家层面

1. 英国

在英国生产硬币的皇家造币厂(the Royal Mint)与芝加哥商品交易所(CME)合作,创建了一种基于区块链的与黄金挂钩的资产。加密货币公司 BitGo 被引入为该项目提供钱包和相关技术。然而,在 CME 退出后,这项努力在 2018 年年末被搁置,关于该资产将在哪里交易的问题尚未解决。

2. 法国

法国央行很早就在探索利用区块链的方法。2016 年,法国央行对欧元支付进行了基于数字身份的试验,该行一直呼吁在区块链行业内实行全球监管,最近,该行发布了招聘帖子,寻找熟悉加密经济学和 Hyperledger 等平台的区块链专家。

3. 中国

2019 年,中国政府发布声明,在全国范围内鼓励区块链产业发展。中国正在向央行加密货币迈进,预计数字人民币将使用区块链技术。该计划将该系统分为两层,提供某种程度上类似于现金的功能,并为移动交易提供离线功能。

4. 美国

多年来,美国中央银行一直在观察加密货币。2019 年,波士顿联邦储备银行(Boston Federal Reserve)发表了一篇论文,描述了其已运行的基于以太坊和超级账本的区块链测试。它使用代表多家银行的钱包和智能合约来核对向波士顿分行负责的美联储支付的款项。

5. 日本

投资银行摩根大通(JPMorgan)已将 Quorum 开发为基于以太坊的区块链,它还创造了自己的加密货币。加密货币将被用作通过仲裁区块链进行跨境支付的一种方法,这种方法可能既昂贵又低效。用户将能够在银行存款,发行 JPM 硬币,并在其他地方兑换为法定货币。

(二)行业领域

1. IT

安全性是企业 IT 系统中经常出现的组件。数字资产的开发支持在许多公司流行的运行环境中进行编辑。与账本相关的区块链应用可以帮助验证系统关键数据的有效性。这种安排可以包括网络管理、数据库监控和服务台。例如,可以使用合同来验证软件包或 Docker 映像。

2. 银行

从证券化到结算,再到重新思考法定货币,央行和普通银行都越来越多地关注区块链技术。银行必须与许多其他组织合作,区块链可以作为不可信任集体之间的中介,以使不同的集团都达成一致。桑坦德银行(Bank Santander)发行的数字债券就是一个很有吸引力的例子。

3. 法律

律师行业本质上是对抗性的,它涉及对立各方提出索赔,而中立的司法机构负责作出裁判。区块链作为一种技术创新,其不可篡改、可追溯等特性使其成为存证的有效工具，帮助在法律诉讼中验证信息。此外，一些法律程序自动化的技术正在进步，例如贝克霍斯特勒律师事务所正在使用智能合同签订货运协议。

4. 游戏

在电子游戏中，虚拟武器、电源或衣服等物品通常具有巨大的价值，但它们通常被锁定在一个特定的游戏或生态系统中。由于基于以太坊的加密设备，将物品连接到数字资产以表示独特性的概念越来越流行。区块链技术也可以用于打击欺骗行为，例如，链上国际象棋是柏林技术大学使用以太坊智能合约进行的一个项目，由于区跨链应用的规则限制，游戏不能有任何作弊行为。

5. 医疗

医疗行业产生了大量数据，其中大部分数据分散在各地。患者前往全科医生、专科医生、医院、门诊诊所和其他有健康需求的地方，所有这些访问都会生成数据。美国与此相关的法规正在出台，它要求医疗服务提供商允许患者访问其所有数字数据。谷歌正在开发一种叫作“可验证数据审计”的系统，这是一种基于分类账的系统，可以对数据记录进行加密验证。

6. 物联网

数十亿个智能设备，从电源板到灯泡，在与更大的网络合作时可以更高效地运行。到目前为止，企业仍在为所有这些设备付费，以连接到物联网并提供可验证的信息。区块链可能是解决方案的一部分，在受控的基础设施中提供账户甚至支付。IBM 的人工智能平台 Watson 与物联网设备交互，并使用基于超级账本结构的 IBM 区块链平台安全存储数据。

7. 支付

开放区块链尚不足以与现有支付网络竞争，但区块链的支付有其作用，许多人仍然看到了将区块链用于特定支付用例的机会，如大型组织机构付款、跨行支付、个人私下支付等。

将今天的区块链和加密货币与互联网早期进行比较并非完全错误。正如消费者互联网在其早期发展也非常缓慢，因为它缺乏我们现在习惯的大部分功能。区块链也处于类似的阶段，消费者采用率仍然很低，其解决问题的方式往往令人困惑和难以理解，这意味着开发者有巨大的机会塑造区块链行业的未来。如果能找到合适的应用程序,区块链可能成为下一个腾飞的伟大消费技术。互联网提供过一个教训,即灵活和适应性是通往进步的道路。区块链可以以令人目眩的速度发展,但拥有适应不断变化的市场和开发者生态系统是关键。

四、区块链未来

区块链可以实现多种职能,包括但不限于价值转移、资产管理和协议制定。本章第二节中描述的所有区块链元素都用来执行这些功能,但也有一些例外,例如,并非所有区块链平台都生产加密货币或代币。区块链在合理想象范围内应当具有以下前景。

(一)全分布式共识

分布式共识是区块链的主要基础,这种机制允许区块链呈现真相的单一版本,这是各方一致同意的,无须中心化的当局的要求。

(二)高效交易确认

从区块链上的节点发布的任何交易都将根据一组预先确定的规则进行验证,仅选择有效的事务以包含在区块中。

(三)通用智能合约

区块链是一个平台,程序可以在其上运行以代表用户执行业务逻辑。并非所有区块链都有执行智能合约的机制,这是一个非常理想的功能,在以太坊和多链等较新的区块链平台上可用,未来也应该普及到所有区块链平台。

(四)对等点之间转移价值

区块链允许通过令牌在其用户之间转移价值,代币可以被视为价值的载体,更具普遍性和公共价值的令牌形式和载体应该被推出并使用。

(五)智能财产

现在可以以安全、准确的方式将数字或物理资产连接到区块链,任何人都无法篡改和独占。每个人可以完全控制自己的资产,不能重复使用或重复拥有。目前,许多数字版权管理方案正在与版权法一起使用,但它们都不能像基于区块链的版权保护那样具有可执行性,区块链可以以完全强制的方式提供版权保障。

区块链的广阔前景无法通过几点概括清楚,这里只作简单列举,让读者意识到区块链的优势以及将会带来的划时代性的互联网模式变革,在使用区块链的过程中,具体问题需要具体分析,要避免多此一举,也要避免事倍功半。

第二章　区块链法的基本原理

第一节　区块链法概述

一、区块链法的含义及特点

区块链法是在现代法学向数字法学转型的背景下，规范区块链及相关技术应用的领域法，是以区块链、智能合约、数字资产、加密数据等所涉及的法律问题为主要研究内容，具体调整区块链与智能合约的开发者、平台运营者、数据处理者、用户，以及数字资产流转各主体之间法律关系的法律规范的总称。党的二十大报告指出，坚持面向世界科技前沿、面向经济主战场、面向国家重大需求、面向人民生命健康，加快实现高水平科技自立自强。我国与欧美主流国家在区块链的技术选择与应用导向方面存在显著的差异，由此也决定了，我国的区块链法必然具有适合本国国情的中国特色。

第一，区块链法的变革性。在第四次工业革命的洗礼下，人类正经历由工商社会向数字社会迈进的重大时代变革。有学者指出，法学伴随着从物理时代向数字时代的代际转型，在完成了从前现代法学到现代法学的变革之后，也正在迈向数字法学的新发展阶段。[①] 如今，区块链以其非中心化、数据加密、公开透明、机器信任等技术优势正深刻地改变物理时代的社会关系、行为模式和生活方式，基于物理时代生活规律的现代法律也必然要进行"代码法律化"与"法律代码化"的总体性重塑，这无疑构成了区块链法学的重大理论背景。区块链法的变革性较为突出地体现在区块链应用法律性质的界定问题（如智能合约与

---

① 参见马长山：《数字法学的理论表达》，载《中国法学》2022 年第 3 期。

法律合同的关系、数字资产的物权属性、区块链存证的证据属性等),新场景、新领域的法律风险[如去中心化金融(DeFi)、NFT、元宇宙等面临的法律挑战],以及虚拟空间造成的法的不确定性(如 Web3 与 Web3.0 所形塑的不同的法律未来),都超出了现代法学的解释空间,需要法学理论进行代际意义上的转型升级以因应数字时代的生产关系与行为规律。

第二,区块链法的领域性。区块链法既非独立的法律部门,也难以被纳入某一基本法律部门中,而是一个涉及众多法律部门的领域法(field law)。领域法是指一个相对独立的综合法律领域,不属于现有的法律部门,而是一个采用另一种划分方法,在某种意义上与现有部门法相并列的相对独立的法律领域。[①]例如,区块链支持的公民权利的行使、民主投票等属于宪法法律部门的问题;数字资产的物权保护、智能合约的合同属性等属于民法法律部门的问题;与虚拟货币相关的洗钱、诈骗、集资诈骗等犯罪属于刑法法律部门的问题;区块链在金融和金融市场基础设施中的应用则涉及金融法、市场管理法、反垄断法等经济法法律部门;在区块链转型为监管科技之后,区块链广泛地推动各个监管机构的科技转型,相应地也涉及行政法领域。基于区块链的数字版权保护、区块链在能源与生态方面的应用,基于区块链的数字医疗、区块链教育等则广泛地涉及知识产权法、环境保护法、卫生法、教育法等多个领域。此外,由于区块链的电子数据存证在公证、鉴定、司法领域的广泛应用,区块链法也涉及诉讼法、证据制度、司法改革等法律领域。

第三,区块链法的广泛性。区块链法以区块链、智能合约、数字资产等所涉及的法律问题为主要研究内容。由于区块链具有新型信息基础设施的性质,它与人工智能、大数据、云计算、物联网等新技术紧密相连,而且,区块链是多种技术的集群,其多样、灵活的应用使区块链及其相关应用已经超越了区块链 1.0(虚拟货币)阶段与区块链 2.0(智能合约)阶段,正全面步入区块链 3.0(智能社会)阶段。可以说,区块链、智能合约、数字资产的应用几乎涉及智能社会的所有领域,不仅遍及整个金融领域(包括数字票据、数字资产、支付结算,还应用

① 参见刘剑文:《论领域法学:一种立足新兴交叉领域的法学研究范式》,载《政法论丛》2016 年第 5 期。

于证券、保险、供应链金融、P2P、征信等场景），在非金融领域也有广阔的应用空间（包括电子存证、数字版权、数字医疗、数字能源、数字慈善、数字政务和智慧司法等）。

第四，区块链法的中国性。习近平总书记在庆祝中国共产党成立100周年大会上提出"中国式现代化新道路"的崭新理论命题，"人类历史上没有一个民族、一个国家可以通过依赖外部力量、照搬外国模式、跟在他人后面亦步亦趋实现强大和振兴"。[①] 这一科学论断为法学界提出"中国式法治现代化"提供了科学的理论依据。"世界上不存在定于一尊的法治模式，也不存在放之四海而皆准的法治现代化道路。"[②]我国的区块链法是在中国式现代化进程中形成的，是中国式法治现代化的重要组成部分，决不照搬欧美区块链法的模式，符合中国国情和实际，为世界提供了一套基于区块链技术的法治现代化的中国方案。2013年，中国人民银行等五部委联合发布了《关于防范比特币风险的通知》，明确了比特币的非货币属性，并禁止其在市场上流通，初步展现出我国区块链法不同于欧美的、去虚拟货币化的中国立场。2017年，中国人民银行等七部委发布《关于防范代币发行融资风险的公告》，将首次代币发行（Initial Coin Offering，ICO）界定为"未经批准非法公开融资的行为"，在我国境内全面清退融资代币和虚拟货币业务。2019年10月24日，中共中央政治局就区块链技术发展现状和趋势进行第十八次集体学习，中共中央总书记习近平在主持该次集体学习时强调，我们要把区块链作为核心技术自主创新的重要突破口，加快推动区块链技术和产业创新发展。这次集体学习为我国区块链法的发展指明了方向：一方面，我国以"亲监管"的联盟链为主要的技术类型；另一方面，我国高度重视区块链与实体经济深度融合。此后，中国人民银行等十部委于2021年发布《关于进一步防范和处置虚拟货币交易炒作风险的通知》，再次重申与虚拟货币相关的业务属于非法金融活动，坚决取缔虚拟货币"挖矿"和交易活动。2022年，中国互联网金融协会等发布《关于防范NFT相关金融风险的倡议》，明确倡议区块链、NFT应坚持赋能实体经济以及"去金融化"的合规底线。概言之，我国的

---

① 中共中央《关于党的百年奋斗重大成就和历史经验的决议》，人民出版社2021年版，第43页。

② 张文显：《论中国式法治现代化新道路》，载《中国法学》2022年第1期。

区块链法没有照搬欧美区块链法以金融为中心、以资本为中心的“模板”，而是坚持中国国情和实际，形成了以“去金融化”、“亲监管类型”和“赋能实体经济”为基本原则的中国方案。

二、区块链法的渊源

(一)正式渊源

1. 宪法

《宪法》是我国的根本大法，具有最高的法律效力。我国《宪法》为基于区块链和智能合约的数字资产流转、加密数据使用、个人信息保护等活动提供了根本指引。一方面，作为区块链法基本组成内容的《密码法》《个人信息保护法》《数据安全法》《网络安全法》等相关法律都必须以《宪法》为根本法和立法依据；另一方面，区块链与智能合约的开发者、平台运营者、数据处理者、用户以及涉及数字资产流转的各主体的活动都必须以《宪法》为根本准则，负有维护《宪法》尊严、保证《宪法》实施的责任。

2. 法律

法律是由全国人大及其常委会依据《宪法》和《立法法》授予的立法权制定的强制性规范。我国区块链法律体系首先由民法、刑法、诉讼法等基本法律组成整体法律框架，还包括涉及加密技术、网络、数据和信息的普通法律，如《网络安全法》《密码法》《数据安全法》《个人信息保护法》等。

我国《刑法》中适用于区块链的规范条款包括洗钱罪、诈骗罪、侵犯公民个人信息罪、非法利用信息网络罪、拒不履行信息网络安全管理义务罪等。我国《民法典》中适用于区块链的规范包含在网络财产、个人信息安全、物权、合同、民事责任等条款内。此外，《民事诉讼法》《刑事诉讼法》有关电子证据的规范是区块链电子数据存证具有证据效力的根本法律依据。

2016 年公布的《网络安全法》是有关区块链网络的重要法律之一，它规定了收集使用个人信息的规则以及网络运营者保护个人信息的义务。2019 年公布的《密码法》让网络密码使用有了法治基础，是推动区块链技术应用和产业创新发展的重要规范与指引。2021 年公布并施行的《数据安全法》为区块链开发者和平台在我国境内开展数据处理活动提供了明确的监管依据。同年公布并施行的《个人信息保护法》为规范区块链相关主体处理个人信息的活动确立了准则,并明确了各方保护个人信息权益的责任。此外,与区块链联系较为密切的法律还包括《电子商务法》《电子签名法》《消费者权益保护法》等。

3. 行政法规

自2016年起,国家层面便启动了有关区块链技术的布局,大力推进区块链与实体经济的融合,鼓励该技术在各领域、多场景中的应用。2016年,国务院《关于印发"十三五"国家信息化规划的通知》明确指出,我国应强化战略性前沿技术超前布局,应加强区块链等新技术基础研发和前沿布局,构筑新赛场先发主导优势。2017年,国务院办公厅《关于创新管理优化服务培育壮大经济发展新动能加快新旧动能接续转换的意见》提出要创新体制机制,在区块链等交叉融合领域,构建若干产业创新中心和创新网络。

除了宏观性的规定以外,还有指引区块链在各领域适用的法规。在监管领域,2019年,国务院《关于加强和规范事中事后监管的指导意见》要求充分发挥现代科技手段在事中、事后监管中的作用,依托区块链等新技术推动监管创新。在工业领域,2017年,国务院《关于深化"互联网+先进制造业"发展工业互联网的指导意见》提出,要促进区块链等新兴前沿技术在工业互联网中的应用研究与探索。在经贸领域,2017年,国务院《关于进一步扩大和升级信息消费持续释放内需潜力的指导意见》提出,鼓励利用开源代码开发个性化软件,开展基于区块链等新技术的试点应用。2019年,中共中央、国务院《关于推进贸易高质量发展的指导意见》提出,要推动互联网、物联网、大数据、人工智能、区块链与贸易有机融合,加快培育新动能。在交通运输领域,2019年,中共中央、国务院印发《交通强国建设纲要》,强调推动大数据、互联网、人工智能、区块链、超级计算机等新技术与交通行业深度融合。

4. 部门规章

部门规章的效力层次虽然不及法律、行政法规,但是后者的原则性条款较多,内容偏重于网络、信息和数据安全,对于区块链的规范而言,部门规章的规定最具有全面性、针对性和可操作性。2019年,国家互联网信息办公室发布了《区块链信息服务管理规定》,明确了区块链信息服务提供者的信息安全管理责任,有利于规范和促进区块链技术及相关服务健康发展,规避区块链信息服务安全风险,并为区块链信息服务的提供、使用、管理等提供明确、有效的法律依据。《区块链信息服务管理规定》的内容非常全面,它对区块链信息服务进行了界定,明确了区块链信息服务的监管主体,制定了区块链行业的鼓励政策,明确了区块链信息服务提供者的一般义务、信息安全隐患整改义务和接受检查监督的义务,规定了区块链信息服务的备案程序、对信息备份的具体要求,赋予了区块链信息服务提供者对违法信息的处置权利。此外,《区块链信息服务管理规定》还对国家、省、自治区、直辖市互联网信息办公室对区块链信息服务者违法行为的处罚权力和处罚方式进行了明确的规定。

5. 地方性法规和规章

近年来,有关区块链的地方性法规数量众多。2018 年,福建省人民代表大会常务委员会《关于进一步推进数字福建建设的决定》要求集中优势资源,加强通用芯片、显示面板、通用数据库、区块链、人工智能、物联网等关键核心技术攻关,加快形成自主可控的数字经济产业链、价值链和生态系统。2018 年,《贵阳市大数据安全管理条例》规定,鼓励安全责任单位运用区块链等新技术手段,优化数据通用架构,强化信任认证和防篡改设计,提升大数据安全防护水平。2018 年,《天津市促进大数据发展应用条例》规定,市和区人民政府及其有关部门也应当支持壮大云计算、移动互联网、区块链、物联网等新一代信息技术产业,加快发展科技服务、创意设计等现代服务业。2019 年,《黑龙江省优化营商环境条例》规定,应运用互联网、云计算、大数据、区块链等现代化技术手段,营造稳定公平透明、可预期的营商环境。2021 年,《山东省大数据发展促进条例》规定,鼓励运用区块链、人工智能等新技术创新数据共享模式,探索通过数据比对、核查等方式提供数据服务。

涉及区块链的地方规章的数量也相当可观。2017 年,《贵阳市大气污染防治办法》规定,县级以上人民政府和管委会应当运用大数据、区块链等先进理念和技术,建立和完善大气污染防治技术体系、服务方式和监管模式。2019 年,《安徽省实施〈优化营商环境条例〉办法》规定,各级人民政府应当运用区块链、互联网、大数据等信息技术手段,推进数字政府建设,加强政务数据资源有序归集、共享应用。

(二)非正式渊源

1. 国际标准

国际组织在区块链技术参考框架、智能合约安全等方面开展了大量的标准化工作。[①] 国际标准化组织设立了多个研究组和工作组,推进区块链安全标准研究。万维网联盟是 Web 技术领域最具权威和影响力的国际中立性技术标准机构,它们聚焦于从细分技术层面创建安全规范的区块链标准。国际互联网工程任务组研究区块链安全和隐私保护技术方案。

2. 行业标准和自律规范

我国信息安全标准化技术委员会(TC260)的信息安全评估工作组(WG5)致力于规范基于区块链的审计信息基础设施的设计和建设,以应对审计记录篡改、敏感信息泄露等安全威胁;信息安全工作组(WG7)通过研究区块链应用安全管理的原则、角色、模型,制定区块链应用安全管理基本控制措施。还有不少区块链领头行业、机构也对区块链领域标准化及相关规范进行了先行探索,形成了《中国区块链技术和应用发展白皮书》《区块链参考架构》等成果。2018 年,可信区块链推进计划发布《区块链行业自律倡议书》,接受社会公众和媒体的共同监督。同年,深圳市信息服务业区块链协会发布《深圳市区块链行业自律公约》。2022 年,中国互联网金融协会、中国银行业协会、中国证券业协会发布《关于防范 NFT 相关金融风险的倡议》,明确我国 NFT 行业应坚持守正创新、赋能实体经济,并坚持 NFT 去金融化的原则,坚守防范金融风险的底线。

3. 司法解释

2018 年,最高人民法院《关于互联网法院审理案件若干问题的规定》明确了电子证据的认定规则,鼓励和引导当事人通过电子签名、可信时间戳、哈希值校验、区块链等技术手段证明电子数据的真实性,并通过取证存证平台等对证据进行固定、留存、收集和提取,弥补依靠公证程序认定电子证据的不足,提升电子数据的证据效力。2021 年,最高人民法院通过《人民法院在线诉讼规则》,

---

① 参见郑飞主编:《中国区块链法治发展报告:2009—2019》,知识产权出版社 2020 年版,第 101 页。

规定了区块链存证的效力范围，明确了区块链存储的数据上链后推定未经篡改的效力，并规定了区块链存储数据上链后以及上链前的真实性审核规则，从而规范了区块链技术的司法应用，促进区块链存证行业有序发展，有效解决电子数据取证、存证、认证难问题。

4. 规范性文件

2013 年，中国人民银行等五部委联合发布《关于防范比特币风险的通知》，明确指出比特币具有没有集中发行方、总量有限、使用不受地域限制和匿名性四个主要特点，其性质上属于特定的虚拟商品，不具有与货币相同的法律地位，不能且不应作为货币在市场上流通，明确要求各金融机构和支付机构不得开展与比特币相关的业务，并防范可能产生的洗钱风险。2017 年，中国人民银行等七部委发布《关于防范代币发行融资风险的公告》，明确将 ICO 界定为“未经批准非法公开融资的行为”，要求任何组织和个人不得非法从事代币发行融资活动，要求代币融资交易平台不得从事法定货币与代币、虚拟货币相互之间的兑换业务。2021 年，国家发展改革委等十一部委发布《关于整治虚拟货币“挖矿”活动的通知》，界定了虚拟货币“挖矿”的内涵，指出其盲目无序发展对推动经济社会高质量发展和节能减排带来不利影响。国家发展改革委等相关部门将按照“严密监测、严防风险、严禁增量、妥处存量”的总体思路，加大力度开展核查整治工作，以全面清理虚拟货币“挖矿”活动。2021 年，中国人民银行等十部委发布《关于进一步防范和处置虚拟货币交易炒作风险的通知》，重申与虚拟货币相关的业务属于非法金融活动，应一律严格禁止，坚决依法取缔，对构成犯罪的依法追究刑事责任；还应建立健全应对虚拟货币交易炒作风险的工作机制和风险防范处置体系，以加强虚拟货币交易风险预警，全力维护经济金融秩序和社会稳定。

第二节　区块链与宪法

一、基于区块链的次要规则

宪法在一个国家的法律制度中至关重要，因为其规则决定了法律在一个特定的社会中是如何被制定、执行和适用的。在分析法学看来,宪法是次要规则(secondary rules)的最典型的例子。如果说规定人们行为的规则可以被界定为主要规则,那么次要规则就是“制定规则的规则”。在一定意义上,区块链可以被理解为一种宪法性的规则系统,它不仅定义了分布式账本技术所支持的活动,而且以更为根本性的规则使其合法化,特别是由区块链构筑的“宪法”性规则所定义的退出机制,在公有链领域创造了独特的竞争性的治理模式。

(一)具有宪法性特征的区块链

宪法是所有立法、执法和司法行动的基本规则。一旦基本规则达成一致,一个多层次的规则系统就会把政治竞争的边界限定在一组范围有限的问题上,这是在世界各地的治理体系中普遍出现宪法规则系统的基本论据。然而,在私人治理的领域,也许是因为缺乏统一、可用的次要规则,人们对控制人的互动与交易的基本规则有不同的理解。部分原因可能在于公司制减少了对治理进行治理(governance of governance)的需要,公司中央机构的决定就是“法”,公司的决策、治理与规则的变更通常是一个集中的而不是一个民主的过程。不过,从宪法学的角度来看,区块链形成了一种基于次要规则的治理形式,或者宪法性的治理形式,尽管较为成熟的区块链应用还比较有限。

首先,区块链在私人治理领域呈现出与公共治理相重叠的特征。特定区块链中的网络参与者或节点扮演着政府的角色,该区块链的用户则可以看作选民,他们是最终的“主权者”。因为用户在特定的区块链(尤其是公有链)上进行价值存储和交易的程度决定了该区块链(以及采用此公有链的虚拟货币)的估值,而估值将决定网络参与者进行验证和处理交易的动机。在此意义上,网络参与者受到他们的选择所产生的网络变化的限制。如果这些更改与用户的预期目的相背离,那么这些用户可以简单地减少使用或者完全脱离该区块链。虽然网络参与者并未像代议制政府那样具有广泛的代表性,但是他们在代表使用该区块链进行交易的用户来行使治理的职能,于是便形成了区块链的一项基本的代理控制形式,即从用户的利益出发来约束网络参与者。

其次,区块链创建了不同于以往公司制的决策机制。在由中央权威严格定义网络参与者权利的情况下,规则的制定与变更都是公司集中决策的结果,通常与网络参与者的角色与偏好无关。相反,公有链的设计意味着任何拥有合适的硬件、互联网端口和可靠算力的人都可以成为区块链的网络节点(或参与者)。网络交易过程的分散验证与底层分类账的分布式维护相结合,意味着网络参与者必然对区块链基本网络规则的延续或变更具有直接的影响。与公司制不同的是,区块链中的“股东”可以参与经营、“员工”也有权进行决策,这都是对传统私人治理模式的有力背离。不仅如此,用户还可以通过退出机制实质性地影响决策的结果。可以说,区块链已经根本性地改变了传统私人治理领域采用集中决策的既有模式,网络参与者和用户对相应决策的广泛参与使区块链中的决策机制具有开放性、民主性和竞争性等鲜明的特征。

最后,区块链的变更在很大程度上暗合了宪法修正的基本原理。学者们从世界各地对宪法修正进程的研究中总结出五个核心经验。[①] 第一,宪法的灵活性与宪法的持久力相关联;第二,对修改程序自身的修正可能意味着重大的宪法修改;第三,有关政体的最根本性的方面构成了宪法规则中不可修改的内容;第四,围绕基本信念的宪法原则与成文宪法规则之间存在张力;第五,宪法修正的一项重要使命是在治理规模的最大化与代议成本的最小化之间寻求平衡。这里主要涉及前两项经验,即宪法的修正是必要的,同时,修改宪法实体内容与修改其程序之间也存在重要区别。在一定意义上,与对宪法结构的更常见的修正相比,对修改程序的修正更像是一种“元修正”(meta - amendment),因为后者对宪法治理的影响可能比其他的修正更为根本。区块链规则的修正在很大程度上暗合了上述情况。对区块链的一些更改相当于普通的修正,另一些更改则相当于对修改规则本身的修正,如对共识算法的改变。起初,比特币选择了工作量证明机制的共识算法,然而,由于单个交易过程需要高昂的成本和时间,最初选择的工作量证明机制共识算法在比特币的两项基本功能(价值存储与支付网络)之间造成了裂痕。随后,围绕权益证明机制的共识算法的辩论比围绕费用和哈希函数难度改革的辩论持续的时间更长,也更激烈。毕竟对共识算法的更改相当于对宪法修正规则的修改,后来以太坊的应用也证实了这一判

---

① See Eric Alston, *Constitutions and Blockchain: Competitive Governance of Fundamental Rule Sets*, Journal of Law, Technology & The Internet, Vol. 11, No. 5(2019 - 2020).

断——在新的共识算法中,所有规则的修改都通过完全不同的治理过程来进行。

(二)区块链规则治理的实例

在区块链社区的规则治理中,相继涌现出了诸多解决方案,包括回滚、硬分叉、分片以及共识算法的转换等。这些解决方案与旨在降低代理成本、扩大治理规模的前述宪法修正经验具有高度的一致性。

1. 回滚

2016 年,以太坊上的一个 DAO 因一个代码设计中的缺陷致使黑客获取了价值 5000 万美元的以太币。代码中的这一缺陷给区块链治理带来了重大的挑战:如果坚持区块链不可改变的基本信条,就意味着承认了黑客的盗窃行为。相反,如果允许区块链回滚到黑客攻击前的状态,该笔资金将不会被窃取。可是,网络参与者和用户对区块链不可改变的忠诚与坚持惩罚错误行为的公正诉求之间必然产生冲突。在本质上,这是宪法的基本信条与刚性规则之间的冲突,其造成了采用回滚的"以太坊"与坚持区块链不可变性的"以太坊经典"的分叉。不过,仅用了不到 3 年时间,"以太坊"的市值已经是"以太坊经典"的 30 倍,[①]这表明更多的网络参与者和用户相信惩罚恶行与公正的重要性。

2. 硬分叉

比特币区块链处理交易的能力有限,这给网络参与者和用户带来了极大的压力。以 Visa 等主要支付网络为参考指标:Visa 网络平均每秒处理 1700 笔交易(潜在处理能力为每秒 47000 笔交易)。[②] 相比之下,比特币网络每秒仅可以处理大约 7 笔交易。[③] 更严峻的问题是,随着比特币用户数量的增加,由于添加到比特币区块链的数据块大小和哈希函数的求解速度基本上是固定的,所以使用比特币进行交易的人越多,每一方在交易完成前面临的延迟就越大。部分网

① Top 100 Cryptocurrencies by Market Capitalization, Coin Market Cap, coinmarketcap. com.

② See Manny Trillo, *Stress Test Prepares Visa Net for the Most Wonderful Time of the Year*, http://www. visa. com/blogarchives/us/2013/10/10/ stress - test - prepares - visanet - for - the - most - wonderful - time - of - the - year/ index. html.

③ See K. Croman et al., *On Scaling Decentralized Blockchains*, 9604 Financial Cryptography and Data Security (2016).

络参与者和用户为了解决严重迟延的问题，通过一个硬分叉产生了另一支独立的区块链和一个独特的加密货币，其被称为“比特币现金”。比特币现金使用类似于支持比特币的网络流程，但涉及更大体量的区块，也允许更快的交易速度。不过，硬分叉作为减少网络参与者和用户退出底层区块链的方法，有可能造成密切相关的区块链长期下行的趋势。因此，硬分叉可能也并不总是区块链规则治理的可取选择。

3. 附属网络

由于既有的工作量证明共识算法限制了区块链交易的速度和规模，比特币与以太坊都尝试过附属网络的解决方案。比特币的闪电网络（lightning network）是对导致“比特币”和“比特币现金”之间硬分叉的同一个根本问题的回应，即在频繁交易的用户之间创建一个可以进行无限数量交易的支付通道，从而显著降低区块链主网络处理大量重复交易的网络负载。以太坊也开发了类似的被称为等离子体（plasma）的解决方案。也就是将有关智能合约的验证工作放在附属网络层，而控制主区块链网络仅需对一小部分活动进行验证。这种形式的治理解决方案非常类似于行政放权，即参与者在附属网络完全利用他们自己定义的一套新规则来治理该附属流程。

4. 分片

以太坊的网络参与者探索的另一个治理解决方案被称为分片（sharding），该方案旨在克服流程规模增加所带来的问题。实际上，分片是一种特定于区块链的类似司法的去中心化形式，其中网络交易的验证仅发生在网络参与者的节点子集上，而不需要在整个网络上进行大规模验证，这一过程是一种独特治理创新。在这里，主区块链的规则将保持不变，但只有一部分网络参与者负责确保这些规则的执行。分片式的治理方案充分贯彻了去中心化的价值信念，可以在更多的变化中适用规则以维持更大的交易量，进而减少那些用户退出区块链所造成的负面影响，因为特定用户和网络参与者的治理偏好将在更相关或更去中心化的安排中得到满足。

5. 共识算法的修正

区块链领域最基本的治理变革之一，就是以太坊从工作量证明机制向权益证明机制的共识算法的转向。这一修正直接解决了电力强度和网络拥塞导致的交易费用高和处理时间慢的问题——这是所有大规模公有链网络运行中所面临的两个主要障碍。网络参与者不再竞相解决加密哈希函数,而是通过以太币的持有者将其持有的部分资产标注在一个特定的新区块上,就相当于对底层分类账的变更达成共识;如果有足够多的利益相关者表示他们打算验证该特定区块提交的交易,那么该区块才会被添加到以太坊区块链上。从本质上讲,共识算法的修正全面地改变了以太坊区块链的整个治理结构,因此,即便这一修正不是全面的宪法(或次要规则的)改革,也可以说是对修宪程序本身所进行的一项重大修正。

(三)基于区块链的宪法性治理

区块链与宪法有许多相似之处,同时它们可以从对方的治理应用中获得相当多的启发。不仅区块链的变革可以从围绕实施和修改的宪法设计中吸取经验,区块链应用中的一些成熟机制也可能在未来成为宪法治理代码化的先导。

1. 区块链治理应借鉴的宪法修改经验

区块链与宪法的相似之处不仅体现在区块链基础网络规则与宪法规则都具有次要规则的性质与地位,而且区块链的改变与宪法修改有很多相通之处。其一,对区块链网络流程的更改通常需要获得足够比例的网络参与者和用户的同意。其二,一些涉及对数据块大小、哈希函数难度、交易费用以及哈希函数解析奖励的改变意味着对治理进程进行根本性的增益或变革。这类变更都是区块链上具有宪法修正意义的实例,意味着对于宪法设计的理解,特别是对宪法修改经验的关注,将使区块链的设计者和参与者受益匪浅。一方面,宪法修改应当被视为进行必要的调整,毕竟宪法的灵活性与其持久力相关联。如果没有这种必要的调整,整个宪法秩序将可能因僵化而被推翻。区块链及其基础网络规则同样源自人类的设计,因而也离不开必要的调整。此外,区块链特有的退出机制所引发的规则竞争也会使修改的需求变得更为迫切。另一方面,秩序的稳定性要求宪法应当保持必要的刚性,因而宪法修改的门槛还是应该足够高,以利于基本规则不受到一般性压力的影响。区块链从作为独立的技术而备受关注之日起就被誉为“信任的制造机”,不可篡改、难以改变也一直被视为区块链的基本特征。因此,有必要对区块链的修改设置足够严格的条件,以便使其难以改变的特征维持必要的刚性，从而维护由区块链建构的“去信任的信任”秩序的稳定性。

2. 区块链治理与宪法治理的区别

尽管区块链与宪法都具有次要规则性质，在规则的修改方面也具有一致性，不过二者的区别也是十分明显的，最直观的例子莫过于二者在适用范围上的差异。区块链所管辖的活动范围远小于现代宪法秩序所涉及的领域，前者仅限于少数几个程序，而依据宪法实施法律的行为都属于后者的范畴。除此之外，二者的差异还表现在以下几个方面：

第一，区块链治理缺乏明确的职能分工。实际上，区块链的网络参与者是在同时行使类似于立法、行政和司法的职能。当网络参与者成功地解决了共识算法基础上的加密哈希函数时，他们也在处理网络交易、生成网络资源，并验证其他用户“提交的交易”是否符合基础网络规则，每一个环节都可以被比作国家机关的一项独立的职能。公有链上虚拟货币的产生和对规则微调的提议相当于立法；验证和处理区块链上的交易则类似于法律的执行；确保交易行为符合基础网络规则的职能则类似于裁量决断的司法。目前，履行这些职能的动机与解决底层加密哈希函数的预期回报相联系，而并不存在宪法意义上的职能分工或分权。

第二，区块链治理要求规则适用的确定性。区块链治理不允许在网络基础规则的适用中采用自由裁量或者法律解释等补救措施，以便严格运行规则代码所确定的需求和目标。区块链的治理体制具有一套所有节点周知且范围有限的功能，因而，验证这些功能与底层网络规则的一致性便是一个相对简单的过程。而宪法在实施过程中需要行政自由裁量权以及司法解释，以便监督这一实施的合宪性。对比二者的治理实践，宪法提供给政府的自由裁量的权限或者要求司法解释的程度远超过网络参与者依据区块链应用范围、形式和交易频率进行决策时可以选择的范围。因此，与宪法规则相比，区块链规则的适用具有相当大的确定性，即便是涉及惩罚网络上的恶意行为者的情况，正如以太坊上DAO受攻击事件那样，在当前的治理过程中的“回滚”措施也更接近于“修改宪法”而不是自由裁量或法律解释。

第三，区块链的改变和宪法修改过程之间最重要的区别之一是围绕代码链进行区块链分叉。有关分叉的定义有很多,[①]大致可以归纳为三种不同并占据主导地位的分叉方式。其一,软分叉,是指尚未采用新规则进行变更的网络节点可以兼容的分叉;其二,第一种硬分叉,是指尚未接受新规则进行变更的网络节点拒绝根据新规则创建的新的区块;其三,第二种硬分叉,是指底层区块链产生两个永久独立的版本,一个版本依据旧规则,另一个版本依据新规则。与宪法修正不同,其不会产生新区块链的软分叉和第一种硬分叉,不满新规则的网络参与者和用户只能完全退出底层区块链,而不能继续参与并使用他们最喜欢的已分叉的区块链。第二种硬分叉与宪法修正的差异更为明显,分叉后的两个区块链可以存在于曾经只有一个区块链的地方,网络参与者和用户随后通过他们对网络进程的决定和交易介质的选择来确定在分叉后将支持哪个区块链。宪法治理则不然,毕竟民众从一个宪法制度中退出并进入另一个宪法制度的能力是非常有限的。在宪法修正之后,几乎所有的民众都将被修改后的宪法统一管辖,而旧宪法只管辖那些在旧宪法生效时所产生的法律行为。

3. 区块链赋予宪法治理的新形态

宪法设计被认为是在促进规模经济发展与创建代议制关系之间进行权衡,前者存在于单一的基本规则所创造的治理之中,后者与大规模治理所必然产生的代议制政府相关。

对于前者而言,区块链特殊的硬分叉和退出机制将为竞争性治理创造潜在的空间。当涉及治理的调整时,区块链为网络参与者和用户提供了三种选择。他们可以修改区块链底层的规则,也可以开发辅助的治理进程,还可以直接(或有选择地)退出,进而参与或使用另一个区块链,其治理可以更好地实现网络参与者和用户的治理目标。借鉴区块链低成本的退出机制将激发宪法治理领域的良性竞争,这往往被认为既会提高政府对公民的责任,也会促进制度与政策更全面地照顾民众们多元的理想和偏好。因为在竞争性治理的压力下,国家机关必须考虑到网络参与者和用户进入与退出特定区块链的自由程度,并将其与

① 目前已出现至少八种不同类型的硬分叉概念。尽管如此,就退出机制而言,关键的区别是一种硬分叉会产生两个可行的链,另一种则不会。前者为网络参与者提供了退出选项,后者则没有。See Sean Stella, *What is a Hard Fork? Hard Forking Explained!*, Hardforking. com, https://www. hardforking. com/what - is - a - hard - fork/.

已提出和现有的实际治理方案相比较,以便形成吸引民众大规模参与的合理化治理方案。同时,竞争性治理将推动政策的差异性与多样化,使民众可以自行选择最能代表他们偏好的治理方案。

对于后者而言,区块链去中心化的结构将有可能深刻地改变代议机关与民众之间的关联方式。与大规模治理相关的代议政府的问题主要是指为投身于立法、行政和司法治理的个人建立代议制身份的问题。宪法治理的根本挑战之一,是一旦立法权被授予代议制的代理人,就必须限制这种权力。但问题是,这些代理人只是定期地(至多是不完全地)受到民众的约束。权力很有可能使"代表"们形成他们自己的治理偏好而不同于甚至偏离于民众的理想。对此,区块链的去中心化可能是一种解决方案。去中心化可以使代议机关的决策更加公开透明,也允许民众的监督成为新常态,进而有效地防止权力的过度集中和"暗箱决策"的出现——从而避免特定国家的民众无法管理他们所要求的大多数事项。

二、宪法性权利的代码化

人类法律的发展历史大致经历了从习惯到习惯法再到成文法的过程。随着第四次工业革命的到来,"代码即法律""法律即代码"的命题正在成为现实,区块链等技术也将推动成文法迈向"法律代码化"的全新阶段。习近平总书记强调,"宪法是国家的根本法,是治国安邦的总章程"[①]。我国宪法是充分体现人民共同意志,充分维护人民根本利益的好宪法。[②] 因此,本节将探讨在依宪治国领域中使用区块链的可能性,并详细说明宪法代码化在保障人民民主权利方面的原理和方案。

(一)智能宪法的基本原理

1. 智能宪法概念的形成:密码法、数字普通法与智能社会契约

在比特币诞生之初,许多倡导者坚信区块链和相关的密码法技术将成为国

---

① 习近平:《坚持依法治国首先要坚持依宪治国,坚持依法执政首先要坚持依宪执政》,载习近平:《论坚持全面依法治国》,中央文献出版社 2020 年版,第 126 页。

② 参见本书编写组编:《习近平法治思想概论》,高等教育出版社 2021 年版,第 132 页。

家机构与法律的最终替代品。[①] 随即，用区块链技术构建密码法的思想也应运而生。密码法的概念借鉴了商人法传统的命名方式。所谓商人法是指整个中世纪欧洲的商人曾使用的贸易规则系统。比特币的倡导者和编码人员在区块链内积极构建新型监管机构，创制相关的章程、规则，力图发展自己独立的"法律"体系。他们的目标是像商人法一样，在政府的控制之外建立独立于国家的加密规范体系和执行系统。

然而，区块链的加密空间并不能完全独立于现实世界。人们发现，既有的治理模式可以通过使用区块链代码进行改进并适用于区块链环境，区块链规则也将自然而然地发展成为国家法律体系的一部分。于是，一些学者提出，通过改进智能合约和共识算法，形成区块链的适用标准，进而建立基于代码的数字普通法。[②] 他们认为，数字普通法与传统普通法在个案基础上发展起来的逻辑相一致，可以使可信治理、商业交易和社会关系的新形式成为可能，进而在自行发展的基础上取代中心化的监管系统。

当然，通过将分布式组织与智能合约结合起来，人们可以在无限扩展的范围内创建比密码法、数字普通法更加多元的治理形式，包括更为积极地改变社会契约的订立与执行方式。有学者提出，通过区块链智能合约来约束政府的行为，民众可以创建一个"智能社会契约"，为制度和治理的创新带来切实的希望，将消除腐败、实现社会民主的理想转化为现实。[③] 智能社会契约与数字普通法之间的区别类似于成文法系与普通法系的区别。二者建立在相同的技术之上，但实现的方式各有不同。智能社会契约不只是一组改变整个系统的智能合约，它是一个积极的体系结构，在遵循技术与法律一致性的基础上使可信治理与社会关系新形式的建立成为可能。数字普通法主张借助更加透明的直接民主，由公民投票表决的个案形成足以影响投票者的新的法律，整个系统只在最低限度

---

① See Fiammetta S. Piazza, *Bitcoin and the Blockcliain as Possible Corporate Governance Tools: Strengths and Weaknesses*, 5 Penn. ST. J. L. & Int'L Aff. 262(2017).

② See John Henry Clippinger & David Bollier, *The Rise of Digital Common Law: An Argument for Trust Frameworks*, *Digital Common Law and Digital Forms of Governance*, ID3 (2012), https://idcubed.org/digital-law/the-rise-of-digital-common-law/.

③ See Aaron Wright & Prhnavera De Filippi, *Decentralized Blockchain Technology and the Rise of Lex Cryptographia*, SSRN 8 (2015), https://papers.ssrn.com/sol3/papers.cfm?abstract_id=2580664.

上依赖国家机构的法律与政策。智能社会契约是可行的，因为它延续的法律体系具有高度的稳定性与统一性；区块链的分布式与对等性将克服限制直接民主有效性的大多数问题，却可以避免在个案中实行直接民主所造成的法律更改的随意性。

按照智能社会契约的理论，一旦协议条款达成一致，便无须零敲碎打地一次签订一份智能合约，而是会出现具有整体性的治理体系。一个系统化的智能社会契约将允许个人在去中心化的场景中，在点对点交互时拥有平等的起点，其核心思想是构建一个致力于法治（有限）政府的智能宪法。概言之，在现有的技术条件下，智能宪法主要是指基于区块链智能合约的成文宪法或宪法的代码化。

2. 智能宪法的主要内容

尽管各国宪法的理论基础各有不同，但是就问题导向而言，各国的宪法制度都面临着一些共同的课题，包括但不限于大型科层组织存在不透明和效率低下的问题，政府机关存在超出职权范围、未能严格执法的问题等。从区块链的技术视角来看，科层结构的不完善在很大程度上是由于过度集中、委托决策、监管俘获，有时甚至是腐败。依法行政的难题在于，虽然宪法和法律已经对政府机关的权力予以了明确的规定，但是大多数法律的实施都是事后进行的，因而政府机关仍然有能力违反这些规定。针对上述课题，智能宪法的基本主张是，一方面，组织与交互的行为可以由智能合约预先定义，公众的信任不再取决于科层组织本身，而是取决于底层代码的安全性和可审核性，以及组织运行与操作的透明性。另一方面，随着越来越多的数字资产与智能宪法相连接，宪法代码可以确保没有人能够以违反宪法的方式使用这些资产，从而使政府机关的依法行政受到规则与代码的协同规制。概言之，智能宪法具有广泛且开放的应用空间，相较于既有的治理方式，智能宪法在保障公民权利、提升系统效能、促进严格执法等方面具有显著的优势。

首先，智能宪法允许公民个人对自己的身份信息与数据拥有更大范围的自主决定权。按照既有的制度，个人往往依赖政府机关颁发的各种身份证明文件。通过创建允许用户维护和控制其身份证明的应用程序，智能宪法正在借助区块链改变前述情况，这不仅使个人身份的每一个元素都可以被控制，还将按照个人的意愿予以安排。为了让公民个人有效地控制自己的身份信息和数据，政府一旦验证了相关信息，就会给它一个加密哈希，并将其存储在区块链上。此后，公民个人只需要分享其被要求提供的特定信息，以及他们想要分享的信息。智能宪法系统将允许个人控制他们的数据和其他识别信息，还可以借助区块链完全掌握谁接触或了解了他们的个人信息。一个常见例子是驾照，它不仅是允许某个人开车的合法证明，还包含了生日、家庭住址、相关证件号码和联系方式等信息。通常人们在表明其有驾照时，这些额外的信息也不得不同时予以展示。不过，一种新的区块链应用程序可以用来取代驾照，这些应用程序能够将用户/公民希望共享的特定标识信息予以展示，而不需要分享任何额外的信息。于是，不仅个人信息将获得更强有力的保护，公民个人也将对自己的信息和数据拥有更自主的决定权。

其次，智能宪法可以降低公共系统对于中心化组织的依赖。当前公共服务系统的许多电气设备都频繁地遭到网络攻击，主要是因为它们都由一个中央服务器来控制和协调。当公共系统的智能设备通过区块链连接时，后者的分布式与加密属性将使前者无须借助一个集中的控制点，从而避免各种各样的黑客攻击。一方面，区块链的分布式结构消除了对集中式电子邮件、文件共享或社交媒体网络和服务器的需求，减少了中心化的薄弱环节，使数据更容易得到保护，而且更能抵御外部攻击。另一方面，区块链上的通信和交易都通过几乎不可能复制的加密函数进行验证。当个人信息在区块链上时，它将获得加密功能，任何在没有密钥或权限的情况下访问这些信息的尝试都将是徒劳的。实践中已经出现了兼具分布式和加密功能的云存储系统，以及具有计算能力的共享程序。就智能宪法的原理而言，这些平台的分布式和加密性使它们不再需要借助集中式的组织来传输数据，链上的个人信息可以抵御任何非法的监视活动，甚至政府机关超越其合法权限的审查行为都将被规避。

最后，智能宪法以公开、透明、可审计的方式推动法治政府践行严格执法。智能宪法将致力于数字化的全面依宪治国，特别是它将支持区块链版的法治国家和法治政府。因为政府机关所连接的数字资产和由其管理的信息交互或数字交易都可以记录在区块链上，所以政府的数字化服务和公共智能系统对公民而言是公开、透明的。易言之，政府机关将以人民看得见的方式运作。当政府机关对各种数字资产和数据信息行使职权时,相关的数字化行为、资产和数据等都将被编码并连接到区块链,此时,"代码即法律",任何与之相联系的实体,包括政府机关,都无权在代码之外采取行动,这将确保政府机关的执法行为保持在智能宪法、数字法律规定的权力范围之内。此外,当政府将自己的权力以确保符合智能宪法的方式进行编码时,区块链上的程序代码也具有"难以篡改"和"可审计"的功能,从而确保数字化依法行政的记录可查询、编码可审计与行为可追诉。

(二)智能宪法的治理方案

智能宪法可以在众多方面改变国家机关和公共机构的行为方式,以确保各级政府严格依法行政,并保障公民个人的权利(尤其是数字权利)得到切实的维护。当前,许多国家和地方政府都在朝着将区块链纳入其法治体系的方向发展。例如,迪拜已经在"健康记录、商业登记、产权转让、钻石贸易、购物等"领域测试区块链的应用。[①] 美国特拉华州政府尝试在区块链上存储合同和企业数据,并备份政府档案。英国劳动和养老金部(Department for Work and Pensions)也启动了一项试验,允许养老金领取者通过区块链移动应用程序领取养老金。[②] 各类政府的尝试正在推动基于区块链的政府数据处理成为一种全球性的趋势。不过,智能宪法的应用并非仅限于此,它在促进法治政府严格执法和保障公民合法权利的各个方面都具有广阔的想象空间,并足以形成多元的治理方案。

1. 基于政府 NFT 的法治政府

区块链通证是数字资产或现实世界物理资产的数字表现形式。近年来出现的 NFT 与以往的通证不同,后者可以理解为同质化通证。二者都是使用区块链技术的数字凭证,可以网络验证;不同的是,以往的同质化通证侧重于数字凭证的通用性、可交易性,典型的应用是虚拟货币、数字代币和数字证券。NFT

---

① See Saqr Ereiqat, *Blockchain in Dubai: Smart Cities from Concept to Reality*, Ibm Blockchain Blog (Apr. 10, 2017), https://www.ibm.com/blogs/blockchain/2017/04/blockchain-in-dubai-smart-cities-from-concept-to-reality/.

② See Jim Manning, *World Governments Utilizing Blockchain Technology's Benefits*, Ethnews (Apr. 17, 2017, 8:17 PM), https://www.ethnews.com/world-governments-utilizing-blockchain-technologys-benefits.

更强调数字凭证的唯一性,因此,数字藏品成了 NFT 最具代表性的应用。在私人领域,一些公司采用同质化通证将股权数字化,并赋予智能合约功能。股权持有者可以使用同质化通证对连接到区块链上的数字资产与设备进行控制和投票,以实现公司治理。在公共领域,法治政府也可以借鉴这种模式进行数字化的政府治理。不过,鉴于公务人员应使用相互区别、各自独立且不可复制的通证,所以政府机关宜采用 NFT,即非同质化通证的形式。

政府 NFT 将包含公务人员的个人信息,并允许他们借助此 NFT 来管理由区块链连接的智能设备和数字资产。与爱沙尼亚政府开发的数字身份凭证不同,政府 NFT 将根据宪法和国家机关组织法赋予每个公务人员各自不同的使用权限。例如,对应公务人员的职务,政府 NFT 将分配给每个公务人员其有权访问的政府基础设施(如计算机、车辆、设备、情报信息等)。政府 NFT 通过将智能宪法模式应用于任何类型的政府框架之内,智能合约代码将阻止越权行为的发生,从而规范各级公务人员的行为以实现严格执法。此外,政府 NFT 还将提升领导干部决策和公务人员执法的透明度。因为通过这种方式,一些由个体负责的事情可以追踪到确切、具体的个人。而且,由于区块链固有的开放性,民众将可以监督政府机关行政决策与执法的相关记录,行政相对人甚至可以看到谁访问了哪些信息,何时访问,以及他们可能用这些信息做了什么。可以说,政府 NFT 不仅将确保政府机关依宪行政和严格执法,而且将把法治政府塑造为值得人民群众信赖的诚实政府。

2. 基于区块链的全过程人民民主

全过程人民民主是中国共产党领导人民群众追求民主、发展民主、实现民主的伟大创造,是最广泛、最真实、最管用的民主,其特点和优势在于全过程。区块链是一个理想的如实记录“全过程民主”的分布式系统,因为它允许每个用户在这个过程中有平等的发言权和访问权。这种平等性被设计到计算过程中,便可以用于区块链上的民主政治的全过程。全过程人民民主的模式包括民主选举、民主协商、民主决策、民主管理、民主监督等多个方面与全部过程,而智能宪法的优势在于可以将上述过程代码化,并通过区块链贯通起来。

首先,在区块链上建立民主选举与投票系统的技术已经存在,这将确保总投票数的准确性、会计的透明度与选举的合法性。随着投票成本的大幅降低,民主选举的治理效率和公信力都将大幅提升。其次，区块链的点对点交互模式为协商民主提供了平等的发表政见的机会。党内与党外人士都可以平等地使用基本的数字机构和信息基础设施，区块链将以分布式、不可逆及加密的方式记录民主协商的各种意见、建议，可以很容易地审计每一条政见，以便在区块链上始终坚持我国协商民主的特色与优势。最后，区块链的透明性和去中心化使每一项重大决策都具有基层的性质，将基层民主的原则贯彻始终。智能宪法借助区块链，将安全、透明、即时性地传递基层的要求。当群众的建议符合代码与社会规范的双重要求并达到一定的数量时，智能合约便可以将其自动呈送给相关领导，甚至是顶层设计者。这将使人民群众的声音能够得到领导干部的倾听，从而使决策层与基层始终保持紧密的联系。

3. 基于多重签名的民主决策与监督

多重签名是一种确保政府各部门均不能越权操作的方法，它允许公众更大程度地参与决策和监督。一方面，智能宪法通过多重签名使公众能够更加广泛地参与重大事项的民主决策。基于区块链的多重签名技术将通过控制政府对数字资产的访问来限制扩大民主决策的适用场景。智能宪法可以通过使用多重签名代码的方式将决策权分配给多个参与方，防止在多个参与方同意交易之前，任何一方单独执行该操作。从本质上说，一个统一体的行动者将会作出更少的决策，因为分散决策的成本更低，而且在区块链民主体制下，公众将会经常性地对越来越多的问题拥有更大的发言权。例如，智能宪法可以设定，一些有关社会民生事项的重大决策只有获得一定比例的公众支持后，相关的决策与执行权才能解锁。此时，政府机关只有提出符合公众最佳利益的合理化方案，才能通过多重签名的授权，进而采取实际的行动。另一方面，智能宪法通过多重签名将有利于增强民主监督的实效。在区块链上，所有的记录都将被加密，智能宪法可以设置，一些事项的记录只有获得所有相关方代表的签名才能解密并查看。例如，公安民警在执法时越来越多地使用随身相机，一些部门正试图控制录像记录，如果录像记录是在区块链上，并且有一个多重签名的协议，那么智能合约可以设置只有在双方代表或相关人权代表在场的情况下才可以解密并查看相关录像记录。这样一来，执法行为中的瑕疵将无法被掩盖，从而以有力的民主监督促使政府机关力行严格依法办事，切实遵循“法无授权即禁止”的法治原则。

第三节　区块链与法律

一、区块链与民法

(一)区块链与物权法

随着区块链技术的应用和发展,虚拟货币、加密藏品、NFT 等形式多样的区块链数字资产相继应运而生,并展现出广阔的市场前景。然而,区块链数字资产尚存在法律上的不确定性,进而导致司法认定方面存在较大的分歧。例如,《中伦区块链法律实务报告 2.0 版》显示,在截至 2020 年的 507 份裁判文书中,有 441 份裁判文书没有明确表示区块链数字资产及相关权益是否受法律保护,仅有 66 份裁判文书明确表明了观点,其中明确认为法律应当对区块链数字资产及相关权益进行保护的有 17 份,认为不应进行法律保护的有 49 份,并且涉及虚拟货币的合同往往被判无效,不受法律保护。[①] 在这样的背景下,不仅区块链数字资产持有者的合法权益难以得到保障,区块链数字资产市场也可能因为缺乏法律的确定性和可预测性而裹足不前。可以说,明确区块链数字资产的财产属性已成为一项广为关注的课题,其法律地位的明确对科技和法律的融合、数字资产交易市场的发展以及全球金融服务市场的开拓都有重大意义。

1. 普通法系有关数字通证与物权法的讨论

为了厘清区块链数字资产的法律属性这一全球性课题,普通法领域的学者较早地展开了有关区块链数字通证的物权法地位的讨论。[②] 这里涉及密切相关的两个问题:第一,区块链数字通证是否属于法律意义上的财产;第二,区块链数字通证属于哪种类型的财产。

---

① 参见《中伦区块链法律实务报告 2.0 版》,载中伦律师事务所网,http://www.zhonglun.com/uploadfile/c/中伦区块链法律实务报告 2.0 版.pdf。

② See Jean Bacon et al., *Blockchain Demystified: a Technical and Legal Introduction to Distributed and Centralized Ledgers*, 25 Rich. J. L. & Tech. 1(2018).

(1)作为财产的数字通证。

将区块链数字通证界定为法律意义上的财产在理论上相对容易证成。在普通法系的财产理论看来,财产的本质特征是它独立于特定的人而存在。一项权利被纳入财产类别之前需要满足四步测试,即它必须是可定义的;可由第三方识别的;能够由第三方承担的;有一定的持久性和稳定性。基于区块链的许多数字通证将可以满足此测试的要求:数字通证可以被定义为控制数字通证的权利;数字通证可以通过区块链上的条目予以识别;数字通证可以交易和转让;数字通证具有高度的持久性和稳定性。这表明数字通证的持有者可以根据普通法拥有相应的财产权益。

(2)数字通证是占有动产还是无形动产。

尽管数字通证符合作为财产的相关条件,不过对此权益如何进行归类则较为困难。普通法系将财产区分为不动产与动产,动产又被进一步划分为占有动产(choses in possession)、无形动产(choses in action)和专利(专利作为个人财产的一种形式,在法律上被赋予单独的财产地位)。那么,数字通证将归属为占有动产还是无形动产呢?

从占有动产的视角来看,占有动产通常指一种有形的东西,一个人可以将其有形地占有,并且可以通过交付来转移。由于数字通证不以物理形式存在,所以从这一层次来看,它们不具备作为占有动产的资格。不过,法律意义上的"占有"可以对具有排他性和穷尽性特征的数字资产行使。数字通证可以通过关联的私钥进行独占访问、控制、传输和丢失,其功能与物理占有类似。这可能有利于承认数字通证是占有动产的一种选择,或者是无形财产的另一种形式。然而,遵循先例的判例法并不倾向于得出这样的结论,即以电子形式存在的物品可以成为实际占有的对象。毕竟以先例的形式将占有动产的范围扩大至无形物,有可能造成想象不到的后果。因此,对于数字通证的界定似乎有必要采用(成为)立法的形式。

从无形动产的视角来看。在普通法中,无形动产适用于所有与无形物品有关的个人财产权,这些无形物品只能通过法律行动(而非实际占有)予以主张或强制执行。数字通证是否构成无形动产很可能取决于具体情况,特别是数字通证是否代表针对发行者的特定权利。数字通证可在允许ICO的国家或地区作为 ICO 的一部分的特定业务出售,并赋予用户对发行机构的合约权利。在这种情况下,如果明确定义了与数字通证相关联的交易对手方和权利,那么数字通证很可能构成无形动产,例如在以太坊区块链上发行的 ICO 数字通证。然而,并非所有 ICO 数字通证都赋予购买者针对发行方明确的权利。例如,在 EOS 区块链上发行的 ICO 数字通证购买协议的条款明确声明数字通证没有特定的权利、用途或属性,在这种情况下,将数字通证归类于无形财产的论据就比较薄弱。

因此,很难将区块链数字通证归类于占有动产或无形动产。在传统观点中,如果一个不动产以外的对象既不是占有动产,也不是无形动产,那么它就根本不属于财产。数字通证的问题在于,它虽然符合财产的要件,但是难以归入占有动产或无形动产。接下来的问题是,数字通证是否可以构成其他无形资产的一种形式。然而,现有的普通法很难承认,除了无形动产和专利之外,还有其他无形资产的存在。综上所述,在物权法上,区块链数字通证的法律属性仍不确定,而数字通证在法律上的不确定性将不可避免地造成司法中的矛盾与混乱。

2. 我国学界有关区块链数字资产与物权法的讨论

近年来,在虚拟货币之后,随着加密资产、加密藏品、NFT、元宇宙等区块链应用的相继出现,我国学界也将相关的研究对象从数字通证扩展至外延更为宽泛的区块链数字资产。[①] 不过,区块链数字资产同样面临着财产属性不明这一全球性难题。例如,我国《民法典》第 127 条规定:“法律对数据、网络虚拟财产的保护有规定的,依照其规定。”该条规定表明,网络虚拟财产可以成为民事权利中的财产权利的客体,但未明确其究竟属于何种财产权利的客体。鉴于当前区块链数字资产扮演越来越重要的角色,明确区块链数字资产的财产属性才能适应数字经济时代的发展趋势。

(1)区块链数字资产物权属性的理论证成。

区块链数字资产作为一种新型的无形财产(intangible property),符合物权的客体特征和内容特征,同时构成了对现代物权理论的重新解释与创新。

---

① 参见司晓:《区块链数字资产物权论》,载《探索与争鸣》2021 年第 12 期。

第一,区块链数字资产符合物权的客体与内容特征。物权是权利人对客体的支配权,其包括两个特征:物权的客体特征是特定性,即必须是独立的、确定的"特定物";物权的内容特征是指权利人对特定物享有支配权,具有排他性和对世性,区块链数字资产符合物权的这两个基本特征。[①] 一方面,区块链数字资产满足物权客体的特定性要求。区块链数字资产通过公钥和私钥控制数据参数,公钥即公共参数部分,对系统参与者公开,载明了该资产的相关编码信息,如权属、价值和交易历史等;私钥即私人参数部分,是区块链上的随机参数,由持有者个人掌握和控制,允许持有者通过数字签名以加密安全的方式对资产进行确认。根据区块链系统规则,通过某个加密资产的公钥即可以确定该资产,且任何访问该系统的人均可识别出该资产。这意味着每一个加密资产都是特定的、可独立交易转移的,不存在无限复制的可能性。另一方面,区块链数字资产具有可支配性。区块链数字资产的权利人可以基于技术所产生的控制力对其实施排他性的控制。区块链架构所采用的加密确认机制只允许私钥的持有人处分(如交易)该加密资产,从而独占地控制该资产。转让人通过使用受让人的公钥加密,确保移转后的数字资产仅有受让人的私钥能够解开。此外,区块链的去中心化意味着区块链数字资产的交易完全由私钥持有人自主决定,私钥持有人之外的任何人均无法针对该资产采取任何行动,这保证了私钥持有人对其加密资产的控制的绝对性和唯一性。

第二,区块链数字资产解决了以往无形财产公示难的问题。物权需要公示,动产的公示方法是占有,不动产的公示方法是登记。然而,游戏道具等传统虚拟财产的交易、权属通常缺乏有效的公示方法。区块链技术的应用带来了新的物权公示手段,解决了无形财产的公示难题,为物权范围的扩大提供了新的可能性。详言之,具有不可篡改、可验证、去信任等特征的区块链系统是对数字资产及其相关交易进行公示的绝佳方式,每一个区块链数字资产都独一无二地存在于特定的区块链系统中,并向系统参与者或者全社会公开,区块链系统也支持该资产的交易、转让等权利行使行为。

第三,区块链数字资产的信息属性并不妨碍其成为物权意义上的财产。有

---

① 参见刘家安:《物权法论》(第2版),中国政法大学出版社2015年版,第12页。

学者认为,“信息没有特定性、独立性,亦不属于无形物”[①],不能归入民事权利的客体,也不宜将其视为独立财产。区块链数字资产虽然是由公开和私密数据代表的,但不应认为是这些数据组成了加密资产,相反,数据应被认为是该资产的记录,以及交易该资产的凭证。因此,加密资产的商业价值不在于数据记录本身,而在于占有数据的人能够根据系统的规则,发起、确认交易并使之生效。换言之,数据本身并不重要,重要的是数据给数据占有人带来的能力。虽然加密资产的相关数据可以被复制,但交易账本和共识机制防止了私钥持有人的双重支出,并确保资产不会被多人同时控制。概言之,加密资产作为公共数据、私钥和系统规则的集合体,符合物权客体的特征,其作为信息的本质属性并不妨碍其成为物权意义上的财产。

(2)区块链数字资产的物权法律保护。

对区块链数字资产精准的法律保护,应当以厘清数据、虚拟财产、区块链数字资产三者之间的关系为前提。[②] 有学者提出,此三者的从属关系是数据 > 虚拟财产 > 区块链数字资产。实践中,网络上的大部分数据并没有任何经济价值,因而不宜设立类似于物权的绝对性权利。虚拟财产包含账号、虚拟物品等诸多种类,其中只有部分虚拟物具有特定性。但是,由于这些特定物的产权、权能的行使有赖于特定服务商的配合,所以网络虚拟财产只能是债权,是特定权利或特定服务的凭证。

对于新型的无形财产,需要根据其不同性质与特征来配置相适应的财产权保护规则,并采用类型化的法律保护方式。在立法层面,对于区块链数字资产等具有排他支配可能性、符合物权特征的虚拟财产,应当将其纳入物权的保护范围并明确规定其物权保护规则;对于不具有可支配性或具有较弱可支配性的其他虚拟财产,则基于其具体机制、模式和特征,予以合同债权、新型财产权益等形式的保护。在司法层面,面对特定的虚拟财产纠纷,如果作为权利客体的虚拟财产具有排他性、可支配性,就适宜采用物权保护的方式。因此,学者们建议司法机关在处理涉及 NFT 等区块链数字资产的纠纷时,“可以尝试对现行物

---

① 梅夏英:《数据的法律属性及其民法定位》,载《中国社会科学》2016 年第 9 期。

② 参见司晓:《区块链数字资产物权论》,载《探索与争鸣》2021 年第 12 期。

权制度进行必要的扩大解释,在不违背物权制度基本精神的前提下,将其纳入物权保护范围”①。

(二)区块链与合同法

有关区块链与合同法的研究大体可以分为两个方面:其一,分布式分类账与合同法的关系;其二,智能合约与合同法的关系。鉴于智能合约的问题将进行专门介绍,本节主要探讨分布式分类账系统涉及的合同法律关系。

总体而言,作为分布式分类账系统的区块链可以视为基于不同层次的合同关系所组成的复杂网络。尽管一些区块链的倡导者始终认为,该技术在某种程度上超越了法律,但是实际上,区块链在任何一个国家或地区都要受到相关法律的约束。而且,分布式分类账本身就是一个由复杂合同关系构成的系统,只是由于参与分类账操作人员的不同,参与区块链的用户和他们之间的合同关系可能会不时地发生变化。例如,联盟链的各个节点通常有与之对应的实体机构组织,通过授权后才能加入和退出网络。② 实体机构组织成为节点的条件以及加入(或退出)网络的授权,在实质上已构成了一种合同关系。不仅如此,公有链的各个节点看似都可以自由地加入和退出网络,但实际上,加入和退出的自由也是一种基于合同关系的“自由”,而非脱离规则的、失序的“自由”。

首先是区块链的层次与合同法律关系。区块链分布式分类账是一种高度发达且法律关系复杂的治理结构。为了便于概括,可以将分布式分类账系统划分为五个层次。③

第一层,“核心组”(core group),其负责设计代码并在实际上管理分布式分类账。例如,在一定的条件下,核心组通过其技术能力和领导意见提示系统进行“硬分叉”。

第二层,“验证节点”(validation nodes),这是为了验证的目标而运行分布

---

① 司晓:《区块链数字资产物权论》,载《探索与争鸣》2021 年第 12 期。

② 参见杨东:《链金有法:区块链商业实践与法律指南》,北京航空航天大学出版社 2017 年版,第 17 页。

③ See Dirk A. Zetzsche, Ross P. Buckley & Douglas W. Arner, *The Distributed Liability of Distributed Ledgers: Legal Risks of Blockchain*, 2018 U. Ill. L. Rev. 1361 (2018).

式分类账代码的其他服务器的所有者。例如，比特币节点的所有者、Ripple 的验证节点等。

第三层，“资格用户”（qualified users），如交易所、贷款机构、矿工等都属于分布式分类账的资格用户。

第四层，“简单用户”（simple users），即系统的简单用户，如比特币、以太币的拥有者，以及 DAO 组织的投资人。

第五层，“第三方”（third parties），即受系统影响而不直接依赖该技术的第三方。例如，简单用户的交易对象、向简单用户贷款的银行、通过分布式分类账清算金融资产的中介机构的客户、代表客户持有虚拟货币的经纪人的客户等。

根据合同法理论，双方当事人意思表示真实并达成合意，即建立合同关系。在区块链分布式分类账体系中，第二层、第三层、第四层与第五层，即验证节点、资格用户、简单用户与第三方之间可以构成合同关系，而违反合同的构成违约并应当承担相应的责任。例如，如果比特币经纪人违背了代表客户持有一定数量的虚拟货币的承诺，那么该经纪人将受到客户的合同索赔。此外，按照合同法原理，分布式分类账内部的第一层至第四层之间也可以形成合同关系。例如，分布式分类账的第一层与第二层之间也是一种合同关系——核心组与验证节点可以被视为分布式分类账“合同”的缔约方，因为分布式分类账系统离开了它们就无法运行。即便是核心组与验证节点的一些成员不希望订立具有法律约束力的合同，他们参与这个区块链系统并知道第三方将依赖该系统的事实也可能会使他们参与分布式分类账的行为转变为具有法律后果的行为。实践中，在以太坊区块链上，希望加入以太坊分类账的个人通过下载免费的以太坊软件加入该网络并自愿用自己的电脑运行以太坊分类账软件的行为，相当于已履行了主要（合同）义务，在此情况下，即便没有订立合同，在对方接受时，该合同也已经成立。

其次是区块链分布式分类账的合同法律责任。反对分布式分类账存在合同关系的观点认为，是否存在违约取决于合同条款约定的行为。区块链多个层次的不同参与者往往是自由地加入和退出网络，节点彼此之间互不了解也是非常正常的。因此，他们主张在没有合同的前提下，区块链分布式分类账的参与者也不应承担合同法上的责任。不过，通过上文有关“区块链的层次与合同法律关系”的分析可知,分布式分类账的不同层次在实质上已经构成了多重的合同法律关系,因此各个节点也应当承担相应的合同法律责任。即便是在没有订立成为合同的情况下,合同法也依然可以适用于分布式分类账,包括以合同法的一般性规定为依据,以分布式分类账的参与人或节点的实质性合同行为为对象,进而由分布式结构中不同层次的主体来承担对应的合同责任。例如,无论对第三方的损害是区块链节点的不当行为还是分布式系统的故障造成的,都应当由负责分布式分类账运营的层次和节点来承担主要的合同责任。又如,依据合同法原理,多个被告为了共同的目的而采取行动,则合同责任由多个被告共同承担。在区块链上,共同运行分布式分类账的多个节点(如第二层的验证节点)和共同开发代码的核心开发人员(如第一层的核心组)通常在各自的层次中进行相应的测试。如果验证节点和核心组开发人员在分类账运营中合作,那么第一层和第二层将会在诉讼中被第三方的连带责任“捆绑”在一起。

最后是区块链分布式分类账匿名节点的“意思表示”。由于区块链的参与者、节点和用户往往是匿名且不稳定的,特别是在无许可区块链上甚至没有一个代表整个分布式分类账系统的节点。因此,质疑分布式分类账存在合同关系的观点认为,分布式分类账缺乏向共同的用户授予合同权利的意思表示。例如,在区块链复杂的交易中,交易实体常常并不知道所有的参与者及其角色。应当说,尽管各方的匿名性可能会加大执法的难度,但这并不意味着共同“操作”分布式分类账的行为在法律上不相关。在分布式分类账中,电子信息与交易是一致的,节点发送的任何消息都是对交易意图和贡献声明的表达,其实质上就是一种意思表示。在只有依赖他人才能确保有权使用和转让自己的数字资产价值的情况下,以及在他人的合作行为首先成为分布式分类账上进行交易的先决条件时,合作行为本身即具有意思表示的法律意义。例如,假设有一天没有人再接受新产生的比特币,或者“矿工”发现在他/她与其他所有人之间出现了分叉,那么投入了巨大算力和资源的“矿工”,要么向验证货币的比特币节点(所有直接持有比特币的人)求助,要么向核心开发商索赔,要求他们兑现承诺——诚实开采的比特币将成为比特币链的一部分,并被(允许发行比特币的国家或地区的)其他人接受为货币、获得其价值。在这两种情况下,“矿工”都有权根据所有比特币节点的承诺提起诉讼,因为所有节点曾经接受比特币的行为就是他们作出承诺的意思表示。即便该“矿工”当时并不知道这些节点或开发商；尽管分布式分类账参与者和节点的行为具有匿名性、分布式和碎片化的特征，但这些并不妨碍他们形成确定、真实的意思表示以建立实质意义上的合同法律关系。

综上所述，区块链并不是一项超越法律的技术，相反，分布式分类账实质上是一个包含复杂合同关系的系统。去中心化、多层次的结构只是将合同责任呈现为分布式、分散化的形态，因此，分布式分类账的参与者和节点在数字资产交易中应当始终秉承商品经济社会的契约精神。

二、区块链与刑法

（一）区块链应用中的刑事风险

1. 以区块链为工具的犯罪风险

区块链自身的技术特性使其在应用过程中容易被洗钱、恐怖融资、逃税、逃汇、非法交易等违法犯罪行为滥用。[①] 在 2021 年中国人民银行等十部委发布《关于进一步防范和处置虚拟货币交易炒作风险的通知》之前，这种风险集中体现在虚拟货币上。

第一，以 ICO 名义从事非法融资活动。部分机构利用虚假的或者没有发展潜力的虚拟货币，通过编造发行白皮书、承诺高额投资回报收益的方式吸引他人投资，然后携款潜逃。实践中上述发行虚拟货币融资的活动都属于非法集资活动，其中承诺还本付息以给予回报的涉嫌非法吸收公众存款，以非法占有为目的的涉嫌集资诈骗，发行或者变相发行股票债券的涉嫌擅自发行股票、公司企业债券。

第二，以传播勒索病毒或泄露数据等手段索取虚拟货币。传播勒索病毒的情况相对多见，行为人在网上传播计算机病毒，使受害人计算机上的文件无法打开，受害人只能通过交付虚拟货币作为赎金以获取解锁密码。泄露数据的情况在国内也已出现，例如，中国智能电动汽车公司蔚来于 2022 年 12 月 11 日收

---

① 参见曲磊、郭宏波：《比特币等虚拟货币金融犯罪风险前瞻》，载《经济研究参考》2014 年第 68 期。

到外部邮件，该邮件声称拥有蔚来内部数据，并以泄露数据为手段勒索 225 万美元等额比特币（约合人民币 1567 万元）。上述非法传播文件加密程序，对他人计算机信息系统所存储的数据肆意加密，并要求被害人支付赎金以解密存储数据的行为，包含非法传播病毒和非法获取财物两个行为，二者具有目的与手段的牵连关系，按照从一重罪处断的原则处理，涉嫌敲诈勒索或诈骗。

第三，利用比特币跨境逃汇或洗钱。由于比特币在世界范围内具有广泛的认可度，所以部分公司、企业或其他单位利用比特币点对点交易的优势，先将人民币在国内兑换为比特币，再将比特币支付到国外账户兑付外币，采用这一手段逃避国家外汇监管的行为可能涉嫌逃汇，洗钱，掩饰、隐瞒犯罪所得。①

首先是通过比特币转移外汇的行为。部分公司、企业或其他单位在境内领用人民币或外币以购买比特币，又将比特币通过网络转移到境外，然后在境外汇兑成外币或人民币，单笔金额 200 万美元以上或累计 500 万美元以上的，涉嫌逃汇。

其次是通过比特币从事掩饰隐瞒的行为。如果单位先犯前罪，又将前罪的犯罪所得及其收益（人民币或外币）利用比特币转移至境外，一般涉嫌逃汇。如果单位将犯罪所得及其收益（人民币或外币）兑换成比特币，将比特币转移到境外后又兑换成人民币或外币，其逃汇行为还可能涉嫌掩饰、隐瞒犯罪所得及其收益；如果该犯罪所得及其收益属于毒品犯罪、黑社会性质的组织犯罪、恐怖活动犯罪、走私犯罪、贪污贿赂犯罪、破坏金融管理秩序犯罪、金融诈骗犯罪的犯罪所得及其收益，则涉嫌洗钱。构成犯罪的，依法应当在逃汇罪，掩饰、隐瞒犯罪所得、犯罪所得收益罪，洗钱罪之间从一重处断。

第四，利用虚拟货币开展网络传销。行为人在互联网平台以兜售所谓的虚拟货币的方式发展会员，自行控制所谓的虚拟货币的升值幅度以吸引下线，将会员发展下线的人数作为计酬或返利的依据，从而骗取他人财物。行为人通常以区块链的名义成立相应的企业或公司，从事销售所谓的虚拟货币的行为。销售所谓的虚拟货币往往以高收益为诱饵，引诱他人购买一定数量的所谓的虚拟货币，取得会员资格，进而唆使已有会员发展其他人购买一定数量的所谓的虚

① 参见张庆立:《区块链应用的不法风险与刑事法应对》，载《东方法学》2019 年第 3 期。

拟货币作为下线并计算报酬。利用虚假的虚拟货币进行传销的，一般涉嫌诈骗。销售真实的虚拟货币，以非法占有为目的行集资之实的，涉嫌集资诈骗。组织、领导传销活动与诈骗、集资诈骗行为同时成立的，应当对组织者和领导者从一重处断，其他行为人满足集资诈骗要件的，则构成集资诈骗罪。

2. 以区块链为对象的犯罪风险

由于区块链技术本身并非无懈可击，所以虚拟货币交易所或用户自身在安全防范上的漏洞无可避免。[①] 事实上，学者们已经发现区块链技术在数据层、网络层、激励层、共识层、合约层和应用层均存在安全隐患。[②]

第一，51%攻击。理论上，只要掌握了区块链系统51%以上的算力，就可以控制该系统，甚至篡改其内容。因此，“51%攻击”被视为悬在区块链头上的“达摩克利斯之剑”，几乎所有的区块链系统都难以杜绝该安全隐患。尽管比特币、以太坊等节点众多的虚拟货币几乎不可能出现51%以上的算力被操控的情况，但是对于众多小币种的虚拟货币而言，被攻击的风险是现实存在的。2018年5月，比特币的分叉币比特币黄金遭到51%攻击，损失价值约1860万美元。[③] 2019年1月，以太坊的分叉币以太坊经典也遭遇51%攻击，损失价值约110万美元。

第二，黑客攻击。2016年“The DAO”事件的发生使区块链的拥护者们不得不承认，区块链的安全系统也难以杜绝黑客的攻击。作为一个去中心化的自治性组织，“The DAO”被设立为以太坊上的一项自动化投资基金。“The DAO”由于开源代码中的失误而被黑客利用，黑客从“The DAO”的账户中转移了价值5000万美元的以太币。可“The DAO”的创始人不能改变基于区块链的智能合约，因而其无法解决黑客攻击的问题。为了补偿受害的投资人，以太坊通过投票的方式并获得了多数用户（85%—89%）的同意而更改了分布式账本的记录，这才阻止了黑客的此次资金移转。然而，此次修改动摇了以太坊的共

① 参见韩璇、袁勇、王飞跃：《区块链安全问题：研究现状与展望》，载《自动化学报》2019年第1期。

② 据统计，目前近80%的攻击损失都是基于业务层面的攻击所造成的，参见白帽汇安全研究院：《区块链安全分析报告》，载 https://bcsec.org/report。

③ See Josiah Wilmoth, *Bitcoin Gold Hit by Double Spend Attack*, Exchanges Lose Millions (May 23, 2018), https://www.ccn.com/bitcoin-gold-hit-by-double-spend-attack-exchanges-lose-millions.

识机制,造成了以太坊区块链的分裂,以太坊也由此分叉为现在的“以太坊”与“以太坊经典”,形成了双链并行的局面。[①]

3. 以区块链为名义的犯罪风险

一些不法分子以区块链和虚拟货币为噱头实施的犯罪行为大致可以分为两类:一是打着区块链的幌子骗取他人财物;二是以开发区块链技术为名吸收他人投资。[②] 实践中,以区块链为名义涉嫌犯罪的行为主要有以下几种:第一,行为人往往以区块链研发公司或者推介公司的名义,以合作开发区块链技术为由骗取特定对象的财物,涉嫌诈骗、合同诈骗。第二,行为人以区块链为噱头发布虚假广告,情节严重的涉嫌构成虚假广告罪,其中部分行为人采用虚假广告的方式进行非法集资,涉嫌构成虚假广告罪与集资诈骗罪的牵连犯。第三,部分行为人通过各种平台宣传推介包装区块链研发团队,有的变相发行股票或公司、企业债券,有的承诺给付高利息以非法吸收不特定多数人的存款。前者涉嫌擅自发行股票、公司企业债券,后者涉嫌非法吸收公众存款或集资诈骗。

(二)区块链相关的刑事政策

随着法律代码化与代码法律化观念的提出,人们对法律与技术的传统理解正在被颠覆。关于法律与技术的关系,国内学界已出现贯通说、区别说和主辅说等理论主张。前述对多种类型的区块链不法行为的归纳表明,就维护安全稳定的社会秩序的角度而言,数字社会对法律和监管介入技术的需求是毋庸置疑的。对有关区块链的代表性政策的梳理,也将展现出我国对该技术和数字资产施行严格监管的基本态势。

1.《关于防范比特币风险的通知》

2013 年 12 月 3 日,中国人民银行等五部委联合印发了《关于防范比特币风险的通知》。该通知表明了我国对于以比特币为代表的虚拟货币的属性的基本认识。该通知指出,虽然比特币被称为“货币”,但由于其不是由货币当局发行,

---

① 参见杨锦帆:《基于区块链的纠纷解决机制研究》,载《陕西师范大学学报(哲学社会科学版)》2021 年第 4 期。

② 参见焦经川:《区块链与法律的互动:挑战、规制与融合》,载《云南大学学报(社会科学版)》2020 年第 3 期。

不具有法偿性与强制性等货币属性，并不是真正意义的货币。从性质上看，比特币应当是一种特定的虚拟商品，不具有与货币等同的法律地位，不能且不应作为货币在市场上流通使用。根据该通知的规定，比特币并非货币，但是一种虚拟商品，具有资产的属性，因而人们在场外私下进行法定货币与虚拟货币之间的交换不属于违法行为。实践中，场外虚拟货币交易大致可以分为 B2C 和 C2C 两类，交易的形式众多，包括机构自营的中介平台、机构自营和许可加入的中介联盟、微信群、QQ 群等。鉴于发行与交易并无根本性的区别，广义的交易也可以包括发行。由于虚拟货币具有资产属性，在特定范围内的发行也就等于与特定对象进行初次交易，也难以认定其非法性。于是，一些不法分子借区块链和比特币的热炒之风，开始利用虚拟货币的发行进行非法集资和诈骗，一时之间投机炒作盛行，严重扰乱了经济金融秩序。

2.《关于防范代币发行融资风险的公告》

2017 年 9 月 4 日，中国人民银行等部委联合印发了《关于防范代币发行融资风险的公告》。鉴于当时国内通过发行代币形式包括 ICO 进行融资的活动大量涌现，投机炒作盛行，涉嫌从事非法金融活动，该公告指出，代币发行融资是指融资主体通过代币的违规发售、流通，向投资者筹集比特币、以太币等所谓“虚拟货币”，本质上是一种未经批准非法公开融资的行为，涉嫌非法发售代币票券、非法发行证券以及非法集资、金融诈骗、传销等违法犯罪活动。该公告明确地将虚拟货币发行融资的行为界定为“一种未经批准非法公开融资的行为”，并要求任何组织和个人都不得非法从事代币发行融资活动，任何交易平台都不得从事兑换业务、不得买卖虚拟货币、不得提供服务，任何金融机构和非银行支付机构不得开展与代币发行融资交易相关的业务。这就意味着在我国境内不允许场内场外发行，也不允许场内交易。然而，该公告仅是禁止公开发行，并不禁止场外交易，即使是场外初次交易，如果存在真实交易行为，也难以认定其行政违法性，相应地，也就不成立犯罪。[①] 易言之，当时国家禁止的是场内发行与交易，也禁止场外向不特定对象发行，对于场外在特定范围内发行虚拟货币的行为，由于虚拟货币具有资产属性，在特定范围内的发行也就等于与特定对象

① 参见张庆立：《区块链应用的不法风险与刑事法应对》，载《东方法学》2019 年第 3 期。

进行初次交易，难以认定其非法性。

3.《关于进一步防范和处置虚拟货币交易炒作风险的通知》

2021 年 9 月 15 日，中国人民银行、网信办、最高人民法院、最高人民检察院、工业和信息化部、公安部、市场监管总局、银保监会、证监会、外汇局联合印发《关于进一步防范和处置虚拟货币交易炒作风险的通知》。该通知进一步强调虚拟货币不具有与法定货币等同的法律地位，并明确指出虚拟货币相关业务活动属于非法金融活动。开展法定货币与虚拟货币兑换业务、虚拟货币之间的兑换业务、作为中央对手方买卖虚拟货币、为虚拟货币交易提供信息中介和定价服务、代币发行融资以及虚拟货币衍生品交易等虚拟货币相关业务活动涉嫌非法发售代币票券、擅自公开发行证券、非法经营期货业务、非法集资等非法金融活动，一律严格禁止，坚决依法取缔。对于开展相关非法金融活动构成犯罪的，依法追究刑事责任。自此，所有虚拟货币交易平台停止在我国境内及针对我国境内用户的一切金融活动。从 2013 年的《关于防范比特币风险的通知》到 2017 年的《关于防范代币发行融资风险的公告》，再到 2021 年的《关于进一步防范和处置虚拟货币交易炒作风险的通知》，我国针对虚拟货币从隐性禁止转向全面禁止。2021 年 9 月 3 日，国家发展改革委、中央宣传部、中央网信办、工业和信息化部、公安部、财政部、人民银行、税务总局、市场监管总局、银保监会、国家能源局联合印发《关于整治虚拟货币“挖矿”活动的通知》，宣告虚拟货币相关的“挖矿”活动在我国境内被彻底禁止和取缔。随着虚拟货币及相关活动的全面退出，我国对于区块链的强监管已成定局，相关的刑事政策大抵也将趋于严格。

三、区块链与个人信息保护法

随着欧盟《通用数据保护条例》的发布，美国出台包括《网络安全法》在内的多部专门保护个人信息的法规，2021 年 8 月 20 日，第十三届全国人民代表大会常务委员会第三十次会议也审议通过了《个人信息保护法》，多个国家和地区都相继构建起专门的个人信息法律保护体系。然而，个人信息保护法的应用对区块链平台提出了一些难题，区块链技术风险与法律规范保护之间也产生了内生性的冲突，需要从原理与实证两个层面进行分析，以构建合规、高效和低成本的基于区块链的个人信息保护系统。

(一)个人信息保护制度适用于区块链平台的基本原理

1. 区块链平台上的个人数据

个人数据的定义亦十分广泛,它涵盖了任何与个人识别相关的数据,即可直接或间接识别个人的数据。为确定某人是否可以被直接或间接识别,应考虑到数据控制者或任何其他方面可能合理地用来识别此人的所有手段。区块链平台可能至少包含两种类型的数据:其一,与交易相关的元数据(metadata);其二,有关交易对象的数据。[①]

作为个人数据的元数据。关于元数据,即发送方与接收方的地址与时间戳,如果平台的用户是自然人,那么发送方和接收方的地址很可能符合个人数据的条件,因为这些地址直接揭示了一个人的身份,甚至虚拟货币的一次性公钥和接收地址也有可能成为个人数据。能否成为个人数据,取决于把这两种资料来源结合起来是否可能成为一种合理的手段以识别数据主体。例如,如果某家餐厅接受将比特币作为支付方式,并且其地址是公开的,那么对该地址的支付将表明发送者在某个时间访问了该餐厅。鉴于此,虚拟货币地址和公钥在某些情况下便可能具有个人数据的性质。相反,如果一个平台的用户都是法人,比如企业,那么这个平台的元数据可以设计为不包含与自然人相关的信息。例如,相关银行可设立一个封闭/许可的平台,以结算银行间的每日结算款项。在这种情况下,地址可能只涉及有关的发送银行和接收银行,而不必涉及任何可识别的个人数据。

作为个人数据的交易对象的数据。关于交易的对象,在许多例子当中,这些数据与一个可识别的个人无关。例如,在比特币中,比特币转账的金额并不一定与一个可识别的人有关,也不一定与银行间的整体结算付款数据有关。尽管如此,在其他例子中,交易对象可以联系到实际的个人身份。例如,发送银行与接收银行之间可以建立一个区块链平台,彼此分享客户的数据。在这种情况

① See Jean Bacon et al., *Blockchain Demystified: a Technical and Legal Introduction to Distributed and Centralized Ledgers*, 25 Rich. J.L. & Tech. 1 (2018).

下,记录在区块链平台上的交易对象数据将可能是关于自然人信息的数据,即符合作为个人数据的条件。

2. 区块链平台上的数据控制者与数据处理者

数据控制者是决定处理个人数据的目的和方法的自然人或法人。根据GDPR的适用经验,应当对数据控制者的理解作广义的解释,以确保全面、有效地保护数据当事人。数据处理者是代表控制者处理个人数据的任何自然人或法人。如上文所述,存储在区块链上的个人数据可能由元数据和每个交易对象的数据组成。处理这些个人数据的目的及方法可从两个层面来分析。

就宏观层面而言,可以将区块链基础设施作为一个整体,其处理个人数据的目的是提供相关的服务。例如,根据中本聪对于比特币的界定,其处理交易数据的目的就是提供一个点对点的电子现金支付系统。在这一层面上,处理数据的"方法"包括:其一,节点和"矿工"为寻找新区块、存储和更新区块链数据库而运行软件;其二,节点和"矿工"为此目的而使用硬件。因此,在宏观层面,节点和"矿工"可能会出于自己为平台提供便利的目的而决定进行数据处理。同时,他们将通过选择使用哪种软件和硬件来决定处理数据的方法。

就微观层面而言,单个交易的目的是将特定的交易记录到区块链上。在这个层面上,数据处理的方法就是选择区块链平台。用户在提交交易时向区块链平台输入了个人数据。因此,可以说对于每一项特定的个人数据而言,是用户决定了处理的目的——将特定的交易记录在区块链上。同时,用户决定了数据处理的方法——使用该区块链平台执行他们的交易。在微观层面,节点和"矿工"只是为用户访问区块链数据库提供便利,而用户自己决定了存储在区块链平台上的数据。

综上所述,对于区块链平台的数据控制者和数据处理者的判断,很大程度上取决于我们是从宏观层面还是从微观层面进行分析。从微观层面来看,由于用户自己决定了处理数据的目的和方法,所以即便用户将个人数据提交给了区块链平台,他/她们也将被视为数据控制者。从宏观层面分析,鉴于用户将处理个人数据的技术选择权和组织决策权委托给了平台的开发人员、节点和"矿工",因而节点与"矿工"是否被视为数据的控制者将取决于具体的情况。如果节点和"矿工"仅代表用户来处理交易数据,那么他/她们类似于云服务的提供商，只是为用户提供用于访问的硬件和应用程序，因而他/她们可能仅仅是数据处理者，而不是数据控制者。不过，如果节点和“矿工”在处理数据方面发挥更积极的作用，那么他/她们类似于国际资金清算系统（SWIFT），它对个人数据的处理已经达到有效自治的水平，因而他/她们也可以被视为数据控制者。

3. 区块链平台上相关数据主体的权利、义务和责任

数据主体的权利。数据主体的权利包括改正不准确的个人数据和删除个人数据的权利，特别是被遗忘权。在一定意义上，被遗忘权似乎与区块链技术的“不可变性”背道而驰。不过，不同类型的区块链平台应对此类权利的能力也有所不同。中心化的平台如私有链，可以更好地支持可逆性，并且可以将数据记录的可见性限制在某些方面，因此，它们将更容易依从数据当事人要求改正或删除过往数据区块的要求。去中心化的平台如公有链，目前还不清楚用户、节点或“矿工”级别的各个参与者将如何遵守这些请求。理论上，所有节点都可以按照约定定期“分叉”到区块链的新版本，以反映对纠正或删除的请求。然而在实践中，这种协调可能很难在潜在的数千个节点之间实现。[①] 为了解决区块链平台对个人数据保护法的合规问题，也出现了一些对应的技术方法。例如，区块链应用程序可能不需要在链上存储个人数据，而是提供前往外部的存储此类数据的链接，从而建立删除数据机制，以满足被遗忘权的要求；也可以删除用于加密数据的私钥，从而在客观上达到该数据不可访问的效果。

数据控制者和数据处理者的义务。数据的联合控制者必须通过他们之间的安排来确定他们各自的合规责任。数据控制者也必须与数据处理者订立合同，以决定如何处理个人数据，包括处理的主题、时间、性质及目的等。在中心化的平台上，实现这一目标通常会更容易，因为作为节点和“矿工”的参与方更少，从而更容易协调一致以确保合规。而至去中心化的平台，目前尚不清楚数据控制者和数据处理者将如何遵守这些义务。从理论上讲，大量的用户、节点和“矿工”需要签订详细的合同，以确定他们的职责。但问题是，应当由谁来起

---

① See Matthias Berberich & Malgorzata Steiner, *Blockchain Technology and the GDPR – How to Reconcile Privacy and Distributed Ledgers?*, 2 Eur. Data Prot. L. Rev. 424(2016).

草这些合同。就区块链平台的架构而言，平台的开发者在设置相关条款、设定准入条件方面居于有利的位置。可是，平台的开发人员并不是数据控制者或数据处理者，因而他们并不受个人数据保护法相关规定的约束。此外，由于用户并不需要与平台的开发人员直接互动，用户在作为数据控制者的情况下如何与节点和"矿工"订立数据处理合同，目前仍是一道未解之题。

数据控制者和数据处理者的责任。个人数据保护法相关的数据处理责任如果适用于区块链应用平台，特别是去中心化的分布式平台，尚存在很大的不确定性。例如，如果一个区块链平台的所有节点和"矿工"都被视为联合数据控制者，那么他/她们将对平台造成的数据损害承担连带责任。以 GDPR 为例，数据责任方可能面临高达 2000 万欧元的罚款，或占全球营业额/收入的 4%，两者以较高的金额为准。考虑到如此严厉的惩罚，区块链平台上数据责任的不确定性很有可能对该领域的创新应用产生寒蝉效应。因此，如何在区块链平台上确定数据控制者与数据处理者的问题，不仅涉及相关数据权利、义务与责任的分配，而且事关区块链产业的合规发展，其无疑是一个亟待深入研究的重大课题。

（二）技术与规范冲突的双向纾解

由于个人信息保护制度在适用于区块链平台的过程中仍存在一些尚未厘清的理论问题，在技术运行的具体过程中，我国《个人信息保护法》与区块链技术也不可避免地存在内生性的冲突，其既体现为区块链底层逻辑与《个人信息保护法》规范的不适应，也体现为技术迭代造成的规范内容上的滞后性。针对《个人信息保护法》与区块链技术的内生性冲突，特别是二者在个人信息处理方面存在的适配障碍，有学者提出"双向纾解"的解决方案，即"在完善区块链技术发展的同时调整《个人信息保护法》的规范内容与解释路径"[①]。

1. 基于规范要求的技术优化

第一，区块链处理个人信息的范围应契合《个人信息保护法》的诉求。《个人信息保护法》第 3 条对域外适用本法设定了适用条件，展现出了该法扩展个

---

① 赵炳昊：《个人信息保护法与区块链技术冲突的双向纾解及合规监管》，载《法学论坛》2022 年第 6 期。

人信息保护范围的立法追求。区块链技术大多采用分布式去中心化记账模式对个人信息加以处理，个人信息的存储与变更在通过全部记账节点的验证后将记录在区块链中，无特定物理节点的限制，从而为技术监管提供了可以无限延展的通道。[①] 区块链去中心化的技术特性决定了其处理个人信息的范围并不局限在某一特定的地域范围内，只要有一个存储个人信息的节点位于境内便可以适用《个人信息保护法》予以监管。因此，适度扩展区块链处理个人信息的范围，有助于更加广泛地适用《个人信息保护法》来保障我国公民在区块链上的个人信息安全，也有助于《个人信息保护法》与 GDPR 等域外法律在相对一致的前提下，推动个人信息保护的跨境合作。

第二，区块链处理个人信息的路径选择应贯彻公正平等的理念。《个人信息保护法》倡导公正平等的价值理念，要求在个人信息的处理过程中保持各方主体的地位平等，避免过分重视某一方的保护需求。按照公正平等的原则要求，区块链技术不应区分个人信息所有者的身份，在处理个人信息时也不应因信息内容、来源与应用目的的不同而差别对待，以平等地保护公民的个人信息自决权。因此，区块链在底层逻辑上应避免算法偏见，“在坚持技术内核公正的同时将消除算法偏见作为区块链技术的合规要求，这本身也有利于降低技术成本，防止技术算力被无端消耗”[②]。易言之，如果区块链平台在处理个人信息时不能克服技术层面的偏见和歧视，那么，不仅区块链技术的公信力将随之下挫，《个人信息保护法》也将强力限制区块链技术的应用与发展。[③] 因此，区块链平台应当寻求个人信息处理的公正平等价值与技术自身的信任红利的高度一致性，通过技术与规范的协调与互补，实现对个人信息的全面保护。

第三，区块链处理个人信息的编校方案应满足新型权利的要求。《个人信息保护法》注重对公民个人信息自决权实质法益的保护，这突出地表现在该法有关补充更正权、被遗忘权和可携带权的相关规定中。补充更正权是指个人信息主体针对不准确的个人信息，有权要求信息控制者在收到请求后在信息库中

---

① 参见许可：《个人信息治理的科技之维》，载《东方法学》2021 年第 5 期。

② 赵炳昊：《个人信息保护法与区块链技术冲突的双向纾解及合规监管》，载《法学论坛》2022 年第 6 期。

③ 参见周佑勇、朱峥：《风险治理现代化中的公民知情权保障》，载《比较法研究》2020 年第 3 期。

更正、修改或删除不准确或不完整的个人信息。被遗忘权是指信息主体可以要求从企业的存储器中删除其个人信息且不得无故拖延。[①] 可携带权是指个人信息所有者根据其"要求以结构化、普遍使用和机器可读的格式从控制者处获得自己个人信息的权利"[②]。然而,区块链不可篡改的特征与这些新兴权利背道而驰,一定意义上,这也成为区块链应用过程中的固有缺陷。所幸,合规处理个人信息的要求会倒逼区块链技术的改进,域外一些科技企业尝试改变区块链编校方案,其中较为典型的案例是具备特殊哈希功能的变色龙哈希(chameleon hash)区块链,"当其被添加到链接链上两个区块的哈希函数中时会提供一个允许解锁区块之间链接的密钥,并在链上处理完个人信息后重新锁定区块。"[③]例如,当个人信息主体行使被遗忘权时,数据库中经过哈希赋值的个人信息及其对应的原始个人信息会被销毁,区块链上的个人信息与数据库中的个人信息之间的连接会被切断,区块链上的个人信息也就无法用于识别个人信息主体,从而达成删除(被遗忘)的效果。[④] 这种区块链技术方案同样可以应用于补充更正权与可携带权。尽管变色龙哈希区块链技术在一定意义上违背了区块链固有的不可篡改的属性,但是它不仅可以弥合区块链固有属性与新兴权利之间的张力,而且将扩展区块链技术的应用场景。变色龙哈希区块链技术采用数据库存储取代了以往的节点存储,通过技术优化与合规改造,切实地维护了个人信息自决权的实质法益。

2. 镜鉴技术发展的法律完善

第一,合理限制区块链对公共法益的保护范围。鉴于我国《个人信息保护法》没有对公共法益的保护范围予以明确的界定,其对于个人信息自决权的保护也就无所适从。[⑤] 相较而言,GDPR 直接规定了为保护公共法益而不适用被

---

① 参见程啸:《论〈个人信息保护法〉中的删除权》,载《社会科学辑刊》2022 年第 1 期。

② 康兰平、程文文:《数据可携带权在欧美法律实践上的权利要旨对我国个人信息权益保护的借鉴》,载《电子知识产权》2022 年第 3 期。

③ Wu C., Ke L., Du Y., *Quantum resistant key – exposure free chameleon hash and applications in redactable blockchain*, Information Sciences, 2021, p. 438 – 449.

④ See Herian R., *Blockchain, GDPR, and Fantasies of Data Sovereignty*, Law, Innovation and Technology, 2020, p. 156 – 174.

⑤ 参见赵炳昊:《个人信息保护法与区块链技术冲突的双向纾解及合规监管》,载《法学论坛》2022 年第 6 期。

遗忘权和可携带权的例外情形，例如为了保护公共卫生安全而在处理个人信息的某些特定情况下不适用被遗忘权，或者为了行使被授权的官方权威的必要情况下不适用可携带权。实践中，Medicalchain 公司为了建立高质量的医疗保健系统来安全分享去中心化的个人信息而放弃使用被遗忘权。[①] ConsenSys Quorum 为了建立高效的个人金融信息分享系统，在跨链访问比特币中的个人信息时基于服务公共法益而放弃被遗忘权。[②] 鉴于区块链技术处理个人信息所要保护的核心法益是个人信息自决权，因而只有《个人信息保护法》厘定公共法益的保护范围，才能兼顾对公共法益的特殊保护，又要防止肆意扩张公权力的规范范围。对此，学者们指出，在区块链平台上，“应当限制公共法益的价值范围需要基于个人信息的不同发展阶段、使用合约机制的差异以及区块链节点数量的不同进行区分解读”[③]，这样才能将具体的公共法益限制在《个人信息保护法》的价值功能范畴之内。

第二，灵活解释区块链处理个人信息的特定方式。为了纾解区块链技术与《个人信息保护法》的内生性冲突，也有必要对区块链的相关技术特性进行灵活的解释，以便使其融入《个人信息保护法》的既定框架。其一，鉴于区块链的去中心化的特征，《个人信息保护法》对于区块链跨境存储的个人信息，不能机械地适用国家主权原则。《个人信息保护法》通常会基于国家主权原则，倾向于将个人信息的存储本地化。可是，区块链具有去中心化的特征，在涉及跨境个人信息时，难免会有部分节点设置在境外或者属于无实体节点。对于区块链这种特殊的系统架构，不宜机械地适用国家主权原则和过于刚性地应用“本地化”的标准，而应当遵循区块链的逻辑，对链上存储的个人信息进行广义解释，即只要个人信息的主体存储在境内的区块链节点上，就可以认定为个人信息存储于境内。其二，鉴于区块链不可篡改的特征，《个人信息保护法》应当赋予区块链平台处理个人信息的替代性处理方案与实质删除等同的法律效力。不可篡改的

---

① 参见毕浩然、曾智、姚育楠：《区块链 + 医疗个人健康数据存储——基于 medicalchain 平台的分析》，载《中国卫生事业管理》2021 年第 5 期。

② 参见李芳、李卓然、赵赫：《区块链跨链技术进展研究》，载《软件学报》2019 年第 6 期。

③ 杨杨、于水、胡卫卫：《区块链赋能重塑社会治理结构：场景、风险与治理之道》，载《电子政务》2020 年第 3 期。

特性决定了,区块链平台无法像中心化系统那样可以对个人信息进行简便、快捷和低成本的修改与删除。不过,区块链平台可以采取匿名化处理、断开、限制或屏蔽链上个人信息的访问路径等替代性解决方案,只要个人信息的核心识别性被破坏且难以追溯,实际上就达成了与“删除”相似的效果。实际上,《个人信息保护法》赋予区块链平台处理个人信息的替代性方案与“删除”等同的法律效力的做法,也与GDPR关于个人信息删除的若干参考标准一致,从而将有效地克服技术特性与规范要求之间的一项内生性矛盾。

第三,适当豁免区块链处理个人信息的技术责任。面对日趋复杂的数字环境,为了避免对技术研发与使用者苛以过重的技术责任,《个人信息保护法》可以在一定范围内应用责任豁免。随着区块链技术的日新月异,其迭代升级的速率远远超过了法律规范的更新;人工智能时代的到来也给区块链技术带来了日趋复杂的技术环境。[①] 倘若《个人信息保护法》对区块链技术采取严监管的态度,将不可避免地阻滞区块链技术的创新,甚至使其错失技术赋能的良机;合规监管规范的相对滞后将难以应对区块链技术的不断升级,以至于将限制区块链技术效能的充分发挥。[②] 这就要求《个人信息保护法》为区块链技术提供适当责任豁免与宽松的监管环境,以便营造有利于颠覆、创新的技术发展环境。总体而言,只要处理个人信息的区块链技术没有侵犯公民个人信息自决权,就可以结合信息处理的复杂程度给予其一定范围的责任豁免。[③] 就技术发展水平而言,在个人信息处理中,如果区块链技术在既有的处理能力内已充分发挥其技术效能,则应当提供一定范围的技术豁免。就处理信息的复杂程度而言,如果个人信息本身存在一定风险,那么只要区块链技术在处理信息的过程中没有再增加风险,就可以考虑豁免该技术的责任。[④]

---

① 参见刘艳红:《刑法理论因应时代发展需处理好五种关系》,载《东方法学》2020年第2期。

② 参见冀洋:《法益自决权与侵犯公民个人信息罪的司法边界》,载《中国法学》2019年第4期。

③ 参见解正山:《个人信息保护法背景下的数据抓取侵权救济》,载《政法论坛》2021年第6期。

④ 参见赵炳昊:《个人信息保护法与区块链技术冲突的双向纾解及合规监管》,载《法学论坛》2022年第6期。

第二编　区块链本体法律概览

第三章　区块链技术法律概要

第一节　区块链去中心化的法律问题

一、区块链去中心化的正当性基础

(一)区块链去中心化的哲学渊源

区块链去中心化的根源在于政治哲学中集权论与分权论的长期纷争。集权论主张将权力集中在少数人手中,而分权论认为应该将权力分散在许多人手中。集权与分权的问题涉及我们对政府和社会应如何运作的根本看法。这一问题由来已久,并且曾激发了西方历史上一场重大的哲学争论。① 集权论的代表性人物是托马斯·霍布斯,分权论的代表性人物是约翰·洛克。他们都经历了英国历史上最动荡的时代,二人有关权力的观点也都建立在对"自然状态"的讨论和有关政府缺位时人类将如何行动的假设上,但是他们各自的代表作,《利维坦》与《政府论》的主张截然相反。

在《利维坦》一书中,托马斯·霍布斯指出,自然状态是一种令人憎恶的状态,人类在自然状态下的生活是污秽而野蛮的。在没有国家政府的自然状态下,人们始终生活在恐惧、暴力和掠夺的持续状态中。托马斯·霍布斯对政府的理解是,臣民通过契约把权力交给君主,君主即成为国家主权者,应当拥有至高无上的绝对权力,臣民只能绝对服从君主,不能有任何的不满和反抗。易言之,个人为了摆脱无休止的混乱状态,从而决定在主权统治下生活,绝对政府是

① 参见[美]威廉·马格努森:《区块链与大众之治》,高奇琦、陈志豪、张鹏译,上海人民出版社2021年版,第21页。

两害相较取其轻的结果。对托马斯·霍布斯而言,个人权利必须让渡给国家权力,国家权力是至高无上的,个人权利处于从属地位。在他看来,虽然政府拥有无限权力可能会产生恶果,但是不这么做的后果将更加糟糕。[①] 而约翰·洛克在《政府论》中提出了不同的“自然状态”理论。他认为自然状态有一种为人人所应遵守的自然法则,它教导所有人平等独立,人们可以通过自己的理性来理解基本的行为规则。但是,由于自然状态缺乏国家社会的三大基础要素,即众所周知的法律、秉公正直的法官和支持裁决执行的权力,因而依旧会出现严重的问题,以至于形成人们对于建立政府的需求。依照约翰·洛克的政府观,人们创建政府是为了保护他们的生命、自由和财富。约翰·洛克不赞同托马斯·霍布斯主张的中央集权的立场,对他而言,中央集权政府是有缺陷的、易产生腐败的,必须通过恰当的分权加以调和,即多数人应有的反对少数人权力的权利。[②]

尽管约翰·洛克的理论在西方的政治哲学和公众舆论中都获得了广泛认同,但是,对于由密码朋克和计算机专家组成的无政府主义在线社群而言,集权与分权的争论仍在继续。他们认为,互联网需要一个比约翰·洛克的分权理论更激进的解决方案,即复归自然状态的去中心主义。

(二)互联网分散决策机制的尝试

密码朋克延续了约翰·洛克的分权理论并主张在互联网上推动密码无政府主义。信息技术的出现使集权与分权的辩论比以往任何时候都更具现实性。随着政府和大企业在现代社会中的力量变得日趋强大,甚至于曾被一些自由主义者寄予厚望的互联网技术也开始向它们倾斜——互联网技术逐渐成为政府和大企业治理其成员的新工具,也让对公众生活实施监控成为可能。这些情况引起了密码朋克们的警惕,他们主张通过计算机、网络和加密技术来促进自由并削弱政府和大企业的监控能力。密码朋克通常持无政府主义的观点,主张借

---

① 参见[英]托马斯·霍布斯:《利维坦》,黎思复、黎廷弼译,商务印书馆1985年版,第136、212页。

② 参见[英]约翰·洛克:《政府论》(上),瞿菊农、叶启芳译,商务出版社1982年版,第110-121页。

助加密技术以帮助人们摆脱政府监管的“枷锁”。[①] 他们反对将权力集中在少数大型实体手中，而是以在互联网上建立分散决策的分权机制为目标。他们试图通过创建一套确保隐私的程序和方法以便把权力分配给大众，以便让个人自行决定系统应该如何运行。

虚拟货币是密码朋克力图改变个人与大型实体之间力量平衡的重要尝试。在推动密码无政府主义运动的过程中，密码朋克们意识到，他们需要足够多的金钱才能获得成功。不过，为了摆脱政府的“控制”，他们更想要的是虚拟意义上的货币——因为如果没有虚拟货币，任何加密活动最终都必须通过银行进行，而政府在银行拥有监控和制裁个人的工具。[②] 于是，密码朋克们尝试开发一套支持虚拟货币的“匿名交易系统”。这种虚拟货币不仅是无形的，而且将在互联网上创建、存储和维护。更重要的是，虚拟货币不是由政府发行的，它不会与现实世界流通的传统货币挂钩，不依附于实体货币的价值。在密码朋克看来，虚拟货币将由使用它的人控制，这无疑是更为彻底的分权和民主。然而，20 世纪 90 年代末，虚拟货币的发展遇到了障碍，密码朋克未能破解虚拟货币的难题——在匿名交易领域，彻底实现分权的去中心化并未实现。

（三）区块链去中心化的分权意旨

比特币的创新在于作为其基础的区块链实现了权力的去中心化。20 世纪末虚拟货币的失败根源于一个基本问题：它并没有比传统货币更具优势。不过，美国 2007 年的次贷危机和 2008 年的金融海啸的发生促使以中本聪为代表的密码朋克深刻洞察传统货币的根本弱点——当前货币体系是建立在中央政府的控制之下的。在这种中心化的结构中，无能、不计后果的政府和自私自利的金融机构可以以不负责任或危险的利率发行货币。比特币的关键优势在于，作为其基础的区块链是去中心化的，“它承诺提供一种对冲政府鲁莽行为的机

① See Timothy C. May, *The Cyphernomicon* (*1994*), http://www.kreps.org/hackers/overheads/11cyphernervs.pdf.

② See John Branton, *Anti-Government Figure Will Be Free*, Columbian, Dec. 13, 2009.

制，以防止精英银行家和自私自利的政客的过度腐败”①。在中本聪看来，比特币的创新在于它是完全去中心化的，不需要中央权威机构来决定货币的发展方向，用户将作为一个集体来决定比特币的未来。

密码朋克们认为，区块链使虚拟货币成为去中心化的民主货币形式，其正当性在于它将由少数人掌握的权力分权到多数人手中。区块链的出现使去中心化的权力分配机制成为可能，其显著的优势至少在于以下两个方面。其一，权力去中心化可以促进自由和平等。尽管现实情况要复杂得多，但是区块链去中心化的分权制度的基本原则是合理的，即承诺给参与者更大的自由与平等。其二，去中心化系统能够汇集众人的知识与想法。去中心化的系统并不依赖中央决策者个人的才智，而是依靠群众的智慧。只要群众更好地理解相关的信息，他们就能够比单一权威人物作出更明智的决策。

二、区块链去中心化与法的不确定性

新分析法学曾通过“公园里禁止车辆入内”的假设问题，阐明了法的不确定性这一个重大问题。② 按照新分析法学的理论，每一条法律都有一个凝聚所有人共识并具有确定性的核心范围。但是，在这些核心范围之外，法律还会延伸出一个存在争议的“半影”部分。在这个“半影”范围中，法律不再具有确定性，其如何适用或者是否适用并不十分清楚。新分析法学认为，法的不确定性是法律的一个基本的和不可避免的特征，特别是当新技术出现时，法的不确定性问题便尤为突出。新技术往往不完全符合立法者所确立的标准，法律解释也因此变得十分困难。区块链正是如此新颖的技术，它与旧技术存在巨大的不同。在法律适用中，区块链常被类比为货币、财产、商品或其他财产，然而，就严格意义上而言，它又难以被归类为以上任何一种类别。因此，如果试图用区块链这种自成一体的新技术来类比既有的法律结构，法的不确定性的问题将会变得更加尖锐。概言之，区块链的去中心化结构对既有的法律结构提出了以下三个基本问题：区块链的归类问题、区块链去中心化结构的监管问题和区块链去中心化

---

① ［美］威廉·马格努森：《区块链与大众之治》，高奇琦、陈志豪、张鹏译，上海人民出版社 2021 年版，第 46 页。

② 参见［英］哈特：《法律的概念》，张文显等译，中国大百科全书出版社 1996 年版，第 127 – 135 页。

所带来的法律执行问题。

第一,区块链在法律上的归类问题。为了确定适用于区块链的法律规则,就需要厘清区块链在现行法律体系中应当如何归类。区块链究竟是一种货币、证券、商品或财产,还是可以同时归类为以上物品,抑或它不属于上述任何一种类别。例如,就承认虚拟货币的北美地区的证券法而言,虚拟货币还处于法的不确定性之中。在美国,判断虚拟货币是否属于一种证券,需要应用豪威测试。[①] 然而,通过豪威测试的结论依然模棱两可——虚拟货币可能是一种取决于具体情况的证券:一些虚拟货币可能是一种证券,但另一些可能不属于证券。更加复杂的问题是,即便某种虚拟货币被认为是一种证券,也并不意味着它就不是商品、货币或其他财产。实际上,众多监管机构对虚拟货币的结论都不尽相同。例如,美国金融监管机构严格依据美国《银行保密法》有关货币的定义,将虚拟货币排除在外。相应地,由于虚拟货币交易所未从事"货币"业务,因而也将被排除在金融机构的范围之外。可是,美国财政部的金融犯罪执法网络部门(FinCEN)的看法有所不同,他们从防止洗钱和资助恐怖活动的目的出发,认为虚拟货币交易所属于金融机构的子类别之一。美国国税局(IRS)对待虚拟货币的方式又有不同,他们将虚拟货币定义为财产,因而虚拟货币将无法获得货币或股票的税收待遇。此外,美国商品期货交易委员会(CFTC)对美国《商品交易法》进行了十分灵活的解释,他们认为像比特币这样的虚拟货币属于大宗商品,因而将受到他们的管辖。于是,虚拟货币既可能是一种证券、商品或财产的,也可能同时归属于上述所有的类型。无疑,区块链已构成法律的一个基本问题,其去中心化结构允许人们以根本不同于以往的方式进行组织或交易,因此,区块链的法律类型化仍属于具有不确定性的"半影"难题。

第二,区块链去中心化结构的监管问题。当我们确定了区块链的类型和适用于其参与者的相关规则后,随即而来的问题是,需要进一步确定如何监管区块链的参与者,以确保他们遵守相关的规则。然而,去中心化的结构也给监管带来了新的难题,因为区块链是由很多不同类型的参与者共同运行和管理的,

---

① 豪威测试这一标准源于1946年美国最高法院对"美国证券交易委员会诉Howey Co.案"的判决。豪威测试包含三个要素:第一,存在金钱投资;第二,投资于共同的企业;第三,期望利润完全来自他人的努力。

这就要求多个监管部门分别对不同的相关行为者进行识别和观察,可是当这些行为者是匿名的或位于境外时,识别、观察和监管将更加困难。例如,当政府部门有理由相信一个犯罪组织正在利用银行隐藏他们的犯罪所得时,那么只要政府部门拿到证据以确定犯罪组织的账户,便可以向银行索取赃款。在一些涉嫌逃税的案件中,政府部门还依据相关程序要求银行提供相关客户的信息。可是,在区块链去中心化的结构中,信息与资金的控制权已分散给众多不同的参与者,这些人都无法访问或控制网络的其余部分。因而,在区块链上,没有人或者团体可以像上述例子中的银行那样提供相关的信息,或者具有控制资金的能力。在此情况下,政府部门只能采用间接的方式,比如追踪加密资产在区块链上的移动位置,然后寄希望于当事人犯错,从而暴露自己的真实身份。

第三,区块链去中心化所带来的法律执行问题。区块链去中心化的结构将权力和责任分散给许多不同的参与者,这使责任的追究变得异常困难。例如,当区块链被用于违法洗钱时,应当追究谁的责任呢?是原始代码的开发者、“矿工”、参与节点还是相关虚拟货币交易所?答案可能是其中的某个主体,也可能以上主体都是,也可能以上主体都不是。又如,为了使与区块链相关的法律制度发挥作用,政府部门需要有能力制裁区块链上的不法行为。在中心化的结构中,政府部门可以采取罚款、没收财产等措施,或者起诉该机构或其主要负责人。可是,这些手段在去中心化的结构中就不那么奏效。例如,政府部门发现某种虚拟货币被用来洗钱,但它们不能简单地对该虚拟货币采取上述措施,因为在现实中找不到对应的虚拟货币公司。当然,政府部门可以针对虚拟货币交易所采取一定的措施。可是,当这些虚拟货币交易所位于境外时,政府部门将很难直接制裁它们。退一步说,即便政府部门关闭了世界上该虚拟货币的所有交易所,也仍然无法关闭该虚拟货币本身。因为只要有人在某台电脑上下载了最新版本的区块链,该虚拟货币就会继续运行。关闭一家公司或者虚拟货币交易所的行为对整个区块链系统的影响是微乎其微的,而关闭一个去中心化的虚拟货币几乎是不可能的。

总之,区块链与法律之间的关系还有待厘清。区块链的新颖性和去中心化结构的特殊性使其难以被归入既定的法律类别,因而随后的监管与法律执行也都处于不确定性之中。

三、区块链的中心化运行及其法律意义

尽管在密码朋克们看来，区块链成功地为比特币搭建起了去中心化的架构，但是西方政治哲学史上有关集权与分权的争论并未因此而终结。在原理层面，区块链去中心化架构的设计是为了对冲政府和大企业对互联网的控制权，其目标是把决策权分散给所有的用户。然而一旦区块链进入运行层面，它将不得不面对中心化的现实。一方面，网络节点通过预制机制达成普遍共识的过程在逻辑上就是一个集中的过程，也就是中心化的过程。另一方面，区块链的搭建与运行需要与各种网络平台和交易所对接，而后者也都属于中心化的架构。因此，区块链固然可以在技术上搭建去中心化的架构，在运行中却难以回避中心化操作的现象。[①]

（一）区块链中心化运行的主要类型

1. 技术精英主导的中心化结构

区块链是一个复杂的系统，它的运行涉及很多不同层次的利害关系人。以虚拟货币为例，该系统包括开发人员、“矿工”、节点和用户。[②] 其中，开发人员与“矿工”凭借其对技术的垄断逐步取得了特权地位，使虚拟货币演变为高度集中的网络，也使普通节点与用户逐渐沦为被动的服务接受者。

开发人员主要负责撰写虚拟货币的代码，他们有权对代码规则进行决策，并通过修改代码变更运行规则。理论上，区块链采用开源形态，网络节点都可以查看代码并进行修改。然而实际上，大多数虚拟货币的代码并非完全开放，只有核心开发人员才有访问代码的权限，从而垄断了更新虚拟货币软件版本的权力。于是，这些核心开发人员成为了虚拟货币的“立法者”与“治理者”，在实质上控制着虚拟货币网络。

起初，“矿工”只是负责虚拟货币的记账，并有权就开发人员对代码和规则

---

① 参见王延川：《“除魅”区块链：去中心化、新中心化与再中心化》，载《西安交通大学学报（社会科学版）》2020年第3期。

② See Sulkowski A. Blockchain, *Business Supply Chains, Sustainability, and Law: the Future of Governance, Legal Frameworks, and Lawyers?*, Delaware Journal of Corporate Law, 2018, p. 303 – 320.

的修改进行表决。然而,在丰厚利润的激励下,出现了高度集中化的“矿池”。一方面,专业“矿工”们开始使用专门的“挖矿”设备(ASIC)替代家用计算机,使其拥有远超个人用户的“挖矿”能力。另一方面,共享哈希能力的“矿工”们组成“矿池”,以便分摊存储与带宽的成本,并提高“挖矿”的回报率。①

概言之,“挖矿”设备的专业化与“矿池”的规模化正在弱化区块链去中心化的实效。首先,拥有专门设备的“矿池”对区块链网络的运行拥有更大的话语权。其次,少数大型“矿池”可以相互勾结从而对区块链网络形成实质性的操控。最后,高度集中的“矿池”降低了去中心化网络的安全性,致使“矿池”自身更容易遭到51%的攻击。实际上,开发人员、“矿工”与金融科技人员日益形成具有垄断地位的技术寡头,从而使区块链去中心化的交易网络开始演变为高度中心化的系统。

2. 中心机构组建的许可型联盟链

鉴于区块链去中心化网络存在扩容、速度、高能耗、不易修改等问题,一些中心机构开始在集中式平台上组建联盟链。联盟链建立在私有数据库基础上,由可信节点存储分类账副本,只有经许可进入的用户才可以访问平台。由于联盟链受信节点的数量有限,且节点的权限并不对等,用户对分布式账本的信任不再是基于去中心化的架构和共识机制,而是源于对可信任记账节点的信任,即表现为对可信第三方(TTP)的信任。联盟链是在扬弃公有链缺陷的基础上形成的区块链形态,具有节省资源、运行速度快、信息安全和易于纠错等优势。②

然而,由于联盟链代码的编写和运行放弃了去中心化的架构,一些学者认为,许可型联盟链本质上是一个中心化的系统。首先,联盟链的记账节点通常由相互信任的机构组成,其他节点也是需经过许可的可信任的参与者,而不再是去中心化系统中来去自由的匿名用户。其次,联盟链上的共识不再需要算法支持,其共识过程完全由预先选择的一些节点来控制。最后,联盟链往往采用科层制的内部管理结构,这彻底改变了公有链内部重大事项由所有节点实行民

① See Vitalik B. , *The meaning of centralization*, https://medium. com/@ VitalikButerin/the – meaning – of – decentralization – a0c92b76a274.

② See Agrawal H. , *What are Private Blockchains & How are They Different from Public Blockchains?*, https:// coinsutra. com/private – blockchain – public – blockchain/.

主决策的模式。

(二)区块链中心化运行与法律

虽然区块链的实际运行与密码朋克们构建分权式技术与民主化应用的设计初衷存在不同程度的差异,但是,区块链中心化的运行方式为法律“半影”难题的解决带来了契机。

一方面,中心化组织的参与为法律提供了应用于去中心化系统的介入点。前文已述,去中心化的区块链是由很多不同类型的参与者共同运行和管理的。这就要求多个监管部门分别对不同的相关行为者进行识别和观察,从而极大地增加了监管成本。而且,中心化的结构将权力分散给许多不同的参与者,这也使法律责任的追究变得异常困难。[①] 不过,区块链中心化的运行方式为理论上法律困境的解决带来了一些改变。例如,2016 年以太坊区块链上运行的私募基金智能合约构建了去中心化的分布式自治组织 The DAO,其中出现了由自然人组成的“负责人”(curators)。这些“负责人”的一项任务是确认建议项目书提交者的身份,以便于 The DAO 的正常运行。尽管这些“负责人”对外宣称他们只是完成事务性的工作,而不对 The DAO 的重大决策负责,但是美国证券交易委员认为,这些“负责人”对于该私募基金具有实质性的意义。[②] 易言之,区块链运行中的中心化组织为监管和法律执行提供了可发挥抓手作用的介入点。

另一方面,中心化的联盟链大幅降低了法律适用的难度。由于许可型联盟链的代码编写与管理完全中心化了,所以我们可以将联盟链的节点视为其所有者,进而可以将联盟链视为采用加密技术保护的分布式账本或数据库。[③] 于是,前述区块链涉及的三大法律“半影”问题都有可能得到妥善的解决。首先,就区块链在法律上的归类问题而言,如果联盟链可以被视为加密的分布式账本或数据库,那么该联盟链的法律归类就相对简单——主管机关可以依据创建该联盟

---

① See Aleksei G. , *Control on Blockchain Network*, Nova Law Review, 2018, p. 353 – 374.

② See Nick T. , *The Governance of Blockchains*, https://the control. co/the – governance – of – blockchains – 5ba17a4f5da6.

③ 参见王延川:《“除魅”区块链:去中心化、新中心化与再中心化》,载《西安交通大学学报(社会科学版)》2020 年第 3 期。

链的机构及其创建章程来确定其法律性质。其次,就区块链监管和法律执行问题而言,既然创建联盟链的主要节点可以被视为其所有者,那么监管与法律执行的对象也就比较容易确定。例如,IBM 是超级账本的主要发起人,IBM 为支持该联盟链的软件 Fabric 编写代码,IBM 的雇员占据了超级账本联盟链技术指导委员会(TSC)十一个席位中的六个。对监管部门而言,相较于公有链场景下的监管难题,确定超级账本(主要)监管对象的复杂程度则相对有限。

第二节　区块链智能合约的法律问题

一、智能合约概述

(一)智能合约的概念

1995 年,智能合约的概念由美国密码学家尼克·萨博(Nick Szabo)提出,他以自动售货机为模型,将智能合约界定为“一套以数字形式定义的承诺(commitment),包括合约参与方可以在上面执行这些承诺的协议”①。由于缺乏能够支持可编程合约的数字货币系统与技术,智能合约长期停留在构想的阶段而迟迟无法落地。2013 年年末,维塔利克·布特林(Vitalik Buterin)针对比特币的缺点启动了以太坊项目,这让智能合约与区块链结合的设想成为可能。搭载了智能合约的区块链超越了数字货币的范畴,可以面向更广泛的应用场景,并由此进入了区块链 2.0 时代。

从目前区块链的发展状况来看,智能合约是分布式账本上的一套预置规则,其声明了状态和响应条件,可以将复杂行为实现、封装为相应的计算机程序,然后在分布式节点上执行并验证,用以完成信息交换、价值转移、资产管理等工作。② 工业和信息化部发布的《2018 年中国区块链产业白皮书》对智能合约的相关定义是:“智能合约是由事件驱动的、具有状态的、获得多方承认的、运行在区块链之上的且能够根据预设条件自动处理资产的程序,智能合约最大的

---

① 郑飞主编:《中国区块链法治发展报告:2009—2019》,知识产权出版社 2020 年版,第 125 页。

② 参见金海主编:《区块链技术原理》,高等教育出版社 2022 年版,第 162 页。

优势是利用程序算法替代人为仲裁和执行合同。从本质上讲,智能合约是一段程序,且具有数据透明、不可篡改、永久运行等特性。”[①]也有学者从法学专业的视角,认为智能合约可以利用代码形式,以确认和促进合同条款的自动执行,“通过电子方法控制资产所有权,以限制违约现象的产生”[②]。尽管目前学界还未形成有关智能合约的统一概念,但是从一般意义上讲,智能合约可以理解为无须中介、自我验证、自动执行合约条款的计算机交易协议。

(二)智能合约的特点

除了早期自动售货机的模型,租赁合同被视作智能合约的常见用例,租赁方与承租方可以使用智能合约建立租赁关系。当承租方按照约定交付租金后,将获得授权使用与租赁物对应的数字钥匙。区块链程序将监控承租方指定的账户以确保有足够的资金支付租金,智能合约也将按照合同约定条件从该账户中自动扣除租金,以确保租赁关系的正常运行。当承租方指定账户没有足够的租金可供扣除时,智能合约可以自动中止数字钥匙的授权,从而使承租方无法继续使用该租赁财产。可见,智能合约有利于简化业务操作、提高交易速度与效率,并降低合同的执行成本。智能合约的优势在于它以自动执行的方式促使各方履行初始协议,高昂的违约成本几乎消除了违约的可能性,[③]概言之,智能合约具有以下几个特点。

1. 执行的自动化

与传统的合同不同,智能合约在构建完成后,其程序代码便开始自动运行。当预设的触发条件满足后,智能合约便直接开始执行,当事人双方也无法干预代码的运行。

2. 去中心化

智能合约摆脱了传统合同对中心权威的依赖,它的所有条款和执行过程都

---

① 中华人民共和国工业和信息化部信息中心:《2018 年中国区块链产业白皮书》。

② 倪蕴帷:《区块链技术下智能合约的民法分析、应用与启示》,载《重庆大学学报(社会科学版)》2019 年第 3 期。

③ 参见倪蕴帷:《区块链技术下智能合约的民法分析、应用与启示》,载《重庆大学学报(社会科学版)》2019 年第 3 期。

是预先制定好的，一旦部署运行，参与者就不能单方面修改合同内容、干预合约执行，这大幅降低了人为干预的风险。

3. 不可篡改

区块链上所有的数据都是公开透明且不允许删除的，因此，智能合约的代码也是公开可查询的，智能合约运行产生的数据也不可篡改。基于区块链的智能合约不必担心某些节点恶意修改代码和数据，从而使溯源操作更加值得信赖。

4. 永久运行

区块链中总是维持一定比例的节点以保障系统的可靠性，即便部分节点失效，也不会迫使智能合约停止执行，从而确保智能合约时刻有效。智能合约的“永久运行”与其“可终止性”并不矛盾。前者是指智能合约的运行具有健壮性，足以应对机器故障、自然灾害或者人为破坏；后者是指智能合约必须在有限时间内运行结束，以防止共识永远无法达成，避免增加设备的运行成本、浪费公共资源。

5. 可验证性

区块链上的节点能够通过追踪账本数据的变化实时观察智能合约的输出结果。在每一次达成共识的过程中，所有节点都可以验证智能合约的执行状态，只有智能合约经验证合格才能确保分布式账本共识的达成。

6. 实时交互

区块链具有链上与链下两种信息源，在无须第三方或中心化机构参与的条件下，智能合约可以通过预言机、物联网等沟通链上链下信息、实时响应客户需求，从而提升了区块链智能合约的服务体验和运行效率。

（三）智能合约的作用

智能合约最重要的作用是解决信用问题。传统合同需要事先了解各方的信用背景，合同达成后也有赖于各方的诚信或第三方的信用担保。1995 年，尼克·萨博教授设计智能合约的目标就是在无可信第三方的条件下嵌入数字控制工具，使其担任合约各方共同的信任代理，当预置条件被触发时，智能合约可以自动执行以便在最大程度上排除人为干预的影响。随着区块链支持的可编程合约系统的出现，智能合约最重要的用途终于得以实现。

首先，区块链上的数据是公开透明、不可篡改的，智能合约被创建前无须进行信用调查，其随后的运行也不用依靠单方的信用担保。其次，区块链上只能提供新增操作，而不能进行删除操作，因此，分布式账本中保留了与智能合约交互的历史数据，可支持溯源查询与验证，让违约行为难以遁形。最后，智能合约预置条件触发后的自动执行并不依赖任何一方，只要链上保持必要的节点数，就可以保证系统的正常运行，这样既可以应对设备故障与自然灾害，也可以确保合规，并降低监管成本。[①] 可以说，信用问题的解决大幅降低了交易成本，提升了交易效率。用程序代码而不是法律规则维护的契约精神，也在最大程度上避免了人为因素造成的违约。

二、智能合约的理论争鸣

（一）智能合约的合同属性之争

有关智能合约的学术争论目前主要集中在私法领域，较为突出的问题是智能合约是否为法律合同或其是否具备法律合同的性质。

1. 肯定说

主张肯定说的学者普遍认为智能合约是一种法律行为。当事人建立智能合约具有改变其权利义务的意思，发布方与接收方都是基于自己的意思表示而形成了法律关系，因此，应当认定智能合约是一种法律行为。不同的是，一些学者认为智能合约是升级的电子合同。电子合同是纸质合同的电子化，而智能合约是电子合同的代码化。[②] 智能合约使计算机能够读取合同，并且可以自动实现预设的指令，[③]自动执行是电子合同升级至智能合约的关键所在。还有一些学者主张智能合约是一种担保工具。虽然智能合约具备法律合同的性质，但是它并没有改变传统法律合同的架构，只是在法律合同之外附加了一定的担保机制，因此，智能合约应被认定为一种类似于信用证的独立担保工具，在智能合约

---

① 参见金海主编：《区块链技术原理》，高等教育出版社 2022 年版，第 164 页。

② 参见柴振国：《区块链下智能合约的合同法思考》，载《广东社会科学》2019 年第 4 期。

③ 参见陈吉栋：《智能合约的法律构造》，载《东方法学》2019 年第 3 期。

交易之前，当事人必须提前将数字资产打入合约地址，使这一部分资产置于区块链的控制之下，一旦触发预置条件就自动划拨。易言之，智能合约是一种基于技术的信用担保，它以区块链为信息基础设施，保障法律合同条款在约定条件下被安全可信地自动执行。[①]

2. 部分肯定说

有学者指出，当前区块链中的智能合约大体可以分为三类，即智能法律合约、智能实体合约、智能应用合约。智能法律合约涉及严格的法律追索权，防止参与合约的双方不按照既定规则履行合同条款。[②] 因此，一些观点认为，在智能法律合约中，具有私法属性的一种（或者称为合同型智能合约）才属于法律合同。合同型智能合约是当事人意思表示的代码表征，是法律合同的载体或外在形式，可以从中推出权利义务关系。[③] 依此观点，智能法律合约也可能被行政监管部门采用，相应地，其具有公法关系，因而不属于法律合同。智能实体合约同样是当事人之间的协议，但并不属于法律合同，而是包含特定的经营目的，并设置有权益份额、表决方式和治理机制等。智能实体合约具有组织性，往往以建立 DAO 为目的。智能应用合约是指部署在区块链上，建立具有商业价值智能应用的一种合约。[④]

3. 否定说

否定说侧重于从技术层面来理解智能合约，工业和信息化部发布的《2018年中国区块链产业白皮书》将智能合约定义为“程序”而非“合同”，就是这类观点的代表。否定说强调智能合约在执行过程中没有必要甚至不可能实施法律，其中一些学者认为，智能合约只是合同履行的辅助手段，其旨在消除当事人事后请求法律强制执行的必要。还有观点认为，智能合约只是一种结构性行为，其不符合传统法律合同有关意志产生、有效与执行的规定，也不承载交易双方的意志，它的目的就是实现缔约与履行的一体化。[⑤] 不过，持否定说的学者也认

① 参见倪蕴帷：《区块链技术下智能合约的民法分析、应用与启示》，载《重庆大学学报（社会科学版）》2019 年第 3 期。

② 参见金海主编：《区块链技术原理》，高等教育出版社 2022 年版，第 163 页。

③ 参见郭少飞：《区块链智能合约的合同法分析》，载《东方法学》2019 年第 3 期。

④ 参见金海主编：《区块链技术原理》，高等教育出版社 2022 年版，第 163 页。

⑤ 参见王延川：《智能合约的构造与风险防治》，载《法学杂志》2019 年第 2 期。

为，虽然智能合约不属于法律合同，但是它涉及交易双方权利义务的变更，所以仍然属于具有法律意义的合约。

4. 取代说

取代说是一种较为激进的观点，其主张将智能合约描述为法律合同的替代品。[①] 这类观点认为，当事人双方在建立智能合约时，除了用代码编写合约的权利以外，并没有其他权利，智能合约也没有在法律意义上创建合同义务，而且，智能合约具有自动执行的特点，并不具有法律上的可执行性。例如，如果航空公司与客户形成一个智能合约，要求航空公司在航班延误时将其托管的加密货币发送给客户，那么在合约形成后，任何一方都没有在未来采取行动的义务，当航班延误时，智能合约将自动执行，并将托管资金发送给经历航班延误的客户一方。[②] 因此，该理论主张正在法律尚未触及的技术领域，法律合同可以为智能合约所取代。[③]

（二）智能合约对合同法理论的冲击

1. 智能合约对意思表示相关规则的冲击

有关智能合约的意思表示认定问题。目前，智能合约有两种运行模式：第一，既存在法律合同，也存在智能合约；第二，没有法律合同作为依据，仅存在智能合约。在第一种运行模式下，通常可以依据法律合同文本来判断当事人的意思表示。在第二种运行模式下，对智能合约意思表示的认定应当与传统法律合同理论有所区分。有学者提出，可以根据信息技术条件下交易的方式与特点，采用推定的方式来判断意思表示是否达成一致。如果当事人通过输入数据、关联智能财产或账户提交私钥，把数字财产控制权提交智能合约，[④]则足以表明当事人具有共同的概括认知，即可以推定其意思表示一致。

---

① See Stephen M. McJohn & Ian McJohn, *The Commercial Law of Bitcoin and Blockchain Transactions*, 47 Unif. Com. Code L. J. 187 (2017).

② See Morgan N. Temte, *Blockchain Challenges Traditional Contract Law: Just How Smart Are Smart Contracts?*, 2019 Wyo. L. Rev. 87.

③ See Alexander Savelyev, *Contract Law 2.0: Smart Contracts as the Beginning of the End of Classic Contract Law*, 26 Info. & Comm. L. 116 (2017).

④ 参见郭少飞：《区块链智能合约的合同法分析》，载《东方法学》2019 年第 3 期。

有关智能合约的意思表示解释问题。由于主客观原因,法律合同也存在未能准确反映当事人真实意愿的情况,此时可以借助意思表示制度中的补充或解释规则对合同予以完善。然而,由于大多数当事人难以理解智能合约代码或计算机语言,即便存在错误或意思表示不一致的情况,在智能合约开始运行后,当事人也很难对其进行更改。考虑到计算机语言的构造和代码程序的运行原理,意思表示的解释规则如何适用于智能合约领域,仍是尚待理论界解决的一项课题。①

2. 智能合约对"要约—承诺"相关规则的冲击

智能合约要约的认定。在上述第一种运行模式即法律合同与智能合约同时存在的模式中,智能合约的作用只是法律合同的代码化表达,当事人确定合同的具体内容后,合同经过代码化成为区块链智能合约。因此,在该模式中,智能合约自建立时已成为一个完备的合同。在上述第二种运行模式即仅存在智能合约的模式中,一方当事人将建立合同法律关系的意思表示、交易条件等具体内容代码化为智能合约,等待其他人以特定形式作出承诺,此时的智能合约应当属于要约。可见,智能合约仅在第二种运行模式中可以被视为要约。当然,作为要约的智能合约既应当具备传统合同法理论有关要约成立的必要特征,也需要符合合约代码化的技术要求。② 一方面,要约人必须确保潜在的承诺人能够从智能合约代码中准确地理解具体的条款内容;另一方面,要约人应当明知,一旦另一方当事人作出承诺,智能合约便自动运行,并且,要约人也应当作出将受到该智能合约内容约束的意思表示。

智能合约承诺的认定。智能合约中的承诺需要调用并执行代码,因而有学者认为,智能合约承诺是一种特殊的形式,它不是意思表示行为而是意思实现行为。所谓意思实现,是指行为人的一种行为,"它并不是通过行为人表达法律行为的意思的方式而使法律后果产生,而是以创设相应状态的方式,使行为人

---

① 参见王潺、杨辉旭:《智能合约的私法挑战与应对思考》,载《云南社会科学》2019 年第 4 期。

② 参见倪蕴帷:《区块链技术下智能合约的民法分析、应用与启示》,载《重庆大学学报(社会科学版)》2019 年第 3 期。

所希冀的法律后果实现”①。要约人将要约代码发布到区块链，当承诺人执行代码满足智能合约中的预设条件时即为承诺，例如将一定数量的数字资产的控制权交给代码，此时智能合约合同即宣告成立。易言之，智能合约中的承诺是由履行行为构成的“意思实现”行为，它并不需要承诺人将承诺这一“意思表示”告知要约人，而是直接通过实施行为进行承诺。

智能合约要约与承诺的生效。在区块链环境中，智能合约要约的发出与承诺履行行为的作出都可以在双方不进行对话的情况下完成。按照合同法有关以非对话形式发出要约的通说观点，要约到达相对人可以了解、支配的范围内便生效。对于智能合约要约而言，区块链是交易双方都可以使用的平台，因而，当要约人将要约的程序代码发布到区块链上，经过节点验证后便进入了特定系统，即可宣告智能合约要约的生效。② 智能合约承诺是意思实现行为，本质上无须受领的意思表示，所以在承诺的行为作出时生效。当然，在区块链上承诺行为的作出也应当以经过节点验证为准。

3. 智能合约对合同效力相关规则的冲击

智能合约变更、撤销的问题。智能合约在缔结过程中会存在主观认识与客观事实不符的情况。当智能合约存在双方动机错误时，按照合同法规则，可由双方协商变更，也可解除合同；当智能合约存在内容错误、性质错误或表示行为错误且错误达到“重大”程度时，双方可撤销合同。然而，区块链智能合约的一项基本特点就是不可变更，因此，智能合约应当如何变更与撤销便成了尚待解决的课题。此外，在智能合约存在欺诈、胁迫的情况下也面临着类似的问题，即在成本可接受的范围内，智能合约的变更与撤销应当如何实现。

智能合约无效的认定问题。与传统法律合同类似，智能合约也可能出现合同无效的情况，而智能合约的代码形式又加大了合同无效认定的难度。一方面，由于智能合约双方掌握的信息和拥有的资源不匹配、不对称，所以智能合约的设计者很容易利用技术与资源优势来免除自身责任、加重交易对手方的责

---

① 韩世远：《默示的承诺与意思实现——我国〈合同法〉第 22 条与第 26 条的解释论》，载《法律科学·西北政法学院学报》2003 年第 1 期。

② 参见郑飞主编：《中国区块链法治发展报告：2009—2019》，知识产权出版社 2020 年版，第 136 页。

任，而不利于保护对手方的合法权利。[①] 另一方面，根据《民法典》的规定，对采用自然语言订立合同的无效事由的认定尚且十分困难，而智能合约又是采用计算机代码形式订立的，这无疑进一步加大了合同无效的认定难度。

三、智能合约的风险与因应

（一）智能合约的风险

1. 技术风险

（1）代码的漏洞与错误。

任何计算机程序都可能存在漏洞，由代码构成的智能合约也难以避免漏洞的存在。智能合约的代码漏洞不仅可能造成合约难以履行，而且黑客可能利用代码漏洞来牟利，后者在“The DAO”事件中已经发生，仅此一案涉及的损失就高达5000万美元。不仅如此，智能合约代码也可能存在各种错误。[②] 当自然语言的合同文本被转化为计算机代码时，机器语言的转化和代码表达的局限性很可能使最终成立的智能合约扭曲或完全丧失合同原意，尤其是当前，绝大多数智能合约出自没有法律职业资格的编程人员之手，代码无法反映或错误反映法律用语的情况势必难以避免。

（2）合约公开的风险。

智能合约以区块链为基础，这意味着合约代码向全网公开，链上节点可以验证和查询。然而，合同往往包含一个企业的众多信息，可以反映出企业的经营状况、市场策略、营销方案甚至商业秘密。智能合约一旦建立便立即向全网公开，任何节点都可以接触到，因而很有可能造成企业重大信息与商业秘密的泄露。

2. 系统风险

（1）智能合约的不确定性。

自然语言是法律的载体，也是造成法的不确定性的原因之一。尽管智能合约通常是用代码编写的，在一定程度上可以降低自然语言的模糊性造成的影

---

① 参见周润、卢迎：《智能合约对我国合同制度的影响与对策》，载《南方金融》2018 年第 5 期。

② 参见郭少飞：《区块链智能合约的合同法分析》，载《东方法学》2019 年第 3 期。

响,可是代码语言的可读性问题仍未得到解决,这使智能合约同样无法突破不确定性的藩篱。事实上,一般人往往难以准确地解释合约代码的内容,缔约双方甚至会受制于代码语言和起草它的程序员。不仅如此,智能合约还将在诉讼中引发一些新的问题,如法院是否可以执行代码语言。目前,这些问题仍没有答案,因为法院还未能解决智能合约中代码的可读性问题。[①] 概言之,无论缔约双方如何审慎地起草智能合约,也无法将合同的整体缩减为事先完全定义的条款,智能合约的程序性代码终将难以规避法的不确定性问题。

(2)智能合约的不灵活性。

智能合约的刚性代码制约了灵活性合同条款的订立。缔约双方通常愿意在合同中建立具有一定弹性的条款,以便在履行合同时具有更大的灵活性。然而,智能合约的刚性代码限制了弹性或抽象性条款的适用,因为智能合约的自动化系统会自动执行合约,一旦双方满足了预置的条件,区块链将自动执行。由于区块链上智能合约的编码不能处理模糊或不确定的条件,智能合约在具体条件下比在抽象条件下更加实用。可见,刚性的合约代码并不具备足够的灵活性,因此,智能合约将不太可能取代包含或需要灵活性条款的法律合同。

(3)智能合约的不可控性。

区块链的不可变性在某种程度上会造成智能合约的不可控性。区块链去中心化的性质是一把"双刃剑",在它确保分布式分类账具有难以篡改的优势的同时,也自有其缺陷——一旦智能合约代码上链,缔约各方就失去了修改合约的机会。即便一方当事人或第三方意识到智能合约存在非法或欺诈,监管部门或司法机关也很难阻止这种自动交易。原本智能合约的去意志性使其具有了无须人为干预的特点。然而,当监管部门或司法部门要求必要的人为干预以缓解法律挑战时,就难免与智能合约的不可控性相抵牾。

3. 法律风险

(1)合规风险。

区块链并非法外之地,其同样受到法律的约束。然而,智能合约的代码化、

---

① See Morgan N. Temte, *Blockchain Challenges Traditional Contract Law*: *Just How Smart Are Smart Contracts*? ,2019 Wyo. L. Rev. 87.

匿名化和隐蔽性的特征使其很可能成为违法犯罪行为的载体，刺激新的违规违法形式的出现，因此，必须对智能合约进行合规化验证，以防止非法交易的出现。当然，这对技术与法律都提出了很高的要求。[①] 一方面，需要对密码学的代码与法律语言进行严谨的对应，也应当防范智能合约代码软件的安全漏洞，进行验证和审计。另一方面，鉴于传统信息互联网的定罪量刑规则在智能合约犯罪的适用中会遇到障碍，所以必须确认智能合约扩展应用的法律属性，建立智能合约犯罪的罪名体系。[②]

(2)管辖权的挑战。

为了解决合同法律因国家而异的问题，一般规则规定，合同当事人可以选择管辖合同的准据法；如果双方没有明确约定，该规则将遵从与交易和合同双方关系最密切的法律。然而，处理传统合同的一般规则不一定适用于智能合约。传统互联网交易的各方通常是可识别的，这与在去中心化网络上运行的基于区块链的智能合约缔约各方的情况有所不同，这使传统的法律选择规则难以应用于至少有一个交易方保持匿名的智能合约。此外，智能合约的位置难以确定也给最密切联系原则的适用带来了前所未有的困难。

(二)因应策略

无论技术专家如何看待智能合约的法律地位，合同法的一般原则还是可以在一定程度上适用于以代码形式记录的区块链智能合约的，因此，智能合约仍需纳入合同法的调整范畴，在合法化适用的前提下，服务于数字经济社会的发展。同时，国家机关需要不断调整既有的法律规则，以适应智能合约交易的新场景，通过对合约代码所引发的众多法律问题的解决，为区块链与智能合约的广泛应用提供一个较为完备的治理框架。

就微观层面而言，缔约双方可以在智能合约代码设计时引入第三方救济措施，以预防交易风险的发生。鉴于英美冗长的司法程序，有研究者曾指出，既有

---

① 参见柴振国：《区块链下智能合约的合同法思考》，载《广东社会科学》2019 年第 4 期。

② 参见赵志华：《区块链技术驱动下智能合约犯罪研究》，载《中国刑事法杂志》2019 年第 4 期。

的司法途径对于智能合约而言无疑是低效、复杂和成本高昂的。[①] 因此,一些学者提出了自力救济的措施,主要是在编写代码时加入人为因素,允许第三方对智能合约进行判断,以降低产生纠纷的风险。[②] 包括将智能合约创制为既包含自然语言又包含代码语言的混合协议;通过多重签名的方式建立三方联合签署的智能合约。"如果交易双方同意,他们的密钥就足以完成交易;如果一方不同意,第三方密钥的持有人就可以通过自己的判断来打破僵局。"[③]当然,这些自力救济属于自助行为,应当在满足合法性要件的前提下与现有法律体系相协调、相适应,协同治理智能合约的应用和发展。

就宏观层面而言,国家机关应重视"代码即法律"的发展趋势,积极创建激励智能合约技术健康发展的治理环境。首先,在"代码即法律"的互联网 2.0 时代,通过代码进行监管的想法引起了广泛分析人士的兴趣。[④] 支持者们建议将现有法律编码为智能合约,编码器可以将法律作为参数插入智能合约,智能合约必须遵循现有法律才能执行"监管编码"的想法为监管提供了更多的确定性,并降低了监管和执行的成本。其次,由于智能合约的复杂性,司法机关根据传统合同法原则仅能处理一部分智能合约引发的法律问题。[⑤] 很多个案将由适用了相对完善的法律标准的特定机构依据一般性的法律原则进行处理。而最终很可能需要专门的法院来裁决智能合约纠纷,例如采用区块链信息基础设施的互联网法院。最后,立法机关应当在行业标准逐步明确和法院解决了诸多不确定性之后,再逐步完成智能合约立法。由于区块链的高度复杂性,匆忙的立法可能会在智能合约的使用和执行方面带来意想不到的障碍,甚至阻碍区块链技术的健康发展。因此,鉴于智能合约的处理方式及其法律地位各不相同,一个更合法的建议是通过用于起草智能合约的编码语言来制定特定于智能合约的

---

① See Morgan N. Temte, *Blockchain Challenges Traditional Contract Law: Just How Smart Are Smart Contracts?*, 2019 Wyo. L. Rev. 87.

② 参见郑飞主编:《中国区块链法治发展报告:2009—2019》,知识产权出版社 2020 年版,第 140 页。

③ 王延川:《智能合约的构造与风险防治》,载《法学杂志》2019 年第 2 期。

④ See Max Raskin, *The Law and Legality of Smart Contracts*, 1 Geo. L. Tech. Rev. 305(2017).

⑤ See Benjamin Bain, *Wyoming Aims to be America's Cryptocurrency Capital*, Bloomberg Businessweek, (May 15, 2018), https://www.bloomberg.com/news/articles/2018-05-15/wyoming-aims-to-be-america-s-cryptocurrency-capital.

法规。[①] 先由立法者制定法律规范,并逐步将规则转化为计算机代码,再由软件开发商和设备制造商将法律与合同条款纳入他们起草的代码语言,以利于智能合约在合法、有效、可信赖、亲监管的场景中运行。

第三节　区块链+监管的"法链"模式

一、区块链与监管科技

(一)作为金融科技的区块链

随着区块链在多个金融场景中的广泛应用,金融服务业的交易范式正在被区块链重塑,它也因其"破坏式创新"而成为新一代金融科技(FinTech)的代表。[②] 自中本聪的《比特币:一种点对点的电子现金系统》一文问世以来,以区块链为底层技术的新型金融很快席卷全球。由于区块链给金融市场带来了革命性的变革,它被普遍视作重构金融业的信息基础设施。非常典型的实例是,区块链为破解金融市场中信息不对称这一重大难题提供了有效的解决方案。在既有的证券、保险等金融领域,信息不对称造成了交易速度慢、价格机制错位、流动性弱等问题。区块链作为非中心化的信任机制,具有难以篡改、信息透明、可追溯等特性。通过区块链的分布式存储系统,可以确保链上的数据经过了区块的逐一验证。于是,链上的金融交易无须经过复杂的清收程序便可以实现即时交割,从而实现分布式数据存储、数据传播、信用担保和强制执行等职能。易言之,区块链将分别由结算参与人和登记结算机构承担的职能进行一体化履行,这大幅节省了结算时间与交收成本,彻底解决了数据不匹配、机构治理不完善引发的金融风险。因此,区块链也被普遍认为将重写金融市场规则的金融科技。

---

① See Adam J. Kolber, *Not-So-Smart Blockchain Contracts and Artificial Responsibility*, 21 Stan. Tech. L. Rev. 198(2018).

② See Douglas W. Arner, Janos Barberis & Ross P. Buckley, *The Evolution of Fintech: A New Post-Crisis Paradigm*, 47 Georgetown Journal of International Law, 1271(2016).

然而,在区块链实现金融交易高效率、低成本的同时,金融、技术和网络的叠加与聚合也使金融风险传递得更快、波及面更广。① 其一,金融科技的技术性风险。在金融科技驱动的背景下,交易频率和交易量剧增,尽管区块链技术有利于克服中心化结构造成的垄断,但技术与程序中的漏洞都可能对金融市场造成系统性风险。使用区块链、大数据、人工智能处理的金融数据不再是用于检测因果关系,而是用于评估和预测,因此技术上的细微错误也可能导致高昂的错估的成本与大范围的风险。其二,金融科技的操作性风险。操作性风险通常与人工不当操作、信息系统失灵、内控程序疏漏密切相关。随着科技创新的加速、数据与信息风险交织,操作性风险也逐渐增加。② 其三,金融科技的系统性风险。在数字金融时代,小型去中心化且发展迅速的金融科技甚至比传统金融系统内中心化金融机构(如银行等)诱发系统性金融风险的程度更高。一方面,监管单位往往缺乏技术手段获取金融科技市场结构与运作的可信数据,因而难以对金融科技企业进行有效约束和监管。另一方面,由于金融科技企业往往规模小、稳定性弱,它们抵御经济动荡影响的能力有限,而且容易将动荡传导至业内其他企业。此外,"金融科技的技术性风险和操作性风险在特定情况下也可能由量变急剧升级为质变",进而引发系统性金融风险。③

(二)从金融科技到监管科技的区块链

面对急剧的技术变革与不断的金融创新,金融监管机构意识到了对金融机构和金融消费者给予共同保护的监管目标。而监管目标能否实现,很大程度上取决于监管科技的支持程度。第四次工业革命既带来了诸多金融创新,也加剧了金融风险由量变到质变的进阶,进而使监管科技从辅助监管的手段转变为提升监管能力与效率的关键因素。要实现传统监管向科技驱动型监管的跃升,"必须制定新的监管措施,包括使用新技术,来平衡金融创新、经济发展以及金

---

① 参见李文红、蒋则沈:《金融科技(FinTech)发展与监管:一个监管者的视角》,载《金融监管研究》2017 年第 3 期。

② 参见孙国峰:《从 Fintech 到 Regtech》,载《清华金融评论》2017 年第 5 期。

③ 参见杨东:《监管科技:金融科技的监管挑战与维度建构》,载《中国社会科学》2018 年第 5 期。

融稳定和消费者保护等多方面的需要”①。于是,以区块链为代表的金融科技以科技变革为核心,倒逼监管机构将科技手段运用到监管体系之中。

在科技驱动型监管模式建设的过程中,区块链也从作为破坏性创新技术的金融科技转变为了规制金融创新风险的监管科技(RegTech)。目前,各国对监管科技的定义并不统一,大体可以分为广、狭两义。狭义的监管科技是指金融机构借助科技辅助手段以提高内部合规程序的效率。广义的监管科技包括金融机构为了适应金融科技创新,对新技术加以利用以提升监管能力与监管效率。区块链技术构筑的科技驱动型监管可以从广义的监管科技的概念来理解,在这里,监管机构的科技创新驱动包含多重任务,包括监管机构应通过创制法规执行法律或行政的规定;监管机构应当以网络共识为基础,通过法规的代码化,使金融监管内化于去中心化的分布式账本技术中;②监管机构还应通过区块链技术实现对金融风险的技术治理,构建起可靠的大数据分析和预警机制。具体而言需要做到以下几点:

其一,创制适应科技监管的法律规范。尽管众多金融机构都纷纷投资进行区块链技术的试点应用,但法律规则仍然是确保在法治框架下进行监管创新的必要前提。虽然从技术的角度讲,区块链具有确保安全性、不变性和透明性的优势,技术可以弥补监管规则之不足,但是,法律规范仍然是不可或缺的。一方面,区块链只是重新定义了监管规则的设计与实施,其并不能完全取代规则的地位。另一方面,区块链系统也存在被破坏或失准的风险,这些情况也需要明确的规则予以厘清。

其二,将监管规范纳入区块链代码。监管机构应当将金融监管方面的法律规范嵌入区块链计算机程序代码中,以便于通过智能合约代码的自动化执行来实施相关的监管规则。③ 在“代码即法律”的背景下,通过区块链、智能合约实现的法律代码化不是金融科技企业的自律监管,而是一种规则内嵌型与技术辅

---

① Drisk A. Zetzsche et al. , *Regulating A Revolution: From Regulatory Sandboxes to Smart Regulation*, 23 Fordham Journal of Corporate and Financial Law 31(2017).

② 参见杨东:《区块链如何推动金融科技监管的变革》,载《人民论坛·学术前沿》2018 年第 12 期。

③ See Carla L. Reyes, *Moving Beyond Bitcoin to an Endogenous Theory of Decentralized Ledger Technology Regulation: An Initial Proposal*, 61 Villanova Law Review 195(2016).

助型并举的科技驱动型金融监管。法律规范与程序代码都可以提升信任，但单凭任何一项都不足以建立充分的信任。因此，金融监管机构应当与去中心化技术专家联手，通过法律与代码的互补优势提高金融科技监管的社会公信力。[①]

其三，完善监管基础设施、建立风险防范系统。由于金融监管机构收集的信息会涉及个人隐私和金融企业的商业秘密，因而金融监管机构应建立严格规范的数据使用、加密和脱敏机制，建立全面完善的数据收集系统。为此，监管机构还应制定完备的管理制度，同时完善防火墙、入侵检测、灾难恢复等安全设施，以保障信息系统的安全运行。此外，基于区块链的金融结算体系是全方位的数据库，通过大数据、云计算等方式可以进行金融数据分析，以便实现对特定机构风险水平等核心信息的分析。因此，金融监管机构可以借助区块链平台构建基于大数据的风险预警机制，从而构建区别于以往的准入型监管、行为型监管的事前风险监管系统。[②]

二、“法链”的内涵及类型

（一）“法链”监管的内涵

随着区块链从挑战传统金融监管的“金融科技”逐渐发展为驱动金融监管科技转型的“监管科技”，[③]“法链”（RegChain）监管模式也在此背景下应运而生。[④] 所谓“法链”，即通过“区块链 + 监管”的形式，对科技金融市场进行监管的模式。“法链”是一个利用包括区块链、大数据、云计算、人工智能等技术手段将金融市场参与主体的内部信息外在化的过程，其用以解决金融市场监管者与金融市场之间的信息不对称问题，“引导金融市场主体主动公开披露相关信息，消除金融消费者、投资人与金融机构之间的信息隔阂，将传统金融风险通过价格形式化解，充分发挥市场的自我净化功能，也防止金融监管部门对金融市场

---

① See Kevin Werbach, *Trust, But Verify: Why the Blockchain Needs the Law*, Berkeley Technology Law Journal 2018, p. 43.

② See Carla L. Reyes, *Moving Beyond Bitcoin to an Endogenous Theory of Decentralized Ledger Technology Regulation: An Initial Proposal*, 61 Villanova Law Review 213 (2016).

③ 参见罗福周、陆邦柱、方永恒：《我国金融科技发展面临的现实问题与对策研究》，载《科学管理研究》2018 年第 3 期。

④ 参见王海波：《我国“法链”监管模式的现状、问题及优化路径》，载《财会月刊》2019 年第 21 期。

的过度干预行为”[①]。就本质而言,“法链”模式其实是对传统金融监管的一种补充,而非完全替代。

“法链”的核心是利用区块链去中心化、难以篡改、分布式共治、算法化共识、去信任机制等技术优势,建构全新的科技驱动型监管体系,以实现高效、高能、低成本、低风险的金融监管目标。“法链”模式的优势至少包含以下三个方面:

首先,“法链”监管模式有利于集成多种金融科技监管应用。“法链”是科技驱动型金融监管的基础设施,它充分利用区块链的分布式账本和链式存储结构以生成、存储和验证可信数据,利用公钥+私钥的方式严格保护信息安全,利用“代码即法律”的方式与智能合约的自动化执行以排除不当的人为因素。得益于区块链基础设施,更多的监管科技都可以便捷地应用到金融领域。例如,基于区块链的金融风险大数据预警机制可以集成大数据、云计算等多种技术,此时无论人为干预还是外界条件改变都无法阻止系统对金融风险的预警,从而切实地增强了金融风险的实时防范能力。

其次,“法链”监管模式有利于探索最优的金融合规发展途径。自 2008 年全球金融危机以来,各国政府都加大了金融监管力度,这使全球金融机构的合规成本不断上升。国内金融机构受到全球经济的影响,不得不在金融合规与风险防范方面耗费大量人力与资金。根据律商联讯风险解决公司对全国 210 家金融机构的统计数据,超过 75% 的金融机构近年的合规成本上升 20%—40%,每年仅反洗钱合规预算就高达 15 亿美元。[②] 而基于区块链的“法链”监管模式借助信息共享、数据不可篡改和监管自动化等技术优势,将有效解决合规成本高昂的难题,从而在监管政策不断变化的进程中为金融监管提供最优化的合规发展路径。

最后,“法链”监管模式将打破金融监管滞后于金融创新的困局。长期以来,金融监管与金融创新之间矛盾的症结在于有效监管工具的匮乏。受惠于科

---

① 王海波、冯金伟:《金融科技监管新模式:“法链”模式发展路径研究》,载《金融与经济》2019 年第 9 期。

② 参见张明喜、魏世杰、朱欣乐:《科技金融:从概念到理论体系构建》,载《中国软科学》2018 年第 4 期。

技进步,金融创新始终超前于金融监管,更兼创新性金融的较高风险,监管工具有限的传统金融监管机构时常陷入“一管就死、一放就乱”的困局。而“法链”监管模式不仅可以凭借其高效率、低成本的技术优势来防范当下科技金融的潜在风险,而且可以发挥其开放性、兼容性的系统优势,接纳未来更多的科技监管工具,并将其融入“法链”体系,从而以不断丰富的金融监管体系来因应多样化的金融科技创新。

(二)域外“法链”监管的类型

鉴于目前区块链技术尚无法实现对自身风险的防范与监管,“法链”所倡导的“以链治链”+“以法入链”的监管模式就是有必要的。世界上主流国家对区块链金融的监管大体可分为三种类型,不同的监管策略体现出对待创新与风险的不同态度。

第一种,宽松监管型,体现为对金融科技创新比较开放和包容的态度。宽松监管主要是指政府有意识地决定针对金融科技创新不修改其法律、法规,让现有的监管结构保持不变,继续按其一贯的做法实施,例如澳大利亚对区块链采取的积极态度,澳大利亚储备银行行长曾表示,“为了培育金融创新,对区块链暂时不实施特别的监管程序”①。宽松监管型的优势在于:一方面,可以让国家避免承担创制新的法律规范这一昂贵的立法成本;另一方面,在新技术的潜力充分展现之前,避免因严格的法律规则而限制可能的技术创新。当然,宽松监管并非意味着无所事事,而是有所为、有所不为。例如,虽然美国国会还没有通过与区块链有关的重大法律,监管机构也没有出台与区块链有关的重大法规,但是一些监管机构和各州都在进行积极的探索。美国证券委员会、美国商品期货委员会已经就当前法律如何适用于该行业或加密公司如何遵守规则提供了相关建议。特拉华州修改了州《公司法》,允许公司通过区块链发行股票;俄亥俄州宣布接受以比特币为商业税的支付方式;纽约州围绕虚拟货币建立了

① 杨东:《链金有法:区块链商业实践与法律指南》,北京航空航天大学出版社 2017 年版,第 328 页。

一套完整的监管框架。[①] 宽松监管型通过各机构和各州的尝试,先期的试错可以避免后来者重蹈覆辙,共同积累的经验则有利于国家层面形成更为完善的法律。

第二种,有限监管型,体现为一种介于严格和宽松之间的折中的态度,其典型的方式是"沙盒监管"。有限监管是为金融科技企业的"新模式、新业态、新理念提供一个试验区"[②],让金融机构和科技企业在试验区内尝试新的金融产品或服务,"在适度放松参与试验的产品和服务的约束和管制的同时,又有一定的边界"[③]。例如,在一个"沙盒"中,区块链公司可以在不经过通常授权的情况下发布他们的产品或服务,或者他们可能会保证不会受到监管机构的罚款或其他处罚。作为回报,他们将向监管机构开放自己的业务,让监管机构更清楚地了解他们在做什么。[④] 英国是最早尝试"沙盒监管"的国家,2015 年,英国金融行为监管局宣布了一项"沙盒"计划,其允许金融科技初创企业提供新的金融服务,而无须经过获批此类服务所需要的昂贵的授权流程。随后,中国香港、新加坡、巴林、巴西、印度、哈萨克斯坦、科威特、马来西亚、印度尼西亚和斯里兰卡等都相继推出了金融科技"沙盒"。[⑤] 有限监管型模式有利于实现技术发展与法律规制之间的平衡,[⑥]一方面可以鼓励科技创新,通过给予新技术试错的空间而避免阻碍新技术的发展与应用;另一方面可以将风险控制在有限范围内,避免系统性金融风险的发生,从而切实地保障消费者的合法权益。

第三种,严格监管型,体现为一种相对保守的监管理念。严格监管的方法由来已久,当政府发现一项技术正在对公民造成伤害,而且这种伤害几乎无法

---

① 参见[美]威廉·马格努森:《区块链与大众之治》,高奇琦、陈志豪、张鹏译,上海人民出版社 2021 年版,第 265 - 268 页。

② 杨东:《链金有法:区块链商业实践与法律指南》,北京航空航天大学出版社 2017 年版,第 329 页。

③ 钟鸣长:《新加坡 FinTech 生态系统建设及其启示》,载《电子科技大学学报(社科版)》2016 年第 6 期。

④ See Hilary J. Allen, *Regulatory Sandboxes*, 87 Geo. Wash. L. Rev. 579 (2019).

⑤ 参见[美]威廉·马格努森:《区块链与大众之治》,高奇琦、陈志豪、张鹏译,上海人民出版社 2021 年版,第 276 页。

⑥ See Barba R, *Delaware Gov Pledges "Balanced" Approach to Blockchain Regulation*, 1 American Banker 84 (2016).

补救时,禁止这项技术不失为一项合理的选择。出于对 2008 年国际金融危机的反思,一些国家对待金融科技创新往往保持着非常谨慎的态度,担心不可控的金融科技创新会造成资本外逃的结果,因此对区块链等新技术采取审慎的监管措施。例如冰岛等一些曾受到金融危机冲击的国家对比特币等虚拟货币予以严格禁止。严格监管型的优点在于它将在最大程度上防范金融风险,可以及时遏止新技术应用初期暴露的安全性问题。[①] 同时,这种监管会造成合规标准与内控要求的提高,因而导致金融市场高成本、低效率的结果,也不可避免地导致科技进步、金融创新的速度被延缓。

总之,宽松监管会让政府有更多时间在行动前了解技术,但它模棱两可的态度也会导致金融科技创新结果的不确定性;有限监管鼓励企业进行试验和创新,但它也可能因过宽的尺度而给广大金融消费者造成难以弥补的损失;严格监管的预防措施可以防止上述危害,可是它也会导致技术改进与成熟的迟滞。

(三)我国的"法链"监管模式

我国的"法链"监管模式可以分为两个部分:第一部分是对与区块链相关的金融领域的监管;第二部分是运用监管科技对当前金融科技进行的监管。

对区块链金融的监管肇始于 2013 年。2013 年 12 月,中国人民银行等五部委联合发布了《关于防范比特币风险的通知》,明确了比特币是虚拟商品而不是货币,不能在市场上流通。同时,为了保护人民币作为法定货币的地位,明确各金融机构不许处理比特币交易。2017 年 9 月,中国人民银行等七部委发布《关于防范代币发行融资风险的公告》,明确将 ICO 界定为"未经批准非法公开融资的行为",要求全面清退国内融资代币和虚拟货币业务。2018 年 1 月,互联网金融风险专项整治工作领导小组开始引导各企业有序地退出比特币"挖矿"业务,中国人民银行也禁止各金融机构为数字货币提供金融服务。2021 年 9 月,国家发展改革委等十一部委发布《关于整治虚拟货币"挖矿"活动的通知》,同月,中国人民银行等十部委发布《关于进一步防范和处置虚拟货币交易炒作风

---

① 参见杨东:《链金有法:区块链商业实践与法律指南》,北京航空航天大学出版社 2017 年版,第 327 页。

险的通知》,重申与虚拟货币相关的业务属于非法金融活动,对虚拟货币"挖矿"、交易等活动予以全面清理。概言之,相关部门对区块链金融的监管"彰显了监管层要求区块链相关技术去金融化的决心"①。

对金融科技的监管也于2017年启动。2017年5月,中国人民银行成立金融科技委员会,"旨在利用新兴信息科技丰富金融监管手段"②。同年6月,中国人民银行印发《中国金融业信息技术"十三五"发展规划》,"提出加强金融科技监管研究与应用,尤其是区块链技术的研究和应用,需要继续拓展区块链在金融监管领域的应用"③。为了推动我国金融科技监管的发展,中国人民银行反洗钱中心也着手建设用于反洗钱监测的第二代大数据综合分析平台,用以推进金融科技监管的应用及发展。原银保监会也将区块链技术的分布式架构应用到EAST数据库中,④将线下检查与数据分析相结合,实现了金融机构十余项合规监管业务的线上操作。不仅是监管机构,很多互联网企业也在借助区块链进行"法链"监管模式的建设。例如,"蚂蚁金服反洗钱中心利用大数据技术搭建反洗钱体系,挖掘更深层次的洗钱交易信息数据。金丘科技和银联商务在厦门通过共建区块链征信系统,以完善当地征信业发展"⑤。通过适用"法链"模式,互联网企业加强了对自营业务的合规监管,从而有效地降低系统性金融风险的产生。

尽管有的英美学者将我国区块链监管纳入"严格监管型"的范畴,⑥但是,通过对我国"法链"监管两部分内容的梳理不难发现,我国的"法链"监管已自成系统,纳入前述任何一种类型的界定方式都未免失之偏颇。概言之,我国的"法链"监管模式大体呈现出分类监管、宽严相济、科技驱动、实体导向等特点。

---

① 杨东、梁伟亮:《论元宇宙价值单元:NFT的功能、风险与监管》,载《学习与探索》2022年第10期。

② 王海波、马金伟:《金融科技监管新模式:"法链"模式发展路径研究》,载《金融与经济》2019年第9期。

③ 周仲飞、李敬伟:《金融科技背景下金融监管范式的转变》,载《法学研究》2018年第5期。

④ 参见王海波:《我国"法链"监管模式的现状、问题及优化路径》,载《财会月刊》2019年第21期。

⑤ 王海波、马金伟:《金融科技监管新模式:"法链"模式发展路径研究》,载《金融与经济》2019年第9期。

⑥ 参见[美]威廉·马格努森:《区块链与大众之治》,高奇琦、陈志豪、张鹏译,上海人民出版社2021年版,第275页。

首先,监管层对于虚拟货币、ICO、“挖矿”等与公有链相关的金融活动采取了明令禁止的措施,相继出台的政策均对其予以坚决的抵制。其次,监管层对于“亲监管”类型的联盟链与私有链给予了充分的肯定,甚至积极推动相关技术在监管场景中落地,用以推动我国金融监管从准入监管、行为监管向科技驱动型监管迈进。最后,监管层坚决贯彻习近平总书记 2019 年 10 月 24 日关于“把区块链作为核心技术自主创新重要突破口”的重要指示精神,要求区块链相关技术秉承去金融化的原则,引导区块链技术始终以服务实体经济的发展为方向。①

① 参见杨东、梁伟亮:《论元宇宙价值单元:NFT 的功能、风险与监管》,载《学习与探索》2022 年第 10 期。

第四章　不同类型区块链的法律风险

第一节　公有链法律风险

一、概述

公有链是公有区块链(public block chain)的简称,是指任意区块链服务客户均可使用,任意节点均可接入,所有接入节点均可参与读写数据的一类区块链部署模型。

目前公有链主要应用于以太坊、比特币、超级账本及智能合约技术。公有链的优势在于其去中心化程度较高,但劣势在于其对硬件性能要求较高、数据处理速度较慢,其特点如下。

(一)访问门槛较低

任何拥有足够技术能力的用户均可访问,即只要拥有能够联网的计算机,就满足访问的基本条件。

(二)保护用户免受开发者的影响

公有区块链可以保护使用其开发程序的用户,因为公有链中程序的开发者无权对用户进行干涉。

(三)所有数据默认公开

尽管区块链的关联参与者普遍会隐藏自己的真实身份,但他们会通过他们的公共性来生产自己的安全性,在公有链中,每个参与者都可以看到所有账户余额及其所有的交易活动。[①]

二、司法公有链面临的法律风险

司法公有链主要包含诉讼服务、法制宣传和司法公开等开放给社会公众参与的司法场景，其面临的法律风险如下。

（一）智慧诉讼服务易流于形式

1. 壁垒尚未突破

智慧法院与智慧诉讼服务中存在的“信息壁垒”是一个历史遗留问题，其产生于人民法院信息化建设的初期缺乏顶层设计与整体布局以及长期以来各部门之间协调合作力的缺位。随着智慧法院建设的深化，最高人民法院开始研究多元纠纷解决机制与一站式诉讼服务，建立起立体性、多元化的智慧诉讼服务体系是当今诉讼服务建设的重要方向。

目前我国已创设了诉讼服务大厅、诉讼服务热线、巡回办理等渠道，但平台分工不明确、信息重复等问题依然影响着诉讼服务的时效性与准确性。此外，诉讼服务与司法公开均属“服务人民群众”的范围，但诉讼服务中心与司法公开平台间的统一问题仍未解决，服务对象之间存在割裂，这降低了法院诉讼服务的整体质效。

2. 功能尚未发挥

虽然“厅网线巡”的一体化诉讼服务创设了丰富的诉讼服务功能，但智慧诉讼服务功能的效果依然存在较大的提升空间。在线诉讼作为智慧法院未来发展的重要方向，应当指引智慧诉讼服务的发展，但从在线诉讼各项服务成果来看，我国在线诉讼的使用率依然不高，网上开庭、缴费、证据提交的水平未见提高。因此，随着“两个一站式”诉讼服务建设的深化，如何发挥智慧诉讼服务在推进在线诉讼发展、纠纷多元化解决及提高司法质效方面的作用，是当前法院区块链构建中的难题。

---

① 参见今币财经：《公有链，私有链，联盟链特点及应用》，载腾讯云网 2018 年 4 月 26 日，https://cloud.tencent.com/developer/news/193554。

3. 应用尚未深入

目前法院工作人员与当事人对智慧诉讼服务系统的使用热情不足，智慧诉讼服务应用不够深入，其主要原因有两方面：其一，重建设轻需求。在智慧诉讼服务建设中，一些法院过度依赖专业的信息技术人员，轻视了审判人员的作用，导致系统存在常识性错误，无法满足审判人员的需要；部分网站的信息技术人员与法院的审判人员在业务上脱钩，导致法院的诉讼服务无法满足当事人的司法需求，当事人难以通过诉讼服务平台畅通地与法院联系，难以表达其观点与需求。其二，重后台轻日常。当前的诉讼服务主要依赖技术外包，这导致审判业务与诉讼服务脱节，智慧诉讼服务平台的实用性较差，甚至一些平台的服务窗口被放在主页的边角位置，当事人难以发现。这种诉讼服务平台无法为日常诉讼服务提供合格的技术支持，只会增加当事人与审判人员的应用与后台管理负担。

4. 发展尚未均衡

我国各地法院在进行智慧诉讼服务建设时都面临着当地经济发展、风土人情等地方因素的影响，各地法院在智慧法院体系建设中也取得了具有地方特色的成果，但整体上来看，智慧诉讼服务的建设依然存在地域的不平衡。在地区之间，这种各地法院对诉讼服务需求与应用的不平衡导致了跨区域立案等区域协同诉讼服务的开展困难。部分地区基层法院诉讼服务系统建设较为落后，仍未"打通最后一公里"。此外，不平衡且单一的诉讼服务平台也难以满足各类社会群体多元化的诉讼服务需求。

以上问题充分展现了我国智慧诉讼服务发展的不均衡性，其既影响了诉讼服务的效果，也影响了法院之间的数据交换和协同合作。但这一问题不能仅靠地方法院自己解决，还要依靠最高人民法院的顶层设计与高位阶的立法解决。①

（二）司法数据公开存在风险

1. 公民信息隐私泄露风险

司法数据记载了案件相关信息，庭审各环节所透露的信息加上证据材料、

① 参见田钝夫：《智慧诉讼服务建设的成效、问题与发展方向》，载《河北工业大学学报（社会科学版）》2022 年第 2 期。

笔录文书等文本数据即可还原案件与当事人真实且详细的情况,其中可能包括当事人不愿、不宜向社会公开的个人私密信息。根据《民法典》人格权编的规定,个人信息与隐私都彰显了自然人的人格尊严与人格自由,[①]而大数据时代零星的个人信息都能被拼凑出足以反映自然人人格的重要信息。[②] 因此,智慧司法建设中的大量在线数据与在线庭审实况直播、裁判文书的无差别公开都会导致诉讼主体的健康、财产、生活状况被泄露,特别是未经处理的敏感信息暴露必然会给当事人的私人生活带来侵扰。

具体来说,在裁判文书公开环节中,《关于人民法院在互联网公布裁判文书的规定》为隐私权的保护设置了两道防护措施,即删除部分不宜公开的个人信息与对部分案件中的特定人员进行隐名替代,但中国裁判文书网的在线文书中依然有很大一部分文书未删除个人信息,包括当事人的家庭住址、身份证号码、车牌号码等隐私敏感信息。[③] 在庭审与执行环节中,中国庭审公开网上的绝大部分视频没有对个人隐私信息进行处理,法官核实诉讼主体基本情况环节会导致大量个人信息的暴露。执行环节中,各地通过各种渠道公布失信被执行人个人隐私的情况也很广泛,失信被执行人的姓名、照片、身份证号码在各种平台上不断传播。

2. 数据滥用风险

区块链技术已经在全球范围内得到了广泛认可和探索实践,我国也将区块链大数据的应用研究作为推动司法治理体系和治理能力现代化的重要力量,各司法机关进行相应区块链建设的同时,社会各界力量也在积极参与区块链司法的应用开发,目前我国已经出现了一批具有法律与科技双重优势的司法大数据企业。

但是我国对司法数据的利用尚未设计出合理的法律法规,这导致了数据黑产的出现与发展。数据爬虫缺乏法律伦理的底线,突破司法公开平台的反爬措

---

① 参见王利明:《论个人信息权的法律保护——以个人信息权与隐私权的界分为中心》,载《现代法学》2013 年第 4 期。

② 参见张里安、韩旭至:《大数据时代下个人信息权的私法属性》,载《法学论坛》2016 年第 3 期。

③ 参见邹劭坤、侯晓焱:《民法典时代我国公开裁判文书个人信息保护提升路径》,载《法律适用》2020 年第 20 期。

施非法拦截数据，智慧司法平台因无限制并发访问而受到影响，司法数据流入黑市成为数据商品。我国区块链司法模式虽尚处于起步阶段，但对司法大数据的需求必然会进一步推动民间数据公司的发展，随着司法大数据的纵向深入，未来必将产生威胁个人利益、社会利益乃至国家利益的司法数据滥用风险。

3. 秘密还原风险

传统互联网时代的数据较为分散，数据安全风险一般属于隐私信息的直接暴露。区块链时代，数据的"井喷式"产生已经形成了数据聚合效应，对私密信息的获取更加容易，数据的处理技术也更加成熟，因此产生了一系列潜在的安全风险。在如今的数据采集处理技术下，可以通过抓取同一主体的相关案件信息来预知其市场范围、专利布局、营销策略、客户群体等商业秘密，还可以通过对刑事与行政案件的聚类分析来还原、透视国家秘密，以及通过对司法数据的精准采集、深度挖掘、关联分析还原揭示社会经济发展中国家社会治理存在的涉及国家秘密的漏洞。①

（三）法制宣传存在舆情风险

1. 道德恐慌的出现

所谓道德恐慌，是指社会公众对社会热点信息真实性之模糊认知而产生了一定的风险意识和带来恐惧心理的集体反映，该现象在媒体传播过程中产生的主要路径有二。首先，新闻媒体对社会违法犯罪新闻的扎堆式、爆发式曝光会在社会公众间引起不同程度的"道德恐慌"。互联网的发展与其多元化、开放性的特点加快了信息的传播速度，匿名性的特点则加大了信息的传播自由度，频繁报道违法犯罪行为会打破个体安全舒适的生活环境，引发社会焦虑与恐惧。其次，媒体发布的不规范新闻也会加深社会"道德恐慌"。一些无良媒体为获取更多流量，吸引公众注意力，故意夸大甚至编造违法犯罪案件的事实及其带来的负面影响，这种博眼球的行为会误导公众对犯罪信息的理解，使公众在舆论冲击下失去理智，导致焦虑恐慌的情绪在社会中蔓延。

---

① 参见李婧婷：《司法数据公开的安全风险及其防范对策》，载《黑龙江省政法管理干部学院院报》2022年第2期。

2. 媒介审判的压力

媒介审判是指新闻媒介超越司法程序，抢先对涉案人员作出定性、定罪、定刑以及胜诉或者败诉的结论。随着新闻媒体的不断发展与扩张，媒体在社会中的影响力越来越大，特别是自媒体时代网络媒体通过对司法案件的议程设置来进行新闻炒作，形成舆论氛围，干涉司法审判的公正性。造成媒介审判的原因是多方面的，首先，当今居民贫富差距较大、社会矛盾凸显，这为媒介审判提供了发展土壤；其次，社会公众是未组织化的群体，其媒介素养与法律素养参差不齐，易受外界力量控制影响，从而被动地更新观念，产生盲从和非理性行为；最后，媒体与司法也存在各自的问题，司法信息不够透明、法官人格不够独立等原因都会招致公众的猜疑，而媒介本身缺乏监管且具有逐利性，时常"越位"参与社会管理。

3. 传播路径的断裂

互联网的匿名性与虚拟性提高了违法犯罪行为发生的可能性，不法分子为获取流量与利益，在网上散播谣言等不实信息，公然传播色情淫秽、赌博犯罪等内容，"网络暴民"利用公众事件大肆宣扬违法行为的负面信息，将矛头指向政府，将社会矛盾归于政府的不作为，意图扰乱社会秩序，从中牟利。

此外，法制宣传力度过大也会导致公众的利益诉求爆发，如果公众的利益诉求能够得到回应与解决，就可以提高政府的公信力和公民对国家的满意度，但公众利益诉求未能得到妥善解决时，民众就会对政府的社会治理能力失去信心，对国家法律持消极态度。公民的利益诉求主要存在于一些法律法规未作明确规定的模糊领域，因此能否通过法制宣传工作缓解这一矛盾、取得公众信任尤为重要。①

三、风险应对与发展方向

（一）智慧诉讼服务建设

1. 坚持以人民为中心，提升诉讼服务水平

智慧诉讼服务面临的用户是广大社会公众，其建设不能拘泥于法院内部业

---

① 参见程安秋：《法制宣传中对舆论风险的控制路径分析》，载《河北企业》2017 年第 5 期。

务管理的智能化，而是要切实了解人民群众多样化的现实司法需求，以司法为民为目标，通过区块链技术手段提升司法服务水平，实现“数据多跑、群众少跑”，提升公众在司法活动中的满意度。因此，在智慧诉讼服务的未来建设中，要推进网络司法公开，提高司法透明度，为诉讼主体提供全流程一体化的智慧诉讼服务，帮助公众节省时间、降低成本，同时建立便捷沟通渠道，自觉接受社会监督。

2. 建立“大服务”理念，提供全流程诉讼服务

各地、各级法院应当全面升级智慧诉讼服务系统，将律师、人民陪审员等纳入诉讼服务范围，完善在线立案、缴费、证据交换、庭审与电子送达等基本功能，同时发展收集用户评价与反馈的功能，通过对诉讼服务效果、诉讼辅导、案例研判等司法大数据进行分析，促进智慧诉讼服务由个别流程服务向全流程服务转变，聚焦分调裁审、审判辅助与涉诉信访，建立立体化、全方位的智慧诉讼服务。

3. 建立多元纠纷解决机制，推进诉讼服务体系化

当今人民法院智慧诉讼服务的建设重点是推进“两个一站式”构建，因此在未来的智慧诉讼服务建设中，要坚持一站式诉讼服务中心与一站式多元纠纷解决机制的协调统一。一方面要加快司法体系和司法能力的现代化进程，建立起多元立体、协调高效的智慧诉讼服务体系，提升法院以区块链技术服务社会发展、服务社会公众的水平；另一方面要坚持以区块链技术为生产力，在推动矛盾的多元纠纷解决机制发展的同时，推进智慧诉讼服务体系全面升级，并进一步实现二者的有机统一，建成真正意义上的现代化智慧诉讼服务体系，一站式解决纠纷，全方位提供服务。①

（二）司法数据公开风险防范

1. 坚持司法数据公开与再利用的有限性原则

首先要将数据分类、分级公开作为数据公开的指导性原则，严格设置数据公开与否之间的界限，使司法数据公开能够满足数据安全和网络安全的审查要求。全面公开与分类分级原则并非不可兼容，而是“以公开为常态，不公开为例

---

① 参见王新亮：《如何提升纠纷解决质效》，载《人民法院报》2020年8月29日，第2版。

外”,因此应当通过分级分类建立完全公开、处理后公开、不公开三类标准,保证秘密、隐私和涉及国家安全的高价值数据不被泄露。其次要合理限制司法数据的再利用。在区块链时代,对司法数据进行挖掘与利用是不可阻挡的趋势,但随着数据利用的手段增多,数据滥用的风险也在加大,对此,应当建立司法大数据应用的负面清单制度,将可能造成数据滥用的应用平台列入该清单进行限制;还可以设置大数据应用场景审核机制,必须经过安全风险评估和备案后方可使用相关司法大数据。

2. 协调司法数据公开的一致性

司法公开各环节面临的危险程度不相同,因此要结合不同环节的现实风险来确定具体的公开边界。如庭审直播环节会涉及大量详细的司法数据,且作为司法公开链条的较前环节可能会对后续环节产生影响,应当避免在公开庭审中出现不宜公开的内容。因此在进行庭审直播时,要严格限制案件范围,既要与裁判文书公开环节所禁止的情形相呼应,又要基于技术现实加以必要限制。除了法律不完善外,司法数据的安全风险还与技术性因素密切关联,因此必须树立相关技术处理标准。技术处理范围包括个人信息、商业秘密等法院认为不宜公开的内容以及证据材料等不属于司法公开的内容,可以采用的技术处理方式包括删除、过滤敏感文本数据,马赛克处理、图像屏蔽应当重点保护人员的图像,变声、消声敏感音频文件等。

3. 完善数据公开配套制度

首先要完善救济制度,赋予当事人删除纠正权与诉权,使其可以请求法院撤回或纠正相关数据。其次要确立审判管理办公室或其他相关机构对当事人的纠错、删除申请进行管理,审查其理由是否成立。最后要完善司法公开考核评价制度,司法公开考核评价制度在推动司法全面公开的同时应当保证其公开数据的质量与安全。可以通过行政考核的方式刺激法院积极维护司法数据安全,将数据脱敏制度建设与数据保密审查加入考核体系,实现数据公开与监管的双向发展。

(三)舆情风险规避路径

1. 重新审视媒体法制宣传中的优势

首先,在做好指引教育工作的基础上进行普法宣传,宣传法治信息。实践上可以通过报纸、杂志、电视特别是新媒体平台进行法治教育，开设普法专栏，及时报道立法动态，提高公民学法用法的意识。同时要通过以案说法、庭审直播等方式使公民更加直观全面地了解案件，在增强公民法律意识的同时警示公民规制自身行为，减少犯罪行为的发生。其次，发挥新闻舆论媒介监督的义务和传承优秀社会文化的作用。通过媒体进行公开的法治新闻报道，接受群众的反映，有利于在保障公民知情权的同时还原事实真相，在合理范围内敦促案件的公正解决，发挥媒体在法治建设中的监督作用。此外，媒体还具有传承优秀社会文化之功效，在因事为制的过程中，既能发扬传统法律文化之精华，也能根据事实发展提供补充与完善建议。最后，新闻媒体应当致力于为公民提供高效的法律服务，这也是其独特优势之一。媒体可以与社会公众进行普法互动，通过各种途径为公众提供法律咨询与法律援助，满足公民的法律需求与正义追求。

2. 不断优化媒体法治宣传的内在环境

媒体的从业人员一方面要提升专业素养，另一方面要提高道德水平。媒体从业人员必须有遵守、崇尚、爱护法律的基本素养，否则无法完成法治宣传的工作任务。因此，媒体工作人员应当学习法律知识，培养法律意识，在法治宣传中坚持法治关键，弘扬法律信仰，尊重法治精神。媒体从业人员还应当培育正确的世界观、人生观、价值观，以合法、合道德的方式获取新闻素材，进行新闻报道，防止造假、夸大、杜撰等不良报道行为出现。除了对媒体从业人员进行素质要求外，媒体也应当健全其自我管理机制，报纸、杂志、新闻网络都应当设立专门的法治宣传部门，由具有专业素养的人员进行法治新闻的采编与宣传报道。①

第二节 联盟链法律风险

一、概述

联盟链则是联盟区块链（consortium block chain，也被称为行业区块链）的

① 参见王园园：《法制媒介化与媒体法制传播风险事件资源探析》，载《传播力研究》2020 年第 23 期。

简称,是指仅限一组特定客户使用,仅授权节点可接入其中,接入节点可按规则参与读写数据的一类区块链部署模型。

目前联盟链主要应用于机构间的交易与结算、清算等 B2B 场景。联盟链的优势是兼顾了公有链的去中心化和私有链的高效,劣势是在去中心化上节点有限,只能实现部分去中心化,其特点如下。

(一)部分去中心化

联盟链只属于联盟内部成员所有,且由于联盟链的节点有限,较易达成成员间的共识。

(二)可控性较强

在联盟链中,数据节点较少,因此只要所有成员机构中的大部分达成了共识,就可以进行区块链数据的更改。

(三)数据不会默认公开

与公有链不同,联盟链上的数据仅联盟内部成员机构享有访问权限。

(四)交易速度快

联盟链在本质上属于私有链的范畴,因此由于其节点不多,易达成共识,交易速度显著快于公有链。

二、司法联盟链面临的法律风险

司法联盟链主要用于建设智慧司法体系、智慧国际司法合作体系和智慧法院与银行等机构的外部协作体系,其面临的法律风险如下。

(一)内部协同不畅风险:行政机关与司法机关容贯性不足

1. 信息共享机制不完善,司法机关工作开展被动

建立信息共享机制进行各节点的协同合作是司法联盟链畅通运作的前提,但在实践中,由于行政机关构成复杂且权力运行方式多样,司法机关与行政机

关建立信息共享机制的情况不大理想。偏远地区的信息共享平台建设滞后，而在信息共享平台研发较早的地区，案件信息的录入权也往往掌握在行政机关手中，由行政机关进行选择性录入；对构成犯罪的行政违法行为也主要依靠行政机关的移送，司法机关只能被动接受线索，且对行政机关的“有案不移”缺乏有效制约。行政机关掌握了大部分行政执法信息，司法机关信息不对称，无法形成执法信息的共享机制。若联盟链各节点间的沟通不畅，会导致司法联盟链无法有效开展监督、侦查等工作，还可能导致司法权力异化成为强化行政权力的工具。

2. 信息标准混乱，证据转换困难

信息的采集标准混乱、证据标准的不统一及信息安全问题是司法联盟链建设迟缓的重要原因之一。一方面，我国的行政机关已经建立起了本系统内的信息管理平台，各系统间的执法信息采集与录入格式标准都存在差异。另一方面，部分行政执法单位由于担心其执法信息泄露而承担相应责任，不愿与司法机关分享其内部执法信息。

此外，司法系统内部对证据的标准也不统一，这造成了证据转换的困难。如行政案件与刑事案件的证据标准就存在较大的差异，行政案件证据标准明显低于刑事案件证据标准。行政案件数量多于刑事案件，为了及时恢复生产秩序，便于社会管理，行政机关必须不断提高办案效率，因此对其证据标准要求较低；行政案件较刑事案件而言社会危害程度较低，处罚严厉度显著低于刑事处罚，因此刑事案件的证据标准更为严苛。目前《刑事诉讼法》修改了一些关于行政证据与刑事证据衔接的规定，为其相互转换提供了一定的依据，但在实践中，证据的取证程序要求更加严格，一些行政机关的证据材料因程序不符合《刑事诉讼法》的规定而无法得到认定。此外，言词证据和鉴定意见，检查、勘察、侦查实验笔录等证据的转换具有特殊的要求，而法律并未规定明确的转换规则，需要司法机关重新制作相关证据，当其受到时效性因素的制约时就会大大增加司法机关办案的难度。

3. 链上节点之间的职能划分不清晰：以“两法衔接”工作为例

(1) 立法层级低造成的制度刚性不足。

司法联盟链的内部建设工作涉及法院、检察机关、公安机关与行政执法机关等,其中行政执法机关与司法机关无法实现融贯的原因之一是缺乏相关立法。以“两法衔接”工作为例,此工作既是行政执法程序,又是刑事诉讼的启动方式之一,但在行政处罚领域与刑事诉讼领域都无明确规定。行政机关向检察院移送案件的唯一规定是国务院于 2001 年颁布的《行政执法机关移送涉嫌犯罪案件的规定》,但此规定缺乏上位法的依据,特别是行政执法机关的移送缺乏监督,因此其合法性遭到了质疑。[①] 正是因为能够明晰职责的上位法律依据的缺位,所以最高人民检察院在其后出台的文件中回避了行政执法机关移送案件的监督职权问题,这就导致了监督主体不明,监督机制缺失,最终追责难以落实。

(2)刑事立案标准不明下的“以罚代刑”。

“两法衔接”工作中存在立案标准不明确引发的责任推诿现象。一方面,最高人民检察院与公安部出台了多项有关刑事案件立案追诉标准的司法解释,但未能涵盖所有罪名,因此违法行为与犯罪行为的判断标准存在混同,这导致了司法实践中的“选择性执法”,降低了司法的公信力。另一方面,刑事立案标准的司法解释过多造成了不同司法解释间立案标准的不一致。综上所述,案件移送标准的不明确导致了移送与否取决于行政机关,最终实践中部分涉嫌犯罪的行为仅被科以行政处罚。[②]

(二)外部信息信任风险:外部节点拒绝提供相关信息

1. 跨行业调查取证缺乏途径

在司法侦查方面,金融、网络类犯罪往往涉及多种类型的电子证据,包括聊天软件记录、银行资金交易流水、通信记录等。因此在案件的协作侦查中,侦查部门必须向有关社会行业调取犯罪电子证据,但侦查部门与其他行业之间缺乏信任基础,也缺少有效的数据传播媒介,从而造成了严重的信息壁垒。在实践中,司法机关与公司企业之间的协作程序复杂烦琐、效率低下,主要原因就是掌握了电子证据的金融机构和互联网公司为了保护其内部信息而不愿意将数据

---

① 参见练育强:《行政执法与刑事司法衔接困境与出路》,载《政治与法律》2015 年第 11 期。

② 参见申纯:《区块链技术背景下“两法衔接”机制改革研究》,载《广西大学学报(哲学社会科学版)》2021 年第 2 期。

提供给侦查部门,对案件协作持消极不配合的态度。这种现象不利于对网络犯罪的精准、快速打击,甚至会导致犯罪电子证据的过期湮灭。就其根本而言,金融机构、互联网公司与电信部门等机构具有保障用户隐私权利的职责,这与司法机关打击犯罪的职能是相互矛盾的,因此彼此间很难长期维持平衡的合作状态。

2. 跨国合作执法缺乏信任

近年来,我国公安机关利用信息技术不断加大对网络犯罪案件的侦查打击力度,犯罪分子的生存空间被空前压缩,因此不得不选择在国外设立服务器,再侵害国内的受害人。在此背景之下,国际范围内的司法侦查与警务执法协作便更加频繁。但是目前跨国侦查缺乏信任机制,我国公安机关在跨国侦查协作上受到了诸多限制,且对国外侦查部门过于依赖,不利于侦查工作的开展。我国近年来也与一些邻近国家尝试了"点对点"的侦查协作模式,但其属于单边侦查协作,没有真正意义上的内部分工、监督与协调机制,因此该模式的收益不高。[①]

三、风险应对与发展方向

当前,我国司法联盟链的一个发展重点就是联盟链与数字版权保护制约因素与实现机制相关问题。联盟链在数字版权保护中具有双重优势:首先,联盟链+数字版权保护具有价值优势。第一,联盟链+数字版权保护模式力图将信息互联网拓展到价值互联网。第二,联盟链+数字版权保护模式为社会信用体系重建提供高端示范。第三,联盟链+数字版权保护模式为促进文化产业繁荣提供创新驱动。

其次,联盟链+数字版权保护具有技术优势。第一,技术规则可控性强。第二,去中心化规则更优。第三,交易效率相对较高。第四,交易成本相对较低。第五,隐私保护相对严密。

---

① 参见赵长明:《国际警务合作视野下的"一带一路"区域侦查协作研究》,载《北京警察学院学报》2019年第3期。

第三节　私有链法律风险

一、概述

私有链是私有区块链(private block chain)的简称,是指仅限单个客户使用,仅获授权的节点才可接入其中,接入节点可按规则参与读写数据的一类区块链部署模型。

目前私有链主要应用于企业或政府的内部管理,如企业数据库管理与审计、政府的预算和执行系统等。私有链的优势在于速度快、成本低,对恶意攻击的抵抗力强,劣势在于不具有开放性,对私有节点的控制高度集权化,[①]其特点如下。

(一)交易速度极快

私有链节点少且具备极高的信任度,不需要每个节点都进行交易验证,因此其交易速度远胜于其他任何种类的区块链,甚至接近了并不属于区块链范畴的常规数据库的速度。

(二)更好地保障隐私

私有链上的数据无法公开地被拥有网络连接的任何人取得,不用处理访问权限和使用所有的老方法。私有链上的数据隐私政策与普通数据库的数据隐私政策一致。

(三)交易成本大幅度降低

私有链上可以进行廉价甚至是免费的交易,若一个实体机构控制并处理所有交易,则其不再需要为工作而收取任何费用。

---

① 参见《科技日报》、新华网、河北新闻网:《数字化、公有链、私有链、联盟链》,载澎湃网 2022 年 5 月 11 日,https://m.thepaper.cn/baijiahao_18046272。

(四)防止数据被篡改

私有链能够防止机构内单节点隐瞒、篡改数据,即便发生错误,也能迅速发现其来源,这有利于保护其基本的产品不被破坏。

二、司法私有链面临的法律风险

司法私有链主要可以用于智慧法院内部的体系建设,如审判流程管理平台、法官审判绩效考核体系等,其面临的风险如下。

(一)技术安全风险:区块链的内生性风险

1. 中心化风险

目前由司法机关主导建立的司法私有链与DAO相去甚远。例如,北京"天平链"第一层级节点单位为各级法院、司法鉴定机构、公证处等官方机构,广州"网通法链"第一层级也属于"司法内部共享链",其本质上都属于内部信息化建设,不符合区块链去中心化定义,具有中心化的风险,无法践行区块链的真正价值。在实践中,为方便社会公众用户对司法私有链的使用,就要尝试设计用户友好型的界面,因此可以通过第三方技术实现中心化,即中介机构可以具有中心化的能力与权力。在区块链技术蓬勃发展的今日,应当对司法区块链的中心化趋向进行必要的审视。

2. 数据主义风险

数据主义倾向在司法区块链中最为突出的表现是"数据的资源化、权力化与意识形态化"①,特别是在智能合约中产生了一种"自动化偏见",具体表现为人们一味地信任智能合约中的信息而忽略了其他的信息源。但是数据主义倾向是存在一定谬误的,一方面,司法区块链的多种应用可能与司法大数据结合紧密,但司法大数据本身并不完善,存在不真实、不客观、不充分和结构化不足等缺点;另一方面,部分法院在区块链系统的建设过程中存在重复建设的问题,且各地、各级法院的数据缺乏联通,形成了"数据孤岛"。此外,司法区块链存证

---

① 李伦、黄关:《数据主义与人本主义数据伦理》,载《伦理学研究》2019年第2期。

仅仅是一种存在性证明,而非鉴真途径。若输入数据存在错误,则其输出数据也会失真,区块链数据垃圾输入/输出会带来数据的失真困境。

3. 系统安全风险

区块链技术并非十全十美,其"不可篡改"特性严格来讲应为"难以篡改",这也是由当今计算机技术发展的局限性决定的。因此,构建司法区块链应当尤为注意其系统代码的安全问题。具体来说,对系统进行大于50%的攻击即可对区块链进行篡改,因此对区块链中介平台的攻击非常常见。另外,区块链密钥分为公钥与私钥,一旦私钥丢失,就无法正常获取数据,同时,密钥管理软件面临着病毒感染导致密钥丢失及数字签名泄露的风险。造成这些系统安全风险的主要原因便是密钥的管理技术不完善、网络传输协议的安全度较低及计算机病毒的扩散。司法区块链同样面临着区块链系统运行效率较慢、储存空间较小、能耗较高及难以解决代币方案等诸多风险,尤其是代币方案问题与司法区块链的顶层制度设计紧密相连。通常在数据加密货币语境下,使用代币来补偿参与者的算力形成激励,从而发展出了"挖矿"产业。但在"去币存链"的司法区块链体系中便产生了代币设计的困境与难题。[①]

(二)司法应用风险:区块链技术自身限制因素

1. 增加司法成本

2016年的区块链风险评估报告显示:"无论是搭建私有链、公有链还是国家运营的区块链,带来的可能利益不大,却需要支付高昂成本,因此,区块链技术在开展政府业务方面的价值将是有限的。"区块链技术的应用包含开发、部署、运维、互通及监管的多项成本,在司法领域,分布式账本带来了高额的储存成本与复杂的操作需要,这在很大程度上增加了司法成本和控辩双方的诉讼成本。为解决这一问题,司法区块链的应用方与使用方都要通过技术解决方案解决关键的技术难题,如提高区块链技术的司法易用性,这也是其能够与司法相结合并获得快速发展的基础与前提。同时,要探索在整体上减少区块链开发、部署、

---

① 参见韩旭至:《司法区块链的复合风险与双层规制》,载《西安交通大学学报(社会科学版)》2021年第1期。

运维等方面成本的可能性。

2. 区块链数据真实性风险

在司法区块链建设中，操作人员的技术性错误或故意行为都会使区块链数据的真实性受到损害。其一，若参与节点的工作人员希望将一段数据加入分类账，即使该数据的真实性难以保障，但只要符合技术性要求，系统就会接受。因此，区块链并非能够天然地、自动地防止数据的不准确并保障其真实性，而是要通过外部机制的辅助来确保准确性。其二，技术性错误是无法完全避免的，尽管分布式账本技术具有较为普遍的弹性与容错性，但依然无法做到百分之百的准确，技术性错误的发生并非不可能。技术性错误的发生主要由两方面因素所致，即维护的不到位、程序代码的不完善和操作缺乏谨慎精神，如果数据输入过程中出现错误，不准确的数据就会被添加到分类账中。综合前述信息，区块链技术安全性能的有限性会导致司法数据上链后产生安全隐患，进而影响司法区块链的发展前景。

3. 自动执行错误案件信息风险

自动执行错误案件信息的风险主要发生在智能合约的应用中。智能合约是指在区块链环境中能够根据协议共识自动谈判、履行，当履行不当时自动执行的区块链技术，具有自动执行性，在智慧法院建设中具有独特作用。但智能合约技术依然具有一定的风险，具体来说，若智能合约触发了条件，出现了错误或失误，此时将其应用于电子卷宗建设，即使发生失误，写入了违反当事人真实意愿的内容，系统也依然会自动执行。①

（三）合法合规风险：区块链技术监管的缺位

区块链技术亟须法律法规的监管，其主要原因在于，当今我国的绝大部分区块链产业由商业性质的公司企业负责开发、运营，商业的逐利性很有可能导致区块链技术开发的粗糙、虚假以及运营维护环节中的腐败。司法实践中已经开始出现各种打着区块链幌子招摇撞骗的“区块链技术”企业，这种现象从

---

① 参见田绘：《“区块链＋卷宗”互联网法院数据全生命周期管理的创新应用》，载《中国审判》2020年第14期。

2020年起便引起了相关管理机构与公安机关的注意。①

就司法领域来说,区块链技术在法院领域的应用环境规范性较好。目前已经制定了《司法区块链技术要求》《司法区块链管理规范》《区块链信息服务管理规定》等文件规定,为全国各地、各级法院的数据上链提供了指导规范,这有利于从源头上对“区块链技术骗局”进行宏观防范。但在细节观察方面,依然需要进行更深层次的合规完善。例如《区块链信息服务管理规定》对“节点”“技术支持”“区块链信息服务的主体”等重要概念没有明确清晰的定义,这可能会导致不同地域区块链存证平台的存证规则、技术标注无法统一,从而造成区域之间的差异,影响各地区间区块链数据的流通。

在侦查与检察领域,区块链技术的标准规范尚为空白,我国司法机关全面开展司法区块链的合法合规机制建设已经迫在眉睫。

(四)司法对接风险:区块链技术与司法系统的衔接存在缺陷

在我国大力推进司法区块链技术发展的宏观背景之下,现行的司法系统出现了线下传统司法与线上互联网司法并用的混合模式。其中民事案件从立案、证据提交、审判到执行的全诉讼流程都在大力推行线上司法,而刑事案件与行政案件虽然同样在探索线上移送案卷材料和辅助的智能审判,但取得的效果有限,其案件处理的主要功能与内容依然要通过线下司法进行。因此,区块链技术给司法系统带来冲击与改革的同时,也折射出了当前司法系统与区块链技术在衔接、融合方面的薄弱之处。

1. 区块链技术融合司法是对现行正当程序理念的冲击

区块链技术是比特币的底层技术,从其演进方式来看,其与金融、货币领域具有天然的亲近性。相比之下,现行司法之理念与制度在衔接、融合区块链技术方面具有先天的不足。这种不足主要体现在将区块链技术植入司法会对其诉讼程序、证据规则、正当程序理念等传统规则带来巨大的冲击乃至需要对其进行重塑。例如,在刑事诉讼领域,传统学者在对正当程序理念、程序正义理论

---

① 参见《区块链“央企”被证伪,监管重压下区块链行业在自我净化》,载区块链网,https://www.qklw.com/lives/20200914/121993.html。

的讨论中，将刑事审判程序之价值区分为内在的程序公正性价值、外在的程序工具性价值以及保障性质的程序经济性价值，[①]以往刑事司法的正当程序便可以通过上述三个标准进行综合性判断，且该综合评价标准能够为制度价值的评价与改革提供极为有效的科学尺度衡量。但当区块链技术加入司法后，传统正当程序理念的内涵与评价体系都将面临巨大的挑战与变革。

2. 区块链技术进入司法系统必将引起诉讼结构的变化

区块链技术与司法机制进行融合将重塑司法机关之间、司法机关与诉讼主体之间的现有关系。区块链技术平台的基础是模块化的架构，具有极高的灵活性、机密性与可拓展性，与传统的诉讼结构具有差异性，并可能引发传统诉讼结构的变迁。以刑事诉讼结构为例，传统结构中，法院、检察机关与公安机关为满足对司法权进行制约、对诉讼权进行保障以及科学的事实发现机制的需求，而被规划为以审判为中心的三角形结构。但在具体的司法实践工作中，公、检、法经常呈现出以配合为主的流水作业形态，更像是处于流水线上的三个部门，并因此而备受批评与质疑。[②] 在此种传统诉讼结构下，公、检、法之间开展司法协作面临着两大难题：一是系统内数据化程度较低，无法有效地监管统计执法合规性问题；二是缺少对其历史案件数据与历史流程数据的统一储存管理，无法进行数据统计分析进而导致数据中的价值难以开发，最终被浪费。因此，公、检、法三部门在技术角度存在大量跨机构的可信协作场景，非常适合引入区块链技术，打造公、检、法协作的联盟链平台，进行实务推广。司法机关在融入区块链技术后会形成"技术监管下的协同"关系，但随着对"节能增效"目标的追求与协同价值的深入挖掘、推广，公、检、法之间的配合与制约关系可能会进一步走向失衡。此外，司法机关与诉讼主体之间很容易在区块链的环境下形成一种"技术迷信"影响下的可信关系，从而导致控辩双方间的对抗被技术信赖弱化，在此双重背景下，如何对追诉人的程序权益进行保护又面临着新的困境与挑战。

3. 区块链存证技术融入司法给证据法体系带来挑战

目前我国的证据法体系对区块链存证技术的融入尚未做好准备，区块链技

---

① 参见陈瑞华：《刑事审判原理论》（第 3 版），法律出版社 2020 年版，第 29 页。

② 参见长铗、韩锋等：《区块链：从数字货币到信用社会》，中信出版集团股份有限公司 2016 年版，第 6 页。

术作为一种信息技术，是由各种算法支撑着的，其与司法相融合不但会形成自动化的决策机制，更会使算法融入证据的本体，进而引起证据规则的变动。区块链透明性、不可篡改性与数据安全性等优势的基础是共识算法，这也是区块链节点能够保证其数据准确、统一的基础。但传统意义上的证据法体系主要是围绕非算法证据进行展开设计的，并以此构建了证据之证明力与证据能力的规则体系，因此传统证据规则中的许多内容不适用于算法证据。例如真实性规则，算法证据依赖于信息来源的可信度，对其真实性的审查标准也从物品的外在物理性因素与人的感官记忆等内在因素转向了以信息技术为核心的科学性因素，因此区块链中的真实性审查主要聚焦于对前端设计、输入与操作协议的可信性、科学性的审查判断。除真实性规则外，弹劾证据规则、庭前证据开示规则、法庭认证规则等因为区块链技术的加入都会产生变化。但我国证据法体系对区块链存证技术的融入并未设立相关的技术标准与法律标准，由此可见，未来证据法将面临区块链技术的严峻挑战，需要围绕区块链技术标准构建补强规则与质证规则。

4. 区块链技术可能会对传统司法责任制产生风险影响

区块链技术可能会对司法责任制的实施产生不利影响，即区块链技术可能会模糊传统的司法责任划分，同时转移风险，这一问题的关键就在于冤假错案中的平台责任承担。当区块链存证系统平台无法确保证据的真实性而导致错案发生时，平台是否应当承担责任、应当承担何种形式的责任，以及承担何种程度的责任？对此未有相关的判断原则和标准，这很有可能会成为别有用心之人逃避司法责任、转移风险承担的漏洞，最终导致司法责任制形同虚设，失去其应有效力。①

三、风险应对与发展方向

（一）培育区块链技术与司法的复合型人才

目前我国的区块链人才缺口较大，特别是区块链技术的底层建设没有技术人才的支撑与推动，司法区块链产业的发展将遭到极大的制约。区块链技术作

---

① 参见马明亮：《区块链司法的生发逻辑与中国前景》，载《比较法研究》2022 年第 2 期。

为一门跨学科跨领域的技术，只有为区块链人才注入足量的法律因素，才能使其成为区块链法治的优质人才，因此培养区块链技术与司法的复合型人才是符合我国司法发展实际的重要需求与重大任务。

(二)区块链技术的发展策略与发展重点

在发展战略上，我国基于数字时代的法治要求，主要开展许可型区块链的技术创新，同时，区块链的发布者与使用者必须接受合规审查与技术监管。在发展逻辑上，要根据区块链技术的成熟度，由高到低应用于司法领域。在研发重点上，我国目前将如何保障区块链数据的可信性与运行的低成本作为区块链研发的重点。司法机关要确保数据的可信性，就要解决一致性问题，而集群系统要实现一致性具有较大的难度，目前看来，实现严格的、理想的一致性代价很大，司法机关可以根据实际情况，选择不同强度的一致性。

(三)探索司法区块链合法合规路径

为对司法区块链进行合法合规监管，要在制定区块链技术标准、安全规范与评测体系的过程中加入法律要素，实现真正意义上的“代码之治”，首先可以尝试在技术标准中注入法律要素，实现“事先或静态的合法合规”。具体而言，要根据现有司法程序和诉讼规则的要求，打造司法区块链技术标准，实现全流程的合法合规，由中国电子技术标准化研究院牵头，司法界专家参与，抓紧完善司法区块链的相关技术标准。其次要尝试在测评体系的建设中注入法律要素，实现“事后或动态的合法合规”，该建设需要区块链行业与监管机构进行沟通和协同合作，以保证区块链服务的供应商、开发商遵守标准，实现合规。

(四)重塑司法正当程序

区块链技术给传统司法程序带来了变革与挑战，应当结合区块链技术的特点重塑司法正当程序，以满足区块链司法新态势下的程序正当性要求。可以考虑从外在评判视角与标准内涵两个方面对区块链司法的正当程序标准进行扩容，并通过技术正当性原则重塑区块链司法决策领域的相关程序与证据规则。首先要在技术本源上增强透明度，如区块链的开发、供应企业应当发布其系统源代码。其次要提高技术的权威性和可信度,司法机关可以探索公众参与的自动决策系统构建,使利益相关方与公众具有发布意见与建议的机会;司法机关适用区块链技术时应当明确告知利害关系人并给予其抗辩与异议的权利。最后要充分保护当事人的质证权,从控辩平等出发,对诉讼规则与证据规则进行改革。

(五)区块链司法路径选择

促进司法区块链在法院等司法机关落实发展需坚持两个原则:一是在建设私有链的同时要综合进行协同发展。司法机关应当以本单位为主导,增进社会协同,与上下级单位建立起信息交换与常态化共享体系,打破数据孤岛,推动智能合约技术的应用,使司法私有链能够良性发展而非故步自封。二是坚持"技术审慎主义"。司法机关不能陷入技术怀疑主义或技术至上主义的误区,而应审慎对待区块链技术的应用,特别是法院受理刑事案件时,其涉及侦查、检察、审判机关的协调连接,在证据认证、权利保障上也有更高的要求,法院应当秉持审慎原则进行推进。

第三编　区块链应用的法律风险及应对

第五章　区块链金融法律概要

区块链金融利用了区块链技术的去中心化、匿名化、高效率和低成本等特点，在虚拟货币和相关金融平台方面呈现出多样化和复杂化的趋势。世界各国都越来越重视对这一新兴领域的监管。如何在保障区块链金融市场发展的同时有效防范区块链金融应用所伴随的金融风险和法律问题，是各个国家和金融监管者关注的焦点。与此同时，区块链与金融的结合也给传统的金融监管带来了一系列挑战。

第一节　区块链金融运用基础

一、区块链金融的产生和历史背景：金融科技与区块链

区块链金融是区块链技术在金融领域中的运用，而这一技术的创新和运用来源于金融科技的发展。在进一步了解区块链金融之前，本节将对金融科技进行简要概述，以便读者对区块链金融的发展背景和历史基础有一定的了解。

（一）金融科技的历史发展和定义

1. 金融科技的历史发展

金融科技是在金融领域运用现代创新技术的统称，它的出现和创新对整个金融领域产生了巨大影响。“金融科技”一词最早由美国纽约市制造商汉诺威信托公司的副总裁 Abraham Leon Bettinger 先生在 1972 年提出，他认为金融科技是将银行的专业知识与现代管理科学的技术和计算机相结合的产物，在随后

的几十年内,金融科技并未受到持续关注,直到1990年年初,花旗集团发起了一项名为金融服务技术联盟的项目,这使金融科技被再次提及。① 得益于互联网技术的出现和创新,富国银行(Wells Fargo)在1995年开始使用万维网(WWW)为消费者提供在线银行服务。但随着金融市场的迅速发展,金融体系暴露了许多潜在问题,相关监管部门逐渐注意到,金融科技为金融市场带来的机会的同时,也蕴藏着潜在的威胁。2008年,全球金融危机爆发,金融系统中出现了严重的信任问题,金融稳定和系统性风险引起了监管者和金融机构的广泛关注,他们开始利用创新技术对大型跨国银行进行监管,同时利用创新技术为中小型企业提供融资等金融服务。②

2. 金融科技及其定义

金融技术的创新,比如人工智能、云计算以及分布式账本技术正在改变金融市场的交易以及监管。③ 金融科技具有多方面的优势,金融科技可以在支付清算和结算方面促进金融领域的竞争,并有助于扩大金融包容性。④ 同时,金融服务中技术支持的创新给金融稳定带来的主要好处是去中心化和多样化、效率和透明度。⑤ 这些能促进金融交易成本的优化和金融市场的发展以及有利于金融监管的优势使金融科技得到了快速应用和发展,但全球范围内对于金融科技的定义一直没有达成共识。

2015年,来自香港大学法学院的Douglas Arner教授及其团队成员对金融科技进行了定义,他们认为金融科技是一种支持提供金融解决方案过程的技术

---

① See Patrick Schueffel, *Taming the Beast: A Scientific Definition of Fintech*, 4 Journal of Innovation Management 32(2016).

② See William Magnuson, *Regulating Fintech*, 71 Vanderbilt Law Review 1167(2018).

③ See Financial Stability Board, *FinTech and Market Structure in Financial Services: Market Developments and Potential Financial Stability Implications*, Financial Stability Board 2019, https://www.fsb.org/2019/02/fintech-and-market-structure-in-financial-services-market-developments-and-potential-financial-stability-implications/.

④ See Tao Zhang, *Balancing Fintech Opportunities and Risks*, International Montary Fund 2019, https://www.imf.org/en/News/Articles/2019/06/10/sp061019-balancing-fintech-opportunities-and-risks.

⑤ See Financial Stability Board, *Financial Stability Implications from FinTech: Supervisory and Regulatory Issues that Merit Authorities' Attention*, Financial Stability Board 2017, https://www.fsb.org/wp-content/uploads/R270617.pdf.

应用,它不限于特定行业或特定商业模式,并涵盖了所有传统意义上的金融服务和产品。[①] 而 Kim Yong Hee 等认为金融科技是一个服务部门,其通过使用信息技术来提高金融系统的效率。[②] 为避免争议,本节根据中国人民银行在 2021 年 12 月发布的《金融科技发展规划(2022—2025 年)》中的定义,将金融科技定义为技术驱动的金融创新。

(二)金融科技中的区块链

区块链是金融科技中最常见的创新技术之一,我们常说的分布式账本技术与区块链并不是等同的关系,区块链是实现分布式账本的一种形式,但不是所有的分布式账本都通过区块链技术实现。区块链的首次出现是和比特币一起,由中本聪在 2008 年向世界进行了介绍。对此,本书的其他章节已有详细的描述,本部分将对区块链在金融科技中的特点进行概述。

1. 去中介、中心化和透明

在传统金融模式下,金融活动严重依赖银行等中介机构,其借贷业务和汇款业务等都需要通过银行等中介机构和中心化主体进行,这不仅使交易的次数增多而增加了交易成本、降低了交易效率,还由于交易数据需经中心化主体转让,由此严重依赖某一特定主体而随之产生了信任风险。而区块链在金融科技中的运用对传统的金融服务模式进行了变革。去中心化共识是区块链的主要优点之一,因为它可以显著降低人们依赖中心化方并将其作为唯一信息持有者和决策者的程度,它使任何有权访问并想要保留它的人都可以持有相同信息的完整副本。[③] 同时,相对于传统的金融数据保护方面,单个参与者很难绕过共识算法并获得对数据的控制,数据在整个网络中保持不变和透明,从而防止被

---

① See Douglas W. Arner, Janos Nathan Barberis & Ross P. Buckley, *The Evolution of Fintech: A New Post – Crisis Paradigm?*, 47 Georgetown Journal of International Law 1271(2015).

② See Y. Kim et al., *The Adoption of Mobile Payment Services for "fintech"*, 11 International Journal of Applied Engineering Research 1058(2016).

③ See Fabrice Lumineau, Wenqian Wang & Oliver Schilke, *Blockchain Governance—A New Way of Organizing Collaborations?*, 32 Organization Science 257(2021).

篡改。①

2. 自动化和时效性

以往完整的金融服务流程首先从合同的签署开始,但从合同的正式签署到金融服务的提供,往往存在一定的时长,这在一定程度上降低了交易的效率。随着区块链技术的创新,智能合约的优势得以运用于金融服务中。智能合约被定义为以数字方式促进、验证和执行区块链上两方或多方之间订立的合约的计算机协议。② 换句话说,智能合约能在某一条件被触动和满足后立即开始执行协议的内容,这对传统的需要花费一定的时间才能执行的合同来说,可以实现合同执行的自动化,并且提高执行效率。

3. 成本优化

为了有效地运行整个系统,金融部门会产生许多运营成本。这些成本包括但不限于大量投资基础设施所需的时间和金钱、运营和自动取款机（ATM）的电力成本,以及银行为了印刷纸币和处理废旧纸币而产生的相关成本。③ 同时,金融部门内部和与外部的交易过程需要大量的人工参与,这造成了大量的人工成本。而区块链技术的引入可以实现一定程度的无纸化,并将大部分金融服务和活动上链,实现自动化管理,从而降低相关的运营成本和人工成本。

4. 隐私和安全

在区块链技术的运用中,用户可以生成许多地址以避免身份暴露。同时,不再有任何中央方来保存用户的私人信息,这在一定程度上为用户提供了隐私安全。④ 如前文所述,区块链为用户提供了匿名的选择,并且区块链是点对点进行数据传输的,而区块链本身难以篡改和泄露的优势使用户的数据隐私得到了进一步的保护。

---

① See Maximilian Friedlmaier, Andranik Tumasjan & Isabell M. Welpe, *Disrupting Industries with Blockchain: The Industry, Venture Capital Funding, and Regional Distribution of Blockchain Ventures*, The 51st Hawaii International Conference on System Sciences, 2018 Hawaii.

② See Shuai Wang et al., *Blockchain - Enabled Smart Contracts: Architecture, Applications, and Future Trends*, 49 IEEE Transactions on Systems, Man, and Cybernetics: Systems 2266(2020).

③ See Luisanna Cocco, Andrea Pinna & Michele Marchesi, *Banking on Blockchain: Costs Savings Thanks to the Blockchain Technology*, 9 Future Internet 25(2017).

④ See Zibin Zheng et al., *Blockchain Challenges and Opportunities: A Survey*, 14 International Journal of Web and Grid Services Volume 352(2018).

二、区块链金融的技术原理

本书的其他章节已经介绍了区块链技术的运行原理,概括地说,首先,区块链是用户的分布式账本,每个用户都具有访问权限。其次,用户不需要通过中心化的机构即可通过区块链与其他用户进行连接。最后,所有在该区块链上的客户达成一个共识,所有用户都批准的情况下,交易才能被记录。那在金融活动中是如何将交易添加到区块链上去的呢?

总的来说,区块链由许多区块组成,这些区块通过每个区块中对前一个区块的引用进行连接,而这些区块上都记录着至少一个交易,它们均需要通过区块链网络成员确认交易有效的共识机制来添加到链上并体现出资产所有者的变化。[①] 例如,当 A 要将其资产转让给 B 时,首先,可以通过区块链上的记录来验证 A 是否对该资产具有所有权,B 确认过 A 的所有权后,可以同意本次转让交易。其次,A 和 B 制定相关智能合约并签署特定的数字签名来完成交易,在此交易过程中会生成特定的加密哈希用来连接此新交易与该资产以前的所有权记录。最后,通过区块链的共识机制来确认交易,由此,该交易将被传输给区块链网络中的所有用户并被记录下来,以防随意篡改。

三、区块链金融的法律基础

(一)代码即法律(code is law)和法律即代码(law as code)

劳伦斯·莱斯格在 20 世纪 90 年代创造了"code is law",也就是"代码即法律"这一概念,他认为软件工程师编写的代码将提供交互规则并体现价值判断,这些价值判断将为更广泛的社会在网络空间中的交互方式设定规则。[②] 换句话说,在技术创新的同时,通过这些创新技术的运用,其运行的规则由一系列代码组成,若未按照标准的程序执行,代码就不会正常运行,故这些代码运行的标准就是限制技术运行的法律。

---

① See Rebecca Lewis, John W. McPartland & Rajeev Ranjan, *Blockchain and Financial Market Innovation*, 41 Economic Perspectives 1(2017).

② See Lawrence Lessig, *Code Is Law*, Harvard Magazine, 2000, https://www.harvardmagazine.com/2000/01/code-is-law-html.

如前文所述,智能合约是区块链技术运行中的重要环节。而在区块链金融中,智能合约作为底层架构必不可少的环节,其代码允许执行的某些标准即可视为“合法”,不允许的则视为“违法”。可以说,智能合约是区块链金融中法律在代码中的具体体现。在区块链金融中,通过智能合约机制的限制,本需要通过第三方监管机构来惩罚违反规定的参与者这一环节被省去,从而提高了执行效率。

但是,代码就是法律这一现象出现于相关的法律监管系统还未与技术创新的速度相匹配的时期,这导致了一些监管滞后问题。与传统的法律规则仅规定人们应该做什么或不应该做什么不同,技术规则中的代码首先决定了人们可以做什么或不可以做什么,早期的技术创新领域可能会出现代码引入了与现有法律几乎没有关系的新规则的现象,例如,许多 P2P 文件共享协议在其代码中嵌入了要求用户在下载更多内容之前共享内容的要求,从而强制用户之间进行某种形式的合作。[①] 这一系列现象的出现是代码就是法律的另一个体现,这里的“法律”即代码本身的规则,它并未与当前现实生活中的法律规定一致,它的规则有可能是法律中没有的规定,也有可能是比法律规定更严格的标准。

随着区块链技术的大量运用,特别是区块链金融的快速发展,区块链金融相关的法律问题得到了广泛的关注。代码就是法律的传统现象开始逐渐改变,许多国家和地区将法律直接嵌入或者变成代码,使代码规则与法律规定一样,这样可以使法律和代码变得一致,更好地对区块链金融进行监管。虽然软件代码和法律代码之间有许多相似之处,比如它们都是由管理某些操作的规则集合组成的,但是在法律代码的情况下是人类交易,而在计算机代码的情况下是计算机交易,它们在法律适用和法律执行上存在一定的差别。[②] 法律规定中的一些兜底性条款以及较模糊的需要由法官进行判定的地方是代码不能体现出来的,这对法律就是代码这一法律适用问题造成了一定的影响。

---

① See Samer Hassan & Primavera De Filippi, *The Expansion of Algorithmic Governance: From Code is Law to Law is Code*, 17 The Journal of Field Actions 88(2017).

② See Li William et al., *Law is Code: A Software Engineering Approach to Analyzing the United States Code*, 10 Journal of Business & Technology Law 297(2015).

（二）区块链金融的法律信用基础

区块链金融主要包括两个方面：一是区块链的金融应用，二是区块链金融的监管，而这两个主要方面的底层逻辑是信用。具体来说，区块链应用在金融领域中与传统金融产生了较大的差异，如交易成本的减少和交易效率的提升。与此同时，金融监管者需要考虑的是，这些优势背后是否与金融市场中的信用逻辑相背离，如果这些区块链金融应用是在信用缺失的情况下运营的，那么金融监管者会出台对应的法律规定和规则进行限制。有学者认为，尽管区块链技术具有去中心化、传输便捷、成本低、效率高、可存证等优势，但是对技术支持下的信任机制保有合理怀疑并不断完善区块链的治理是必要的。①

金融监管的主要目的是维护金融稳定，在促进金融市场公平发展的同时保护投资者利益以及防范金融风险。法律需要既维护金融市场稳定的能通又不抑制金融市场的创新。而区块链金融这一去中心化领域看似与集中化管理的法律制度思想相违背，但其金融应用的优势又需要得到法律的承认和支持。信用在这其中即为底层逻辑，无论是金融应用还是法律监管，都是在对区块链金融中的信用基础设施进行建设和调整。

第二节　区块链金融的类型及其风险

一般来说，金融市场主要由货币市场、支付系统以及金融交易平台构成，而具体的金融产品体现于各个不同的领域，区块链金融是区块链技术在金融市场中运用的集合。本节将主要探讨货币、支付系统以及相关金融交易平台的最新应用类型及其相关风险。

一、加密货币和支付系统

在金融市场中，任何被作为商品和服务的支付手段的东西都可以被称为货

---

① 参见李佳伦：《区块链信任危机及其法律治理》，载《法学评论》2021 年第 3 期。

币,货币一般由法定纸币和硬币组成。货币在金融市场中的作用是赋予商品和服务对应的价值,使商品和服务能在金融市场中进行流动和价值交换。换句话说,货币为金融市场提供了资金支持,这对于金融市场的稳定具有重要意义。除此之外,金融市场的稳定还受到其支付系统的影响。根据世界银行的定义,支付和结算系统是为促进货币和其他金融交易的结算和清算而建立的机制,安全、负担得起并且易于使用的支付系统和服务可促进金融发展、支持金融稳定并帮助扩大金融的包容性。同时,银行和其他金融机构提供的支付系统是日常金融活动中必不可少的第三方平台,绝大部分的金融交易是在银行和其他金融机构的支付平台上进行的。总的来说,货币和支付系统构成了金融市场稳定运行的基础架构,区块链金融的具体应用也是从这些基础架构中诞生的。

加密货币是区块链在金融市场中的首次运用,比特币就是加密货币最著名的应用类型。2008 年中本聪发布的有关比特币的白皮书标志着区块链技术的诞生,这也使加密货币为世人所知。加密货币指将货币数字化,并使用区块链加密技术来控制货币单位的产生以及资金的监控和转移,这有利于在对货币价格进行监控和在金融交易进行监管的同时提高交易的透明度。在货币数字化的基础上,金融机构开始对支付系统进行创新。金融机构发现传统的支付系统需要借助第三方支付平台进行金融交易,并且这些交易均需要在实体和线下场所进行,这无疑造成了大量的交易成本。如果将支付系统结合区块链进行创新,创造出的区块链支付系统能大量节约交易成本并减少第三方的平台使用费,同时能对交易的可追溯性和安全性进行保障。由此,区块链在金融市场中的运用得到了快速的发展,从加密货币到支付系统,区块链金融的类型变得多种多样。本部分将分别对其进行探讨,并结合时代潮流介绍最新的应用类型,同时概述其可能存在的金融风险。

(一)加密货币

加密货币的定义在学术界存在一定的争议。货币可以是交换媒介、价值储存和记账单位,而加密货币被不同的学者定义为不同的内容,比如加密货币既可以是虚拟财产,也可以是证券,还可以是货币和法定货币。本书认为,加密货币可被视为一种数字交换媒介和基于区块链技术中密码学的去中心化的支付系统。现实中,加密货币因其不同的发行机构和用途而被分为不同的类型,目前金融市场中比较常见的是比特币、稳定币、法定的数字货币以及代币。对于国家而言,加密货币可能涉及金融犯罪的问题,如洗钱、黑市支付、盗窃、诈骗、逃税等,另外,加密货币还可能影响货币政策和金融稳定。[①] 因此对加密货币的监管是非常有必要的,更好地了解加密货币对未来的监管有重要的意义。

1. 比特币

比特币是由一个人或者一群人以中本聪的名义在2008年发明的,直到现在,人们对中本聪是否存在的事实仍充满疑问。但不可否认的是,中本聪定义了比特币,他认为比特币是一种加密货币,并认为这是“一种通过用可靠的密码系统代替受信任的中介,使电子交易更便宜、更简单的方法”[②]。有学者认为比特币是一种在线通信协议,认为比特币可以促进虚拟货币的使用,其中包括了电子支付。[③] 还有学者认为比特币是“一种点对点的电子现金系统,它提供了一种在没有金融中介的情况下在个人或实体之间进行电子支付的方法”[④]。概括地说,比特币是一种使用分布式账本技术协议构建的加密货币,它能进行点对点的电子支付。

比特币是在点对点的网络上运行的,在比特币的交易过程中是不需要第三方平台和中介的,同时没有中央银行的参与。在比特币的交易过程中,交易通过网络节点以密码学的方式进行验证并且同时记录在区块链的分布式账本中。比特币是匿名的并且所有的交易都是公开的。因此,比特币具有去中心化、匿名化、透明化等特点。

比特币的底层技术是区块链技术。每个在区块链上的个体共享一个公钥(公共密码),并且每个个体都被分配了一个私钥(私人密码)。假设现有一个

---

① 参见漆彤、卓峻帆:《加密货币的法律属性与监管框架——以比较研究为视角》,载《财经法学》2019年第4期。

② Satoshi Nakamoto, *Bitcoin: A Peer – to – Peer Electronic Cash System*, Bitcoin Paper, 2009, https://www.bitcoinpaper.info/bitcoinpaper – html/.

③ See Rainer Böhme et al., *Bitcoin: Economics, Technology, and Governance*, 29 Journal of Economic Perspective 213 (2015).

④ Todd J. Barre, *Bitcoin: A Pedagogical Guide for the College Classroom*, 90 Journal of Education for Business 335 (2015).

个体 A 和一个个体 B,A 想拥有 B 的加密货币(比特币)的前提是 A 向 B 发送了 A 的公钥,那么 A 与 B 之间有关比特币的交易就形成了。交易开始后,B 的比特币通过哈希数字签名的方式进行转移,每一个比特币都与一个区块链上的地址相关联并且被储存和记录在区块链上。简单来说,B 向 A 交易比特币的过程就是从一个地址向另一个地址转移的过程,并且在此过程中,公钥从未与现实世界的身份联系在一起,交易虽然可以追踪,但无须披露个人身份。比特币与法定货币的区别在于,法定货币交易与被赋予法律人格的特定经济主体有关(无论是自然人还是法人),但是比特币的交易不需要特定的法律主体。

比特币虽然具有较多的优势,但其仍然具有较多的金融风险。首先,比特币具有不稳定性。比特币不是法定货币,没有政府或监管机构帮助比特币保持其价值,其价值的波动性非常大,有可能一夜之间使其投资者破产,因此比特币具有较大的金融泡沫。其次,比特币的产生和运营需要消耗大量的能源。截至 2022 年,剑桥替代金融中心(CCAF)估计,比特币每年消耗 131 亿千瓦时电量,这占到了世界能源生产的 0.29%。[①] 比特币相关的"挖矿"行为不仅会消耗大量的矿产资源,还会消耗大量的电力,而在开采过程中产生的电子废弃物等会导致环境资源的破坏。最后,比特币具有被用于洗钱等金融犯罪的潜在可能。犯罪分子和恐怖分子迅速利用比特币的独特属性,即其点对点性质和伪匿名性,为广泛的恐怖主义融资和洗钱计划提供便利。[②]

2. 加密代币:ICO、以太币和 NFT

一般来说,有关区块链的代币(Tokens)大部分是指加密代币(Crypto Tokens),它具体指在现有的区块链网络上开发的价值单位。加密代币和加密货币是不同类型的数字资产,加密货币是拥有自己的区块链,而加密代币建立在现有的区块链上。有关加密代币的应用类型有很多种,如以太币、首次代币发行、非同质化通证等。

以太币 ether(通常缩写为 ETH)是在以以太坊区块链和网络为验证交易的

---

① See Cambridge Centre for Alternative Finance, *Cambridge Bitcoin Electricity Consumption*, Cambridge Centre for Alternative Finance Index, 2017, https://ccaf.io/cbeci/index/comparisons.

② See Emily Fletcher, Charles Larkin & Shaen Corbet, *Countering Money Laundering and Terrorist Financing: A Case for Bitcoin Regulation*, 56 Research in International Business and Finance 101387(2021).

支付系统上所使用的原生加密代币。以太坊使智能合约和去中心化应用程序（Dapp）的部署能够在没有任何停机、欺诈、控制或第三方干扰的情况下构建和运行。[①] 比特币和以太币都是数字货币，但以太坊的主要目的不是将自己确立为替代货币系统，而是促进货币化以太坊智能合约和 Dapp 平台的运营。

首次代币发行，是企业为筹集资金而使用的另一种加密货币形式。具体模式是投资者通过 ICO 交易平台而获取特定的加密代币，然后投资者用这些加密代币来换取他们对企业的货币投资。这是一种通过创建和销售加密代币来支持项目开发的众筹手段。

非同质化通证（NFT）是一种独特的数字资产，它是区块链上的加密资产并且具有独特的识别代码和数字符，具有唯一性和不可复制性。NFT 可以代表现实世界的物品的所有权，如音乐、画作艺术品和房地产等。NFT 可以将这些物品进行代币化，这不仅使购买和销售变得更加有效率，还能减少欺诈的可能性。

尽管加密代币具有自身的一些优势并且可以利用这些优势减少交易成本，增加交易透明度和防止欺诈，但加密代币仍是一个新兴领域，并且具有潜在的金融和法律风险。例如，由于 ICO 的投机行为，监管机构对 ICO 的监管政策不一，中国和韩国禁止 ICO 发行，但美国目前对其监管政策还未统一，这将会导致投资者的利益受到较大的波动。另外，由于加密代币匿名化的特点，其依旧有被用于洗钱、欺诈等违法犯罪行为的可能性。

3. 稳定币（Stable Coins）

稳定币是为了解决上述加密货币和加密代币不稳定性的问题而产生的另一种加密货币。稳定币最初被认为是一种工具，可以在不将资金提取到银行法定账户的情况下，最大限度地降低投资者在数字资产周转中的风险。一般来说，加密货币的价值波动性较大，加密货币的实时价格可能会产生较大的涨跌，但稳定币通过维持与特定数量的标的物资产的固定估值来限制价值波动。概括地说，稳定币是指通过维持与特定数量标的物资产的固定估值来实现价值稳定的加密货币。稳定币不仅具有一般加密货币的透明度，即时交易和低交易成本的优势，还具备类似于法定货币的稳定性和可依赖性特点。

---

① See Mine Etherum, *About Mine Ethereum*, https://mineethereum.net/about.html.

稳定币一般包括四种类型:法定货币抵押型、加密货币抵押型、商品抵押型和算法支持型。第一种类型是由法定货币作为抵押物的稳定币,这也是最常见的稳定币类型。在这种类型的稳定币中,投资者将一定数量的法定货币(如美元)存放在第三方托管机构(通常是第三方银行)的账号中,然后从第三方托管机构获得与存款等值的稳定币。这样做能避免稳定币的价值受到相关市场的影响而波动,与法定货币关联则降低了不稳定的风险。第二种类型的稳定币将加密货币作为抵押品,这意味着投资者将特定数量的加密货币资产存入智能合约账户中,从而获得一定数量的稳定币。这个过程以区块链技术为底层支持,并采用智能合约,而不依靠中央发行者。具体来说,购买这种类型的稳定币,投资者需要将其加密货币抵押在一个智能合约中,从而获得具有同等价值的代币。然后投资者可以把其稳定币放回同一个智能合约中,提取投资者原来的抵押金额。第三种类型的稳定币是由商品支持的稳定币。由于商品本身价值的不稳定性,一般来说,此处的商品最常见的是黄金。通常将黄金储存在第三方的保险库中,从而获得等值的稳定币。第四种类型的稳定币是由算法技术支持的稳定币。它们的价格稳定性来自使用专门的算法和智能合约来管理代币的流通。具体来说,当稳定币的市场价格低于法定货币时,算法将自动减少代币的流通,从而使稳定币的价格变得较稳定。

稳定币因不同类型而具有不同的特点,其中一些特点还具有相应的潜在风险。首先,以法定货币为抵押物的稳定币的主要问题是它需要一些中央组织来处理所有交易,这违背了去中心化的原则,可能会造成监管混乱的法律问题。其次,由加密货币抵押的稳定币因加密货币的波动性,通常是"超额抵押的",这意味着收到的稳定币与存入的加密抵押品之间的比率可能非常低。[①] 另外,稳定币对传统的金融市场的基础设施和法律体系提出了挑战。例如备受瞩目的稳定币计划,尤其是 Facebook 公司发行的 Libra 采用了一种法律上复杂的组织和技术模型,但是传统的金融和法律体系并未就一些核心问题提出解决方案,无论是代币与基础资产的关系,还是发行人对这些资产的保管和拥有的义务,

① See Alfred Ruoxi Zhang et al., *The Regulation Paradox of Initial Coin Offerings: A Case Study Approach*, 2 Policy and Practice Reviews 1(2019).

以及稳定币的赎回条款等均不明晰。[①] 若不解决上述问题，稳定币也有较大可能变得不稳定。

4. 央行数字货币

根据国际货币基金组织的定义，CBDC 是一种新形式的货币，由中央银行以数字方式发行，旨在用作法定货币。[②] 在进一步了解央行数字货币之前，我们需要了解什么是货币。正如前文所提到的，货币可以是交换媒介、价值储存和记账单位。由于区块链技术的普及和创新，资产以及交易方式的电子化使现代金融市场变得更加数字化，这一方面带来了交易成本的降低，另一方面带来了交易方式的便捷，同时带来了潜在的金融风险。例如，大多数创建稳定币的尝试都仅限于使用抵押来创造安全性和稳定性，这虽然促进了由法定货币或加密货币抵押的稳定币的产生，但是也为中央银行提供了一个直接利用现有的信用价值创造央行数字货币的契机。[③]

在金融市场中的中央银行具有发行货币、维护金融稳定和促进金融交易公平等职能。与传统的纸币和硬币不同，央行数字货币是可以被编程的，就其性质管控难易程度来说，数字货币需要更高和更强有力的监管力度。同时，在金融交易过程中，由于数字货币交易平台也变成了线上，中央银行在交易平台和交易方式的安全与稳定方面也需要与传统的纸币和硬币的方式有所不同。基于此，中央银行考虑发行数字货币来代替其他加密货币的发行，从官方层面降低加密货币的不稳定性，同时提高交易效率和交易安全。但是由于各国中央银行对于数字货币的政策和监管态度不一，数字货币受到的政策和法律挑战仍然存在。比如央行数字货币与法定货币的利率的关联，如果 CBDC 是有息的并且可以无限制地持有，那么可能会影响机构投资者持有短期政府票据和其他低风

---

① See Cheng Jess, *How to Build a Stablecoin: Certainty, Finality, and Stability Through Commercial Law Principles*, 17 Berkeley Business Law Journal 320(2020).

② See Wouter Bossu et al., *Legal Aspects of Central Bank Digital Currency: Central Bank and Monetary Law Considerations*, International monetary fund, 2020, https://www.imf.org/en/Publications/WP/Issues/2020/11/20/Legal-Aspects-of-Central-Bank-Digital-Currency-Central-Bank-and-Monetary-Law-Considerations-49827.

③ See Hossein Nabilou, *Central Bank Digital Currencies: Preliminary Legal Observations*, Journal of Banking Regulation 30(2019).

险金融产品的回购。另外,发行 CBDC 可能具有依据反洗钱(AML)和打击资助恐怖主义(CFT)的相关法律进行额外合规的风险,如果允许 CBDC 进行匿名电子交易,有关的网络安全风险也是潜在的威胁。

(二)支付系统

如前文所述,支付系统是为了促进货币和其他金融交易的清算和结算而建立的机制。任何支付系统的目的都是尽可能有效地组织真实的和金融交易所需的资源进行转移,但是进行这些交易是一个昂贵的过程,会造成大量交易成本的消耗,所以,如何提高支付效率是支付系统变革的主要目的。

支付系统主要以支付方式具体体现。传统的支付方式有以纸币和硬币进行交易的现金支付,以借记卡和信用卡进行交易的卡片支付、银行转账支付,以移动钱包、二维码和支付链接进行交易的移动线上支付。除此之外,还有替代支付的方式,如以数字藏品 NFT,数字货币等方式进行支付的新型支付方式。然而,传统的支付方式和支付系统中有很多问题亟待解决,这不仅需要对传统支付体系进行改革,也需要促进区块链技术在支付方式中的运用。

在电子商务和信息化时代,滥用消费者信息或盗卡进行盗刷的行为屡见不鲜,这不仅体现了传统的卡片支付的数据安全性低的问题,还有延迟的交易空档为犯罪分子提供了操作空间。同时,传统的支付交易主要发生在第三方平台上,这造成了大量的高额手续费,提高了交易成本。另外,传统的支付体系因为不同的司法辖区而存在不同的合规要求,特别是在 AML 和 CFT 方面,许多金融机构需要进行重复的合规行为,这也增加了相应的合规成本。

而区块链因其独特的优势,能有效解决上述在传统支付体系和支付方式中存在的问题。区块链能为支付系统提供更安全的环境,通过加密哈希函数确保网络安全。同时,区块链的去中心化和透明度能帮助支付体系降低交易成本以及提高交易效率。在金融市场迅速发展的同时,区块链在金融市场支付体系中的运用越来越多,主要有以下几类应用。

数字身份验证。利用区块链可以使用公钥进行身份验证,例如,持卡人向银行提交其所购买的支付卡,并用私钥创建一个数字令牌,该数字令牌将被发送到银行进行验证,银行使用持卡人的公钥对数字令牌进行认证,由此完成身份验证。[①] 支付范围的授权和限制。当持卡人向商家提交交易的支付卡时，商家的本地支付处理器可以立即确定该交易是否可以在支付卡条款的范围内完成。发卡银行和商户银行的条款可能包括一个最低信息刷新期的要求，即通过持卡人授权、卡片真实性、可用资金、条款等来确定该交易是否在支付范围内。

降低交易成本和提高交易效率及安全。传统上，通过银行进行的跨境支付往往需要花费数天的时间才能完成交易。然而，采用区块链交易技术进行支付可以大大提升交易速度并将在几个小时内完成。另外，基于区块链的支付平台而不是传统的金融中介，可以免去手续费和中介费。通过区块链技术的加密技术也能为支付交易提供更加安全的环境。

二、区块链金融交易平台

货币和支付体系是金融市场的基础设施，在了解区块链在上述基础设施中的应用和相关风险及优势以后，本节将会探讨区块链在金融主要领域的具体交易平台的相关背景信息，从去中心化金融到供应链金融，最后将谈到区块链在金融合规领域的应用。

（一）去中心化金融和去中心化组织

去中心化金融是利用区块链上的智能合约将传统的金融产品转变为无须第三方中介的金融产品。去中心化金融依靠 Dapps 在区块链网络上运作，并且去中心化金融与传统金融有较大的不同。

传统金融中，投资者的钱由银行或金融机构持有，并且需要强大的信任和风险允许银行或金融机构管理这些资金及用这些资金去投资。同时，在传统金融中如需转账和汇款，这个过程往往需要几天的时间，并且投资者的任何转账记录都会显示投资者本身的个人信息。另外，银行或金融机构是有服务时间的，在服务时间以外，投资者是不能进行交易操作的。在传统金融中，投资者也看不到以往交易的记录，这些记录大多被银行或金融机构记录在内部系统中。

---

① See Darlene Godfrey – Welch et al. , *Blockchain in Payment Card Systems*, 1 Data Science Review 1 (2018).

换句话说，投资者在传统金融中处于被动，需要依照银行或金融机构提供的交易习惯进行交易。然而，去中心化金融的出现能有效解决上述传统金融中存在的问题。通过去区块链交易平台，投资者将自己持有自己的资金并随意控制自己资金的交易去向和交易方式，例如投资者可以以比特币或者代币的方式进行交易，而不需要换算成金融机构要求的货币。同时，在去中心化金融平台中，交易的速度可以在几分钟内完成，并且交易是匿名的，这为投资者保护自己的隐私提供了保障。另外，去中心化金融平台是 24 小时开放的，投资者可随时进行交易。在去中心化金融平台上，投资者还可以根据区块链协议查询以往投资的数据和交易情况，这提高了交易的透明度，能让投资者更放心。因此，去中心化金融具有可组合性、灵活性、去中心化、可访问性、无国界、透明度和业务流程自动化等特点。

为了充分发挥去中心化金融的优势，一种名为去中心化自治组织的新型组织出现了。这个概念由 Frederic Lalou 于 2014 年发表在一本名叫《重塑组织》(*Reinventing Organizations*)的书中。具体而言，当去中心化金融要具体运营时，由于缺乏类似于银行的中央监管，它是去中心化的。这时，当在去中心化金融中需要作出决策时，通过 DAO 治理结构，由代币的持有者进行在线投票以决定公司的决策。从本质上来说，DAO 是建立在匿名信任和投票之上的基于智能合约的新型融资机制。在我国，有学者认为 DAO 虽不符合现行法人制度，但是其在我国作为法人的技术空间充足，组织基础逐渐形成，在制度强烈需求下且已经有相应的实践案例的情况下，我国应该考虑赋予去中心化自治组织法人主体的资格，并设计相应的规章制度。① 还有的学者从代币持有者的角度切入，认为在去中心化自治组织主体性界定中，合伙成员间责任的承担可适用联营制度，由代币持有各方分别承担。②

如其他新兴事物一样，去中心化金融和去中心化自治组织之所以发展迅速并且具有去中心化等特点，是因为相应的法律体系出现了监管滞后的情况。由

---

① 参见郭少飞：《再论区块链去中心化自治组织的法律性质——兼论作为法人的制度设计》，载《苏州大学学报（哲学社会科学版）》2021 年第 3 期。

② 参见陈吉栋：《区块链去中心化自治组织的法律性质——由 Token 持有者切入》，载《上海大学学报（社会科学版）》2020 年第 2 期。

于缺乏明确的监管,去中心化金融和去中心自治组织在法律上的定义仍未得到统一,每个国家对此的监管态度和政策也有所区别。另外,这看似是一种充满交易自由和透明度的金融模式,但其仍然蕴含着较大的金融风险,当债务和资金出现断层时,新的数字金融危机可能会瞬间爆发。

(二)供应链金融

供应链金融是一个微观金融概念,它被定义为使用金融工具、实践和技术来优化与合作业务伙伴之间的供应链流程相关的营运资金和流动性的管理。[①]供应链金融的吸引力在于降低付款和履约风险,同时向供应商提供加速应收账款和向买方提供长期信贷。但是传统的供应链金融具有较多的问题和阻碍因素。

传统的供应链金融缺乏可见性,在传统的贸易和供应链中使用发票和现金进行交易的比较常见,这导致了其他投资者看不见整个供应链金融中的具体交易,从而使透明度降低。另外,传统的供应链金融还依靠纸质文档的顺序输入和手动检查,这不仅成本高昂,而且容易出错。[②] 同时,供应链金融交易中大量的金钱和文件易使一些欺诈者乘虚而入,通过篡改发票和提单等方式进行欺诈和盗用资金。例如,在我国以第三方贸易平台为核心的供应链金融中,法律滞后的问题导致发生纠纷或者不良事件时没有对应的法律规制,同时,互联网技术本身所带来的技术问题也会形成安全隐患。[③]

上述在传统过程中出现的问题已经对数字化有明显的需求。由于记录的完整性和不可篡改性,区块链可以实现来自单一真实来源的实时贸易和货物信息,将区块链运用于供应链中可以取得更好的效果。区块链提供的信息透明度

---

① See Euro Banking Association (EBA), *Supply Chain Finance EBA European Market Guide*, https://www.abe-eba.eu/media/azure/production/1544/eba-market-guide-on-supply-chain-finance-version-20.pdf.

② See Shuchih Ernest Chang, Yi-Chian Chen & Tzu-Ching Wu, *Exploring Blockchain Technology in International Trade: Business Process Re-engineering for Letter of Credit*, 119 Industrial Management & Data Systems 1712(2019).

③ 参见朱宁:《第三方贸易平台为主导的供应链金融及其法律问题初探》,载《法律适用》2016 年第 6 期。

使融资者不仅可以查看申请人的信用记录，还可以监控其他相关的运营和财务数据，例如订单数量、最新仓库、运输和付款状态。同时，区块链能通过智能合约使供应链金融的交易提高交易效率。

从理论上来说，将区块链应用于供应链金融可以解决很多传统供应链金融中存在的问题，但是这一技术实现起来较为困难并且存在较多的风险。如隐私风险，鉴于生产成本、订单数量和交易价格通常被视为商业秘密，如果实现可见性，隐私风险将成为一个主要风险。[①] 其他法律问题可能涉及智能合约的法律可执行性以及去中心化区块链平台的法律责任等。而有关平台相关风险的责任，如系统故障、敏感信息泄露、风险保险和非遵守法规，包括数据保护法规等都是区块链在供应链金融中可能遇到的挑战和风险。

（三）Metaverse 元宇宙和 Web 3.0

元宇宙的概念最先由美国作家 Neal Stephenson 在 1992 年发表的《雪崩》（*Snow Crash*）一书中提及。真正将元宇宙概念的关注推向世界的是著名互联网公司脸书（Facebook）在 2021 年 10 月将 Meta 作为其名称并开发虚拟世界应用产品。元宇宙主要指一个虚拟的现实空间，用户可以在其中与计算机生成的环境和其他用户进行互动。元宇宙是由多种复杂的技术实现的虚拟平台，但是其核心挑战和问题是数据隐私与保护以及数字资产的安全等问题。而在众多技术中，区块链技术的防篡改、公开、透明和去中心化的特点能有效地解决上述问题。例如，Metaverse 收集大量敏感信息，以便为用户提供尽可能多的体验。组织或应用程序需要这些数据来成功开发目标系统。如果信息泄露到错误的人手中，他们也可能针对现实世界中的用户。区块链以其身份验证、访问控制和共识机制为用户提供对其数据的完全控制，从而保护用户的数据隐私。另外，在 Metaverse 中的数字资产可以利用区块链的加密代币和 NFT 等应用进行安全保护。但是，由于元宇宙是一个新兴技术平台，相关的法律监管制度并不健全，其仍然存在大量的法律风险。例如，虽然元宇宙利用区块链等技术对用

---

① See Mingxiao Du et al., *Supply Chain Finance Innovation Using Blockchain*, 67 IEEE Transactions on Engineering Management 1045(2020).

户的数据隐私进行保护,但是这些技术本身所具备的透明度可能会导致一些商业机密或个人隐私的泄露,虽然是匿名化的,但是现代技术仍然能通过一些用户习惯和常用地址来推断出该用户的个人信息。与此同时,法律在这方面的监管以及相应的法律责任和惩罚制度并不健全。

Web 3.0 是建立在公共区块链上的未来互联网版本。它是去中心化金融的另一种形式,并且将促进以加密货币为支付方式的新型交易模式的发展。它将不通过传统的一些互联网公司建立的网站平台进行交易,而是通过一些用户自己建立的或者公共区块链上的平台进行交易。也就是说,用户通过 Web 3.0 绕开了中介或者第三方,他们可以直接进行交易。Web 3.0 由 Web 1.0 发展而来,Web 1.0 是互联网的初始形态,最开始呈现的状态是“只读”,换句话说,在 Web 1.0 时代,用户只是简单地从网页上获取信息。而 Web 2.0 对此进行了改进,Web 2.0 被称为”交互式社交”网络,用户开始通过 Web 2.0 进行信息的交换以及互动,一些互联网公司也开始利用 Web 2.0 为用户们提供金融服务和进行交易的金融平台。Web 3.0 则是最新的一种模式,它集结了前两种模式的优点,又借助区块链这一新兴技术的优势来绕开和避免 Web 2.0 中第三方和中介的管控而实现去中心化。这使 Web 3.0 具有去中心化的优势,同时可以从技术上保护用户的隐私并提高交易效率。

Web 3.0 和元宇宙是有区别和联系的。区别在于:首先,Web 3.0 主要是基于区块链技术的应用,而元宇宙所涉及的技术不仅包括区块链,还包括其他的如人工智能、大数据等多种技术的集合。其次,Web 3.0 的社区目标是去中心化和民主的,而元宇宙是将建立一个虚拟社区,其中将会建立和现实社区类似的规章制度,这是二者的一个重大区别。Web 3.0 和元宇宙又是有一定联系的,他们都是利用了区块链技术,在一定层面上都希望通过区块链技术来去中心化并且给用户更安全的网络环境,同时创建一些交易方式使交易的效率提升。但是二者同样存在一些风险,在利用区块链技术的同时可能会涉及知识产权、环境和社会可持续性、技术治理、人员管理和其他可能产生的风险。① 虽然

① See Marcos Rogério Mazieri, Isabel Cristina Scafuto & Priscila Rezende da Costa, *Tokenization, Blockchain and web 3.0 Technologies as Research Objects in Innovation Management*, 10 International Journal of Innovation 1(2022).

通过去中心化的方式最大限度地减少了政府审查的可能性,但是这也意味着没有了政府的限制,一些违法犯罪行为可能会乘虚而入,通过技术漏洞实施犯罪行为。在我国,一些学者认为通过 Web 3.0 实施的电信诈骗一般是从对个人信息的侵犯开始的,我国应该建立相关的预警机制,并以刑法为核心应对可能存在的"杀猪盘"等电信诈骗。[①] 另外,其他学者觉得在顺应 Web 3.0 时代发展时,传统的"硬法"已经出现了一些滞后的情况,他们建议实施"软法",以协商、平等、民主等特点契合治理转型的需要,通过构建"柔性"的多元纠纷解决机制等方式来实现网络社会的有序发展。[②]

(四)反洗钱合规应用

反洗钱(AML)是一套专门针对金融部门的规则和法律法规,其目的是打击犯罪或资助恐怖组织非法获得资金的洗钱行为。有很多犯罪分子会将非法所得的资金通过一些方式转换成合法的资金以达到洗钱的目的,金融监管机构对此类行为非常重视。因此,银行和金融机构开发了了解你的客户(Know Your Customer,KYC)——在开立账户时识别和核实客户身份的强制性程序和过程。

但是银行或其他金融机构在进行反洗钱合规的同时会增加非常多的合规成本,这不仅包括了合规系统的搭建成本,还有合规人员的人工成本。鉴于高昂的合规成本,金融机构正在探索将区块链技术作为替代传统合规的另一种方案。例如,当银行获得新客户时,会触发一连串的尽职调查要求,以确保客户为合法目的开设银行账户或进行交易。如果有关客户的信息存在于每个金融机构都可以访问的防篡改区块链分类账中,则可以避免因了解客户而产生的许多成本。[③] 已经有一些公司在这方面进行了尝试,例如名为 Elliptic 和 Coinfirm 的

---

① 参见童云峰、宋梓源:《Web 3.0 时代"杀猪盘"电信诈骗的刑法应对》,载《江西警察学院学报》2021 年第 2 期。

② 参见喻少如、陈琳:《Web 3.0 时代下网络社会的软法治理》,载《哈尔滨工业大学学报(社会科学版)》2019 年第 3 期。

③ See Cliff Moyce, *How Blockchain Can Revolutionize Regulatory Compliance*, Corporate Compliance Insights, 2016, https://www.corporatecomplianceinsights.com/blockchain-regulatory-compliance/.

两家公司在2016年就尝试使用区块链技术来解决金融机构的反洗钱问题。①

尽管区块链技术在反洗钱领域的运用具备一定的优势,但在此过程中仍然具有一些风险问题。例如,区块链技术的匿名性会促使投资者或者用户更随意地注册交易账户,而这些账户可能导致监管一些非法交易的难度增加。另外,由于在反洗钱领域的区块链技术是人为设计的,这就可能导致监管套利的潜在问题出现,使一些非法组织通过盗用相应的技术而从事非法行为。

第三节　区块链金融监管

区块链在金融市场中的运用形式丰富多样且具有相应的风险。作为金融监管者,对比区块链金融中蕴藏的风险与传统金融风险的区别和联系,了解区块链技术带来的新型金融风险是很有必要的。同时,区块链金融中存在的法律问题对我国的监管体系提出了挑战,正确认识区块链金融的相关风险和法律问题,学习和借鉴世界其他国家在相关领域内的监管经验,并且结合我国在区块链金融中的实际情况,促进我国在区块链金融领域中的监管创新和发展,意义重大。

一、区块链金融的风险概述及法律问题

(一)传统金融风险与区块链金融

1. 市场风险

市场风险是指个人或其他组织由于受到金融市场投资的整体表现影响而遭受损失的潜在风险。区块链金融中的加密货币是最容易受到市场风险的影响的。例如,比特币的价值非常不稳定,比特币在2013年中期前的短期价格飙升,但随后其价格的剧烈波动使用户特别是投资者们对加密货币的市场风险感

---

① See Richard Kastelein, *Coinfirm and Billon Team Up to Better Blockchain AML and Compliance*, Blockchain News,2016, https://www.the-blockchain.com/2016/09/03/coinfirm-billon-team-better-blockchain-aml-compliance/.

到非常担心。

2. 信用风险

信用风险是指由于借款人未能按照规定付款而产生的债务违约风险。在区块链金融中的信用风险主要体现在加密货币的两种情况中。第一种情况是当加密货币的价格趋于0或者变成“死币”时,加密货币会产生信用风险。第二种情况是加密货币的交易所关闭。[①] 当出现这两种情况时,用户或者借款人将会因为加密货币的价值问题而出现不能按期付款的违约情形。

3. 流动性风险

流动性风险是指企业或个人在非不可避免的灾难(如自然风险)的情况下,由于为了防止或减少损失而无法及时交易所产生的风险。在区块链金融交易平台中,根据市场情况中的市场交易量,交易有可能因为技术原因或者其他原因而无法以正常价格进行结算,一些投资者用户可能因此以低价的方式出售数字资产,从而可能产生流动性风险。

4. 运营风险和法律风险

运营风险是指内部流程、人员、系统或外部事件的无效或失败导致损失的风险。法律风险是运营风险中的一种常见风险,它是指由于未遵守法律规定及履行法律义务而造成损失的风险。在区块链金融这个新兴的金融模式下,由于各国监管政策的不一以及合规要求的烦琐,有可能在同一时间出现不同的监管要求,从而导致在区块链金融交易中受到巨大的损失。同时,由于存在区块链金融平台的工作人员在操作过程中产生的失误,监管套利或者洗钱等行为而导致的损失,这一过程中产生的风险可以被称为运营风险。

(二)新型金融风险与区块链金融

除上述传统的金融风险之外,区块链因为其应用本身而产生了许多新兴的风险,如技术风险、网络安全风险、可持续发展风险和数字系统风险。

---

① See Dean Fantazzini & Raffaella Calabrese, *Crypto Exchanges and Credit Risk: Modeling and Forecasting the Probability of Closure*, 14 Journal of Risk and Financial Management 516(2021).

1. 技术风险

区块链金融存在因其技术问题而产生的潜在风险。例如,陈旧的软件技术会导致安全漏洞的产生。同时,由于缺乏专业技术人员或者金融机构为了解决成本而雇用非专业的合规人员,在区块链金融中因技术不熟练而产生的操作不当行为可能产生较大的技术风险,从而导致投资者的利益受到巨大损失。

2. 网络安全风险

网络安全包括数据隐私保护和网络攻击两个主要方面。例如,在供应链金融中的区块链应用平台中,区块链技术允许供应链成员访问制造商的信息并跟踪原材料。供应链成员如零售商将利用这些信息向批发商施压,要求他们以更低的价格销售产品,因为零售商可以跟踪制造商的基本价格。区块链技术中这种不必要的信息将扰乱供应链网络并暴露隐私风险。[①] 另外,网络攻击和黑客攻击对于区块链金融中的网络安全问题也是潜在的风险来源。[②]

3. 可持续发展目标风险

可持续发展(SDG)目标,是联合国在2015年通过的旨在消除贫困、保护地球,确保到2030年所有人都能享受和平与繁荣的普遍行动的呼吁。SDG中的一个重要目标就是保护地球的环境以实现可持续发展。但是,在比特币区块链中的"挖矿"行为会造成大量的能源消耗并且产生昂贵的成本,在"采矿"过程中对环境造成的危害不利于对生态环境的保护。加密货币的"挖矿"行为所产生的可持续发展风险值得被高度关注。

4. 数字系统风险

金融系统风险是指在金融市场中的一件事或者几件事导致"多米诺骨牌效应"而逐渐累积并产生巨大金融损失的风险。数字金融风险则以数字风险的形式产生。例如,在去中心化金融中,终端用户享有互操作性,类似于"货币乐高",用户可以通过在以太坊区块链上的应用程序实现快速的资本流动和积累,这导致了应用程序之间因高度依赖性而逐渐累积起来的计算风险,债务和抵押

---

① See Raja Zuraidah Rasi et al. ,*A Literature Review on Blockchain Technology: Risk in Supply Chain Management*,50 IEEE Transactions on Engineering Management 186(2021).

② See Rosanna Cole,Mark Stevenson & James Aitken,*Blockchain Technology: Implications for Operations and Supply Chain Management*,24 Supply Chain Management 469(2019).

品的复杂堆砌过程，而这一过程可能带来数字系统性风险。数字金融风险有可能导致新的金融危机。

（三）法律问题

除了上述区块链金融中存在的传统金融风险和新型金融风险以外，在我国的实际社会生活中已经出现了一些法律问题，这些法律问题往往以多种违法行为和犯罪形式出现。

1. 金融刑事犯罪

区块链金融中涉及的金融刑事犯罪以非法吸收公众存款罪与集资诈骗罪为主，另外还存在洗钱罪等案件形式，同时涉区块链金融犯罪的行为方式主要涉及为了筹集资金而注册成立公司、网站，并向不特定人员吸收存款；设立投资理财平台，推介、发行虚拟货币等理财金融产品，进而非法占有相应资金；未经金融主管机构依法批准，以投资为幌子，向社会公众公开宣传，许诺高利息、高回报等。[①] 例如，在河南省洛阳市中级人民法院审理的“胡某、王某诈骗案”中，被告人王某、邓某、胡某在2018年8月预谋通过数字货币为诈骗团伙洗黑钱并从中牟利，其中由王某负责介绍客户，邓某负责教授如何使用数字货币洗钱，胡某负责实际操作。法院认为：“王某等人明知他人实施电信网络诈骗犯罪，帮助转移诈骗所得，数额特别巨大，其行为构成诈骗罪。被告人胡某等人为实施诈骗活动发布信息，情节严重，其行为构成非法利用信息网络罪。”[②]此外，在广东省广州市中级人民法院审理的“汤某、谢某等集资诈骗案”中，被告人汤某、谢某等人在2016年下半年通过注册成立某网络科技有限公司用于经营某手机App，并对外宣传其为国资委授牌公司并且投资养老、影视等大型项目来吸引投资者。让用户在其App上充值投资成为会员，并且承诺按照1云豆兑换1元人民币的等价，以每天万分之五的比例将资金退还到投资人的会员账户中，以吸引投资者投资。被告人汤某、谢某等人于2018年1月停止为客户提现，并且公司的工作人员失踪，该App平台后台数据已被覆盖并且停止运作。法院认为：

---

① 参见李瑞华、苗宏：《涉区块链金融犯罪的刑事治理路径——基于338份裁判文书的实证分析》，载《学术交流》2022年第5期。

② 河南省洛阳市中级人民法院刑事裁定书，(2020)豫03刑终801号。

被告人汤某、谢某无视国家法律，以非法占有为目的，以高息回报为诱饵，通过虚假宣传等诈骗方法非法集资，数额特别巨大，被告人汤某、谢某的行为已构成集资诈骗罪。①

2. 行政处罚

区块链金融中有关加密货币的生产涉及“挖矿”行为，该行为已经受到了一些行政处罚。例如，在浙江省台州市路桥区发展和改革局处罚林某涉嫌使用国家明令淘汰的落后生产工艺装备案中，被处罚人林某从 2021 年 9 月开始购买显卡等电子设备组装成挖矿机，在×××街道中央山公馆 2 幢 1 单元 701 室进行虚拟货币以太币的“挖矿”活动，并从开始的 3 台挖矿机陆续增加到 14 台。该机关认为：“被处罚人使用国家明令淘汰的落后生产工艺装备进行虚拟货币‘挖矿’活动，能源消耗和碳排放量大，对国民经济活动贡献度低，根据中华人民共和国国家发展和改革委员会令第 49 号《国家发展改革委关于修改〈产业结构调整指导目录(2019 年本)〉的决定》以及《省发改委、省司法厅关于整治虚拟货币‘挖矿’设备的通知》(浙发改能源〔2022〕77 号)，被处罚人的行为已经违反了《中华人民共和国节约能源法》第十七条规定，已构成使用国家明令淘汰的落后生产工艺装备。”②

3. 民事纠纷

区块链金融中也涉及民事纠纷，大多纠纷是对虚拟货币的交易、“挖矿”等行为的法律定性问题。例如，在北京市第三中级人民法院审理的“北京某营销科技有限公司与某区块链技术有限公司服务合同纠纷案”中，原告某营销科技有限公司与被告某区块链技术有限公司先后在 2019 年 5 月签署了《计算机设备采购合同》《服务合同》《增值服务协议》，约定原告向被告购买案涉微型存储空间服务器，原告将案涉服务器交由被告管理，扣除运行成本后，双方按一定比例进行分配。2019 年 7 月，被告某区块链技术有限公司与乙方成都某科技合伙企业(有限合伙)签署《矿机托管服务合同》，约定某区块链技术有限公司将矿机置于乙方算力服务中心，乙方为矿机提供运维管理服务。在合同履行过程

① 参见广东省广州市中级人民法院刑事判决书，(2020)粤 01 刑初 39 号、330 号。
② 浙江省台州市路桥区发展和改革局行政处罚决定书，(2022)路发改罚字第 2 号。

中,2019 年 5 月 20 日,原告向被告支付 1000 万元,用途备注为货款。原告公司曾于 2019 年向被告交付了 18.3463 个比特币。此后未再进行比特币交付,双方产生争议。法院认为,双方当事人签署《计算机设备采购合同》《服务合同书》《增值服务协议》等协议,并最终将所购买设备用于比特币"挖矿"行为,该等合同因违反社会经济秩序、金融秩序等社会公共利益而无效;一方当事人明知监管机构禁止比特币在相关平台的兑付、交易,且在数次提示比特币投资风险的情况下,为获取高额利润从事"挖矿"行为,其以保障信赖利益为由主张所签署的相关以"挖矿"为目的的合同有效的,人民法院不予支持。①

二、我国有关区块链金融的监管现状

(一)对加密货币、虚拟财产和反洗钱的态度

2013 年 12 月 3 日,中国人民银行等五部委联合印发了《关于防范比特币风险的通知》。该通知明确了比特币的性质,认为比特币不是由货币当局发行的,不具有法偿性与强制性等货币属性,并不是真正意义上的货币。从性质上看,比特币是一种特定的虚拟商品,其不具有与货币等同的法律地位,不能且不应作为货币在市场上流通使用。但是,比特币交易作为一种互联网上的商品买卖行为,普通民众在自担风险的前提下拥有参与的自由。2017 年 9 月 4 日,中国人民银行等七部委联合发布《关于防范代币发行融资风险的公告》。该公告要求禁止各类代币发行的融资活动,同时要求代币融资交易平台不得为代币或"虚拟货币"提供定价、信息中介等服务。同年,中国互联网金融协会也发布了《关于防范各类以 ICO 名义吸收投资相关风险的提示》,互联网金融风险专项整治工作领导小组办公室也下发了《关于对代币发行融资开展清理整顿工作的通知》。随后,2018 年 8 月 24 日,中国银行保险监督管理委员会、中央网络安全和信息化委员会办公室、公安部、中国人民银行、国家市场监督管理总局联合发布《关于防范以"虚拟货币""区块链"名义进行非法集资的风险提示》,以及中国互联网金融协会、中国银行业协会及中国支付清算协会在 2021 年 5 月 18 日发布了《关于防范虚拟货币交易炒作风险的公告》。

---

① 参见北京市第三中级人民法院民事判决书,(2022)京 03 民终 3852 号。

《民法典》第127条规定:“法律对数据、网络虚拟财产的保护有规定的,依照其规定。”最高人民法院在《关于为新时代加快完善社会主义市场经济体制提供司法服务和保障的意见》中也强调:“加强对数字货币、网络虚拟财产、数据等新型权益的保护……”我们可以通过最高人民法院发布的互联网十大典型案例中的“俞某华诉广州华多网络科技有限公司网络服务合同纠纷案”来了解我国对虚拟财产的司法实践。该案通过网络服务合同中双方的权利义务内容,确立了用户和网络服务提供者均应负有网络虚拟财产安全保护义务的规则,通过确定网络平台责任规则来处理虚拟财产纠纷。我国有关虚拟财产的相关规制在不断扩充和强化,但在虚拟财产的交易机制等方面还未有完整和系统的立法规定。

虽然2021年6月1日发布的《反洗钱法(修订草案公开征求意见稿)》增加了对反洗钱的一些规定,但是有关虚拟货币和虚拟财产的反洗钱相关规定仍未提及。

(二)对金融数据安全、个人信息保护和网络安全的监管现状

2021年6月10日,我国正式颁布了《数据安全法》,《数据安全法》的出台明确了“谁生产、谁负责,谁收集、谁负责,谁主管、谁负责”的监管原则,《数据安全法》还指出要构建数据分类分级保护制度,建立数据安全风险评估、报告、信息共享和监测预警机制,保护数据安全。2022年12月,工业和信息化部发布《工业和信息化领域数据安全管理办法(试行)》。国家互联网信息办公室在2022年发布了《数据出境安全评估办法》。我国已初步建立起有关数据保护的基本框架,但是在具体领域,比如金融领域,特别是有关新兴的数字金融平台(如元宇宙)的相关规定还有待完善。

2011年,中国人民银行发布了《关于银行业金融机构做好个人金融信息保护工作的通知》(已失效)。2020年,中国人民银行发布《个人金融信息保护技术规范》,该规范规定了个人金融信息在收集、传输、存储、使用、删除、销毁等环节的安全防护要求,并将个人金融信息按敏感程度从高到低分为C3、C2、C1三个类别。同年颁布的《中国人民银行金融消费者权益保护实施办法》则专门对个人金融信息保护进行了规范。在征信方面,2021年9月,中国人民银行发布

《征信业务管理办法》,强调了“最小,必要”的信息采集原则和不得过度采集的规定。

《个人信息保护法》于2021年11月1日起施行并构成了我国个人信息保护领域的基础性立法。由中国人民银行颁布并于2020年2月13日生效的《个人金融信息保护技术规范》和2020年11月11日生效的《金融行业网络安全等级保护实施指引》对金融领域的相关规定作出了限制和规范。

第十三届全国人民代表大会常务委员会第三十六次会议于2022年9月2日通过的《反电信网络诈骗法》中有关金融治理的规定强调了识别金融可疑交易以及建立反洗钱统一监测系统的重要性,同时强调需要加强对新业务涉诈风险的安全评估。

(三)我国监管科技的现状

英国金融行为监管局(FCA)于2015年提出监管科技(Regulatory Technology,RegTech)的概念,并认为监管科技适用于为帮助克服金融服务中的监管挑战而开发的新技术。杨东认为,狭义的监管科技仅指金融机构内部的合规程序通过使用科技辅助手段而变得更加高效,广义的监管科技还包括监管机构对技术创新加以利用以提高监管效率。①

2016年,国务院颁布的《“十三五”国家信息化规划》将区块链列入信息技术发展规划内。2017年,中国人民银行成立金融科技委员会,旨在加强金融科技工作的研究规划和统筹协调的同时强化监管科技应用实践。同年,中国人民银行印发《中国金融业信息技术“十三五”发展规划》,深化推动了金融监管和技术的结合。2018年,中国证券监督管理委员会正式发布实施《监管科技总体建设方案》,完成了中国监管科技建设工作的顶层设计,并进入了全面实施阶段。2019年,中国人民银行发布《金融科技(FinTech)发展规划(2019—2021年)》,并于2021年年底更新为《金融科技发展规划(2022—2025年)》。2020年,中国证券监督管理委员会成立了科技监管局,为科技监管的应用和管理提供了部门支撑。总的来说,我国已经初步建立起了监管科技的总体布局、顶层

---

① 参见杨东:《监管科技:金融科技的监管挑战与维度建构》,载《中国社会科学》2018年第5期。

设计和相关的职能部门。

（四）我国有关区块链金融的可持续发展现状

对比特币等虚拟货币的创造需要进行“挖矿”，而“挖矿”行为需要用到大量的电力和能源耗材。中国在2021年就已经开始对“挖矿”行为的能源消耗问题进行监管和限制，这其中以内蒙古自治区为代表。2021年3月9日，内蒙古自治区发展和改革委员会等发布《关于确保完成“十四五”能耗双控目标任务若干保障措施》，计划全面清理和关停虚拟货币“挖矿”项目，2021年4月底前全部退出。2021年5月18日，内蒙古自治区能耗双控应急指挥部办公室发布《关于设立虚拟货币“挖矿”企业举报平台的公告》。同年5月26日，内蒙古自治区发展和改革委员会发布公告，对《关于坚决打击惩戒虚拟货币“挖矿”行为八项措施（征求意见稿）》公开征求意见，并强调进一步清理虚拟货币“挖矿”行为，强化打击惩戒力度，构建长效监管机制，维护市场秩序、大数据行业环境及防范金融风险。从内蒙古自治区对待虚拟货币“挖矿”行为的态度和监管来看，我国已经开始重视区块链金融中有关虚拟货币的可持续发展问题，并且以地方为代表出台了一系列规定予以监管。

另外，虚拟货币的“挖矿”行为已经被列入《产业结构调整目录》（2019年本的淘汰类），其属于“落后生产工艺装备”的范围。《民法典》第9条规定：“民事主体从事民事活动，应当有利于节约资源、保护生态环境。”《节约能源法》第71条规定：“使用国家明令淘汰的用能设备或者生产工艺的，由管理节能工作的部门责令停止使用，没收国家明令淘汰的用能设备；情节严重的，可以由管理节能工作的部门提出意见，报请本级人民政府按照国务院规定的权限责令停业整顿或者关闭。”我国已经制定了对高能耗、破坏环境等生产工艺、生产行为的监管体系，但是针对区块链金融这一特定领域的法律规定还相对欠缺。

三、域外区块链金融相关的监管现状

（一）美国：区块链与加密货币的监管体系

美国存在大量的区块链应用公司和平台，并且有大量的投资者和用户在使用区块链金融服务。美国对于区块链金融的监管主要在加密货币和加密资产范围内。随着2017年ICO的兴起，美国证券交易委员会（SEC）向投资者发布了各种声明，警告投资ICO时存在欺诈风险和潜在风险。SEC在数字资产监管中发挥着核心作用，豪威测试（howey test）是1946年美国法院的一个判决（SEC v. Howey）中所使用的一种判断特定交易是否构成证券发行的标准，根据SEC的分析，在判断数字资产是否符合豪威测试时可以考虑以下四个方面的因素：是否存在资金投资；是否投资于共同企业；是否存在对投资利益或财务回报的期待；是否依赖第三方的努力获得利益。因此，SEC将加密货币视为证券。另外，美国的加密货币交易所属于银行保密法的监管范围，必须在金融犯罪执法网络（FinCEN）进行注册，同时，他们需要遵守反洗钱（AML）和打击资助恐怖主义（CFT）的义务。美国国税局在2014年还宣布虚拟货币将被作为财产而非货币进行征税。美国商品期货交易委员会认为比特币是一种商品并受其管辖。

美国白宫在2022年9月发布了有关央行数字货币的政策目标。[①] 该文件有以下几个目标：第一，为消费者、投资者和企业提供利益并且降低风险，其中包括这些主体需要受到财产保护和数字化保护。第二，促进经济增长和金融稳定，降低系统性风险，因此CBDC应该足够灵活，以促进一系列经济政策目标，包括促进竞争和创新。第三，完善支付系统，因此CBDC系统应该是可以正常运行、高效灵活且安全的。第四，合理确保全球金融体系具有透明度、连通性以及平台之间的互操作性和可转移性，因此CBDC需要促进与其他货币和系统的交易，例如，实物现金、商业银行存款、其他货币当局发行的CBDC和全球金融体系。第五，推进普惠金融和公平，确保所有人都可以使用CBDC并且制定相应的公平准入规则。第六，保护国家安全，CBDC系统应促进遵守AML/CFT要求并降低非法金融风险。第七，提供行使人权的权利。第八，符合民主和环境价值观，包括隐私保护，其中包括保护财务数据以及可持续发展。

---

① See The White House, *Policy Objectives for a U. S. CBDC System*, https://www. whitehouse. gov/ostp/news - updates/2022/09/16/technical - possibilities - for - a - u - s - central - bank - digital - currency/.

（二）欧盟：去中心化金融监管的相关现状

欧盟委员会首次将加密资产、加密资产发行人和加密资产服务提供商纳入监管框架，并通过加密资产市场监管提案（MiCA）保护投资者并保持金融稳定，同时允许创新并培养加密资产行业的吸引力。根据新规则，加密资产服务提供商必须尊重保护消费者的资产，在他们失去投资者的加密资产时需要承担相应的责任。MiCA 还将涵盖与交易或服务相关的任何类型的市场滥用行为，尤其是市场操纵和内幕交易。同时，根据 MiCA 的规定，加密资产服务提供商（CASP）需要获得授权才能在欧盟内运营。

2021 年，金融行动特别工作组（FATF）更新了 2019 年有关虚拟资产和虚拟资产服务提供商（VASP）基于风险方法的指南，同时引入所谓的"旅行规则"，欧盟旨在确保涉及加密资产的交易所的财务透明度。除此之外，该制度还规定了反洗钱（AML）和反恐怖主义融资（CFT）的义务，欧盟也将 FATF 的相关建议采纳并纳入监管体系作为合规要求。

在区块链金融的个人信息保护领域，欧盟除了颁布了我们熟知的《通用数据保护条例》（GDPR）外，还出台了《欧盟金融工具市场指令Ⅱ》（MiFIDⅡ）等一系列法律法规对金融信息加以规范。欧盟从基本权利中规定了个人享受隐私和个人信息保护的权利，除了对什么是个人信息的数据以及敏感信息进行定义和分类外，还规定了个人享受知情权、访问权、修改和删除权等相关权利。同时，欧盟的欧洲数据保护监督员（EDPS）发布了欧盟金融服务监管中的数据保护指导，通过确定个人信息、评估信息处理是否会干扰隐私权、定义数据处理的目的、建立数据处理的法律依据、评估并证明适当的数据保留期限、确定欧盟内的哪些主体可以访问这些个人信息、为欧盟以外的其他主体进行信息传输而建立相关的正确法律依据、为个人数据保护权利提供适当的保障和考虑适当的数据安全措施等九个步骤来为金融服务中的数据保护进行指导。

在网络安全风险方面，欧盟委员会于 2020 年 9 月提出了《数字运营复原力法案》（DORA），旨在进一步启用和支持数字金融在创新和竞争方面的潜力，同时减轻由金融部门的信息和通信技术（ICT）在运营过程中产生的风险，并且为数字金融提供一个全面而统一的风险监管框架。

(三)英国:数字金融交易与反洗钱、反恐融资的现状

在英国,针对区块链金融相关的立法或监管规则还处于发展阶段。英国政府于2018年3月成立特别工作组(the UK Cryptoasset Taskforce),该特别工作组的目标是将英国财政部(HMT)、英格兰银行(BoE)和金融行为监管局(FCA)联合起来,评估加密资产和DLT在英国的潜在影响,并考虑采取相关政策应对的措施。2018年4月,英国金融行为监管局(Financial Conduct Authority,FCA)根据《欧盟金融工具市场指令Ⅱ》认为加密货币衍生品能够成为金融工具。虽然英国的法规允许居民买卖加密货币,但是英国金融行为监管局(FCA)自2021年1月6日起就禁止向零售消费者出售加密货币的衍生品。

英国税务海关总署(HMRC)将加密货币认定为数字资产或"加密资产",并将其分为交换代币(Exchange Tokens)、效用代币(Utility Tokens)、证券代币(Security Tokens)和稳定币四种类型,但是不认定其为等同于英镑的货币。

自2020年1月10日起,FCA还成为对开展各种加密货币业务的企业担任反洗钱和反恐融资(AML/CTF)义务的监管部门。另外,由英国银行家协会(BBA)、建筑协会(BSA)和英国保险公司协会(ABI)等各种行业协会的代表成立了联合洗钱指导小组(JMLSG),该小组提供关于如何遵守反洗钱法规以及加密货币交易所和托管人的行业指南。

2021年10月28日,金融行动特别工作组(FATF)在其2019年发布的指南的基础上更新发布了有关虚拟资产(VA)和虚拟资产服务提供商(VASP)的指南,它特别定义了与稳定币相关的洗钱和恐怖主义融资风险以及有关NFT和去中心化金融等相关规定。这其中还包括了有关KYC(了解客户规则)、AML(反洗钱)和CFT(打击资助恐怖主义)的法规,该指南体现了英国在面对区块链金融时既需要保持金融体系的稳定又需要不限制金融创新的监管态度。

四、对我国区块链金融未来治理的展望

从全球范围来看,对于区块链金融的相关监管仍处于建设阶段,各国对于区块链金融的监管主要体现在虚拟货币和金融法与其他部门法的交叉领域。我国已经初步建立起数字货币和相关领域的部门规章,但与系统化的监管体系

仍具有一定的差距。通过对比借鉴其他国家先进的立法实践经验,结合我国区块链金融的实际发展情况,可以总结出以下促进我国区块链金融的发展以及提高区块链金融监管效率的治理建议。

(一)自上而下的区块链金融治理

1. 健全法律监管体系

区块链金融所涉及的法律领域不仅是金融法,还包括其他部门法。以加密货币为例,有学者认为加密货币治理天然兼具私法属性和公法属性。如果只注重私法中的财产属性,则无法关注其在金融市场中的影响;若过于注重公共利益,则可能对金融秩序产生影响。所以应从民商法的角度肯定加密货币的财产属性,以及应当从金融法的角度认定其为金融商品或具有货币资产属性。[①] 另外,有的学者还认为,考虑到加密货币的金融应用场景以及适用财产犯罪不足以充分规制区块链领域的犯罪,还需对各类加密货币的金融资产属性区别性地加以理解,从而为经济刑法在区块链犯罪中的适用准备条件。[②] 仅以区块链金融中的加密货币举例即可看出,其不仅涉及金融法,还涉及民商法、刑事法等其他部门法。据上文对我国现有的监管体系的总结可以看出,我国对于区块链金融的监管虽然已经建立了顶层设计,但是具体到不同的金融运用场景以及金融产品中,仍然存在较大的缺口。对于具体金融领域存在监管滞后的情况,我国可以借鉴其他国家对于区块链金融的立法情况,例如,对区块链金融的相关违法行为进行专门立法,从加密货币的法律定性、智能合约的法律地位到反洗钱、个人信息保护和网络安全等领域进行法律法规的完善。

2. 完善激励和规范政策

通常来说,建立一套健全的法律体系需要一定的时间和过程,所以合适的激励政策和规范制度能更有效地促进区块链金融的发展,同时在一定程度上对区块链金融可能存在的法律问题进行规制。有学者认为,支付清算系统的安全性对于金融体系的安全性和稳健性至关重要,所以要鼓励面向金融市场基础设

---

① 参见许多奇、蔡奇翰:《我国加密货币财产属性的司法认定——以金融法与民商法的二维区分为视角》,载《上海政法学院学报(法治论丛)》2021 年第 6 期。

② 参见马永强:《论区块链加密货币的刑法定性》,载《苏州大学学报(法学版)》2022 年第 2 期。

施应用的区块链技术创新，走向管制谦抑。[①] 目前来说，我国对于区块链金融的顶层设计中有关如何激励其发展和创新的具体措施仍然缺乏，同时对于激励和规范政策的指导文件仍需要一定的完善。在这一方面，我们可以借鉴美国近期发布的有关数字货币的政策指导文件，在确定一些基本原则的基础上，例如保护用户的隐私安全和财产安全，设立了促进数字货币的使用、流通以及与其他国家相关金融平台的互通性、互操作性等目标，同时对反洗钱和反恐怖主义融资等违法行为作出了规范。我国应做到在促进和激励区块链金融发展的同时限制和规范其可能存在的违法行为，但是应该把握好一定的力度，以防抑制金融创新。

3. 明确监管部门的职能划分和协作

在面对区块链金融监管时，监管部门往往因为没有明确的职能划分和无授权而对区块链金融的金融活动无从下手。这大多体现在当一个或者多个区块链金融活动在多个领域作出了违法行为时，不同监管部门的协作就会出现问题。以数字货币为例，有的学者认为传统政府监管基于监管形式的正式性、手段的强制性以及程序的严格性，始终围绕控制被监管者的行为展开，然而数字货币的自动化技术设计和去中心化的性质、主体的多元性和易变性使其难以对单个责任方实现监管，这促使了多元非中心化的治理方式的出现。[②] 此外，虽然我国设立了证监会科技监管局对金融科技和监管科技进行指导和监管，但是并未有全国性统一的部门规章制度来明确规范其监管范围，同时如果出现跨部门协作，相关违法责任认定等问题仍需要完善。故我国应从上而下地制定相关部门规章制度并且完善和促进跨部门协作，使区块链金融监管有法可依、依法执法。

4. 加强智慧监管，发展监管科技

我国已经初步建立起监管科技的顶层设计，并有了一系列的政策指导。但是，对于区块链金融领域的相关技术发展，法律科技规范等需要进一步完善。有学者总结发现，我国在利用区块链技术进行智慧司法的过程中存在一些问

① 参见黄尹旭：《区块链应用技术的金融市场基础设施之治理——以数字货币为例》，载《东方法学》2020 年第 5 期。

② 参见许多奇：《从监管走向治理——数字货币规制的全球格局与实践共识》，载《法律科学（西北政法大学学报）》2021 年第 2 期。

题,例如,数据库的数据处理流程封闭,数据可信性缺乏保证;数据大多采取中心化储存方式,数据完整性难以保障;信息保护仍采用传统技术方案,数据安全性有待加强等。[①] 在区块链金融领域,由于区块链技术的进步和发展,区块链金融的形式也变得丰富多样,在本节的开头部分也介绍了代码即法律的相关概念,如何将监管嵌入技术也是我国未来在智慧监管中的一大难题。这不仅需要完善相关的技术规则,还需要对可能涉及的科技法律规定进行完善,从个人信息数据的保护到网络安全和反洗钱等在区块链金融领域的相关法律法规,均需要我国的金融监管者和立法者进一步思考。例如,有关区块链金融相关的数据隐私保护、个人信息和网络安全等相关领域的规定还较为欠缺。由于区块链的去中心化和匿名化等特点,我国应该根据区块链的这些特点对应设计监管制度。一方面应该鼓励和发展区块链金融;另一方面要设计好合理的监管制度,预防数据隐私安全等相关领域违法行为和侵权行为的产生。

5. 建立区块链金融可持续发展的顶层设计

我国应该建立区块链金融可持续发展的顶层设计。通过对比其他国家在区块链金融方面的监管制度,我国在区块链金融可持续发展方面的监管已经取得了领先地位。前文提及的内蒙古自治区的相关规定体现出了我国政府对区块链金融的相关能耗问题的监管态度。但是,我国目前对于区块链金融可持续发展的相关规定仅限于行政条例并且只存在于部分地区,尚未形成全国范围内的立法规定。对于比特币的"挖矿"行为,虽然可以依照《节约能源法》第71条等相关立法进行规范,但区块链金融的其他方面无可参照的法律法规。我国应利用这方面已经取得的监管经验,发展和设计具有中国特色的区块链金融的可持续发展立法,为世界其他国家提供先进经验的参考。

(二)自下而上的区块链金融治理

1. 鼓励行业建立自治规则

由于自上而下的立法完善需要大量的人力资源和复杂的程序,对于日益增

---

① 参见胡元聪、谢凤:《智慧司法下数据保护困境突破的区块链技术进路》,载《科技与法律(中英文)》2021年第6期。

长的金融需求和日新月异的区块链金融，我国可以参照英国各种行业代表所成立的联合洗钱指导小组（JMLSG），建立区块链金融相关领域的行业自治标准。通过自下而上的方式，一方面可以使自治规则符合区块链金融领域的实际情况，另一方面可以为金融监管者提供一份未来相关立法参考的模板。这不仅促进了行业自律，也可以充分激励其创新，为区块链金融领域的发展提供了一定程度的自由。

2. 培养法律和科技的复合型人才

从金融监管者的角度来看，对区块链金融监管的难度不只是因为技术问题，还由于我国目前尚未有统一且广泛的法律和科技的复合型人才的培养体系。虽然我国部分高校已经开展了一些联合培养项目，但是对于日益增长的监管需求来说仍具有较大缺口。我国应该加大教育支持力度，培养复合型人才，加强师资力量并且建立与国际相关领域的合作和交流。

第六章 区块链与知识产权保护

第一节 区块链知识产权保护概述

一、知识产权概述

（一）知识产权的概念

知识产权从字面来看是指“对知识的产权”，“产权”则是指法律意义上的财产权，因此，“知识产权”表面上可以被理解为“对知识的财产权”①。然而，以这种方式来理解“知识产权”，会使任何知识都会成为法律上的财产。但实际上，并非所有的“知识”都能够成为法律意义上的财产，产生“知识产权”。基于此，本书将“知识产权”界定为：人们对于自己的智力活动创造的成果与经营管理活动中的标记、信誉所依法享有的专用权利。

知识产权范畴的界定有广义与狭义之分。广义的知识产权包括著作权、邻接权、商标权、商业秘密权、地理标记权、专利权、植物新品种权、集成电路布局设计权等各种权利。狭义的知识产权即传统意义上的知识产权，包括著作权（含邻接权）、专利权、商标权三个主要组成部分。狭义的知识产权可以分为两个类别：一类是文学产权，包括著作权及与著作权有关的邻接权；另一类是工业产权，主要包括专利权和商标权。

根据《建立世界知识产权组织公约》第 2 条规定，“知识产权”包括下列各项有关权利：（1）文学、艺术和科学作品；（2）表演艺术家的表演以及唱片和广播节目；（3）人类一切活动领域的发明；（4）科学发现；（5）工业品外观设计；（6）商

---

① 王迁：《知识产权法教程》（第 6 版），中国人民大学出版社 2019 年版，第 1 页。

标、服务标记以及商业名称和标志;(7)制止不正当竞争;(8)在工业、科学、文学艺术领域内由于智力创造活动而产生的一切其他权利。

随着信息社会及数字社会的到来,知识产权的范围有向"信息产权"扩展的趋势。以互联网技术、信息技术、数字技术及生物基因技术为主导的新技术推广与应用使信息本身成为促进经济、技术与社会发展的重要动力,也成为人们不可或缺的无形资产。知识产权所涉及的对象可视为非物质形态的知识信息,如专利法保护的"新的技术方案"提供了某一领域最新技术的信息;商标法保护的"识别性标记"本身即区别不同商品或服务的信息;著作权法保护的"独创性表达",通过包括书籍、报纸、杂志、广告电视、互联网等媒介的传播,尤其是移动互联网及短视频等新媒体的传播,成为人们最主要、最广泛的信息源。

(二)知识产权的性质与特征

1. 知识产权的性质

知识产权是一种新型的民事权利,是一种有别于财产所有权的无形财产权。从价值目标和制度功能的多维角度出发,可以对知识产权的本质进行不同的描述。在私人层面,知识产权是知识财产私有的权利形态。

权利本质的私权性是知识产权归类于民事权利范畴的基本依据。私权是与公权相对应的一个概念,是指私人(包括自然人与法人)享有的各种民事权利。知识产权是一种界定知识财产权利形态的制度安排,它以私权的名义强调了知识财产权私人所有的法律性质。这一定性分析说明:知识产权是"私人"的权利,即便是国家在某种情况下作为权利主体出现,也与其他民事主体具有相互平等的关系;同时,知识产权是"私有"的权利,即采取私人占有的产权形式。知识产权的产生、行使与保护,适用民法的基本原则与基本制度。

权利客体的非物质性是知识产权区别于财产所有权的本质特性。知识产权的客体即知识产品或称之为智力成果,是一种没有形体的精神财富,客体的非物质性是知识产权的本质属性所在。知识产权之无形是相对于动产、不动产之有形而言的,它具有不同的存在、利用及处置形态:第一,不发生有形控制的占有。由于知识产品不具有物质形态,不占有一定的空间,人们对它的占有不是一种实在而具体的占据,而是表现为对某种知识、经验的认识与感受。知识产品虽具有非物质性形态,但它总要通过一定的客观形式表现出来,作为其表现形式的物化载体所对应的是有形财产权而不是知识产权。第二,不发生有形耗损的使用。知识产品的公开性是知识产权产生的前提条件。由于知识产品必须向社会公示、公布,人们从中得到有关知识即可使用,而且在一定时空条件下,知识产品可以被若干主体共同使用。上述使用不会像有形物使用那样发生耗损,如果无权使用人擅自利用了他人的知识产品,亦无法适用恢复原状的民事责任形式。第三,不发生消灭知识产品的事实处分与有形交付的法律处分。知识产品不可能有实物形态消费而导致其本身消灭的情形,它的存在仅会因期间(法定保护期)届满产生专有财产与社会公共财富的区别。同时,有形交付与法律处分并无联系,换句话说,非权利人有可能通过不同的法律途径去“处分”属于他人而自己并未实际“占有”的知识产品。基于上述特征,国家有必要赋予知识产品的创造者以知识产权,并对这种权利实行有别于传统财产权制度的法律保护。

2. 知识产权的特征

关于知识产权的基本特征,学界论述较多,不同学者的观点虽有一些差异,但其基本特征常被认可为“独占性”、“地域性”与“时间性”,具体如下:

(1)知识产权的独占性。

知识产权是一种专有性的民事权利,它同所有权一样,具有排他性和绝对性。独占性即排他性与绝对性,其虽是知识产权与所有权的共同特征,但效力内容与表现形式是各不相同的。由于知识产权是精神领域的成果,知识产权的专有性有其独特的法律表现:第一,知识产权为权利人所独占,权利人垄断这种专有权并受到严格保护,没有法律规定或未经权利人许可,任何人不得使用权利人的知识产品;第二,对同一项知识产品,不允许有两个以上同一属性的知识产权并存。知识产权与所有权在独占性效力方面也是有区别的。一方面,所有权的排他性表现为所有人排斥非所有人对其所有物进行不法侵占、妨害或毁损,而知识产权的排他性主要是排斥非专有人对知识产品进行不法仿制、复制、假冒或剽窃。另一方面,所有权的独占性是绝对的,即在所有物为所有人控制的情况下,所有人行使对物的权利,既不允许他人干涉,也不需要他人积极协助,且无地域与时间的限制;而知识产权的独占性是相对的,这种垄断性往往要受到权能方面的限制(如著作权中的合理使用、专利权中的临时过境使用、商标权中的先用权人使用等),同时,该项权利的独占性只在一定空间地域和有效期限内发生效力。

(2)知识产权的地域性。

知识产权作为一种专有权,在空间上的效力并不是无限的,而要受到地域的限制,即具有严格的领土性,其效力只限于本国境内。知识产权的这一特征有别于有形财产权。一般而言,对所有权的保护原则上没有地域性的限制,不会因地域发生变化而产生财产所有权失去法律效力的问题。知识产权则不同,按照一国法律获得承认与保护的知识产权只能在该国发生法律效力。除签有国际公约或双边互惠协定的以外,知识产权没有域外效力,其他国家对这种权利没有保护的义务,任何人均可在自己的国家内自由使用该知识产品,即无须取得权利人的同意,也不必向权利人支付报酬。

(3)知识产权的时间性。

知识产权不是没有时间限制的永恒权利,其时间性的特征表明:知识产权仅在法律规定的期限内受到保护,一旦超出法律规定的有效期限,这一权利就自行消灭,相关知识产品即成为整个社会的共同财富,可为全人类所共同使用。这一特征是知识产权与有形财产权的主要区别之一。所有权不受时间限制,只要其客体物没有灭失,权利即受到法律保护。知识产权的标的是一种非物质形态的智力产物,不可能发生灭失、毁损。其权利本体之所以不具有永续性,是因为国家规定了保护期限。知识产权在时间上的有限性是世界各国为了促进科学文化发展、鼓励智力成果公开所普遍采用的原则。

知识产权的上述特征是与其他民事权利特别是所有权相比较而言的,是具有相对意义的界定,这并不意味着各类知识产权都具备以上全部特征,如商业秘密权不受时间性限制,地理标记权不具有严格的独占性意义。从本质上看,只有客体的非物质性才是知识产权所属权利的共同法律特征。

(三)知识产权的法律关系

1. 知识产权的主体

从权利的角度来看,知识产权的主体即权利所有人,包括著作权人、专利权人、商标权人等；从法律关系的角度来看，知识产权关系的主体则为权利人及与权利人相对应的义务人。由此可见，知识产权的权利主体即各类知识产权的所有人。这里的所有人既可以是自然人，也可以是法人，在一定条件下还包括非法人单位乃至国家。

知识产权的主体需具备哪些资格及享有何种权利是由国家法律直接规定的。与一般财产权主体制度相比较，知识产权的主体制度具备以下特点：(1)知识产权的原始取得以创作者的身份资格为基础，以国家认可或授予为条件。(2)知识产权的继受取得往往是不完全取得或有限制取得，从而产生数个权利主体对同一知识产品分享利益的情形。(3)知识产权法对外国人的主体资格主要奉行"有条件的国民待遇原则"，这有别于一般财产法所采取的"有限制的国民待遇原则"。

2. 知识产权的客体

知识产权的客体是人们在科学、技术、文化等知识形态领域中所创造的精神产品，即知识产品。知识产品是与物质产品(民法意义上的物)并存的一种民事权利客体。知识产权的客体是学界存在争议的一个问题，不同学者对其有不同的观点，不过在多数民法著作中，权利的客体、标的、对象都是作为相同概念来使用的。我国学界对知识产权的客体也提出了不同的概念，较具代表性的说法有"智力成果""知识产品""知识信息"等。本书较多使用"知识产品"这一说法。

知识产品是概括知识产权各类客体的集合概念。从类别来看，知识产品可分为三大类：一是创造性成果，包括作品及其传播媒介、工业技术；二是经营性标记；三是经营性资信。其中，第一类知识产品发生于科学技术及文化领域，第二、三类知识产品产生于工商经营领域。

(四)知识产权法的概念与体系

知识产权法是调整因知识产品而产生的各种社会关系的法律规范的总和，它是国际上通行的确认、保护和利用著作权、工业产权及其他智力成果专有权利的一种专门法律制度。①

---

① 参见吴汉东主编：《知识产权法学》(第7版)，北京大学出版社2019年版，第28页。

知识产权法在立法框架上应包括以下基本制度：

（1）知识产权的主体制度。知识产权的主体是知识形态商品生产者与交换者在法律上的资格反映。什么人可以参加知识产权法律关系，享受何种权利或承担何种义务，是由国家法律直接规定的。

（2）知识产权的客体制度。知识产权的保护对象即知识产品是一种有别于动产、不动产的精神财富或无形资产，什么样的知识产品能够成为权利客体而受到保护，通常需要有法律上直接而具体的规定。

（3）知识产权的权项制度。知识产权是知识财产法律化、权利化的表现。由于知识产品的类型不同，其权利的内容范围也有所区别。除少数知识产权类型具有人身与财产的双重权能内容外，大多数知识产权即知识财产权。

（4）知识产权的利用制度。知识形态商品关系的横向联系即知识产品的交换与流通，在法律上表现为知识产权的转让及使用许可等。法律承认文化交流、图书贸易、技术转让等各种流转形式，保护知识产品的创造者、受让者、使用者等各方的合法权益。

（5）知识产权的保护制度。知识产权的侵权与救济是知识产权保护制度的核心内容。知识产权法明文规定权利的效力范围，制裁各类直接侵权行为和间接侵权行为，并提供民事、行政及刑事的多种法律救济手段。

（6）知识产权的管理制度。知识产权的取得、转让及消灭必须遵照法律的规定，并接受主管机构的管理。法律一般规定有相关管理机构的职责，并赋予其对有关知识产权问题进行行政调解、管理和处罚的权力。

按照我国现行立法，参照国外经验及国际通行做法，本书认为，知识产权法律体系一般包括以下几种法律制度：

（1）著作权法律制度。以保护文学、艺术、科学作品的创作者和传播者的专有权利为宗旨，其客体范围除一般意义上的作品外，还应包括民间文学艺术和计算机软件。

（2）专利权法律制度。以工业技术领域的发明创造成果为保护对象，其专有权利包括发明专利权、实用新型专利权、外观设计专利权。

（3）工业版权法律制度。兼具著作权、专利权双重因素的新型知识产权，表现为集成电路布局设计权等，一般采取独立于著作权法与专利法之外的单行法形式。

(4)商标权法律制度。一种主要的工业产权法律制度,其保护对象包括商品商标与服务商标。

(5)商号权法律制度。对工商企业名称或字号的专用权进行保护的法律制度,其立法形式可采取单行法规形式,也可采取与商标权合并立法形式。

(6)地理标记权法律制度。以货源标记或原产地名称为保护对象,禁止使用虚假地理标记的法律制度,其立法形式一般规定在反不正当竞争法中,也可制定单行法。

(7)植物新品种权法律制度。一种新型的创造性成果权,以人工培育植物或开发野生植物的新品种为保护对象,其立法形式可采用单行法体例,亦可归入专利法。

(8)商业秘密权法律制度。以未公开的信息(包括经营秘密和技术秘密)为保护对象的法律制度,可以制定单行法,亦可归入反不正当竞争法。

(9)反不正当竞争法律制度。制止生产经营活动中不正当损害他人知识产权行为的专门法律制度,适用于各项知识产权制度在无特别规定或不完备时需要给予法律制裁的侵害事实。

二、区块链赋能知识产权保护概述

(一)知识产权保护存在的问题分析

1. 确权耗时长,时效性差

确权是知识产权保护的源头,主要形式为知识产权的所有权注册。确权要求不仅能精确地记录作品的原始所有权归属,还能记录相关作品的后续交易。当前,通过线下渠道进行版权注册仍需要几个月的时间,通过线上渠道也需要10个工作日以上。总体上看,尽管互联网技术的应用加快了确权进程,但确权时效性依然较差。在知识产权保护制度方面,我国还存在与当前国内外发展要求不相适应之处,突出表现之一就是知识产权确权程序的设置。企业界尤其是国内企业对此反应非常强烈,通过政府机构申请产权归属,无法避免周期长、成本高、手续烦琐等现实问题。

2. 侵权率较高

互联网时代，关于获取知识产权信息的成本，除商业秘密信息外，其他类型知识产权所保护的信息都是公开的，侵权人获取并利用该信息极为容易，成本很低。由此造成了成果易被剽窃、抄袭速度快等乱象，由于不能有效保护知识产权所有者的权益，严重制约行业发展，降低原创企业的热情和积极性。

3. 用权变现难，供需对接难

用权是实现知识产权价值的关键环节。当前，知识产权行业供需失衡严重，多方的需求无法得到有效匹配。据统计，2019 年我国著作权登记总量就已达到 418.7 万件，同比增长 21%，这说明我国在知识产权供给方面的能力已有大幅提升，但如何有效促进知识产权的交易、进一步释放知识产权的应用价值已经成为影响行业发展的重要课题。由于电子商务发展迅猛，互联网上的有形产品交易更加频繁，涉及商标、专利、版权等许多新的问题。在现行各大交易平台中，存在多种权利交易中间商，导致中间环节过多、效率低下。而在中心化平台模式中，往往由于信息不充分公开透明，或者平台盘剥创作者利益，使收益分配不公平，形成权利交易困难的不良循环。

4. 维权效率低，举证困难

维权是知识产权保护中最为重要的环节，该环节的突出问题包括以下三点：一是侵权界定难度大，通常需要经过逐级查阅授权说明才能确定是否侵权，对数字内容进行侵权界定的难度更大。二是维权难溯源，由于当前知识产权涉及领域多，围绕单一产品的产权归属复杂度也高，所以在确定侵权后，权利溯源的难度也很大。三是相关法律法规还不健全，民众普遍版权意识较弱，版权违法现象较为严重。

（二）区块链与知识产权的关系

区块链技术记录存储的是一种信息，区块链技术的核心特点在于通过技术手段来保证其存储信息具有可信任性。①

---

① 参见王毛路、陆静怡：《区块链技术及其在政府治理中的应用研究》，载《电子政务》2018 年第 2 期。

首先,区块链技术的去中心化,区块链技术将存储的信息分布在多个不同的节点,防止单一节点存储信息被篡改,从而保证了信息的可信性。

其次,区块链技术的不可篡改性,区块链技术通过哈希函数将数据区块以链状方式连接,同时确保每一个区块存储信息稳定不被篡改,强化了存储信息的可信性。

再次,区块链技术的可追溯性,区块链技术采用只增不减的方式变动存储信息的内容,确保各类记录的信息都可以被查询追溯,保障了信息的可信性。

最后,区块链技术的数据公开透明性,区块链技术将所有存储信息和对信息的操作都在各节点存储记录,保证信息对各节点公开,增加了信息的可信性。总而言之,区块链技术的核心在于构建信任,通过各种技术手段的精妙组合,以保证区块链存储信息的可信性。

知识产权的客体正是信息。正如郑成思教授指出的,"作为知识产权客体的智力成果,一般均表现为一定的信息"①。因此,区块链技术和知识产权制度天然存在联系。一方面,利用区块链技术可以保障存储在区块链中的知识产权客体内容的真实可信性,因而对知识产权的确权起到一定的帮助作用;另一方面,区块链技术能准确记录各类对信息的操作,从而为知识产权侵权行为的判定提供可信证据,进而为知识产权侵权起到积极的证明作用。因此,利用区块链技术的信息可信性,发挥其积极功能并开发相关应用,可以在知识产权确权和侵权证明方面发挥其对知识产权的保护作用。

(三)区块链赋能知识产权保护的意义

1. 区块链技术有利于知识产权保护与创新发展

区块链是一种崭新的技术理念与技术手段。区块链技术建立在信任关系的基础上,是由分布式结构完成的,其基础技术体现在"加密算法"上,区块链上的数据安全性因"不可篡改"而得以保证。区块链技术中的交易记录和数据信息都是公开透明的,这破除了信息不对称。契合到知识产权保护领域,区块链数据因具有公开透明、不可篡改、过程可追溯等特点而与数字知识产权的产生、

---

① 郑成思:《私权、知识产权与物权的权利限制》,载《法学》2004 年第 9 期。

保护和流转天然有机契合,为数字知识产权保护提供了新的突破口。区块链构建了数字经济背景下分布式协同的关键性底层基础,促进了经济数字化进程的发展,这对于知识产权保护及创新发展具有重要意义。

2. 区块链技术可构建良好的知识产权数字保护模式

运用区块链技术搭建的知识产权数字平台有助于形成一个高效可靠、安全透明的全新知识产权保护体系。采用区块链技术的版权注册相较于传统的版权登记成本更低,通过区块链技术,还可以简化版权保护流程。区块链系统能确保信息登记在时间上的不可逆转性。数字知识产权维权难是突出问题,这很大程度上源于维权成本高、难度大。区块链技术通过加密算法能够为作品创作的时间点和版权交易的时间点提供证明,为权利人的举证提供技术保障。

3. 区块链技术中的智能合约能促进知识产权交易及经济创新发展

智能合约是区块链组成技术不可缺失的一环。知识产权确权在传统模式下需要经过烦琐的程序,而通过嵌入智能合约系统,能够自动对数字作品的知识产权进行快速确权。区块链中加盖的时间戳能够证明某人在特定时间访问了特定文件。智能合约的主要特点是合同执行的自动化,智能合约能够将合同以程序代码的形式写入区块链,当智能合约检索到预设条件后,就会自动执行合同内容。智能合约的执行力能够自主管理知识产权,实现作品利益分配和作品使用授权的自动化。基于区块链技术的智能合约已在知识产权交易中发挥了重要作用,成为了一种新的交易模式,促进了经济创新发展。

(四)区块链在知识产权保护中的应用价值

结合区块链的技术特点,在知识产权保护的三个环节中,区块链均有非常显著的应用价值,为解决当前行业发展的突出问题提供了可行的技术方案。

1. 围绕知识产权确权,区块链有助于实现确权的高效性、自主性和安全性,缩短确权周期,提高确权效率

一是可以通过区块链节点来声明知识产权,确权时限仅依赖于区块链网络的区块确认时间,这就极大地提高了确权的时效性;此外,通过时间戳可以确定成果的先后顺序,避免权益纠纷。

二是基于区块链网络的去中心化特征,用户可以自主地提交智力劳动成果

并实现确权,个人可以通过区块链系统设定并享有相应的权利,提高创造者的创造积极性。

三是通过区块链的去中心化特性和密码学技术,可以极大提高知识产权相关数据的安全性,防止成果被篡改;基于区块链还可实现在提供版权存在证明的同时不会泄露版权自身的内容。

2. 围绕知识产权用权,区块链有助于建立自我识别、自我组织的版权交易网络,促进知识产权的全球流通

首先,公开的区块链(公有链)是面向全球用户的,因此,全球各地的用户均可在同一平台进行知识产权的交易,提高供需对接效率。其次,在明确权利主体的前提下,基于区块链可以实现需求方和权利人之间的点对点交易,减少知识产权交易的中间环节,节省交易成本。再次,通过人工智能、大数据等新兴信息技术的结合,可以自动识别知识产权的有效性,提升供需匹配度,从而优化供需双方的体验,提高知识产权变现效率。最后,通过智能合约还可建立知识产权的自动交易体系,加速交易执行效率,丰富交易模式。

3. 围绕知识产权维权,区块链有助于明确权利归属,高效准确跟踪侵权行为和侵权主体

透明公开是区块链的重要特征,通过交易信息的溯源可以跟踪到每笔交易的详细过程和每个地址的历史交易信息。因此,一旦完成了确权,就明确了相关权利的归属。基于历史信息便可以追踪到侵权行为和侵权主体,区块链网络的安全性保证了侵权记录的完整性,从而使权利人主张权益的成本大大降低,提高维权效率。此外,由于历史侵权信息均可通过区块链完整保留,这会给侵权人带来持续的信用影响,从而将提高侵权人的侵权成本,进而减少侵权事件的发生。通过建立有效的激励机制和完善的组织模型,区块链将深层次地给现有的知识产权保护体系带来变革。例如,基于区块链的知识产权保护很有可能打破现有的区域性特性,真正实现知识产权确权和交易的全球化。此外,通过智能合约的引入,可以建立完全自动执行的知识产权审查、确权、交易、维权体系,将现有的确权、用权、维权等环节完全打通,构建起一个统一、自主、无须第三方机构的知识产权网络。

第二节 区块链与知识产权的确权与侵权证明

知识产权的确权是知识产权制度中一项非常重要的法律功能。长期以来,由于知识产权客体的无形性,对于知识产权制度中各项权利的确定在实际操作中常常会存在确权困难。区块链技术作为一项具有革新生产关系的新技术,在知识产权制度中的权利确定方面具有一定的积极意义。

一、区块链技术对著作权的确权帮助

著作权法采用的是创作自动获得权利的确权制度,但在信息可以被轻易修改的互联网时代,作者信息的真实性难以保障,这给著作权的权利确定带来了困扰。利用区块链技术,保障存储在区块链内的作品及作者信息真实可信,可以为著作权确权带来实际帮助。①

(一)互联网时代著作权确权的困惑

著作权制度源于非网络时代。1710 年,英国议会通过了世界第一部著作权保护法——《安妮女王法》;1886 年,《伯尔尼公约》更是对全世界的著作权法制度作了统一规定。在早期的印刷时代,受限于技术手段,大规模的文字复制是非常难以实现的,即使到后来的胶卷时代,对图片或者视频的大规模快速复制也不现实,因此,现有著作权制度中还保留了许多早期著作权法的痕迹。例如,对于著作权的权利授予,世界上绝大多数国家规定作品创作完成后作者自动获得著作权。著作权的这一确权方式,究其历史原因,是著作权制度产生的早期,信息的传递复制并不发达,大多数情况下最早拥有实物信息载体(如手稿、底片)的是作者。这种著作权的确权方式在非网络时代是和社会发展相符的,它能及时有效地确定著作权的权利归属。

---

① 参见周恒:《论区块链技术在著作权制度中的法律定位》,载《科学·经济·社会》2019 年第 2 期。

但在经过了信息网络革命之后,当下社会已经成为“二进制社会”。几乎所有的信息都可以数字化存储、传播和复制。数字化大大提高了信息的传递效率,摄影作品、文字作品、音乐作品和影视作品等作品的快速复制传播变得唾手可得,一部时长两小时的电影,只要条件许可,可在几分钟里被大量广泛地下载和传播。然而,数字化信息在带来便利的同时,也给著作权的权利确定带来了一定的困扰。由于信息网络传播速度快、传播覆盖范围广,所以作品转发频率很快,一项作品可在短时间内被同时转发成百上千次,这导致寻找最早作品来源的成本极高。此外,作品都被数字化后,原先的图片/文字等变成了一段二进制数字,因而对作品信息进行修改十分容易,即使著作权人想通过添加“权利管理信息”的方式来明确作品的权利人,也只能起到“防君子不防小人”的作用,对于专业的计算机人士来说,除去“权利管理信息”不过是删除一段代码而已,因此,在进入互联网时代之后,现行的著作权确权制度难以被现有技术手段支持,在实际操作过程中有时难以有效确定著作权人之权利。

(二)区块链技术带来的著作权确权帮助

在由区块链技术作为底层技术形成的网络空间中,每一个用户上传任何信息都会留下不可修改的记录,同时印上时间戳,通过去中心化存储方式,以确保这一信息记录是绝对真实的;并且,区块链记录的信息不会直接被删除,只是以对原有信息进行修改的方式呈现,即对原信息的修改是通过不断添加新的数据块上链来形成的。例如,甲的某一作品 A 著作财产权到期失效时,并非将区块链数据库中“甲拥有 A 的著作财产权”这一信息删除,而是新增一条“甲拥有 A 的著作财产权失效”的信息来修改 A 的权利状态。

因此,区块链技术对于著作权的确权帮助体现在两个方面:一方面,区块链技术可以有效记录著作权的原始取得。区块链技术采用数据块 + 链式结构来记录数据,信息数据一旦上链就不可修改,并且会在相应的数据块上加印一个不可修改的时间戳,以此来记录数据块形成和上链的时间。因此,当作品著作权人创作完成作品后,选择将作品上传至以区块链技术为底层技术的网络空间时,作品信息将会被保存在相应的数据块内,且该对应的数据区块中会有一个不可更改的时间戳。在此情况下,该数据区块记录的时间戳信息就是其内部上传作品的创作时间,进而可推定其为著作权形成的时间。当然,也有部分著作权人不想将其作品内容上传至网络公之于众,但又希望获得时间戳认证以保证其能获得相应的著作权确权证据。在此情况下,可以利用区块链技术中的非对称性密码对作品信息进行加密,在不暴露作品内容的情况下将作品上传至区块链(私钥加密后的信息),以保证由数据区块加盖时间戳上链。上传之后,在看不到作品内容的情况下,任何人都可以通过哈希密码的方式来验证这一区块数据的真实性。这种正反验证方式更加确保了所记录的作品信息的准确性。

另一方面,区块链技术可以及时记录著作权的继受取得。由于区块链技术下完成的交易是向全网广播且由节点进行共识验证的,即每一个节点在收到某一交易信息后都会利用之前链上的信息进行验证。例如,某一节点收到“甲将 A 项著作权转让给乙”这样一条交易信息时,其计算机会自动验证在之前的区块数据链上是否存在“甲获得 A 项著作权”这一信息,同时不存在“甲将 A 项著作权转让给 X”这一信息,只有同时满足以上两项条件才会对“甲将 A 项著作权转让给乙”这一交易信息进行确认,进而完成这一交易并将交易信息上链记录。这一项共识技术在技术层面保证了著作权转让的安全性,不会出现同一项权利同时转让给多人的情况,从而确保了权利人继受取得著作权的安全性。在著作权发生移转的同时,著作权转让的交易信息会广播在全网,并加盖新的时间戳而上链,这就保证了区块链技术可以记载著作权权利的完整转让链。有了这一完整转让链,参与转让的人在什么时间段内各自享有著作权都被完整地记录在区块链技术下的数据块之中,且对公众公开(并非作品内容,而是作品权利状态),这使著作权的权利状态明晰可见,而明晰的著作权权利状态又能进一步促进著作权的流动。因此,区块链技术因其技术特点而对著作权的权利确定有积极作用。通过区块链技术,不仅可以准确记录著作权的静态归属情况,而且能准确记载权利的动态变化状况,从而起到对著作权的确权帮助功能。

二、区块链技术帮助调整商标权的确权方式

不同于著作权自动取得的确权制度,商标权确权需要公权力介入,因而采

用通过注册取得权利的确权制度。①

（一）注册制

最早的商标确权是从使用制度开始的。在中世纪欧洲，各类行会为了维护行会声誉，强制其成员在其产品上加注特定标志，以追踪缺陷或不合格产品。这类标志诞生之初虽是为了维护行业垄断和进行贸易规制，后来却承担了识别商品来源的功能，孕育了现代意义上的商标。由于一些行会的产品品质卓越，在市场上建立了良好的声誉，消费者自然就将其作为一种识别工具。法院也逐渐认识到，诸如此类的标志之使用可以帮助人们辨别商品的优劣品质，是值得保护的，进而将商标视为一种财产，赋予其权利。世界上最早的一部关于商标保护的成文法（法国1857年颁布的《关于以使用原则和不审查原则为内容的制造标记和商标的法律》）就是实行商标使用取得制度。然而，综观当下各国的商标法，可以发现大多数国家对于商标权的确权采用的是注册制度，这是否意味着注册制度更接近商标权利来源的本质呢？其实不是，因为商标的本质功能在于通过使用来识别、区分产品来源。首先，商标作为经营者的信誉象征，是沟通经营者与消费者的桥梁，必须通过使用才能发挥功效，积累商誉。商标若只是作为一个单纯的符号，根本不值得保护，对商标进行保护的核心在于保护商品经营者为了维护自己经营的商品在消费者头脑中产生的良好商品认知所作出的努力与积累，即所谓的“商誉”。然而，商标代表的这种商誉并不会随着商标注册而自动产生，必须经过对商标的长期使用才有可能形成。其次，商标权利的本质源于商标使用也可以在洛克的财产权劳动理论中找到支持。洛克认为：“每个人只要使自然状态中的任何东西脱离其原初状态，那他就掺进了他的劳动，从而成为得以排除他人主张的自己的财产。每个人的劳动绝对地为自己所有，于是经由劳动使其增益的东西便成为自己的所有物，从而享有对其的财产性权利。”因此，商标权利的来源不在于那些自然界已经存在的符号，而在于人们为了获得附着在商标符号上的商誉所付出的劳动。

① 参见刘斌斌、魏雪：《区块链技术在商标领域的应用及其问题研究》，载《山东科技大学学报（社会科学版）》2020年第3期。

商标确权规则由早期的使用制转变为当下的注册制，并非因为注册取得制度更接近商标权利的本源，而在于社会经济结构发展与变动对商标法律制度提出的需求。商标制度发展早期，商标确权采用使用制在于物品和信息的传递不发达，大多数人的生产经营和生活范围局限在一定的地域范围之内，商标使用人对同一商标的使用情况比较知悉；即使在不同的地域范围内，由于商品流动不发达，各自使用的商标也主要在自己的经营生活领域产生识别作用；即使是同一商标使用人，也不会因此产生直接的利益冲突。随着经济发展和交通的便利化，物品和信息的传递范围大大拓展，市场结构发生了较大的变化，经济活动的范围也逐步扩大，这导致使用确权原则在这一社会背景下会产生较大弊端。一方面，商标的使用状态通常是不可知的，在商标是否已被使用不可知的情况下，使用商标就会存在投入风险；另一方面，技术手段难以准确界定谁使用在先，导致判断使用在先的社会成本过高。相反，商标权的注册取得原则能提高商标确权效率，以维护商标权的确定性及法律秩序的稳定性，因为快速准确地确定商标权的归属和权利范围清晰明确，有利于维护交易安全。当然，注册制带来的缺陷同样十分明显，表现为容易引发商标抢注，忽视了商标使用对于商标价值形成的作用，可能导致实际获得的权利与市场的现实情况不符，造成资源浪费，容易导致对已经使用但尚未注册的商标的保护不周。由此可知，当前选择注册制的商标确权制度，原因并不在于该制度更接近商标权来源的本质，而是由于受到技术手段的限制，因而各国商标法才选择了社会综合成本最低的商标权注册制确权方式。这意味着，在出现合适的技术手段时，调整商标的确权方式，改由商标使用确权制是可行的。

（二）区块链技术可帮助调整商标权的确权方式

尽管技术手段的限制导致了现有商标采取注册制的确权方式，但区块链技术所具有的一些新特点可使商标权的确权方式调整为使用制，因为区块链技术的应用可以有效克服基于使用而获得权利所带来的信息不可信问题。

首先，区块链技术可以明确商标的最先使用时间。类似于著作权的确权记录，当商标使用者在以区块链技术为底层技术的网络空间中使用商业标志时，其商标的信息会被保留在相应的数据区块之中，而该数据区块的时间戳所记录的区块形成时间就是商标的最早使用时间。区块链数据具有不可篡改性，因此使用者无须担心数据丢失或被篡改，从而消除使用者将商标投入使用之顾虑。

其次，区块链技术可以公开提供商标的使用范围、使用持续时间等数据。基于区块链技术的数据公开透明性，商标使用者在区块链技术网络中使用商标时，商标使用范围、商标使用的持续时间等一系列信息都会被记载在区块链上，任何人都可以同时在链上查询验证这一类信息。这种公开透明性保证了商标的使用状态为公众所知晓，对于已经投入使用的商标，公众可以清楚地了解其使用范围和使用时间，从而避免不了解商标使用状态可能带来的法律风险。

最后，区块链技术可以有效保存商标权利转让的信息。基于区块链技术的去中心化和可追溯性的特征，商标权利转让记录信息会被保存在最新的数据区块中，并同步广播到全部节点中，这些商标权的继受信息也是清晰且不可修改的。与著作权交易一样，当商标权进行转让时，节点在进行共识验证时能有效追溯商标的权利信息，只有在确定转让商标权的用户拥有合法商标权利且未转让他人时，这些转让信息才会被承认并上链保存。因此，在无须商标注册的情况下，区块链技术也可以保证商标权转让的交易安全。

区块链技术的使用使商标赋权采取使用制成为可能，其既可以保证商标的确权效率以及商标权利状态的公开和稳定，也能减少注册确权制度带来的商标抢注、商标注册不使用、商标注册审核压力等不良影响，因此，在成熟的区块链技术的加持下，有望实现商标权确权制方式的调整。

三、区块链技术可助力专利权的确权审查

与商标权确权制度一样，专利权确权制度也需要公权力介入。在专利权确权审查由各国自主决定时，专利权的地域特征则带来了各国之间的不信任问题。

（一）现有专利确权审查的困惑

专利制度的本质特征在于通过对技术信息的公开来换取有限的合法垄断权，专利法所确立的具有垄断的外在形态的权利以保障私权为手段，其终极目的是公共利益。专利权的确权存在一个前提，就是专利审查机制，即需要有一

个合适的公权力机关对公开的技术信息进行界定，判断其公开使公众获得的公共利益是否大于授予其专利垄断权致使公众损失的公共利益。因此，在对申请的专利技术进行确权审查时，专利审查机关需要审核专利权取得的实用性、新颖性和创造性三个实质条件。只有满足这三个实质条件，才能对申请的专利授予专利权。

由于专利权所具有的地域性特征，初期的专利确权审查普遍采用相对标准。但随着通信技术的发展，任何一项技术只要在某一国家公开，全球其他国家也能即刻知晓，因而当今主流的专利权确权审查都采用绝对标准。然而，由于当下并无一个统一的世界范围的专利文献库，在审查现有专利技术文献时，仍需要分别去各国各地区的专利文献库中进行检索。例如，《专利合作条约》对每个国际检索单位提出的最低文献量要求必须检索包括七个国家（美、德、英、法、日、俄罗斯、瑞士）和两个国际组织（欧洲专利公约、专利合作条约）自 1920 年以来的全部专利文献。这种信息不相通的分布式数据库对于专利确权审查存在消极影响。

首先，由于各国各地区的专利文献都保存在自己相应的数据库之中，且通常使用本国语言，而全球共有 233 个国家和地区，要完全检索查询所有国家和地区的相关专利文献，所耗费的人力、物力是极大的。其次，现行的检索方法是检索几个主要国家和地区，这导致检索中出现的遗漏只能通过异议、无效程序来补救。最后，各国专利文献数据库中信息更新不同步，这导致在审查多个专利文献库期间可能出现某一国或地区数据更新的情况，从而产生遗漏现象。因此，专利文献库的这一地域性特征和不统一放大了专利确权审查的难度，给专利确权审查带来困惑。

（二）基于区块链技术的统一数据库可助力专利确权审查

一个包含全球专利文献的数据库对于专利的确权审查是有积极意义的。但是，各国出于对本国主权的考虑，采取的专利文献数据库主要是以各国为中心化的存储模式，真正全球性的专利文献数据库的建立受到很大阻碍。然而，区块链技术所具有的去中心化特征可以有效解决各国之间对于专利文献数据库的信任问题。利用区块链技术，每个国家或地区的专利文献库可自然设置为一个节点，形成一个以联盟链结构形式组成的区块链数据库，当然，这一设置有赖于各国对技术标准认可后的接入。基于其去中心化的特征，每一个节点都有相同的地位，都存储了一份完整的区块链数据，通过技术上的手段保证各国对这个统一的专利文献数据库的信任，打消各国对技术泄密的顾虑，鼓励各国将专利技术文献上传至基于区块链技术的统一数据库。基于区块链技术所构建的数据库还可以达到信息同步更新的效果。而区块链技术的多节点共识原则可保证所有节点存储的区块链更新后的数据区块是相同的，所有节点都会对新产生的数据区块进行共识验证。只有得到大多数节点验证通过的数据区块才被证实是正确无误的数据区块而进入链上。这样一来，基于区块链技术形成的统一专利文献数据库可以保证各国作为节点的专利文献库内容能同步更新，在进行专利审查时，不会因个别数据库的更新延迟而导致检索出现遗漏。因此，区块链技术在专利权领域的应用，基于区块链而建立的统一专利审查数据库，可因信息可信性消除专利权地域特征带来的各国之间的信任问题，助力专利确权审查，提升专利确权效率。①

四、区块链技术对知识产权的侵权

在知识产权的侵权证明方面，区块链技术也能有效地发挥其作用。尽管在专利权领域，由于专利信息较为复杂，当下的区块链技术对其侵权证明提供有效的帮助作用还难以实现，但在著作权领域和商标权领域，区块链技术完全可以提供关于知识产权侵权行为的可信证据，在侵权判定中提供重要的证明作用。

（一）区块链技术在著作权侵权中的证明价值

区块链技术不仅可以在其自身架构的网络空间中保存侵权行为的可信证据用于追溯网络侵权行为，还可以通过其与当下的互联网电子证据之结合，利用其信息可信性，将互联网电子证据予以固定，为侵权行为提供可信证据，用于

---

①　参见汪亮、曹锂、刘芙蓉：《区块链技术在专利运营中的应用探讨》，载《杭州科技》2019 年第 5 期。

著作权侵权行为的判定。

1. 区块链网络平台的侵权追溯功能

在当下信息数字时代,著作权维权困难是一个突出问题,许多网络著作权的侵权行为都难以被有效追究法律责任。造成这一现象的主要原因在于:当下数字版权时代,作品的主要载体是计算机存储的二进制代码信息,专业人士对其内容进行修改十分简单且能不留任何痕迹。因此,许多侵权人一方面会利用数字网络技术提供的便利,大量复制、传播他人享有著作权的作品来获取巨额的利益;另一方面又利用技术手段抹除或者修改其行为痕迹,使其侵权行为难以被追踪。

运用具有可追溯性和不可篡改性的区块链技术搭建的网络平台,则可有效解决当下网络环境中著作权侵权行为追溯难的问题。通过搭建以区块链技术为基层技术的网络平台,使在平台上的数字作品的流通信息都被完整地记载在区块链之中,且无法被抹除。这就使在网络平台上实施的任何盗版侵权行为都是可以被追溯的,任何一项侵权作品的流转状态都会被记录在区块链数据块中,依据区块链数据精确和完整的记录,版权方可以在第一时间找到相应的侵权主体,为其维权举证。此外,从侵权人的角度来看,高成本的侵权行为会抑制其实施相应的著作权侵权行为,从而更好地保护著作权人的合法权益。

2. 区块链技术带来的数字证据固定功能

尽管基于区块链技术的网络平台具有众多优势,但完全搭建区块链网络平台还需要较长时间。不过,基于现有的互联网平台,区块链技术的合理运用也能在数字证据固定方面为著作权侵权案件给予帮助。实践中,著作权侵权案件依据的是“谁主张,谁举证”的民事诉讼证据规则,著作权人有义务举证证明被诉人侵权的事实,许多著作权纠纷案件因著作权人难以举证而败诉。比如,当著作权人将侵权网站诉至法院时,网站早已删除了相应的侵权作品,这就给著作权人举证带来了困难。尽管著作权人可采用截屏、录制等方式固定电子证据或者由公证机关进行公证,但在法院对证据的认定中,截屏、录屏等电子证据由于具有易篡改性,在其作为唯一证据时难以认定存在侵权事实。而公证机关的公证虽然证明力强,但公证程序成本过高,对于多处、多次侵权作品之案件更是如此。因此,固定证据成本过高造成了权利人维权的不便。

具备不可篡改性的区块链技术能给数字电子证据带来更好的信任基础,因为区块链技术的典型应用场景之一就是存证溯源。基于区块链的技术特征,数据区块的内容不可随意修改,且单个存储节点的任何突发状况不会影响数据的真实性和可靠性。在当下司法实务中,已有法院认可了基于区块链技术保存的数字电子证据的证明效力。在杭州华泰一媒文化公司诉深圳道同科技公司一案中,杭州互联网法院认为,区块链技术具有难以篡改、删除的特点,在确认诉争电子证据已保存至区块链后,其作为一种保持内容完整性的方法,具有可靠性。在论证了区块链作为一种保持内容完整性的方法具有可靠性后,法院通过时间戳、哈希值计算认定存证平台保存的电子数据为真实上传的,且是诉争的电子数据。2018 年 9 月颁布的《关于互联网法院审理案件若干问题的规定》也对区块链技术保存的电子证据证明力进行了确认,该规定第 11 条第 2 款规定:"当事人提交的电子数据,通过电子签名、可信时间戳、哈希值校验、区块链等证据收集、固定和防篡改的技术手段或者通过电子取证存证平台认证,能够证明其真实性的,互联网法院应当确认。"更为重要的是,采用区块链技术平台进行电子证据保存的成本低,单次电子证据存证成本约为几十元,这远低于公证程序的证据保全成本。

(二)区块链技术在商标侵权中的证明帮助

在商标领域,区块链架构的网络空间也可以保存相应的可信证据用于追溯一定的商标侵权行为。[①] 同时,区块链技术可以利用其与物流网络的结合应用,在侵权产品的实物销售中将相应的商标侵权可信证据予以固定,对商标侵权行为的判定起到证明帮助作用。

1. 区块链网络平台利于商标侵权追溯

与著作权网络侵权问题一样,在现有互联网平台上实施的商标侵权行为的痕迹可以很轻松地被抹去,这导致权利人难以获得侵权证据。现实中,许多商标侵权人在互联网平台上使用侵权商标进行网络商品销售、广告宣传或者为商标侵权行为提供帮助,但由于互联网平台数据便于篡改,其侵权行为常常难以

---

① 参见张怀印、凌宗亮:《区块链技术在商标领域的证明作用》,载《知识产权》2018 年第 5 期。

被追溯。

基于区块链技术的网络平台可以利用其可追溯性及信息的不可篡改性强化对侵权行为的追溯。在基于区块链技术形成的网络平台上，商标侵权人实施的侵权行为都会被精确记载在区块链数据区块中，并且不可被删除和修改；加之时间戳的可信任性，其实施行为的时间也可以精确追溯。因此，在该网络平台实施的商标侵权行为，其侵权证据可以轻松地从区块链数据区块中找到，并且由于技术上所具有的不可篡改性，这些证据具有可信任性而具备证据能力。

2. 区块链物流网络可助力证明商标侵权

在目前还无法完整搭建区块链网络平台的情况下，区块链技术可以和物流网络结合，在一定程度上为商标侵权提供具体可寻的证据。目前3.0版本的区块链技术已经在向传统供应链行业渗透。物流溯源是指对农产品、工业品等商品的生产、加工、运输、流通、零售等环节的追踪记录，通过产业链上下游的各方广泛参与来实现。但由于这些物流溯源行业内部缺乏统一的标准，并且所追踪的记录信息容易造假，因而很难被信任。如果具有区块链技术的加持，情况就会不一样。因为区块链技术在物流溯源行业的应用使任何一件商品在生产、加工、流转、运输、销售等环节都会受到严格追踪，并将相关信息上链保存，商标侵权产品自然就会受到严格的追踪。这样一来，区块链技术结合物流网络既能帮助证明商标侵权的存在，也能帮助认定商标侵权带来的损失。

一方面，通过基于区块链技术的物流溯源，商标侵权行为在商品生产、加工、流转、运输以及销售环节都可以被发现，在任何一个环节追踪的商品信息都会受到区块链技术的共识验证，除非侵权人能控制从生产到销售的完整供应链，否则其侵权产品必然会暴露在其无法控制的供应链环节之中，这就大大提高了商标侵权成本。而区块链技术会将追踪到的商品信息保留在链上，这为商标权人维权提供了有效证据，以证明商标侵权事实的存在。

另一方面，侵权商品的生产数量、销售数量、销售范围等信息在商标侵权案件中是用于计算商标侵权损害赔偿数额的重要证据，但民事证据举证规则将举证责任分配给维权的商标权人，而商标权人作为普通的民事主体，通常难以获得完整的商品生产销售信息，因此，在计算商品侵权损害赔偿数额时，商标权人提出的证据资料通常难以保证其获得的赔偿数额足以覆盖其因被侵权而受到的全部损失。但区块链技术与物流网络的结合可以完整地获取侵权商品的生产、销售数量和区域等信息,为商标权人在侵权诉讼中计算损害赔偿数额提供完整的证据,以有效地保护商标权人的合法权益。

第七章　数字货币法律概要

在商品流通中，货币充当着相当重要的媒介角色，其经历了实物货币、电子货币等形式，而如今随着科技的发展，各类电子支付业务兴起，日常支付方式更加数字化，货币形式也迎来了又一次变革，数字货币已成为当前的焦点问题。数字货币是数字经济时代发展的产物，在云计算、人工智能、区块链、大数据等新兴技术日渐成熟与金融产品和服务场景的结合日趋紧密的背景下，数字货币由于“去中心化、可编程性、可追溯性”等特征，受到世界各国央行的高度关注，全球数字货币研发加速。但是数字货币作为一种新生事物，其在进行金融科技创新的同时，还存在一系列风险和安全问题，并对传统的法律规制形成了挑战。

第一节　数字货币概述

一、数字货币的产生和演变

比特币是世界上第一个去中心化的数字货币，2008 年，中本聪发布了比特币的白皮书，称比特币是一种点对点的电子现金系统。比特币的底层技术是区块链，而区块链承载的是信用，是无须第三方或金融机构担保的底层技术，2009 年 1 月 3 日，比特币正式发行。

比特币之后，数字货币的发展大致有两个方向：一个方向是以比特币为代表的私人数字货币，其依托于互联网平台，具有匿名性、低成本、去中心化、跨区域、高扩散率以及高波动性等特征，总量不断创下新高；另一方向则是法定数字货币，私人数字货币的快速发展促使中央银行严肃考虑其对支付体系、经济运行乃至金融稳定的冲击，[①]各国中央银行和货币联盟都着手研究中心化或者半中心化的法定数字货币，[②]中国是最早积极研究和探索法定数字货币的国家。法定数字货币会对数字货币的整体市值和流通量产生重大影响，其基本权力（利）义务也会在中央银行、商业银行和社会公众之间重新分配。[③] 首先回顾数字货币的产生，其原因是深刻的，包含时代背景和各国实际背景。

（一）数字货币产生的原因

1. 跨国支付的高效率需求

以往的全球跨境支付体系运行缓慢且收费昂贵，跨国之间的支付摩擦和全球货币的缺乏促使了数字货币的出现。如汇款业务中的数字货币往往采用“轮毂—轮轴”（hub - and - spoke）的模式完成跨境支付业务。具体来说，用户在国内通过销售终端、在线接口等方式（轮轴），将本国的法定货币兑换为数字货币并储存在数字钱包中，然后通过数字货币的安全网络（轮毂）跨境传输到海外收款人的数字钱包里，并以相同方式兑换为当地的法定货币。由于数字货币通常是基于分布式账本技术的代币，该技术能够确保交易的可追溯性和不易篡改性。[④]

2. 隐私保护独特性和匿名交易的需要

传统在线支付的保密性和安全性都在不同程度上受到限制。尽管预付卡（如代金卡）的存在会带来一定程度的隐私保护，但其隐私保护无法像数字货币那样具有匿名性。以计算机算力和内存记忆为基础的设计，只要失去私钥，数字货币的信息就会丢失，持有人在失去控制权的同时保障了隐私权。数字货币使无金融机构开户的人也能进行非现金支付，且速度快成本低，对银行业尚不发达的国家和地区来说尤其如此，从而有利于普惠金融。而且，相较于一些官方货币币值不够稳定的发展中国家而言，数字货币更容易实现价值的数字存储

---

① 参见李炳：《关于法定数字货币的研究共识与展望》，载《金融理论与实践》2018 年第 12 期。

② 参见乔海曙、王鹏、谢姗姗：《法定数字货币：发行逻辑与替代效应》，载《南方金融》2018 年第 3 期。

③ 参见刘少军：《法定数字货币的法理与权义分配研究》，载《中国政法大学学报》2018 年第 3 期。

④ 参见许多奇、肖凯：《加密数字货币的定性困境与间接监管出路》，载《中国应用法学》2020 年第 3 期。

和匿名化交易,更为交易者所青睐。

3. 建立有利于发展中国家自主性跨境支付体系的需要

当前全球跨境支付体系以传统发达国家主导的 SWIFT 和纽约清算所银行同业支付系统(CHIPS)为核心系统,发展中国家很难享有话语权,一旦被施加单边金融制裁,禁止使用 SWIFT 等跨境支付体系,毫无疑问将切断该国的国际资金往来,极大地克减其金融主权。加密数字货币的出现将部分抵消或减少传统支付系统在金融制裁中的作用,有利于保护被单边制裁的国家中普通公民和中小企业的利益。

(二)数字货币的基本类型

数字货币大致可以分为私人数字货币、法定数字货币两类,其中商业银行所发行的数字货币虽被认定为私人发行的货币,但实际上是法定数字货币的延伸。

1. 私人数字货币

私人数字货币中以比特币最为典型,根据比特币基金会的解释,区块链是一个共享的公共分类账,所有已确认的比特币交易都包括在区块链中。这样一来,比特币钱包可以计算出其可支出余额,新的交易可以被证实是由消费者所有的比特币支出,它用密码学的方法保证了区块链的完整性和时间顺序。

一般来讲,比特币不是证券,因为证券定义的关键因素之一是证券代表着对发行主体的某种权利。比特币没有发行主体,显然不属于证券。但在首次代币发行项目中,项目主体发行的加密数字货币可能构成证券。首次代币发行是企业或个人在网络上公布创业项目方案(白皮书),以自行定义的代币公开募集比特币或其他具有一定流通性的私人数字货币,进而换取资金支持创业项目的行为。

由于缺乏监管约束、行业自律和透明度等原因,首次代币发行往往容易成为欺诈的"温床",沦为规避监管的非法证券发行或非法集资渠道。从以往的金融市场交易来看,比特币这种完全非中心化的货币虽然具有数据可靠性、使用便捷等技术特点,但同样存在发行成本相对较高、对现有货币体系冲击较大等问题,很难带来长期的安全和稳定。如果与央行发行的法定加密数字货币相比较,私人数字货币在完全去中心化且缺乏币值锚定机制的情况下将会受到更大的冲击。

2. 法定数字货币

最早的法定数字货币是由中国人民银行于2014年提出的DC/EP。法定数字货币是由中央银行或在中央银行授权下,采用分布式记账技术发行的数字货币。从本质上讲,法定数字货币为基础货币,属于MO的范畴,其发行必须由国家信用支持来保证现代货币体系的稳定,其运行以央行保持对货币发行的控制权为必要前提。

商业银行数字货币(CoBM)是商业银行发行,由中央银行许可或监管,并在可能的情况下享受存款保险资金保护的一种数字货币。中央银行法定数字货币(CeBM)每天都被用作批发支付系统的最终结算资产,这意味着商业银行数字货币的价值和可兑换性正在接受每日测试,尽管中央银行法定数字货币被指定为私人发行的货币,但实际上其是法定数字货币的延伸。

二、数字货币的概念

数字货币的概念产生于1982年,由密码朋克先驱者大卫·查姆提出。加密货币的概念由中本聪提出,其于2008年发表论文《比特币——一种点对点的电子货币系统》,将比特币定义为以区块链为底层技术支持的电子货币。

当前对于何为数字货币尚未形成一致的概念,数字货币与加密货币、电子货币、数据代币等之间难以区分,导致相关术语出现混用。厘清数字货币的概念、确定其范围是研究数字货币法律规制的前提。实际上,数字货币与这些相关术语互相交叉,并非完全等同,有必要从概念和特征上进行界定并加以区分,尤其需要对数字货币与加密货币进行区分。对于数字货币与加密货币的关系,大致包含两种对立的声音。

有学者认为数字货币等同于加密货币,将数字货币定义为"一种依靠特定计算机算法产生的,通过竞争性记账、密钥验证等方法来保证去中心化安全运行的点对点加密数字交易工具"①,或"以区块链作为底层技术支持,具有去中

① 陈纯柱、李昭霖:《数字货币犯罪风险的防范与应对》,载《重庆社会科学》2019年第10期。

心化、可编程性、以密码学原理实现安全验证为特征”[①]。有学者认为数字货币包含加密货币，将加密货币定义为专指运行于区块链上、通过加密技术验证的货币，典型有运行于公有区块链之上的比特币和即将运行于联盟链之上的天秤币，而数字货币是以数字方式代表价值的货币，包括法定货币的电子货币、游戏币和区块链支持的比特币等。[②] 数字货币包括电子货币、虚拟货币以及加密数字货币三类，但是持此类观点的学者将数字货币以宽口径和窄口径来界定。[③] 也有学者认为数字货币包含加密货币，但在数字货币的定义上有所差别，其将数字货币与货币数字化等同起来，认为广义的货币数字化是以电磁符号形式将货币储存于电子设备中的过程，既包括中央银行发行的以数字和电磁符号为表现形式，以数据流为载体的新型货币形态，也包括法定现钞和铸币以及法定数字货币转化为银行电子存款货币的过程和形态，还可以在更广泛的意义上理解为比特币等虚拟货币的发行和使用。[④] 也就是说，在认为数字货币和加密货币存在密切联系的基础上，有学者认为二者具有同一性，也有学者认为二者之间存在包含关系。

相反，还有学者认为数字货币不等同于加密货币，但加密货币在一定条件下可以转化为数字货币，认为数字货币应当强调其货币性及其所随附的法定性，理论上它包括两种：一种是各国央行发行的数字法定货币；另一种是各国监管部门承认其货币地位的私人数字货币。数字货币可以是加密的，也可以是非加密的；可以是依附区块链技术的，也可以是非由区块链技术支持的，这是各国发行数字货币的技术路径选择。加密货币则应当强调其准货币性，加密货币基于其去中心化和加密技术，由计算机程序产生，并在互联网上发行和流通，被使用者普遍当作一般等价物在现实生活和网络空间中予以使用，正是这种现实生活中的一般等价物性质赋予了其准货币性。但需要强调的是，准货币性不等于合法性，准货币性描述的是事物本质属性，而非法律属性。正如非法发行货币，

---

① 杨延超：《论数字货币的法律属性》，载《中国社会科学》2020 年第 1 期。

② 参见王延川：《加密货币的治理路径：全球视角与中国策略》，载《西北大学学报（哲学社会科学版）》2020 年第 5 期。

③ 参见李建军、朱烨辰：《数字货币理论与实践研究进展》，载《经济学动态》2017 年第 10 期。

④ 参见巫文勇：《货币数字化场景下洗钱犯罪形态和刑法重构》，载《中国刑事法杂志》2020 年第 3 期。

其性质是货币，但不代表其是合法的。但当一国监管机构承认了加密货币的货币地位后，其准货币性就转为法定的货币性。因此，加密货币与数字货币具有交叉的可能，如果央行发行的数字货币是采用加密技术的，那么此时的数字货币也是一种加密货币；当私人发行的加密货币获得了一国对其“货币”地位的认可后，该加密货币也就成为了一种数字货币。①

本书认为，数字货币内涵及范围不应当被泛化，尤其是对于数字货币的法律规制而言，数字货币不应该包含货币数字化、数字货币化和虚拟货币的全部概念及内涵范畴，②数字货币应专指加密数字货币，分为私人数字货币和法定数字货币两类。数字货币的本质应当为货币，只是其存在形式为电子设备中的电磁符号形式。私人货币通过私营机构或网络社区发行，而法定数字货币由央行发行，可以认为数字货币是基于节点网络和数字加密算法的，具有实时性、可编程性、分布式等特征的一种数字流通凭证，包括以比特币等加密货币为代表的去中心化虚拟货币与法定数字货币这两种。③ 此外，数字货币与虚拟货币分属两类，但存在交集，比特币等私营数字货币同时属于虚拟货币。该观点的代表学者黄瑛在此基础上也提出了数字货币的三点界定标准：其一，货币发行总量确定；其二，用非集中化方式管理；其三，以电子化的方式发行。④

三、数字货币的特点

（一）去中心化

数字货币具有去中心化特点的原因是数字货币交易是依托具有去中心化特点的区块链技术的，这种去中心化特点可以让交易主体进行点对点交易、全

---

① 参见陈玲：《加密货币的犯罪应用及其法律应对》，载《上海法学研究》集刊 2021 年第 5 卷。

② 货币数字化，是指利用银行卡等数字设备为用户提供更快捷的货币使用方式，只是不再使用实物货币，并且不会产生新的货币；数字化货币则与前者不同，不需要经过银行即可进行支付操作，典型如以电卡、超市购物卡为代表的能够按照一定比率折合成传统货币的储值卡类卡基数字化货币，以及以支付宝等为代表的通过互联网或移动终端等方式进行交易的网基数字化货币。数字化货币因其适用范围的限定性，并不符合货币的本质特征。

③ 参见杜语桐、黄再胜：《法定数字货币的产生、本质与功能：一个文献综述》，载《党政干部学刊》2021 年第 7 期。

④ 参见黄瑛：《基于区块链技术的数字货币发展综述》，载《中国金融电脑》2019 年第 6 期。

球支付,无地域阻碍,也无须任何金融中介机构参与。同时,这种特点能提高交易效率,相较于有银行等金融机构参与的传统交易,数字货币交易大大地降低了交易成本。①

（二）透明、不可伪造、不可篡改

数字货币采用去中心化的分布式记账技术,任何系统参与者均可提交内容,共同进行内容协同创作或作出贡献,参与者是平等的并且具有独立性,通过协议连接彼此,一个节点发出的信息可以扩散到整个系统的其他节点,由众多节点构成数据库,确定并记录系统中所有的交易行为,无须任何第三方作为中介。数字货币的发行和交易等环节的信息都会被如实完整地记录和反映,具有不可篡改和无法伪造的时间戳。

（三）加密、可回溯

数字货币采用单向信息加密算法,可以提供结果准确性验证,完善的数据链确保交易信息可追溯,所有的交易信息都可以永久保存。

（四）匿名性

基于区块链技术的数字货币记账模式不支持交易参与者的真实身份追溯。数字货币交易不依赖结算机构,而是通过公钥、私钥的对应性实现持有和转移,私钥和公钥仅是两组代码,难以与现实中的交易者相对应,而且每次交易都会生成新的公钥和私钥,完全隐蔽用户身份。分布式数据库只是记录了数字货币转移的数量和交易双方地址,难以确定交易者的真实身份。

（五）高效、成本低

在发行环节,数字货币摆脱了银行账户和实物载体,不需要支付实体货币发行的成本,由物理储存转变为云空间存储、传统物流转向系统内的数字划转,也不需要回收、清点和销毁,这大大降低了发行和管理的成本;在交易环节,数

① 参见蔡制宏:《数字货币发展状况、可能影响及监管进展》,载《金融发展评论》2015 年第 3 期。

字货币在唯一的交易账簿上使用电子方式记账，信息流和资金流高度统一，不需要建立和维护个人账户，交易和结算同步完成，不依赖第三方清算机构，降低了整体社会交易成本，可以使金融资源得到有效配置。

（六）快速便捷，可实现远距离交易

区块链系统没有管理和维护中心，也不需要交易中介，其运行建立在数学算法的基础上，系统中的各节点在不了解交易对象的情况下也能完成交易，允许交易参与者将钱在全球范围内转移给其他人，数字货币通过分布全球的区块链系统来使用，可以实现远距离传输。

四、数字货币的法律属性

"数字货币是以区块链技术为支撑并以电子化方式记录的，不代表实质商品或货物，发行者亦没有兑现实物义务的通货。"数字货币作为一种新兴的投资手段，不断地参与到商品交易过程中，引起关于数字货币合法性的争议。我国法律仅对数字货币作了原则性的规定，学界对数字货币的性质看法不一，实践层面对数字货币交易的定性也不同。

（一）数字货币的本质属性

关于数字货币的本质属性，目前主要有商品说、证券说、数据说、货币说、准货币说等观点。

1. 商品说

商品说将数字货币定性为一种虚拟商品。中国人民银行、工信部、银监会、证监会、保监会 2013 年 12 月 3 日联合发布的《关于防范比特币风险的通知》以及中国人民银行、中国网信办、工业和信息化部等 2017 年 9 月 4 日联合发布的《关于防范代币发行融资风险的公告》倾向于此种观点。《关于防范比特币风险的通知》第 1 条规定："……从性质上看，比特币应当是一种特定的虚拟商品，不具有与货币等同的法律地位，不能且不应作为货币在市场上流通使用。"《关于防范代币发行融资风险的公告》第 1 条规定："……代币发行融资中使用的代币或'虚拟货币'不由货币当局发行，不具有法偿性与强制性等货币属性，不具有与货币等同的法律地位，不能也不应作为货币在市场上流通使用。”随着技术的发展，商品的概念和范围都有所扩张，不仅包括有体物，还包括无体物。但无体物的范围也不是毫无限制的，其作为一种财产的法律本质依托于它的经济价值，其范围“包括有体物之外的具有经济效用的所有财产资源，不仅指向法律明确承认的知识产权、债权等权利，还包括处于法律边缘的新型财产资源，不仅指向现实世界中的光、电等无形体能源、自然力，还包括虚拟世界中的虚拟财产”①。财产的使用价值是商品所必须具有的，本书认为数字货币不具有此种物的使用价值，无法与其他无体物一样被扩张吸纳入财产和商品的范畴。

2. 证券说

证券说将数字货币界定为有价证券，并认为应通过金融监管部门对其进行监管。② 有价证券是设定并证明持券人有取得一定财产的权利并且能够流通的一种书面凭证，③因此不需要数字货币本身具有使用价值。美国证券监督管理部门和瑞士金融监管部门持该立场。但数字货币证券说的最大问题在于其不能在发行人或证券权利对象这两点上自圆其说。对于证券而言，发行人是重要的义务人，而数字货币的去中心化本质使得发行人在法律关系中是缺失的或者说是不需要讨论的。而在证券权利物权说的路径下，证券权利对象的特定职务在数字货币语境下亦是缺失的，因此用证券理论来解释数字货币的法律属性也存在障碍。

3. 数据说

数据说将数字货币理解为计算机数据。例如，有学者指出：“盗窃网络虚拟财产的行为并不符合盗窃罪的构成要件，而是符合非法获取计算机信息系统数据罪的构成要件。”④并且此种观点从犯罪客体的角度考量，认为侵害虚拟财产的行为更多的是对计算机系统内的数据进行窃取、删改和破坏，实质上是侵犯了网络管理秩序，因此应予以网络数据化保护。⑤ 但与商品说的理论困境类似，

---

① 常鹏翱：《民法中的物》，载《法学研究》2008 年第 2 期。

② 参见王熠珏：《“区块链 +”时代比特币侵财犯罪研究》，载《东方法学》2019 年第 3 期。

③ 参见马俊驹、余延满：《民法原论》（第 4 版），法律出版社 2010 年版，第 42 页。

④ 刘明祥：《窃取网络虚拟财产行为定性探究》，载《法学》2016 年第 1 期。

⑤ 参见徐久生、管亚盟：《网络空间中盗窃虚拟财产行为的刑法规制》，载《安徽师范大学学报（人文社会科学版）》2020 年第 2 期。

数据说也无法解释数字货币的使用价值。数据的使用价值亦是其受到法律保护的前提条件，但在数字货币的盗窃案件中，受害人遭受经济损失的原因不在于数据自身的使用价值被破坏，而在于数字货币本身作为一般等价物所具有的价值。

4. 货币说

货币说将数字货币定性为货币，认为加密货币只是货币在演变过程中所进化的一个更高级的形态与更具技术性的表现形式，[①]具备了传统货币所具有的价值尺度、贮藏手段、流通手段、支付手段、世界货币五种基本的货币职能。反对货币说的观点则认为，货币是国家发行的，作为法定清偿和记账手段的信用货币。国家才享有货币的发行权，而加密货币的去中心化特征完全背离了国家货币理论的核心要素。针对反对者的责难，主张货币说的学者们开始从哈耶克的货币非国家化理论中寻找法理支撑，主张国家垄断货币发行具有许多弊端，应取消政府的货币发行垄断权，允许私人银行发行货币，通过竞争驱使私人银行打造量比，并保证其发行货币的购买力。哈耶克的货币非国家化理论解决了加密货币并非国家发行而可以称之为货币的问题，但其仍然是立足于中心化思想，只不过是将国家单一中心格局变为国家和私人银行的多中心格局，没有解决加密货币的去中心化问题。

5. 准货币说

货币本质经历了货币商品说到货币名目论，其作为记账工具的本质属性在电子支付时代也逐渐得到强化，成为所有货币的共同属性。凯恩斯对货币的本质进行了进一步的阐述："记账货币是表示债务、物价与一般购买力的货币，是货币理论中的原始概念，和债务以及价目单一起诞生。"[②]换言之，货币是被普遍认可的记账符号。数字货币是一种去中心化的分布式记账方法，具备货币作为记账符号的本质要素。同时，数字货币基于密码学得到交易双方的信任，基于去中心化的技术构建而防止加密货币的超发，基于自由市场竞争打造加密货币的良币属性，从而完成货币信用的构建。由此可见，加密货币本质上是一种货

---

① 参见程炼：《数字货币：从经济到社会》，载《社会科学战线》2020 年第 6 期。

② ［英］凯恩斯：《货币论》，蔡谦、范定九、王祖廉译，商务印书馆 1997 年版，第 5 页。

币，但又与传统货币不同，加密货币是去中心化的，无法被国家垄断其发行权，没有国家信用为其提供担保，并不当然具有传统货币的“法定性”，因此可将其定性为“准货币”。当国家认可其法定性时，加密货币由“准货币”成为“货币”，从而成为数字货币的一种。①

（二）我国实践中的具体适用

基于对数字货币的法律属性的不同理解，目前民事司法实践中对数字货币交易的法律评价存在差异，大致存在以下几种观点。

1. 交易无效，损失自负

确切地讲，是指数字货币中的私人货币不具备合法性，因而认为交易这种非法定货币应当风险自担。实践中有观点认为，不同类型数字货币的法律属性不同，法定数字货币由于是由央行发行，具备传统货币的三大属性，所以和流通中的人民币均属物的范畴，但私人数字货币不属于物，其交易不受法律保护。在山东省商河县人民法院审理的“高某与刘某不当得利纠纷案”中，比特币不是合法的物，交易比特币的风险自担。该法院将原告由于操作失误汇入被告账户的比特币认定为不合法的物，认为交易比特币属于风险自担行为。审理认为，“比特币是一种 P2P 形式的数字货币，属网络虚拟货币的一种。从性质上看，比特币应当是一种特定的虚拟商品，不具有与货币等同的法律地位，不能且不应作为货币在市场上流通使用，普通民众在自担风险的前提下拥有参与的自由。比特币在我国不受法律保护，因此，对于比特币这种不合法的物，其交易亦不受法律保护，原告通过比特币交易平台误将自己的比特币汇入被告账户，但该种交易行为在我国不受法律保护，其行为所造成的后果属风险自担”②。从该案例可以看出，山东省商河县人民法院认为，比特币交易不受法律保护，交易主体之间的比特币多付、少付、付错对象等均不受法律保护。

2. 交易无效，但损失受法律保护

非法交易导致合同无效，受损方有“实体”财产损失，应受法律保护。实践

① 参见陈玲：《加密货币的犯罪应用及其法律应对》，载《上海法学研究》集刊 2021 年第 5 卷。

② 参见山东省商河县人民法院民事判决书，（2015）鲁 0126 民初 1531 号。

中,涉及数字货币的纠纷常见为一方向另一方签订代为购买、投资如比特币等数字货币的委托合同,由于该合同内容涉及代币发行,违反法律的强制性规定,所以合同无效。对于投资产生的损失,由于双方均存在过错,法院通常综合合同双方的主观认识状态、在涉案交易中所处地位等因素,认定双方对合同无效造成的损失各承担的责任比例,损失的数额通常依据投资额无法赎回的数额认定。在广州市中级人民法院审理的"朱某、张某委托合同纠纷案"中,由于合同涉及"虚拟货币"的非法交易,所以合同无效。在该案中,双方在明知"虚拟货币"不得交易的情况下,仍然进行交易,双方对于合同无效的后果均存在过错,综合考虑双方的主观认识状态、在涉案交易中所处地位等因素,认定双方对合同无效造成的损失各承担50%的责任。①

3. 交易有效,损失受法律保护

有学者认为,非法交易的合同有效,受损方有"实体"财产损失,应受法律保护。在杭州市中级人民法院审理的"陈某诉浙江某科技有限公司买卖合同纠纷案"中,原告通过网络向被告购买比特币"挖矿机"(专用于运算生成比特币的算法设施),之后原告认为中国人民银行已经联合多部委发布《关于防范代币发行融资风险的公告》,要求停止比特币等各类代币的发行融资活动,故专门用来运算生成比特币的"挖矿机"已无价值,交易违法,主张合同无效,要求退款。被告辩称,双方签订的买卖合同系双方真实意思表示,不违反法律规定,内容合法有效。法院认为,比特币不具有法偿性与强制性等货币属性,不作为货币在市场上流通使用,但其系合法劳动取得,具有可支配性、可交换性和排他性,具有虚拟商品属性,故交易专门用来运算生成比特币的"挖矿机"不违反法律和行政法规的强制性规定,买卖合同有效,遂判决驳回原告的全部诉讼请求。② 该案法院论证了比特币与"挖矿机"的关系,虽然否定了比特币的货币属性,但肯定了其虚拟商品的价值,据此"制造"比特币的"挖矿机"的价值也应当被肯定。

---

① 参见广东省广州市中级人民法院民事判决书,(2020)粤01民终9776号。

② 参见浙江省杭州市中级人民法院民事判决书,(2018)浙01民终10053号。

五、我国数字货币发展现状

（一）我国的数字货币

我国对私人数字货币的监管十分严格。中国人民银行早在2013年就禁止金融机构参与比特币交易；2017年，中国人民银行等七部委联合发布了《关于防范代币发行融资风险的公告》，该公告指出，“代币发行融资中使用的代币或‘虚拟货币’不由货币当局发行，不具有法偿性与强制性等货币属性，不具有与货币等同的法律地位，不能也不应作为货币在市场上流通使用”，明确表明非货币当局发起的首次代币发行（ICO）实际上是未经批准的融资，是非法的，并要求各类代币发行融资活动立即停止，已完成代币发行融资的组织和个人作出清退安排。

面对私人数字货币对法定货币产生的威胁，为积极应对并在未来的国际货币领域占据主动地位，我国央行积极参与法定数字货币的研究。2014年，我国开始启动央行数字货币研究。中国数字货币如今更多地被称为数字人民币（e－CNY），其定义多次迭代更新，最新官方定义是指由中国人民银行发行的数字形式的法定货币（“DC/EP”Digital Currency/Electronic Payment）。

（二）数字人民币的特点

数字人民币在表现形式上是一串加密数字，在价值内涵上是信用货币，在技术方式上是加密货币，在实现手段上是算法货币，在应用场景上是智能货币。

与比特币、Libra等其他数字货币相比，数字人民币具有主要应用于零售电子支付、与主权货币挂钩、采用双层运营投放体系及中心化管理机制等特征。而数字人民币作为支付工具，与其他支付工具相比，具有高法权效力、高安全性支持、双离线支付、支付即清算、可控匿名性等特点。

（三）数字人民币的试点

数字人民币试点是研发推进工作的重要环节，目前已在国内多点试点，这对今后数字人民币的正式推出起着重要作用。一是通过加大测试量来验证系统安全和稳定性;二是通过测试不同场景来实现更具创新性的功能;三是在试点的过程中探索相应标准的建立以及监管框架的完善。数字人民币在试点的过程中不断迭代更新,试点正影响数字人民币的未来。

经过一年的试点,第一批试点地区在智慧民生、商圈零售、创新支付等多个领域进行了探索创新。如深圳和苏州,都采用发放千万级数字人民币红包的方式,对商圈零售场景和数字红包场景进行了测试。雄安新区重点围绕数字人民币与物联网、5G 技术融合开展创新试点,如将数字人民币与硬件结合开发了充电桩产品等。成都则是借助"天府通"平台,在交通领域实现了数字人民币的支付和结算。

第二节 数字货币的法律风险

数字货币的兴起,利益与风险并存。当前,我国数字货币的研发和应用处于世界前列,但由于缺乏完备的行政监管制度和法律规范体系,区块链技术的安全和隐私保护也存在一定的缺陷,这导致数字货币领域存在洗钱、恐怖融资、逃税等刑事风险。数字经济的健康发展需要民事、行政、刑事法律保障,针对数字货币的犯罪关乎公众切身利益,对于此类犯罪,应及时动用刑法予以严厉打击。[①] 可以认为,数字货币的法律风险主要集中在刑事领域,其他领域的法律风险可以最终归结为财产损失的分担,而刑事风险会上升到危害国家金融安全、国家安全的高度。基于数字货币根据其发行主体的不同而分为法定数字货币和私人数字货币,其面临的刑事风险也存在差异。

一、利用私人数字货币实施犯罪的刑事风险

私人数字货币也称非法定数字货币,是由非有权机关发行并以自己认定的记账单位计价,以区块链技术为支撑并以电子记录形式存在的、不具有法偿性

① 参见张启飞:《论数字货币犯罪的刑法规制》,载《法治研究》2021 年第 6 期。

的货币替代物。[1] 以比特币、以太币为代表的私人数字货币投资程序简单，回报率高，对投资者有很强的吸引力。但由于区块链技术固有的缺陷，比特币或比特币支付系统一方面可能成为洗钱犯罪、外汇犯罪、货币犯罪、走私犯罪等各类经济犯罪的工具或渠道，另一方面在数字货币领域容易引发财产和金融犯罪，存在较大的刑事风险，其所涉及的犯罪类型如下。

（一）盗窃、诈骗、敲诈勒索等侵犯财产类犯罪

数字货币的所有者能够对自己持有的数字货币实施支付、转移等管理行为。实际上，数字货币的经济价值也能够以货币进行衡量。对于比特币来说，行为人能够通过启动公钥和私钥的方式将比特币转移到其他地址。根据《关于防范代币发行融资风险的公告》的规定，比特币在境内虽然不能作为货币流通，并不代表比特币不能成为法律保护的"财物"。不可否认它与其他虚拟财产一样，可以使用货币进行交易，具有经济价值。因此，数字货币具有财产犯罪对象的财物的特征，行为人能够利用数字货币实施财产类犯罪。例如，在浙江省台州市中级人民法院审理的"武某盗窃案"中，被告人武某于2016年2月22日窃取金某五个"MMM"投资平台账号及密码，利用该五个账号及密码，通过篡改收款地址的方式盗走被害人金某账户中的比特币70.9578个（价值人民币205607.81元），之后将窃取的比特币在"火币网"交易平台上出售，并将交易所得资金提现。法院认为，被害人金某付出对价后得到的比特币不仅是一种特定的虚拟商品，也代表着被害人在现实生活中实际享有的财产，应当受刑法保护。因此被告人武某通过互联网窃取了被害人金某的比特币后，再将其售出所得款项计人民币20余万元提现到了其个人的银行账户，其行为已构成盗窃罪。[2] 此外，行为人以科技金融创新的名义诱使受害人通过网络交易平台投资数字货币，涉嫌构成诈骗罪。[3] 行为人利用数字货币的去中心化、匿名性、不易追踪等特点，以非法占有为目的，迫使被害人购买、支付数字货币，然后套现，涉嫌构成

---

① 参见王谨：《数字货币的商法性研究》，载《法学杂志》2020年第12期。

② 参见浙江省台州市中级人民法院刑事裁定书，(2016)浙10刑终1043号。

③ 参见广东省高级人民法院驳回申诉通知书，(2018)粤刑申450号。

敲诈勒索罪。[①]

(二)非法获取计算机信息系统数据、利用信息网络类犯罪

行为人违反国家规定,侵入计算机信息系统获取计算机信息系统中存储的数据的,涉嫌构成非法获取计算机信息系统数据罪;利用数字货币交易平台,为实施诈骗等违法犯罪活动发布信息的,涉嫌构成非法利用信息网络罪。例如,在北京市海淀区人民法院审理的"仲某非法获取计算机信息系统数据案"中,被告人仲某于 2017 年 9 月 15 日通过使用 TEAMVIEWER 软件远程控制其在比特大陆公司工位上的电脑,使用 root 权限进入公司租用的阿里云服务器,在比特币钱包程序中插入代码转移了 100 个比特币至其在互联网站的个人"钱包"里,造成比特大陆公司经济损失 3.6 万元。法院认为:"被告人仲某采用技术手段非法获取计算机信息系统数据,造成经济损失 1 万元以上,情节严重,其行为已构成非法获取计算机信息系统数据罪。"[②]在湖北省公安县人民法院审理的"杨某、何某非法利用信息网络案"中,被告人杨某、何某诱骗他人在其代理的手机 App 虚拟货币交易平台上借"虚拟货币"之名恶意炒作比特币、莱特币、瑞波币等虚拟商品,从中获取高额回报,骗取他人钱财,情节严重,其行为均已构成非法利用信息网络罪。[③]

(三)洗钱犯罪

数字货币的支付结算方式改变了传统洗钱犯罪的行为模式,既增加了洗钱犯罪既遂的可能,又提供了洗钱行为的新路径,还拓宽了数字货币国际化对接过程中的洗钱渠道。[④] 比特币用于洗钱的便利性表现在其匿名性和双向兑换性的特点上。[⑤] 在黑龙江省高级人民法院审理的"北京乐酷达网络科技有限公司与绥化市华辰商贸有限公司侵权责任纠纷案"中,许某于 2014 年 8 月 5 日利用

---

① 参见四川省成都市中级人民法院刑事裁定书,(2018)川 01 刑终 851 号。

② 北京市海淀区人民法院刑事判决书,(2018)京 0108 刑初 1410 号。

③ 参见湖北省公安县人民法院刑事判决书,(2020)鄂 1022 刑初 277 号。

④ 参见巫文勇:《货币数字化场景下洗钱犯罪形态和刑法重构》,载《中国刑事法杂志》2020 年第 3 期。

⑤ 参见时延安、王熠珏:《比特币洗钱犯罪的刑事治理》,载《国家检察官学院学报》2019 年第 2 期。

北京乐酷达网络科技有限公司网站"OKCOIN"交易平台,分34笔购买价值约200万元的比特币553.0346个,又将全部比特币提出平台,转移到许某在"blockchain"网站注册的比特币钱包内,之后许某伙同黄某在澳门地下钱庄将比特币卖出。[①] 该案被称为"国内比特币洗钱第一案",行为人正是利用数字货币交易平台流通的便利性使洗钱成为可能。2020年6月,在广东惠州警方侦破的全国首例利用USDT数字货币洗钱案件中,行为人在互联网上非法搭建"第四方支付"管理后台,采用"USDT"货币的方式进行结算,为境外120个赌博网站及70家投资诈骗平台提供资金支付通道服务,涉案金额达1.2亿元。[②]

(四)实施恐怖融资犯罪

数字货币的隐蔽性和匿名性的特点为恐怖分子融资提供了极大的便利,引起了恐怖活动组织的关注。恐怖分子利用数字货币的支付工具和价值存储的属性,将非法资金转换为数字货币形式,进行恐怖活动资金的筹集、转移、储存和使用,容易逃避执法机关和其他有关部门的监管。[③] 据报道,一个匿名为GhostSec的黑客组织入侵了极端组织"伊斯兰国"(ISIS)的网络,发现ISIS手中掌握着一个比特币钱包(账户),其中存有价值约300万美元的比特币,这成为ISIS使用比特币融资的证据。

(五)非法集资类犯罪

当前,多数国家对数字货币的融资发行缺少监管,数字货币发行程序简单,行为人通过设立虚假的数字货币融资项目,利用科技金融、数字金融等金融创新的外衣迷惑投资者,逃避政府监管,吸收大量公众投资。[④] 2018年1月,中国互联网金融协会发布《关于防范变相ICO活动的风险提示》;2018年8月,中央

① 参见黑龙江省高级人民法院民事判决书,(2016)黑民终274号。

② 参见陈梦伊:《广东警方侦破全国首例利用USDT数字货币"洗钱"案件》,载中国新闻网2020年9月17日,http://news.china.com.cn/live/2020-09/17/content_968431.htm。

③ 参见兰立宏:《论虚拟货币的犯罪风险及其防控策略》,载《南方金融》2018年第10期。

④ 参见陈纯柱、李昭霖:《数字货币犯罪风险的防范与应对》,载《重庆社会科学》2019年第10期。

网信办等五部门发布《关于防范以“虚拟货币”“区块链”名义进行非法集资的风险提示》,对利用数字货币进行非法集资、非法发行证券、非法发售代币票券、传销、诈骗等违法犯罪活动进行风险提示。根据我国《刑法》及相关司法解释的规定,非法集资类犯罪要符合“非法性、公开性、利益性、广延性”的特征。在我国当前金融监管体系下,所有的ICO型代币与稳定币的发行与交易均符合“公开性”与“社会性”特征,①发行人以发行代币的方式筹集资金,若再符合“非法性”与“利益性”的特征,则可能构成非法吸收公众存款罪。

在广东省高级人民法院审理的“郝某、杨某集资诈骗案”中,2017年11月至2018年3月,被告人郝某、杨某伙同崔某等人,违反国家金融管理规定,以“天易家禾影视传媒有限公司”的名义,通过会议、培训和发展下线等方式向社会公众公开销售LCC影视区块链虚拟货币,以高额回报为诱饵,吸引公众投资,向社会公众进行推广宣传,并向部分投资者提供收款银行账户以及代为收款购买LCC虚拟货币。经司法会计审计,报案的700余名集资参与人中,提供转账记录的有85人(部分为集体报案人),经统计,投资和损失数额总计人民币22842621.25元。在本案中,郝某、杨某参与推广虚拟货币非法交易,变相吸收公众存款,扰乱国家金融管理秩序,数额巨大,其二人的行为均已构成非法吸收公众存款罪。② 在上述案件中,若查明行为人具有非法占有的目的,则涉嫌构成集资诈骗罪。

(六)利用私人数字货币实施的其他犯罪

区块链技术在数字货币中的运用是一种金融科技创新,有利于促进金融稳定,但其去中心化、匿名性的特征使数字货币能够自由流动,容易逃离政府监管,极易引发违法犯罪。数字货币的匿名交易、跨国交易除引发前述犯罪外,以数字货币为工具还易引发贪污贿赂、毒品、走私、传销、销赃、逃税、逃汇等犯罪。此外,以数字货币为噱头还容易引发证券、期货、非法经营等犯罪。③

---

① 参见柯达:《论区块链数字货币的非法集资刑法规制》,载《东北大学学报(社会科学版)》2020年第6期。

② 参见广东省高级人民法院刑事判决书,(2020)粤刑终623号。

③ 参见朱娴:《代币发行交易中的犯罪风险》,载《国家检察官学院学报》2018年第6期。

二、利用法定数字货币实施犯罪的刑事风险

法定数字货币又称央行数字货币，"是指由中央银行或其授权的商业银行发行、以区块链等技术为依托，并以数字化信息形式存在的法偿货币"[①]。早在2014年，中国人民银行就正式启动了CBDC的研究，论证其发行的可行性；2016年，中国人民银行组建数字货币研究所，专门承担CBDC研发工作；2019年6月，Libra白皮书推出后，中国人民银行推出我国版本的CBDC，其暂时被命名为"DC/EP"，即数字货币与电子支付（Digital Currency Electronic Payment）。2020年8月，央行数字人民币开始在深圳、苏州等地试点发行。法定数字货币作为金融与科技融合的新技术产品，以数字化的形态呈现，具有与纸币一样的功能和属性。作为一种可控匿名的支付工具，法定数字货币的性质有别于私人数字货币，因此，法定数字货币的货币性受刑法保护，相关行为可能触犯货币类犯罪，但就财产价值而言，私人数字货币与法定数字货币均受刑法保护，侵犯法定数字货币本身构成有关财产犯罪。

（一）侵犯法定数字货币本身的犯罪

区块链技术本身的缺陷和数字货币的特殊属性，决定了私钥是数字货币的重要组成部分，在以非法手段获取私钥盗窃法定数字货币的犯罪中，获取私钥是盗窃的关键。在窃取法定数字货币的行为中，私钥可以被看作保险柜的钥匙，获取他人数字钱包中数字货币（DC/EP）的权限，行为人使用私钥进行财产转移、消费、支取的，理论上应成立盗窃罪。[②] 此外，行为人向不特定公众发送含有木马病毒的数字人民币红包链接，或者窃取数字人民币的加密技术，侵入银行账户的数字钱包系统，非法获取他人数字钱包中的数字人民币，涉嫌构成盗窃罪。例如，2021年2月12日，苏州的符某在手机上收到一条"数字人民币预约成功"的确认短信，并附带一个网址链接。因为前一天符某才登记，便相信了短信内容，并点开了网址。进入网站后，符某按照提示信息，填写了自己的银行

---

① 参见刘少军：《金融法学》（第2版），中国政法大学出版社2016年版，第99页。

② 参见尚柏延、冯卫国：《法定数字货币的刑法问题及其立法完善》，载《江淮论坛》2021年第1期。

卡号、余额、密码、身份信息、手机号码等个人信息。随后，系统提示符某，卡内需要有1万元余额才可以体验数字人民币，当时信以为真的符某便将1万元人民币转入登记的银行卡内。事后，冷静下来的符某才感到事有蹊跷，便查看了自己的银行卡余额，却发现卡内的1万元已被转走，符某赶忙报警。[①] 该案的行为人应该被认定为盗窃罪。原因在于，在本案中，被害人符某将1万元人民币转入自己的银行卡内，并不是将该笔款项转入对方账户或第三方账户，没有对该笔现金的"处分"意识，也没有"处分"行为，符某在按照提示进行信息登记时，把自己的银行账户、密码等身份信息泄露，行为人掌握符某的个人信息后，通过技术手段，从符某的银行账户中转走1万元，应认定为盗窃罪而不是诈骗罪。当前，以数字人民币为噱头的诈骗活动主要有理财传销型、内测App型、中签短信型等几种形式。行为人使用虚构事实、隐瞒真相的手段，骗取对方"自愿交付"数字人民币；或者冒用人民银行的名义，推出"DC/EP"或"DCEP"，在资产交易平台上进行交易，涉嫌构成诈骗罪。法定数字货币在法律性质上属于法定货币，具有价值和交换价值，能够进行有效管理并可以自由转移，能够成为财产犯罪的对象，结合法定数字货币的特征，还能够成为抢劫、侵占等传统财产类犯罪的对象。

（二）假冒法定数字货币可能构成货币犯罪

当前，我国的货币犯罪主要规定在《刑法》分则第3章第4节破坏金融管理秩序罪中，共四个条文九个罪名，主要包括伪造货币罪，出售、购买、运输假币罪，持有、使用假币罪和变造货币罪等罪名。其中，伪造货币罪和变造货币罪属于基础犯罪，其他货币犯罪属于衍生犯罪。数字人民币与纸币的最大区别在于其货币形态的数字化，数字人民币的出现给我国以纸币为基础构建的货币犯罪体系带来了一些冲击。

首先，伪造数字人民币的行为构成伪造货币罪。数字货币出现后，伪造数字人民币的方式有别于传统的物理伪造方式。行为人窃取国家在设计法定数

---

① 参见《数字人民币刚中签，诈骗就来了……》，载搜狐网2021年3月13日，https://www.thepaper.cn/newsDetail_forward_11695254。

字货币时所运用的特殊加密技术，然后仿照央行对法定数字货币本身的设计程序，开发与法定数字货币的特定表达方式相同的数字货币，将成为伪造数字货币罪新的行为方式。[①] 从目前来看，伪造法定数字货币的主要方式有三："一是将伪造的数字货币通过侵入并篡改个人账户的手段直接增发进法定数字货币钱包；二是伪造法定货币钱包，将擅自发行的私人数字货币放进伪造的法定数字货币钱包；三是伪造法定数字货币并伪造法定数字货币钱包，将伪造的法定数字货币放进伪造的法定数字货币钱包。"[②]随着数字人民币的大规模推广和使用，行为人利用黑客技术手段侵入央行的数字货币发行系统，擅自篡改计算机数据，发行数字人民币，或者伪造字符串、数字人民币钱包的，涉嫌构成伪造货币罪。

其次，变造数字人民币的行为构成变造货币罪。在数字货币的框架下，伪造数字人民币与变造数字人民币都是篡改计算机数据的行为。传统的变造货币是指对真实货币采用剪贴、挖补、揭层、涂改、移位、重印等方法加工处理，改变真币形态、价值的行为，[③]与传统变造货币不同的是，数字货币的变造是指在商业银行层面篡改账本交易数额与内容的行为。[④] 据此，对数字人民币的数额和形态的改变都属于变造行为。行为人利用加密技术篡改持有的真实数字人民币的数额或者形态，改变其原来的表达方式的，是对数字人民币的变造，涉嫌构成变造货币罪。

最后，持有、使用伪造的数字人民币构成持有、使用假币罪。持有假币罪是货币犯罪中的兜底罪名，在缺乏证据证明行为人持有的虚假的数字人民币是为了进行其他假币犯罪，或者不能证明所持有的虚假数字人民币的真实来源时，应当以持有假币罪定罪处罚。在数字货币交易环境下，行为人假冒数字人民币钱包，明知数字钱包中是伪造的数字人民币而使用，是将假币置于流通领域，涉嫌构成使用假币罪。

---

① 参见高铭暄、王红：《数字货币时代我国货币犯罪的前瞻性刑法思考》，载《刑法论丛》2019 年第 2 期。

② 梅传强、曾婕：《私人数字货币犯罪刑法规制研究》，载《西南政法大学学报》2020 年第 6 期。

③ 参见最高人民法院《关于审理伪造货币等案件具体应用法律若干问题的解释（二）》（法释〔2010〕14 号）第 1 条。

④ 参见尚柏延、冯卫国：《法定数字货币的刑法问题及其立法完善》，载《江淮论坛》2021 年第 1 期。

(三)利用法定数字货币实施的其他犯罪

数字货币出现以后,传统货币犯罪的形态和行为方式发生了很大改变,法定货币的数字化将导致出售、购买、运输假币罪走向没落,[①]与此相对应,走私假币罪也因缺乏“违反海关法规,将货币携带、运输出入境”的构成要件而失去处罚的基础,从而导致相关货币犯罪走向消亡。但是,仍不排除金融工作人员实施的货币犯罪的可能性,若金融工作人员侵入法定数字货币发行系统,篡改数据、以伪造的货币换取货币,涉嫌构成金融工作人员购买假币、以假币换取货币罪。

第三节　数字货币的监管与合规

一、域外数字货币监管模式

从全球范围来看,法定数字货币仍处在研究和探索之中,目前规制数字货币的大量实践主要体现在私人数字货币领域。目前,私人数字货币的监管主要有三种治理模式:自由放任模式(如英国宣布比特币不受监管)、绝对控制模式(如我国对数字货币交易严格控制)和有限预防模式(如美国允许数字货币合规交易)。可以从私人数字货币一级市场发行和二级市场交易两个层面剖析各国私人数字货币 ICO 和数字货币交易场所监管实践及其政策。

(一)各国(地区)私人数字货币首次代币发行规制比较

私人数字货币的技术驱动来自区块链技术,私主体往往通过 ICO 融资寻找匹配的投资者。ICO 具备三大特征:一是从技术来看,各种数字货币背后的结构是基于利用区块链技术提供的数字代币或硬币。二是从投资者来看,大多数 ICO 拥有不同目的的投资者,投资金额也从小到大不等,往往在 ICO 之前,项目

---

① 参见高铭暄、王红:《数字货币时代我国货币犯罪的前瞻性刑法思考》,载《刑法论丛》2019 年第 2 期。

代币可预售给私人投资者团体。三是从发行行为来看,ICO往往发生在业务或项目的早期。由于缺乏统一的标准,ICO文件的质量和内容往往凌乱无序,预售的实际数量可能过高。[①] 在缺乏充分的信息披露或锁定期等保障措施时,不仅预售本身令人颇为担忧,同时容易导致各种"炒高抛低"的投机行为。

1. 美国:定性证券并加强监管

美国证券交易委员会(SEC)早在2013年就对与私人数字货币相关的投资采取了执法行动,称其实质为证券,之后,SEC态度发生变化,政策上倾向于包容金融创新,这使市场主体由于监管尺度不一而无所适从。经过长期的讨论和准备,SEC终于在2017年7月25日发布了两份关于ICO的官方报告,明确了ICO的监管立场,[②]尤其是SEC在DAO一案的调查报告中,适用了1933年和1934年的证券法,认定DAO以及其他特定类型ICO的数字货币为"证券"。SEC进一步要求所有ICO公司必须在证券交易所注册,但在符合条件时可获得豁免。

2. 欧盟:态度审慎并允许各成员国试点

2017年11月初,欧洲证券与市场管理局(ESMA)发布了两份文件,强调ICO的公司应该遵守的四部欧盟立法:(1)"招股说明书指令";(2)"金融工具市场指令";(3)"另类投资基金经理指令";(4)"反洗钱指令"(AMLDi - rective)。其中,法国金融管理局(AMF)于2017年10月至12月就ICO开展了一次公众咨询,主要集中于ICO发行人面向大众披露的白皮书内容,以及"通证"一词作为新型商品的定义和范围。[③] 据此,AMF为ICO提出了三种可能的监管选择:(1)发展自我监管环境,即适用软法,根据最优实践规则,使之接近监管

---

① See Lawrence J. Trautman, *Is Disruptive Blockchain Technology the Future of Financial Services*? 69 The Consumer Finance Law Quarterly Report 232(2016). 转引自许多奇:《从监管走向治理——数字货币规制的全球格局与实践共识》,载《法律科学(西北政法大学学报)》2021年第2期。

② See SEC, Report of Investigation under 21(a) of the Securities Exchange Act of 1934: The DAO, Release No. 81207, July 25, 2017; SEC, Investor Bulletin: Initial Coin Offerings, https://www.sec.gov/oiea/investor - alerts - and - bulletins/ib_coinofferings.

③ Autorité des Marchés Financiers (AMF), *L'AMF Lance une Consultation sur les Initial Coin Offerings et Initie son Programme UNICORN*, https://www.amf - france.org/fr/actualites - publications/communiques/communiques - de - lamf/lamf - lance - une - consultation - sur - les - initial - coin - offerings - et - initie - son - programme - unicorn.

沙盒的非强制性规则;(2)将首次公开募股(IPO)欧洲监管扩展到ICO;(3)适用专门针对国际商事组织的特别规定。在第三种情况下,AMF将创建一个事前或可选择的授权制度。ICO发行人必须获得AMF允许后才能进行附条件的代币销售。

3.其他法域:以借鉴美国经验为主

澳大利亚、加拿大、中国香港、新加坡和瑞士的监管机构都采取了与美国证券交易委员会相同的做法,将ICO定性为证券。在美国对DAO案作出裁决不到一个月后,2017年8月,新加坡央行和金融监管机构(MAS)即要求:只要私人数字货币符合《新加坡证券和期货条例》规定的资本市场产品,则其发行由新加坡证券管理局监管。与前述国家或地区实践相对照的是,我国在国家层面和韩国走了一条完全不同的道路。虽然许多“矿商”和区块链投资者和公司在我国内地和韩国,但两者的监管机构都禁止ICO,《关于防范代币发行融资风险的公告》禁止向投资者出售数字代币的任何融资活动,以及虚拟货币和法定货币之间的任何转换;韩国在2017年9月29日也决定禁止ICO。韩国金融监管机构甚至禁止一切形式的ICO通过合法途径筹集资金,并考虑将对违反该禁令的行为进行严厉制裁。[①] 但在最新的监管中,韩国的立场已经从完全禁止转为适度允许。

就私人数字货币ICO环节而言:一方面,ICO具有创新性和风险性的双面特征。私人数字货币既可能随着初创科技企业的成长为投资者带来收益,也可能因为ICO缺乏适当的披露规则而成为欺诈手段,导致投资者血本无归。另一方面,不同法域对数字货币的性质认定各不相同。尽管众多私人数字货币的基础技术一致,但由于使用场景的变化,有些私人数字货币的功能类似于本国法定货币,具有传统的货币特征;其他一些私人数字货币则代表某种权利,功能上更接近于金融产品,从而可将其纳入基础性的金融监管体系之中,包括系统考虑KYC规则体系并完善反洗钱和反恐怖融资立法,保护投资者或消费者权益,保障个别金融机构和整个金融体系的稳定性,以及完善反逃税税收制度等。

---

① David Hollerith & South Korea's ICO Ban, *A Reaction to "Serious Concerns" Over Cryptocurrency Investment Practices*, Bitcoin Magazine, https://bitcoinmagazine.com/business/south-koreas-ico-ban-reaction-serious-concerns-over-cryptocurrency-investment-practices.

(二)各国(地区)私人数字货币交易场所风险规制比较

从全球范围来看,私人数字货币主要与六大法定货币兑换,即美元、人民币、韩元、日元、欧元、英镑,分别对应几大投资市场。投资者在ICO市场上的活跃刺激了二级市场交易的指数增长。随着私人数字货币交易市场生态的迅速扩张,投资者人数众多且牵涉利益重大,监管的不确定性容易导致监管困境。

1. 美国:联邦层面的多头管制

其一,从联邦层面来看,不同的监管机构看法迥异。2013年3月,金融犯罪执法网络(FinCEN)发出解释性指南,阐明美国银行保密法适用于“可兑换数字货币”,接受和转换可兑换的数字货币(如比特币),应受美国的反洗钱规则规制。[①] 2014年3月,美国联邦财政署国内收入署(IRS)发布了关于虚拟货币的通知,将虚拟货币作为美国联邦税收的财产对待,而不会视其为外币。[②] 2014年8月,消费者金融保护局(CFPB)在报告中指出,数字货币的使用对消费者来说存在大量“尚未解决”的“关键”问题,其会不断接受用户有关数字货币的投诉并进行研究。

监管机构对数字货币的定性决定了交易对象的属性,但不同监管机构看法各异,这增强了交易监管规则的内在冲突,增加了不确定性。美国商品期货交易委员会(CFTC)在2015年9月将包括比特币在内的虚拟货币及其衍生品定义为商品而非真正的货币,适用美国《商品交易法》。SEC则在2017年7月的指导意见中对“商品期货交易委员会数字货币”作出了最具实质性的定义:“一种可以进行数字交易的数字价值表示。”

其二,私人数字货币“交易场所”的法律评价需要调整。为了减轻日益增长的业界担忧,SEC采用豁免制度来规制私人数字货币交易场所。美国《证券交易法》将“交易所”定义为任何组织、协会或个人团体,无论是否为法人团体,它

---

① See US Department of the Treasury, Financial Crimes Enforcement Network, Guidance on the Application of FinCEN's Regulations to Persons Administering, Exchanging or Using Virtual Currencies, https://www.fincen.gov/resources/statutes - regulations/guidance/application - fincens - regulations - persons - administering.

② See IRS, Notice 2014 - 21, https://www.irs.gov/pub/irs - drop/n - 14 - 21.pdf.

构成、维持并行使着将证券买卖双方聚合在一起等人们通常理解中交易所应该行使的职责。随着科技的迅猛发展，本就有循环论证嫌疑的交易所界定标准不再成立。如果平台或系统通过了美国《证券交易法》第3b—16(a)条规定的功能测试，则该平台或系统必须根据美国《证券交易法》第6条注册为国家证券交易所。与此同时，交易所登记制度附带豁免规则，即SEC通过的其他安全港类似规则，将一小部分交易所从美国《证券交易法》第3(a)(1)条下的"交易所"定义中免除，以能够灵活地豁免任何促进二级市场交易的组织、协会或个人团体的登记程序要求。为了符合豁免登记程序的资格，交易所或替代交易系统(ATS)必须同意遵守未注册交易实体制定的规则或ATS条例。

其三，适用传统证券法的困境。美国用一系列法律授权的方式保证了交易所自律规则的执行和落实。但其中涉及的法律问题如以德(Ether Delta)是否构成联邦证券法中的"证券交易所"？科伯恩是否应被视为经纪交易商？私人数字货币"充分分散"的交易是否不属于"证券交易"从而不适用联邦证券法？这些在法律规制中存在的问题，需要结合金融科技的发展，为私人数字货币场所的运营、治理和合规标准量身定做一套新规则体系。

2. 欧盟：推动成员国监管趋同

2013年12月，欧洲银行管理局(EBA)发表了一份声明，并于2014年1月向欧盟机构和国家监管机构发表了意见，呼吁对私人数字货币进行全面的长期监管。[①] EBA并不鼓励金融机构购买、持有或出售私人数字货币，直到采取实质性的规制手段，并指出许多潜在的风险。其中包括：(1)建立一个治理方案，设立权威机构为每个私人数字货币构建非政府实体管理的规制主体，该规制实体必须对监管机构负责；(2)强制客户尽职调查、防止市场滥用行为和满足资本市场参与者的需求；(3)强制市场参与者在欧盟成员国注册成为有资格起诉和被起诉的法人；(4)建立私人数字货币交易的支付担保和退款制度；(5)国际监管协作方式。

其一，采取宽松的申报和登记举措。EBA邀请欧盟立法者和监管者在短期

---

① See European Bank Authority, *Warning To Consumers On Virtual Currencies*, EBA/WRG/2013/01, Dec. 12, 2013; EBA Opinion On Virtual Currencies, EBA/Op/2014/08, July 4, 2014.

内立即采取措施,特别是需要申报的私人数字货币市场参与者,如私人数字货币交换平台和保管的钱包提供者等"义务实体",必须遵守欧盟"反洗钱指令"。EBA 的建议获得了欧盟委员会(EC)的批准。2016 年 7 月,欧盟委员会提出在恐怖主义威胁的背景下,在欧盟内扩展第四号"反洗钱指令"第 2015/849 号中私人数字货币市场主体的范围,主要减少私人数字货币的匿名性质,更有效地监控数字化项目进行资产转换。根据欧盟委员会提出的这些规则,"反洗钱指令"下的新义务实体在将私人数字货币兑换为法定货币时,必须处理个人数据信息,即执行客户尽职调查。

其二,采取相对严格的许可证准入制。有的国家为私人数字货币的发行和交易活动创建特定的许可证。例如,英国的私人数字货币交易场所需要向金融市场行为监管局(FCA)注册,目前只有一些加密行业企业才可能获得电子许可证。卢森堡的金融监管委员会(CSSF)管理私人数字货币交易领域,新的加密业务必须获得用于交易的支付机构许可证。在瑞士,其应获得金融市场监管局(FINMA)颁发的许可证,采用私人数字货币交易所的注册流程,以确保私人数字货币交易场所良好的运营环境。

其三,在较为宽松的监管环境中守住反洗钱和反恐底线。为防止对虚拟货币的监管过于严格,欧洲议会(EP)于 2016 年 5 月决定采取不干涉的方法,要求欧盟创建一个立法者专家工作组,致力于"构建以专业知识为底层技术的数字货币",进一步研究和监控私人数字货币,而且对遏制金融创新的监管提出了警告。[①] 即使在欧盟层面上没有专门适用于虚拟货币的现行立法,也并不意味着它们不受欧盟成员国现行法律的约束。

3. 其他法域:多样化的规制立场

有的国家禁止使用数字货币进行任何交易,如孟加拉国;[②]有的国家禁止将

---

① See Council of the European Union, COM(2016) 450 final, 2016/0208 (COD), Oct. 28, 2016. 该指令已于 2018 年通过并生效。

② See AFP, *Why Bangladesh Will Jail Bitcoin Traders*, The Telegraph, https://www.telegraph.co.uk/finance/currency/11097208/Why-Bangladesh-will-jail-Bitcoin-traders.html.

数字货币作为支付手段,如越南;[①]有的国家正在建立专家和/或政府间小组来审查数字货币监管框架,如印度;[②]还有的国家通过有关数字货币和"挖矿"活动的法律表达政治意愿,如俄罗斯。[③] 越来越多的国家正在反洗钱法律机制下规范数字货币中介机构,以便为此类资产的交易提供更大的法律确定性,如澳大利亚、加拿大和新加坡等;此外,澳大利亚、巴西、加拿大和以色列已经决定对虚拟货币交易征收资本利得税,日本则免除数字货币兑换成法定货币的税收,这类税收优惠措施在欧盟国家亦偶有采用。

在数字货币交易过程中,投资者和消费者通常面临三类风险:汇率波动、缺乏网络安全性以及无法执行遭拒付。数字货币的价值波动性远高于其他同类资产,但提升相关监管措施的余地并不大,监管改进应主要围绕这几方面入手:通过澄清网络规模监管环境来减少未来的不确定性,让平台向消费者提供足够的数字货币波动的信息,同时保障数字货币持有者的电子余额的安全性。无论各国如何规制数字货币交易,最终都会涉及投资者的权利保护,无外乎保护投资者免受汇率波动的影响,防止其失去账户访问的权利,以及在数字货币被盗时享有追及权等重要问题。

二、我国数字货币的监管与合规

(一)我国对数字货币的监管现状

1.《关于防范比特币风险的通知》禁止私人数字货币,但肯定其商品属性

2013 年 12 月 3 日,中国人民银行与银监会、证监会、保监会和工信部联合发布《关于防范比特币风险的通知》,表明了我国对私人数字货币的禁止态度,

---

① See The State Bank Vietnam Banned on Bitcoin and other Crypto Payments, Asia Blockchain Review, https://www.asiablockchainreview.com/the-state-bank-vietnam-banned-on-bitcoin-and-other-crypto-payments/.

② See Government of India, Ministry of Finance, Government Constitutes An Inter-Disciplinary Committee Chaired by Special Secretary (Economic Affairs) to Examine The Existing Framework with Regard to Virtual Currencies, Release. 1487645, Apr. 2, 2017.

③ See Helen Partz, Russian President Putin Orders Government to Adopt Crypto Regulation by July 2019, https://cointelegraph.com/news/russian-president-putin-orders-government-to-adopt-crypto-regulation-by-july-2019.

简要概括该通知主要内容如下:

其一,比特币并不是真正意义的货币而应当是一种特定的虚拟商品,不具有与货币等同的法律地位,不能且不应作为货币在市场上流通使用。

其二,各金融机构和支付机构不得以比特币为产品或服务定价,不得买卖或作为中央对手买卖比特币,不得承保与比特币相关的保险业务或将比特币纳入保险责任范围,不得直接或间接为客户提供其他与比特币相关的服务等。

其三,提供比特币登记、交易等服务的互联网站应当在电信管理机构备案。电信管理机构根据相关管理部门的认定和处罚意见,依法对违法比特币互联网站予以关闭。

其四,中国人民银行各分支机构应当密切关注比特币及其他类似的具有匿名、跨境流通便利等特征的虚拟商品的动向及态势,认真研判洗钱风险,研究制定有针对性的防范措施。各分支机构应当将在辖区内依法设立并提供比特币登记、交易等服务的机构纳入反洗钱监管,督促其加强反洗钱监测。

其五,各部门和金融机构、支付机构在日常工作中应当正确使用货币的概念,注重加强对社会公众货币知识的教育,将正确认识货币、正确看待虚拟商品和虚拟货币、理性投资、合理控制投资风险、维护自身财产安全等观念纳入金融知识普及活动的内容,引导社会公众树立正确的货币观念和投资理念。

由上可以看出,该通知出台政策的主要目的主要包括防洗钱和防风险两个方面。前者针对的主体是犯罪分子,后者针对的是普通参与者,二者同样重要。从该通知中可以看出,各金融机构和支付机构不得开展与比特币相关的业务,比特币在我国虽不具备合法性,但其虚拟商品的价值是被肯定的。

2. 否定私人数字货币的货币属性,明确数字货币法定化

2014 年年初,央行调查统计司指出,民间数字货币(私人货币)本质上不是货币。央行调查统计司在报告中认为,比特币缺乏国家信用支撑,难以作为本位币履行商品交换媒介职能,同时区分了虚拟货币和电子货币:电子货币是本位币的实现形式,就像纸币一样;而虚拟货币是以独特的货币形态、独立于本位币和替代本位币的面貌出现的。目前国家对民间数字货币的定义是个人资产,是一种可以交易的理财投资。实质上国家将民间数字货币限定为一种商品,不具有货币的支付职能,这就是现实的行政政策的限定范围。对于数字货币的法

律底线，目前国家给出了一个大致的规定，不承认私人数字货币是一种支付职能。这是一条不能逾越的法律红线。同时国家会给私人数字货币在合理的商业模式上保留一定范围的商业化经营空间。

随着信息科技的发展以及移动互联网、可信可控云计算、终端安全存储、区块链等技术的提升，全球范围内的支付方式发生了巨大的变化，数字货币的发展正在给中央银行的货币发行和货币政策带来新的机遇和挑战。数字货币将来一定是为国家所管控的，数字货币要真正可以作为流通货币甚至法定货币使用，需要制定相应的法律来规制它。

（二）可参考的域外数字货币的治理手段

1. "监管沙盒"

如果对ICO实施"监管沙盒"，监管部门可在确保投资者利益保护的前提下，在"监管沙盒"内对ICO的上市审批、投资者限制、项目公开宣传和推介等方面予以监管，允许ICO项目开展测试活动，为ICO项目创造"安全"的创新空间，可以降低创新成本和政策风险。

同时，ICO项目涉及网络支付、资产托管、金融交易、数字钱包、供应链金融、保险等广泛领域，技术前沿，理念先进，这对监管能力和水平提出了更高的要求。通过"监管沙盒"，监管部门在ICO项目发起之初即可涉入，通过与创新者的良性互动，全面学习和深入了解ICO项目的技术细节、创新行为和产品特点，剖析和研判可能存在的风险点和潜在问题，并在此过程中，结合行业发展特性和未来可预见趋势，与时俱进地改进完善监管重点、工具、手段、规则和制度安排，最终建立契合区块链技术创新和行业发展特性的ICO监管框架。

需要指出的是，实施"监管沙盒"的前提是存在完备清晰的授权或许可的金融监管体系，目前开展"监管沙盒"的国家均具备这一基础，如英国和澳大利亚施行清晰的"双峰"金融监管模式（审慎监管和行为监管），新加坡采用统一的金融综合监管模式。基于我国当前的分业监管体制，若按分业授权或许可，容易产生监管套利或监管混乱，也不符合ICO项目的多元创新特点和测试需要，因此如果在我国实行ICO"监管沙盒"，应进一步加强金融监管协调机制构建，将其提升到更有效的层次，在此框架下开展"监管沙盒"。

2. 数字货币商业活动牌照

纽约州是美国第一个对私人部门数字货币提出具体监管框架和开展监管实践的州，目的是在保护用户权益、防范相关风险的同时，为数字货币产品创新提供一个确定性监管环境，助力纽约成为虚拟货币交易中心和产业创新中心。其监管法规初步界定了虚拟货币及其商业活动内涵，设置了虚拟货币业务牌照(bitlicense)准入条件，重点对从事虚拟货币商业活动主体的资质门槛、合规检查、业务开展、网络安全、反洗钱及消费者保护等事项进行了规定。依据规定，未获得指定的监管机构所发放牌照的个人或组织不得开展任何形式的虚拟货币商业活动。持照人不得通过任何无牌照的中介或通过与无牌照的个人或组织签署中介协议的方式，开展虚拟货币商业活动。持照人须遵守所有适用的联邦和所在州的法律法规，指定至少一人负责合规工作，并制定相关合规性文件，内容要包括反欺诈、反洗钱、网络安全、隐私和信息安全等方面。① 对数字货币设立商业活动牌照制度，从源头上把握交易主体，有利于对数字货币交易进行规范。

(三)我国未来数字货币治理的方向

基于私人数字货币在我国并非货币，需在货币体系之外找寻规范路径，可以构建外部治理的限度，而央行数字货币是法定货币，需要在货币体系内部构建治理的限度。鉴于此，可以从外部限度和内部限度两个角度，探讨我国数字货币治理的二元路径。

1. 数字货币治理的外部限度

(1)摒弃绝对禁令的监管态度。

有学者赞同对私人数字货币的禁令，并希冀借鉴私人数字货币技术来推进法定数字货币。② 该观点将法定数字货币与私人数字货币人为对立开来，实际上二者并非水火不容。首先，法定数字货币承担货币职能，逐步替代流通中纸币和硬币部分领域的功能，而私人数字货币属于投资领域的虚拟商品(类似于

---

① 参见姚前：《数字货币初探》，中国金融出版社2018年版，第247页。

② 参见熊俊：《非法定数字货币的界定与监管》，载《中国金融》2016年第17期。

证券、基金等理财产品)，二者的作用领域并不重合。其次，私人数字货币的发展并非绝对负面，其也可能改善用户之间的价值交换。私人数字货币的运行对法定数字货币的推进大有裨益，法定数字货币本身就是从私人数字货币延伸而来的，原始的数字货币并无法定与非法定之别，在区块链技术的推动下，各国央行逐渐意识到数字货币将对法定货币产生冲击，进而主动发展数字化的法定货币。否认私人数字货币的货币地位，但不应将其生存空间绝对封存，私人数字货币完全可以起到“排头兵”和“实验田”的作用，在私人数字货币领域获取的经验和技术，可以移植到法定数字货币领域，法定数字货币借用的区块链技术与私人数字货币也难以切割。①

(2)保有适度宽容的治理温度。

私人数字货币使传统商业孕育创新活力，可以创造非中介的网络市场以及分离的货币功能，私人数字货币可用作财富的储存和交换媒介，法定货币保持作为记账单位的作用，共同的数字货币生态系统为企业家创造自我延续的机会，需要探索其动态、相互关系和潜力。可以认为，在私人数字货币的价格主要由投资驱动这一根本特征不发生变更的情况下，其将无法与标准货币竞争。此外，在警惕个人数字货币对法定货币造成冲击的同时，也应关注到个人数字货币的创新价值。如果全面抑制个人数字货币的投资价值，会在一定程度上损害企业、投资者的利益，以及挫伤金融市场的创新活力，加强保护投资者权益也是对数字货币进行监管的初衷之一。

(3)经“监管沙盒”探寻治理限度。

“监管沙盒”(regulatory sandbox)思路最初来源于英国金融行为监管局(FCA)在2015年发布的一份报告，主张让金融创新企业拥有测试创新金融产品而不会引起不利监管后果的机会和空间。对于私人数字货币，也可在特定地区、特定行业、特定企业开展“监管沙盒”试点，鼓励有深厚区块链底蕴的互联网巨头企业尝试发行与人民币挂钩的数字货币，由金融监管机构在模拟环境中测试和评估可能存在的风险。在具体监管规则和制度确定之前，由大型企业生成

---

①　参见欧阳本祺、童云峰:《区块链时代数字货币法律治理的逻辑与限度》，载《学术论坛》2021年第1期。

内部治理规则,待时机成熟和经验完善之时,监管部门便可制定规范性文件并推行至整个金融领域。“监管沙盒”的监管理念和初衷在于既要保障数字货币企业拥有获得合法利益的机会,又要充分保障投资者和消费者的权益。

“监管沙盒”具有三层价值:对于企业,可以降低和削减过度监管带来的隐性风险;对于投资者,可以检验新产品的投资价值;对于监管机构,可以探索把握监管与权益保障之间的限度标准,为制定适当的监管机制提供指引。在“监管沙盒”内,监管部门的监管能力会随着技术的更进而不断升级,宽松、自由的政策势必促进数字货币企业创新的主动性,使金融风险保持在可控范围内,监管部门既可以提高行政监管能力、转变行政职能,更能有效实现权利与权力之间的平衡。可以从以下几个方面开展:

第一,选择“监管沙盒”使用者。“监管沙盒”使用者应满足以下标准:真正具有实质性创新;有助于解决行业“痛点”,能为消费者和行业带来益处;已做好测试准备。

第二,授权与白名单管理。对 ICO 项目进行白名单管理,设定准入行业。对于可预见风险较高的项目,酌情有限授权。考虑到 ICO 项目的差异化,可对测试活动进行“个别指导”,建立单独的适用规则。

第三,投资者保护。只有对测试活动表示同意并被充分告知潜在风险、补偿措施的客户,才能被纳入测试范围;进行测试的 ICO 项目应制定测试活动的信息披露、投资者保护、损失赔偿等方案,并经监管部门审核通过;进行测试的 ICO 项目发起人需证明具备赔偿能力,造成客户损失时,由其负责赔偿。

第四,监督管理。测试过程中,测试的 IC0 项目应就测试情况定期向监管部门报告,并在测试完成后向监管部门提交最终报告。监管部门全程监督测试活动,保留关闭测试的权力。测试结束后,由监管部门评估审查项目的测试结果,决定是否在“监管沙盒”之外推行。[①]

在“监管沙盒”内要充分贯彻监管限度要求,实现监管与保护之间的平衡,保障被监管企业或客户的知情权,告知客户和企业测试的风险和补偿机制;在个案中要充分保障信息披露、权益维护和赔偿给付;充分保障客户与被测试企

---

① 参见姚前:《数字货币初探》,中国金融出版社 2018 年版,第 241 页。

业享有相同权益;保障被测试企业有赔偿客户损失的资本。

(4)建构目的理性的治理尺度。

金融创新领域所需规则的制定需要考虑多重因素,如负责通信网络、消费者保护等,任务艰巨。因私人数字货币在我国不具有法定货币地位,其监管机构不能是中国人民银行,但其确实具备一定程度的货币功能而被定义为投资性的虚拟商品。基于私人数字货币的金融属性,可以考虑由金融监管总局或证监会来负责监督,创建数字货币交易所,对数字货币交易所的设立条件、监管职责和法律责任予以法定化,具体承担一定的监督职责,让其成为介于国家监管机构与投资者之间的过渡性单位,间接完成对用户行为的监管。对数字货币实行牌照监管,严控监管体制下为数字货币构建生存空间,释放数字货币创新活力。同时,若对证券化的代币交易严格准用 IPO 监管规则,其创新价值必受掣肘,可以对其运用相对宽松的政策如证券化注册豁免,采取小额、分散化众筹融资等,合理管控风险并实现投资者保护与金融创新之间的平衡。

(5)从现行的 IPO、股权众筹监管中寻找监管思路。

现行的 IPO、股权众筹监管框架为 ICO 监管提供了学理上的思路与经验。一些代币 ICO 为避免法律风险,也从现行的 IPO、股权众筹监管法规中寻找合法性依据,如区块链资本公司(Blockchain Capital)主导的名为"BCAP"的代币 ICO 就是根据新加坡法律进行注册的,结合了《美国证券法》的条例和《JOBS 法案》的规定提交相关法律文件。我国要建立 ICO 监管框架,可在 ICO 服务于实体经济的前提下,根据区块链技术行业的特性,在上市审批、投资者限制、项目公开宣传和推介等方面予以审慎监管,对发行人施予持续、严格的信息披露要求,强调反欺诈和其他责任条款,明确发行人的主体责任,承担重大信息错报、漏报以及涉及欺诈、非法集资等犯罪行为的法律责任。此外,确立监管部门主动、及早介入机制,加强行为监管,全程保留监管干预和限制权力。此外,还要注重加强国际监管合作与协调。随着去中心化的交易所技术的发展和成熟,去中心化代币交易所将可能成为主流,国际监管合作与协调变得尤为重要。

2. 数字货币治理的内部限度

央行数字货币被视为货币的未来,我国数字人民币全面推广势在必行,但应意识到其可能面临的困难。一方面,人们对央行数字货币的前景和风险知之甚少。央行数字货币的风险是由其技术、法律和经济属性共同决定的，较强的专业性使公众无法明确其风险全貌。例如，其监管环境、国际性法律地位、发行人和用户的权力（利）界限等本就未明确，公众便难以掌握。另一方面，人们对央行数字货币跨界使用的问题关注较少。在此背景下，有必要从法律和技术两个维度来确定未来央行数字货币的治理限度。

（1）立法应明确划定央行对法定数字货币的治理范围。

首先，明确央行数字货币的法定货币地位。央行数字货币主要目的是便利公众直接从央行获得资金，而私人支付系统在经济不稳定期间容易受到冲击，因此，央行这种形式的补充货币制度旨在建立安全、稳定的支付系统。例如，在银行经营不善的情况下，公众由于担心银行倒闭而试图提取资金，央行数字货币可以用作从银行系统挤兑现金的替代方案。可以通过立法确定央行数字货币的人民币地位，如在《人民银行法》和《人民币管理条例》中规范央行数字货币的发行、流通、运行和监管机制，明晰法定数字货币的发行机构、法定地位、法偿性等货币基本问题。

其次，建构央行数字货币的监管机制。例如，成立央行数字货币流通法律监管部门，专项负责对数字人民币流通的监督工作，充分运用大数据技术优势系统分析、检测和判断数字人民币在流通中出现的显性与隐性风险，并采取及时有效的措施遏制风险。

最后，限定央行数字货币的监管范围。不能过度干涉用户交易的私密空间，不能过度收集用户的隐私信息，避免数据库过度集中带来的数据泄露风险，其一，应当明确央行在法定数字货币运行中不应只有监管权力，更应承担义务，确保对数字人民币的职能充分履行，维护数字人民币的购买力及技术应用，对权利人非主观原因致损应及时赔偿或补偿；其二，央行应适当下放监管权力，充分发挥“中央银行—商业央行”双层运营优势，央行可将一些非重大性监管任务下放至商业银行，促进商业银行管理和运营数字人民币的中介业务，整合现有资源，构建全方位的数字货币生态系统网络；其三，将央行数字货币支付权利真正赋予用户，对于数字人民币的权属、用户货币信息的公开对象及公开程度、信息能否溯源等问题，通过法律予以明确，在法律规范中赋予用户更大的控制权。

（2）以科技手段明晰央行对法定数字货币的治理边界。

首先，提高央行数字货币系统的安全性。央行数字货币在运行前必须有完善的顶层设计，强化对区块链技术和加密技术等的研究，为数字人民币提供强有力的技术和算法支撑。其中，分布式账本技术的研发和强化至关重要，以其为基础才能建立稳定、安全的加密算法体系，实行有步骤的技术规划，充分吸收分层混合技术、量子密码技术，提高央行数字系统的信息处理能力。其次，以科技手段维护用户隐私权。央行对数字人民币的监管应侧重于安全性监测，关注宏观层面的反洗钱、跨国逃汇、买卖外汇等问题，对微观层面的用户交易等货币运行问题不应过度指涉。其一，应当通过技术手段对个人生活领域的数字人民币屏蔽央行监管机制的过度介入；其二，运用密码算法技术保护隐私，利用数字货币"前台自愿，后台实名"的属性，通过算法技术来管理相关数据使用权限，通过加密技术防止客户隐私泄露；其三，通过防火墙技术隔离数据以保护隐私。数字人民币包括认证中心和登记中心，前者对用户身份进行集中管理，后者则记录货币权属身份登记，通过防火墙技术将两方数据隔离，非监管和司法需要不得任意匹配。

第四编 | 区块链法治

第八章　区块链立法

第一节　区块链立法基本现状

一、我国区块链立法的现状

2021年3月11日，《中华人民共和国国民经济和社会发展第十四个五年规划和2035年远景目标纲要》在加快推动数字产业化部分明确要求，“培育壮大人工智能、大数据、区块链、云计算、网络安全等新兴数字产业，提升通信设备、核心电子元器件、关键软件等产业水平。构建基于5G的应用场景和产业生态，在智能交通、智慧物流、智慧能源、智慧医疗等重点领域开展试点示范。鼓励企业开放搜索、电商、社交等数据，发展第三方大数据服务产业。促进共享经济、平台经济健康发展”，对区块链的发展规划提出了要求，也为未来我国技术发展指明了基本方向。任何技术创新及应用都需要制度作为可持续的基本保证。区块链创新发展和应用问题同样离不开立法的保障和因应，需要研究者和立法者着重进行关注，适时制定符合区块链发展实际和我国需要的法律规范。

（一）国家层面

截至2022年5月19日，据相关公开资料和不完全统计，[①]国家层面关于区块链立法的相关规范大致如下：

（1）从制定主体上看，基本各类规范都有涉及。大致有党规类22部、法律类2部、行政法规类36部、司法类63部，还有众多有效的部门规章513部。

---

① 本节相关法规如无特别说明，都来源于北大法宝。

(2)从规范性质上看,基本涵盖各个应用领域。法律类主要包括宪法性质1部、立法计划1部;行政法规类主要可以分为机关工作9部、营商环境优化26部、改革开放5部、计划3部、能源1部、财政1部、建设业1部、农业1部、交通运输2部、互联网1部、饮食服务1部、旅游1部、商贸物资1部、对外经贸1部、工商管理4部、计量1部、科技1部、卫生2部;司法类中主要包括国家机关5部、机关工作9部、法制工作21部、营商环境优化26部、公安4部、民法2部、知识产权4部、改革开放5部、建设业1部、邮政电讯4部、工商管理1部、环境保护1部、刑法4部、民事诉讼2部、经济审判1部、刑事诉讼3部、检察业务5部。可以看出,区块链立法基本散乱于各种类型的规范之中,而相关法规多体现为将区块链技术推广和应用在相关领域之中,以促进此领域的科学化和高效性。各领域的规范基本上是宏观鼓励和制度倡导,缺乏相应有效的制度规判机制。前述相关规范虽然缺乏直接性,但对区块链技术在经济、政治、文化和社会各领域的发展依然具有重要的推动作用区块链促进各领域的快速发展,再次证明了"科学技术是第一生产力"的准确判断,只是由于立法相对宽泛,条文缺乏针对性、系统性,导致区块链规范缺乏相应的直接性作用和延续性影响。

(3)从规范内容上看,基本呈现为宏观引导的表征。法律类主要是2021年3月11日发布的《中华人民共和国国民经济和社会发展第十四个五年规划和2035年远景目标纲要》,但这只是一个宏观的国家纲要,还缺乏法律规范所具有的正式法律效力和实施机制;行政法规类主要是2021年12月12日发布的国务院《关于印发"十四五"数字经济发展规划的通知》,这是一个关于数字经济发展的规划通知,其中对区块链的要求主要体现为宏观举措的倡导和引领,以数字经济发展为切入,提升各领域对区块链技术的应用和发展,该通知缺乏行政法规的基本特质和规范效力;司法类主要是2021年8月1日起实施的《人民法院在线诉讼规则》,该规则是区块链应用于司法机制的重要体现,该规则规定了较为详细的适用制度和相应程序,主要是将区块链纳入程序性和证据性的技术应用和程序规定之中,以适应信息时代的司法实践要求;部门规章主要有国家互联网信息办公室于2019年1月10日发布并于2019年2月15日起实施的《区块链信息服务管理规定》,该规定主要就区块链信息服务中的区块链信息服务提供者资格、管理主体、创新应用安全评估、服务条件、备案监管方式、数据安全监管以及相应处罚方式等内容进行了规范,明确了区块链技术的信息服务机制的程序性内容。2021 年 12 月 31 日,国家互联网信息办公室、工业和信息化部、公安部、国家市场监督管理总局发布了于 2022 年 3 月 1 日起实施的《互联网信息服务算法推荐管理规定》,该规定将"应用算法推荐技术提供互联网信息服务"作为规制的主题,主要规定了信息服务、用户权益和法律责任等相关制度,为区块链中的算法机制提供了规范支撑。虽然该规定将服务信息等内容纳入了监管范畴,为区块链运行和发展提供了软件支撑,但针对硬件的规制还缺乏相应规定。[①]

除上述规范外,可以作为区块链立法直接上位法的重要规范,还有相关的法律法规。如 2016 年 11 月 7 日发布、2017 年 6 月 1 日起实施的《网络安全法》,2019 年 10 月 26 日发布、2020 年 1 月 1 日起实施的《密码法》,2021 年 6 月 10 日发布、2021 年 9 月 1 日起实施的《数据安全法》,2021 年 8 月 20 日发布、2021 年 11 月 1 日起实施的《个人信息保护法》等法律规范。还有 2011 年 1 月 8 日发布并实施的《互联网信息服务管理办法》和 2014 年 8 月 26 日发布并实施的国务院《关于授权国家互联网信息办公室负责互联网信息内容管理工作的通知》等法规。这些法律法规所规定的内容涉及网络安全、数据信息安全和监管处罚等方面的内容,虽然这些法律法规并没有直接明确是以区块链为对象的制度规定,但是其中所涉及的内容都是作为硬件的互联网和算法处理实体对象的数据信息。互联网和数据信息二者都是区块链应用中最为关键的组成要素,是区块链能够有效应用和广泛推广的重要基础结构。因此,前述规定也都是区块链应用和监管的基本规范依据,在国家未来立法中应当着重以区块链为对象进行合理修订。

整体而言,我国国家层面缺乏有效的、直接的、统一的区块链立法。从科学技术发展的趋势来看,技术发展和竞争必然需要制度规范的保障。这要求立法机关除了有效落实和贯彻国家对区块链发展的规划和规范要求外,更要切实加强科研部门尤其是立法研究者对区块链立法的深入研究和广泛推进,以立法为

---

① 区块链基本运行法则是结构化的计算机信息算法,这种算法在应用中体现为利用生成合成类、个性化推送类、排序精选类、检索过滤类、调度决策类等技术向用户提供信息,包括硬件和软件两个基本内容。

切入，有机统合国家科技发展战略要求、科技发展实际情况和国际科技发展竞争格局等因素，以服务于国家科学技术发展的整体性、系统性、协调性制度需要。

（二）地方层面

截至2022年5月19日，涵盖区块链规定的现行有效的地方性法规共有119部（含已经生效的114部，即将生效的5部）。包括省级地方性法规85部、设区的市级地方性法规25部、经济特区法规8部、自治条例和单行条例1部；如果从性质类型上看，主要包括主机关工作的9部、法制工作2部、疫情防控1部、营商环境优化22部（直接为22部，间接为42部）、民族事务1部、国家安全1部、公安5部、民政1部、知识产权7部、改革开放11部、计划1部、资源2部、税收1部、银行6部、企业4部、建设业8部、农业1部、交通运输3部、邮政电讯2部、饮食服务1部、旅游1部、房地产1部、商贸物资2部、特区1部、工商管理6部、劳动工会1部、人事2部、环境保护2部、科技8部、卫生4部、民事诉讼1部、刑事诉讼1部。从发布年份来看，2022年16部、2021年59部、2020年39部、2019年3部、2018年4部、2017年1部（包括3部修改的地方性法规）。区块链立法的年份与数量基本呈现逐年增长并在2021年为最多，这与国家发展中的基本立法导向是相关的。

根据我国地方区块链立法中的分布区域、立法主题和规则类型等内容，可以将相关立法内容总结如表8－1所示。

表8－1　我国地方立法中关于区块链的相关规范

省、自治区、直辖市	立法等级	数量/部	主题	规则类型	立法方式
北京市	省级	7	自贸、知识产权、营商环境	鼓励和倡导	间接
天津市	省级	8	机关工作、营商环境、法规类别、法制工作、改革开放、资源、建设业、科技	鼓励和倡导	间接
河北省	省级	2	科技	鼓励和倡导	间接

续表

省、自治区、直辖市	立法等级	数量/部	主题	规则类型	立法方式
山西省	省级	2	机关工作、知识产权	鼓励和倡导	间接
辽宁省	省级	3	营商环境、知识产权、工商管理、卫生	鼓励和倡导	间接
	市级	1			
吉林省	省级	1	大数据	鼓励和倡导	间接
	市级	1	科技创新		
黑龙江省	省级	3	旅游、企业、营商环境	鼓励和倡导	间接
上海市	省级	3	机关工作（营商）、知识产权、邮政电讯	鼓励和倡导	间接
江苏省	省级	5	机关工作、营商环境、知识产权、改革开放、银行、饮食服务	鼓励和倡导	间接
	市级	3			
浙江省	省级	4	营商环境、公安、改革开放、银行、建设业、环境保护、科技综合规定与体改	鼓励和倡导	间接
	市级	3			
安徽省	省级	1	大数据	鼓励和倡导	间接
福建省	省级	2	大数据、营商环境、改革开放	鼓励和倡导	间接
	经济特区	1			
江西省	省级	4	营商环境、企业、人事、民事诉讼	鼓励和倡导	间接
山东省	省级	5	营商环境、公安、民政、税收、邮政电讯、房地产	鼓励和倡导	间接
	市级	2			
河南省	省级	4	营商环境、资源、交通运输、科技、刑事诉讼	鼓励和倡导	间接
	市级	2			
湖南省	省级	3	改革开放（营商环境）、国家安全、公安	鼓励和倡导	间接
湖北省	省级	2	营商环境、银行、商贸物资综合	鼓励和倡导	间接
	市级	1			

续表

省、自治区、直辖市	立法等级	数量/部	主题	规则类型	立法方式
广东省	省级	5	法制工作、营商环境、知识产权、改革开放、交通运输、商贸物资、工商管理、劳动工会、人事、科技、卫生	鼓励和倡导	间接
	市级	5			
	经济特区	7			
广西壮族自治区	省级	4	营商环境、改革开放、银行	鼓励和倡导	间接
四川省	省级	1	营商环境、公安、建设业、科技	鼓励和倡导	间接
	市级	3			
贵州省	省级	2	机关工作（疫情防护）、交通运输、环境保护	鼓励和倡导	间接
	市级	2			
云南省	省级	1	企业	鼓励和倡导	间接
陕西省	省级	3	营商环境、银行、企业	鼓励和倡导	间接
青海省	自治条例	1	民族事务（主要是经济发展营商环境）	鼓励和倡导	间接
新疆维吾尔自治区	市（州）	1	农业	鼓励和倡导	间接
海南省	省级	8	机关工作综合规定、营商环境优化、消防管理、知识产权、建设业、商贸物资、工商管理	鼓励和倡导	间接
	市级	1			
重庆市	直辖市	2	营商环境、工商管理	鼓励和倡导	间接

从表8-1中可以看出，我国地方立法中关于区块链方面的立法基本都采用间接的方式，直接以区块链为对象和主题进行的立法还较为缺乏。与此相应，区块链中的去中心化技术监管问题、加密货币交易问题和智能合约完善应用问题依然缺乏规范上的明确性和针对性，还不足以系统性、整体性、针对性地保障区块链技术的应用和创新，更无法作为监管技术应用在具体的实践领域之中。地方立法者对区块链立法所采取的间接和倡导的方式，无法触及区块链内在技术节点的深层领域，也无法及时回应区块链应用中所产生的关键问题，这

其中的主要原因在于:(1)新技术的产生一般是制度的空白,立法者在技术方面的知识储备不足,一般不太了解区块链等新型技术,这导致立法者无法及时跟上技术创先制度保障和应用问题有效规制的实践需求;(2)新技术出现和推广应用时,很多关于技术的实践问题还没有系统化和明确化,其规律化的运行方式还不够统一,还存在多种系统性和结构性困境,立法者无法准确把握这些问题,也就难以形成可以规制的制度机制;(3)立法者关注度和专注度同样会缺乏,立法机关的一届立法者很难持续和长久关注相关技术自身,也缺乏足够宽的视野和认知,一般就紧急问题进行立法的多,对一项技术进行专门立法的相对较少。对技术持续关注度不足,就无法获得技术运行的内在逻辑和关键问题,也就无法实现立法的针对性和有效性目标。

除了法律法规等关于区块链的制度规范之外,还有相关的民间组织在大力推动区块链技术的应用和推广,如中国互联网协会针对区块链的相关应用和创新问题举办了多次培训会议和研讨会,对区块链在各领域的快速发展和有效应用都起到了正向助益,不仅进行了广泛的技术铺垫、知识传播和人才培养,更对立法者有效理解技术本身提供了重要的学习渠道和关注平台。

(三)我国区块链立法的基本逻辑

改革开放以来,党中央不断强调科学技术是第一生产力的科学论断,特别是党的十八大以来,党中央不断强调技术创新发展的重要性,区块链技术也被中央大力强调和不断推动。2019 年 10 月,习近平总书记在主持中央政治局第十八次集体学习时强调,要把区块链技术作为核心技术自主创新的重要突破口,加快推动区块链技术和产业创新发展。这为我国区块链技术的发展指明了基本逻辑——自主创新、大力推动。而统合当下我国针对区块链立法的具体规范,会发现一个特别明显的特征——国家层面还缺乏有效的顶层设计和统一的法律规范,制度推动力和竞争力显然不足。

随着互联网、大数据、人工智能等技术的快速推动,世界数字经济的蓬勃发展,区块链技术在我国社会发展中的作用和价值正在快速被凸显出来。从党和国家的中央文件和报告来看,很多举措在整体上已经出现"大力推动、放控并行、以放为主、持续鼓励"的规范态势。党的十八大以来,党中央多项决定和文件都明确地对区块链等新兴技术的应用发展和治理规制提出了新要求。2019年10月31日,党的十九届四中全会决定明确要求“建立健全运用互联网、大数据、人工智能等技术手段进行行政管理的制度规则”①。2022年9月1日,中共中央、国务院、中央军委印发的《关于加强和改进新时代全民国防教育工作的意见》指出“大力推动创新发展,探索运用互联网、大数据、云计算、人工智能、区块链等新技术、新应用,发挥数字技术对全民国防教育的放大、叠加、倍增作用”。2022年10月16日,习近平总书记在党的二十大报告中指出,“推动战略性新兴产业融合集群发展,构建新一代信息技术、人工智能、生物技术、新能源、新材料、高端装备、绿色环保等一批新的增长引擎”,再次对区块链信息技术的发展提出了战略性目标和结构性要求。在国家规范制定上,全国人大在2020年度立法工作计划中强调,“重视对人工智能、区块链、基因编辑等新技术新领域相关法律问题的研究”②,为以区块链为重要发展方向的信息技术提供了规范上的规范指引,为国家层面的立法规划和立法研究提供了方向上的明确引导和研究上的主题定位。

除了国家文件的宏观要求和整体指导外,在地方立法的微观制度层面,区块链立法呈现出一种“鼓励创新、有限监管”的制度表征。从地方层面的立法规范来看,对区块链的立法规范遵循着“宏观倡导、微观审慎”的基本逻辑。在规范上主要表现为,整体立法方式大多采用“宏观上鼓励使用、微观态度谨慎”的制度构建方案。地方立法会采取创新保障和有限监管的逻辑倡导和鼓励技术的有效发展和广泛应用。基本立法态势就是在技术产生的初期,可以让其进行快速发展和推广进步,暂时不进行深入、严格和全面的监管,等到技术发展成熟、人们接受度高、市场化程度加深之后,再根据具体的应用问题构建相应的制度机制,以提高监管机构及时、全面和有效的监督水平。当然,地方立法会根据国家发展环境和趋势的时代要求调整具体的监管策略和制度机制,以使技术向

---

① 《中共中央关于坚持和完善中国特色社会主义制度 推进国家治理体系和治理能力现代化若干重大问题的决定》(2019年10月31日中国共产党第十九届中央委员会第四次全体会议通过),人民出版社2019年版,第17页。

② 2019年12月16日第十三届全国人民代表大会常务委员会第44次委员长会议原则通过,2020年6月1日第十三届全国人民代表大会常务委员会第58次委员长会议修改的《全国人大常委会2020年度立法工作计划》。

善和技术为民的理念贯穿于技术发展应用的全过程、全领域、全方位。当下,众多地方立法已经逐渐完成了以“倡导和推动”为基本逻辑的区块链技术应用制度体系,这种制度体系的构建目的是和当下中央放权地方、发挥地方积极性、推动“放管服”改革的政治经济要求相一致、相协调和相统一的。

需要指出的是,虽然区块链技术的应用在去中心化系统构建中会降低交易费用,有利于人们之间直接进行交易,也有利于形成统一和高效的市场和社会互动场景。但是在这种场景中,缺乏一个具有中心化权威的“监管者”,或者说这种场景中的立法无法有效和有力地回应无中心化的监管问题。因此,在国家层面立法缺失的时候,地方立法必须回应区块链发展中应用“主体”的归责问题,即使用区块链等新技术的哪些主体要肩负何等责任义务的问题。在具体实践中,有一些区域的立法已经逐渐开始规定区块链使用者需要有或轻或重的主体责任,以实现区块链技术应用中有限监管的要求。

总体而言,大多地方立法针对新兴技术,特别是区块链技术,采取的态度可以总结为十六个字“鼓励创新、大力推广、认可应用、有限监管”。但是在具体监管渠道和方式方面,由于技术原理和问题研究还不够透彻,实践中相应的问题还缺乏系统整理和深度研究,具体制度构建方面还缺乏足够有效的制度机制。尤其是在非中心化系统的保障和监管方面,地方立法缺乏系统化、科学化、高效化的制度探索和尝试,而这都有待国家层面的立法来进行更高维度的合法性引导和结构性框定。

二、国外区块链立法

区块链技术作为中本聪的重要发明,其最开始的目的主要是应对中心化金融系统运行效率不高、信任度低和滥用中心权等的各种互联网系统性问题,特别是超发货币带来的金融风险问题。随着中心化金融系统存在的风险责难,非中心化特质的区块链逐渐在国外各种资本和技术的推动下推广到全世界,成为国际贸易和经济发展的重要支撑,并逐渐从金融领域扩展到了人类社会(经济、政治、文化、社会和生态等)的各个方面。正是由于区块链在中本聪等多个跟随者的大力推动下,不断被全世界的技术开发者和技术应用者进行集体创新、改进、推动和应用,区块链技术引发了世界各领域的颠覆性运行逻辑。区块链颠覆性作用和价值,不仅正在改变人们的认知框架和社会形态,更引起了各国立法者的大力关注,由于各国情况和战略要求不同,各国关于区块链技术的立法呈现各自不同的制度表征和内在逻辑。

（一）美国

美国没有专门针对区块链的统一立法。区块链技术的核心架构是分布式账本技术,美国主要以行政命令的方式对此技术进行规制和引导。2022 年 3 月 9 日,美国公布《数字资产行政命令》,以行政权力的方式将数字资产和分布式账本技术纳入具体的监管之中,并明确指出:金融服务数字和分布式账本技术的进步导致了数字资产市场的急剧增长,对保护消费者、投资者和企业(包括数据隐私和安全)产生了深远影响,如金融稳定和系统风险、罪行、国家安全、行使人权的能力、金融包容和公平,以及能源需求和气候变化。虽然许多涉及数字资产的活动都在现有美国法律法规的范围内,但美国在这一领域一直处于全球领先地位,数字资产和相关创新的发展和采用日益增多,以及防范某些关键风险的控制不一致,需要美国政府对数字资产的方法进行演变和调整。美国有兴趣进行负责任的金融创新,扩大获得安全和负担得起的金融服务的机会,降低国内和跨境资金转移和支付的成本,包括通过公共支付系统的持续现代化。美国必须采取有力措施,降低数字资产可能给消费者、投资者和商业保护带来的风险,保证金融稳定和金融系统完整性,打击和预防犯罪和非法金融,保护国家安全,保障行使人权的能力,促进金融包容和公平,以及防治气候变化和污染。此命令为美国未来对区块链进行统一立法提供了方向性指引和目的性要求,美国在该行政命令中对区块链进行了规范定义:“区块链”是指分布式账本技术在网络上共享,该网络创建了网络参与者之间的已验证交易或信息的数字账本,数据通常使用密码学进行连接,以保持账本的完整性并执行其他功能,包括所有权或价值转移。此规范定义延续了美国政府对互联网电子交易的科学认知,体现了美国行政立法者对区块链的整体认知,也是其内在科技思维的外在表现,对他国对区块链的认知和思维具有重要的参考意义。

其实在区块链技术应用和规范之前,美国立法者一直关注区块链技术应用的前身互联网商务电子方面的各种交易问题,并率先通过立法对其进行了制度激励和监督治理。美国国会于2000年颁布的《全球和国家商务电子签名法》就是互联网商务交易的先行性立法。该法案主要是针对各类交易(包括合同)中电子签名缺乏法律效力,赋予了电子签名以法律效力,允许当事人通过 DocuSign 等工具实现数字承诺,以促进即将兴起的大量互联网商务交易有序运行,并通过立法有效改变商务交易的实践困境,提升美国占领电子商务高地、强化技术方面制度的竞争力。此立法也延续了1999年美国颁布的《统一电子交易法》的相关目的,并优化了不相适应的相关规定。《统一电子交易法》的序言曾明确指出此立法针对的重要问题在于法律阻碍了电子通信信息对市场交易的促进作用,并指出,“随着电子通信和信息传输手段的出现,商业模式和开展商业活动的方法已经演变为利用电子技术的速度、效率和成本效益。这些发展是在电子媒体中存在的记录和文件的法律效力存在法律障碍的情况下发生的。无论信息或协议或合同必须以书面形式包含或陈述的法律要求源自影响协议可执行性的欺诈法规,还是源自要求保留交易纸质记录的记录保留法规,此类法律要求都会对电子媒体的有效使用造成真正的障碍”。此立法为统一电子交易和相关互联网贸易提供了规范指引,也为2008年后美国区块链立法探索提供了制度实践和应用尝试。

从内容上看,《统一电子交易法》将电子交易的程序、方式和对象等纳入了具体的监管范畴,鼓励和掌控电子交易和互联网贸易逐渐成为美国立法者的重要选择和基本意图。但是作为一部国内法却具有了涉外的制度控制力,因为美国此举的目的是通过控制国内电子交易权限,逐渐实现对全球电子交易的基本规范和程序限制,以实现其“长臂管辖”的立法逻辑和内在追求目标。美国希望继续通过国内法控制全球互联网交易体系,这也为区块链国内立法的“长臂管辖”埋下了重要的制度内核基因。如2018年,美国国会议员 Tom Emmer 正在考虑重新提出一项两党法案,该法案旨在减少对分布式交易监管的繁文缛节,将在 FTX 崩溃后取消某些加密企业和项目注册为 VASP 的相关要求。[①] 与此相应,为了更好地引导区块链技术的推广和统一区块链的技术应用,并为区块

① 参见《国会议员:向国会重新引入区块链监管确定性法案,以减少监管的繁文缛节》,载腾讯网2022年12月15日,https://new.qq.com/rain/a/20221215A0439T00。

链技术制定鼓励举措和监管框架,美国立法者开始研究政府如何能从其应用中获益和导控。比如,美国国会商业、科学和交通委员会在 2019 年批准了《区块链促进法案》(议案)。[①] 该法案的目的是鼓励美国技术创新者大力推动区块链技术,继续掌控全球区块链技术的应用体系,以巩固美国的科技霸权和“长臂管辖”之谋。该法案正在提交美国国会进行表决,还在具体的审议中,其在未来产生的重要作用将不容各国立法者和研究者忽视,特别是各国立法者和立法者应当着重关注美国是如何通过国内立法的制度规定提升其国际竞争力的。2023 年 7 月 26 日,美国通过了一项“区块链监管确定性法案”(Blockchain Regulatory Certainty Act),[②]再一次强化了美国在区块链领域的制度霸权。

整体而言,美国对去中心化的区块链技术的立法逻辑是“大力鼓励、整体放开、持续引导”,这可以从具体的立法或者草案中看出,如美国的《统一电子交易法》在序言中指出:“本法案的范围为其覆盖的交易提供了一个明确的框架,并避免缺乏经验的主体在处理这个相对较新的媒介时遭遇没有根据的意外。本法案获得了清晰明确的范围,同时还提供了一个坚实的法律框架,允许创新科技的持续发展,以促进电子交易。”[③]而早在 2014 年,美国国会议员 Steve Stockman(R – TX)就向国会提交了一份新法案——HR 5777(《加密货币协议保护和暂停法案》),要求美国境内在 5 年内暂停对数字货币的监管,以鼓励数字货币的各种技术创新和市场交易,提升美国的数字交易竞争力。《加密货币协议保护和暂停法案》明确指出“无论是联邦政府,抑或是各地方政府以及政治分支机构,都不应对任何虚拟,非物理,算法或者计算机源代码为基础的交易媒介(译者注:数字货币)的创造,使用,开发,持有,或者任何算法协议的转让等行为加强任何法定限制或者监管。”[④]在立法没有通过的情况下,政府部门率先推动和

---

① 参见《美国批准〈区块链促进法案〉,对该项技术进行标准定义》,载币界网 2019 年 7 月 14 日,https://www.528btc.com/blocknews/51992.html。

② 参见《美众议院金融服务委员会通过〈区块链监管确定法案〉》,载腾讯网 2023 年 7 月 27 日,https://new.qq.com/rain/a/20230727A016LI00。

③ “UNIFORM ELECTRONIC TRANSACTIONS ACT”(1999).《美国统一电子交易法》,胥振阳等译,载《互联网法律通讯》2014 年第 3 期。

④ 《美国国会议员 Steve Stockman 提交新法案,要求五年内暂停对数字货币的监管》,载巴比特网 2014 年 12 月 5 日,https://www.8btc.com/article/38604。原文参见 http://www.coindesk.com/proposed-us-moratorium-bitcoin-regulation/,作者:Stan Higgins。

鼓励应用,并为普及区块链技术制定了相应的国内标准。比如,2019 年美国商务部的一个非监管机构——美国标准技术研究所(NIST)就发布了《区块链技术的概述》,[①]旨在澄清该技术的核心特征及其局限性和常见的误解,并为统一区块链标准进行了制度创新和基本尝试。虽然这并非美国传统意义上的国家层面立法,但是也为国会的后续立法提供了重要的先期路径探索和标准判定的规范化参考。

需要明确的是,美国国会还没有制定统一的区块链法案,但美国的伊利诺伊州已朝着通过《区块链技术法案》以有效规范区块链技术迈出了重要的一步,并为国会统一立法提供了地方性建议和参考。该法案已于 2020 年 1 月 1 日生效,在基本规定中赋予了智能合约在规范上的合法性,为区块链广泛推广提供了制度支撑和保证。伊利诺伊州采用这样的立法逻辑,其重要原因在于美国作为技术的引领者,在联邦立法缺失时,鼓励各州为相关先进科学技术提供地方性尝试和先期探索。先通过制度占领技术竞争的领域,强化美国科技发展的世界强国地位。这体现出,在美国不仅联邦立法者具有鼓励科技创新的高位思维,各州立法者更是将这种理念嵌入了地方立法的日常工作中,持续不断关注高科技领域的立法需求和国家战略。通过立法保障其技术垄断,继而扩大这种垄断的目的方式和价值思维,使其嵌入美国的立法机关,这也正是美国特别重视知识产权,继而通过知识产权制度打压各国模仿者的重要手段之一。显然,美国在互联网、大数据、人工智能和新兴科学技术方面能够持续站在世界领先位置,除了离不开大量敢于创新的科研工作者,还离不开通过立法提升技术竞争和霸占技术高地的制度创新者。美国立法者通过创新制度规定以促进技术创新和应用为基本的立法理念,通过强大的制度竞争力率先对先进技术的应用进行标准构建和体系化垄断,继而试图引领和管控全世界的先进技术,以维护美国自身处于技术"大哥"和"霸主"的地位不被动摇。

(二)欧盟

欧盟在立法层面也没有区块链名称的法律规范,但是众多与金融和数据相

---

① 参见周亮:《美国标准技术研究所 NIST 为初学者发布了区块链技术的概述》,载电子发烧友网 2018 年 11 月 7 日,https://www.elecfans.com/blockchain/810301.html。

关的互联网类法律规范涉及去中心化的分布式账本技术相关的制度规定。2018 年 1 月,《欧盟金融工具市场指令Ⅱ》(MiFID Ⅱ)正式生效,该指令指出:"金融危机暴露了金融市场运作和透明度方面的弱点。金融市场的演变表明,需要加强金融工具市场监管框架,包括此类市场的场外交易,以提高透明度,更好地保护投资者,增强信心,解决不受监管的领域,并确保授予监督员足够的权力来完成其任务。"欧盟通过该指令建立了针对高频金融交易的监管机制,并厘定了监督职责和导向框架。虽然区块链技术正好顺应了指令提升投资者信心、强化对金融系统的监管力和透明度的基本目的,但是由于去中心化的分布式账本系统在产生便利和高效的价值时,也被不法分子用于洗钱、资助恐怖主义或有组织犯罪等非法行为。当下互联网金融系统的广泛应用更是助推了这种不法情况的发生和多样的违法犯罪情形。这就再次凸显了需要通过立法规制区块链的重要性。为了防止欧盟各国的金融系统用于前述非法行为,2015 年,欧盟出台了《第四项反洗钱指令》。[①] 该指令明确指出:"犯罪分子及其同伙伪装犯罪所得来源或将合法或非法资金用于恐怖主义目的的努力可能会严重危及信贷机构和金融机构的健全性、完整性和稳定性以及对整个金融系统的信心。为了便利其犯罪活动,洗钱者和恐怖主义资助者可以试图利用资本流动自由和提供金融服务的自由,而这正是欧盟综合金融领域所需要的。因此,必须在欧盟层面采取某些协调措施。同时,保护社会免受犯罪和保护欧盟金融体系的稳定性和完整性的目标应与创造一个监管环境的需要相平衡,该环境允许公司在不承担不成比例的合规成本的情况下发展业务。"该指令不仅为欧盟金融系统,也为非中心化的区块链金融应用提出了基本的鼓励举措、应用框架和监管体系,明确了将先进技术用于违法犯罪的禁止性要求。

整体而言,欧盟对去中心化的区块链立法采取的逻辑是"整体管控、微观放开、有限鼓励"。比如,欧盟的 GDPR 针对区块链技术采取的就是,以新兴技术

---

① 2015 年欧盟《第四项反洗钱指令》即 2015 年 5 月 20 日欧洲议会和理事会出台的《关于防止将金融系统用于洗钱或恐怖融资目的的指令》(EU)2015/849,此指令修订了欧洲议会和委员会第 648/2012 号法规(EU),废除了欧洲议会指令 2005/60/EC 和理事会指令 2006/70/EC(与 EEA 相关的文本)。See *OJ L* 141,5.6.2015,p. 73 – 117 (*BG*,*ES*,*CS*,*DA*,*DE*,*ET*,*EL*,*EN*,*FR*,*HR*,*IT*,*LV*,*LT*,*HU*,*MT*,*NL*,*PL*,*PT*,*RO*,*SK*,*SL*,*FI*,*SV*). In force:This act has been Changed. Current Consolidated Version:30/06/2021 ELI:http://data.europa.eu/eli/dir/2015/849/oj.

使用者“同意原则”为基础要求，不同意为例外条件，在制度上“既鼓励创新，又在应用中给予限定条件”。欧盟和美国的以鼓励和放开为主要态势不同，而是在创新应用中一直处于与非法应用相斗争的摇摆态度，呈现为一种监管和应用兼顾的双向均衡路线，这也和欧盟一直对隐私和相关数据优先给予保护地位的传统立法有关。2015 年的欧盟《第四项反洗钱指令》还明确指出：“非法资金的流动会损害金融部门的诚信、稳定和声誉，并威胁到欧盟内部市场和国际发展。洗钱、资助恐怖主义和有组织犯罪仍然是重大问题，应在欧盟层面加以解决。除了在欧盟一级进一步发展刑法方法外，有针对性和适当地防止金融系统被用于洗钱和资助恐怖主义的目的是不可或缺的，并且可以产生互补的结果。”也再次证明了欧盟对区块链技术应用于实践的监管与保守的基本态度。

（三）英国

英国并没有以区块链为名称的统一立法。2015 年 3 月，虽然英国政府科学办公室（Government Office of Science）在其发布的《金融科技的未来：英国作为金融科技的世界领导者》中指出了金融业和科技业在本国资产价值组成中的重要性，特别是科技金融互动依存的颠覆性创新作用，但是英国在区块链立法的步伐依然是缓慢的。英国与区块链相关的立法是在探索中一步步形成的，相关法规主要是在欧盟相关数据立法的基础上逐渐完善的。英国是大力探索科技发展的引领者，在科技发展期货方面走在前列，并且出台了各种培育金融科技的政策，经过长期政策演进和实践需要，形成了一系列与数据和算法相关的规范体系。英国政府及立法机关在借鉴欧盟《一般数据保护条例》《数据保护法实施指令》《欧洲委员会关于自动化处理的个人数据保护公约》等规范的基础上，逐步确立起以《数据保护法》《通用数据保护条例》《隐私与电子通信条例》为代表的数据安全政策体系。[①] 由于区块链技术具有去中心化、不可篡改性等特征，难以实施《一般数据保护条例》规定的信息删除规则。为此，英国政府的区块链重要合作伙伴链蛙公司（Frog Chain）提出区块链与《一般数据保护条例》相协

---

① 参见戚学祥、黄新宇：《国外区块链发展考察：逻辑、路径与启示》，载《河海大学学报（哲学社会科学版）》2020 年第 6 期。

调的措施,其中包括区块链不纳入用户资料、个人行为等数据,将个人隐私匿名化,交易数据传输加密等要求。①

但是随着英国脱离欧盟,英国逐渐开始单独针对区块链相关技术进行立法,主要呈现为探索性和倡导性的表征。正如马修和埃德两位议员在一个报告中所指出的:"我们知道,随着分布式账本的成熟和破坏,我们思考和存储数据的方式将面临挑战。英国处于一个独特的位置,可以探索这些挑战,最大限度地为我们的公共服务和经济带来好处。我们已经拥有世界级的数字能力、创新的金融服务、强大的研究社区和不断增长的私营部门专业知识。"②这个报告指出英国正处于区块链技术创新和应用的关键节点和发展时期,应当大力发挥英国的独特位置优势,实现区块链技术的制度保障和应用领先的发展目标。很显然,区块链主要应用在金融领域,但是其他领域依然存在无限的应用可能。2017年英国学者和相关部门发布的《理解分布式账本技术/区块链的前景》就明确指出:虽然金融部门对DLT/区块链表现出了广泛的早期兴趣,但其在教育、创意产业、农业文化和食品产业等方面的应用也得到了探索。这表明了区块链技术应用的广泛前景和未来趋势,也明确了区块链技术的重要性和可能出现的实践问题,为立法者是否进行立法、如何进行规范提供了重要的基础探索和前期研究。

在区块链监管方面,英国的规范机制走在了各国的前面。针对金融领域的区块链新技术治理,英国建议通过"监管沙盒"来进行有效监管,于是在2015年英国金融行为管理局(FCA)发布了"监管沙盒"的相关报告,报告指出"FCA致力于促进受监管金融服务的有效竞争,以维护消费者的利益。颠覆性创新是有效竞争的关键部分,这也是我们推出'创新项目'的原因。Project Innovate旨在支持为客户提供新产品和服务并挑战现有商业模式的创新。为了做到这一点,我们建设性地与创新企业接触,并寻求消除不必要的创新监管障碍。根据政府科学办公室的建议,英国财政部(HMT)要求FCA调查开发金融服务"监管沙

① 参见戚学祥、黄新宇:《国外区块链发展考察:逻辑、路径与启示》,载《河海大学学报(哲学社会科学版)》2020年第6期。

② Mathew Hancock & ED Vaizey, *Distributed Ledger Technology: Beyond Block Chain*, A Report by the UK Government Chief Scientific Adviser, 2016, p. 4.

盒”的可行性。“监管沙盒”是一个‘安全空间’，企业可以在其中测试创新产品、服务、商业模式和交付机制，而不会立即承担参与相关活动的所有正常监管后果。”“监管沙盒”的应用可以有效应对去中心化系统中的监管不力和主体不明的问题，毕竟区块链技术的应用需要解决的一个重要问题是“受监管的公司如何为它们之间共享的系统分配责任”。在具体监管中，立法还有一个重要方面来进行规制，即如何平衡消费者和服务提供者的权利义务关系。英国金融监管局对此立法提出了重要的立法原则——“平衡”（也可理解为“均衡”）。2017年，英国金融行为管理局出台了《关于分布式账本技术的讨论文件》（Discussion Paper on Distributed Ledger Technology），其规范目的就是以平衡逻辑构建消费者和服务提供者之间的权利义务关系。该文件指出：“新技术（区块链）在提供创新产品和服务方面发挥着越来越重要的基础作用。这些新产品和服务可以改进现有产品和服务，使消费者更容易获得更好的金融服务。同样，有些产品可能不适合某些消费者。我们作为监管机构，需要在支持创新和确保消费者得到充分保护之间取得平衡。”简言之，英国金融行为管理局对区块链技术应用中的消费者权益保护以及区块链技术创新方面的主体监管遵循一种平衡原则，在平衡主体之间关系的基础上，既鼓励支持服务提供者进行技术创新，又强调消费者权益保护的重要性。英国遵循的“平衡原则”依然有欧盟关于区块链等新技术立法的基本理念和框架原则逻辑，体现了欧盟立法中既保守又鼓励创新的影子 。

整体而言，英国对去中心化的区块链立法采取的逻辑是“宏观引导、微观激励、监管平衡”。早在2011年，为促进英国电子货币的快速交易和对相关过程进行有效监管，英国就对电子货币进行规范制定。2011年2月11日生效的英国《电子货币法令》对电子货币的范围、授权机构条件、具体运营服务方式和相应监管要求等内容进行了详细规定，为英国电子货币提供了制度支撑和规范保障。电子货币法令虽然没有明确区块链加密货币的基本定性，但是电子货币作为区块链加密货币的技术应用，依然需要遵循此法令规定的相关内容。与此同时，此法令也为未来英国区块链加密货币的合法性、交易性和应用性提供了制度尝试。在具体的技术应用实践中，为了更好地平衡数字资产所有者和服务运行商的关系和利益，英国在规范上践行了“微观激励和监管平衡”的立法策略。

2019年7月31日，英国金融行为管理局发布了最终版的《加密资产指南》，该指南阐释了激励授权人员与监管范围相关的加密资产立场，并指出："我们咨询的指南旨在让市场参与者和相关利益相关者清楚了解FCA监管范围内的加密资产类型以及由此产生的公司义务（在本节中，公司是指市场参与者而非'授权人员'）和对消费者的监管保护。"这为区块链加密货币交易中的财产认定和金融应用作了最初的规范定性，在给予相应合法性的同时，也强调了服务提供者的责任义务，为未来的区块链价值传递和加密资产定性提供了重要的制度导向和规范引导。

（四）新加坡

新加坡一直在进行经济发展的战略转型，作为海上贸易重要港口，新加坡正在打造自己的金融中心，而科技发展特别是区块链技术产生的金融影响，促使新加坡正在大力构建智能金融服务技术体系，目标是促使新加坡建成"智能金融中心"。随着区块链等金融新型技术的发展，2016年新加坡金融管理局（MAS）发布《回应反馈—金融科技监管沙盒指南》（Response to Feedback Received – FinTech Regwlatory Sandbox Guideline），为区块链新兴技术的发展提出了开放激励的促进方案，该指南指出，"将使金融机构（'FI'）和FinTech参与者能够试验创新金融产品，明确了MAS进行监管或可能监管的服务或流程（'金融服务'）"。该指南还指出："新加坡旨在发展一个智能金融中心，在这里，创新无处不在，技术被广泛用于提高价值、提高效率、更好地管理风险、创造新机会和改善新加坡人的生活……在不太清楚新金融服务是否符合法律和监管要求的情况下，一些金融机构或初创企业可能会过于谨慎而选择不实施。这种结果是不可取的，因为有希望的创新可能会被扼杀，这可能会导致错失机会。"随着《金融科技监管沙盒指南》内容的应用落实和不断推进，为了给MAS管理的与数字代币发行或发行相关的证券法的应用提供一般性指导，2017年新加坡金融管理局又对数字货币的监管问题提出了一个方案——《数字代币发行指引》（A Guide to Digital Token Offerings），该指引指出，金融管理局应当是数字代币的监管部门，并明确要求数字代币的发行必须符合证券法的规定。在具体的监管方面，《数字代币发行指引》明确要求，MAS将检查数字代币的结构和特征，包括数字代币所附带的权利，以确定数字代币是否属于 SFA 规定的资本市场产品类型。

与数字代币规范指引相应，由于新加坡金融管理局的大力推动，新加坡在 2017 年推出了乌敏岛项目，并出台了《乌敏岛项目——SGD 分布式账本》(Project Ubin：SGD on Distributed Ledger)的相关方案，为区块链技术的落地和智能金融服务提供了实施举措和项目方案。2018 年新加坡金融管理局和加拿大银行又联合提交了《Jasper – Ubin 设计文档：使用分布式技术实现跨境高价值转移》(Jasper – Ubin Design Paper：Enabling Cross – Border High Value Transfer Using Distributed Ledger Technologies)的报告，在该报告中指出："本报告描述了在不同区块链平台上开发的 Jasper 和 Ubin 原型网络如何实现互操作，允许跨境支付在央行数字货币上结算，从而提高效率并降低风险。两家央行之间的合作成功证明了在不同区块链平台上结算代币化数字货币的能力。结合早期的交付与支付(DvP)结算工作，我们正在为未来异构分布式账本平台世界中的区块链平台互操作性开辟一条道路。一个支离破碎的世界，有着不同的标准、流程、规范和法规，这是当今跨境支付面临的主要挑战。"该报告指出了区块链技术在跨境支付、交易效率和传递价值方面的重要作用和价值，不仅明确了区块链具有连接世界金融体系的先进技术能力，也明确了区块链面临各利益集团分裂、标准不统一、制度规定不协调等现实问题的强烈挑战。

整体而言，在新加坡，主管的金融管理局(MAS)等部门对新兴技术特别是区块链带来的无中心化技术的应用，在规范上遵循着"超强开放、有限监管、大力发展"的态度。2019 年，新加坡知识产权局为区块链技术发展中的知识产权申请提供了快速科技通道，其目标就是要保障和鼓励科技发展的开放与创新，这不仅是新加坡争取"智能金融中心"的重要举措，更是新加坡超强开放态度在体制机制方面规范化的直接体现。新加坡体制机制的直接变革也促使其立法部门在 2019 年 1 月制定了《2019 支付服务法案》，主要目的是"改善新加坡支付服务的监管框架，加强消费者保护，并增强人们对使用电子支付的信心"[①]。

---

① 《新加坡〈支付服务法案〉正式生效》，载百家号："同花顺财经"2020 年 2 月 3 日，https：//baijiahao. baidu. com/s？ id = 1657484874661862581&wfr = spider&for = pc。

新加坡金融监管局遵循“鼓励创新、如无必要、暂不监管”的运行机制，但是随着支付技术的快速发展，特别是对消费者权益侵犯的现实问题，《支付服务法案》扩大了金融监管局的监管范围，将数字支付令牌服务等新型支付服务纳入了其监管对象范畴之中。新加坡契合和完善区块链技术发展和应用的制度构建，其目的在于发展一个创新无处不在的智能金融中心，所以，在金融科技背景下，新加坡相关规范实践的“主要逻辑是鼓励金融机构可以自由推出金融产品、服务方案和运行流程，而无须事先获得 MAS 的相关许可”。[①] 这再次体现了新加坡鼓励通过科学技术大力发展金融系统以及经济体系的基本理念和规范逻辑，特别是鼓励区块链技术在连接世界金融体系中的应用创新态度和基本服务理念。

（五）其他国家

除前述四个国家和地区之外，还有其他域外国家也在尝试进行区块链方面的制度构建。比如，日本在 2019 年 3 月 15 日通过了《金融商品交易法》，在该法中对区块链等新兴技术涌现和应用进行法律上的规范，并在具体制度中尝试制定出符合日本实践的法律规范，以增强日本在国际科技发展中的制度竞争力和创新性。

总而言之，国外针对区块链技术的应用推广和监管治理，多遵循“鼓励为常态、限制为例外”的规范逻辑。以美国、英国和新加坡为代表，通过“技术优先与应用先行的技术逻辑、隐私保护和数据安全的治理逻辑、融合发展与规则开放的制度逻辑”[②]等规范理念和实践路径推动区块链的快速应用，以制度为保障持续占据技术发展的新高地和规范标准制定引领的新中心。这种规范逻辑和立法理念可以最大限度地推动技术创新和应用推广，在技术发展的初期迅速占领经济市场和消费者群体，并能够在与他国的技术竞争中通过规范保障和制度竞争促使其立于不败之地和科学技术霸主地位。这种“制度为王”的规范理念和构建逻辑需要我国进行深入、全面和系统的研究，以有效应对已经出现的他国对我国进行的技术打压和制度竞争。

---

① 具体可以参见新加坡《2019 支付服务法案》（Payment Services Act 2019）。

② 戚学祥、黄新宇：《国外区块链发展考察：逻辑、路径与启示》，载《河海大学学报（哲学社会科学版）》2020 年第 6 期。

第二节　区块链立法的元问题

区块链作为以去中心化为底层架构的重要技术,在转变中心化思维的同时,在人们生活、经济发展、社会治理、国际竞争等方面产生了日益重要的作用和价值。但任何技术的发展和应用都面临着两重不可忽视的元问题:第一,技术创新发展的规则保障问题,即制度规则如何为技术发展提供鼓励和保障作用;第二,技术应用产生相关问题的立法规制,即制度规范如何对新技术应用中所产生的问题和困境进行规制和应对。第一个问题是技术演进本身的外在制度环境问题,需要立法供给以促进技术的创新发展;第二个问题是技术应用于社会系统并与社会各领域相互结合的过程中,所面临的正向和负向是否内在契合的内在结构问题,需要立法供给相应制度以应对其中的不合理问题。前述两个问题从制度构建的逻辑上看,可以归于一个架构脉络:立法者该如何导控技术创新和规控技术产生的外在影响。对区块链的导控和规控,除了依靠区块链自身技术之外,其创新发展能否得到保障、产生的问题能否得到有效管控,是此技术能否创新发展、广泛推广、被普遍认可的重要前提和基本条件。这些问题都离不开立法者如何导控区块链和规控区块链技术,其中关键的方面在于立法供给如何回应区块链技术创新发展的关键节点和应用中元问题的规制方式。

一、区块链立法的“去中心化”之问

区块链立法中关键的问题之一正是其立法逻辑将与传统的中心化信任的立法逻辑产生的本质差异,即去中心化的立法形式与中心化的立法形式具有根本不同。

(一)去中心化的“真实性”争议

虽然区块链技术中,“去中心化”是其设计的根本理念和底层架构,也是其系统运行的制度构建基础,但是在具体运行中,区块链的硬件设施和智能合约

机制并不是真正去中心化的。因为"区块链并非安全的自足系统,其技术弊端容易引发各种风险,需要对'代码即法律'的逻辑进行修正。"[①]应指出的是,这种非真正的去中心化又与传统式的中心化具有显著差异,可以将其称为多中心化的非中心模式。因为区块链所依赖的计算机需要链接到统一的系统中,并在这个统一的运行平台(或交易所)上进行交易,而这种平台(或交易场所)本身就是集中化的。这个平台通过智能合约和基本架构所能做到的是对这种交易痕迹进行匿名化或者脱敏性处理,通过技术(区块链内接入的智能合约方案)促进区块链平台中各成员参与的积极性以及系统自主、安全、高效、有序的运行。毕竟,这种非真正去中心化的平台系统如果要进行持续性运作,离不开用户对其所产生的内在信任(普遍信任)。

区块链系统在获得用户的信任后,各种用户的参与会大量涌来,各种违法犯罪问题就从隐性变为显性,监管部门该如何进行监管而又不影响用户对此系统的信任就成为问题的关键所在。监管部门在对多中心化的计算系统进行制度化监督时,既要保障区块链给用户带来的便捷性和信任感,又要实现对散落于系统的多中心主体进行恰当、合理的监管要求。这种监管需要促使立法者在立法时,既要懂得技术的基本逻辑和运行方式(技术设计的最初理念),又要理解技术运行实践中的具体事实和基本表征(技术运行的基本样态),唯有如此,立法才是科学的和有效的。"去中心化区块链的运行一直存在事实上的中心化操作现象。区块链作为一种生态系统,其核心开发人员、矿工之间存在利益冲突和竞争,这让区块链逐渐脱离共识算法的支持,落入技术精英的控制之中,此即区块链的'新中心化'。"[②]区块链设计理念和运行表征还存在不可忽视的鸿沟和距离,这是技术设计者理想与现实融惯性不足的重要体现,也是区块链自生的弊端之一。"为了应对区块链的弊端,联盟链应运而生,交易者需要对经认可的有限节点产生信任,这让区块链再次回到中心化架构之中。"[③]这也成为了

① 王延川:《"除魅"区块链:去中心化、新中心化与再中心化》,载《西安交通大学学报(社会科学版)》2020年第3期。

② 王延川:《"除魅"区块链:去中心化、新中心化与再中心化》,载《西安交通大学学报(社会科学版)》2020年第3期。

③ 王延川:《"除魅"区块链:去中心化、新中心化与再中心化》,载《西安交通大学学报(社会科学版)》2020年第3期。

技术研究者以及立法者在规范建构中态度摇摆不定,制度明确性和直接性不足的基本因素。

正因如此,才有学者认为区块链技术的核心并不是"去中心化",而是为各种交易过程提供的"存证和通证"价值和作用。[①] 区块链提供的存证和通证技术,具有公信证明和通行价值的作用。这个公信和通行的依据在于,一旦参与者的相关证据或者数据进入了区块链就无法进行更改(修改难度极大,除非全体达成共识),不可以更改这一点才是至关重要的"去中心化"理念中最被参与者肯定的信任点。这个看起来很小的点,一旦变成我们日常生活中的必需,就会影响我们所有人的行为。在区块链相关存证和通证数据中,不但可以说清楚因果和关系,甚至能够追溯清楚因为何物、果因何起、表现如何、追溯来源等关键节点问题。[②] 因此,去中心化很大程度上可能仅仅是技术设计者内嵌的"南柯一梦",而这恰是区块链技术吸引众多用户和参与者持续推动的"最初原动力"。虽然在技术中立和向善价值引导下,设计者正在尽可能实现以人为目的的技术创新,但实践已经证明完全的去中心几乎是不可能的,所呈现的只是形式化的"去中心",在内在机理中依然缺乏去中心化的"元语言"。技术卓越目标和设计者积极性当然是值得鼓励和高度肯定的,但是研究者和立法者作为因应现实问题的重要主体,不能脱离实际状况构建一个空中楼阁式的制度化方案。区块链无法实现完全去中心化并不遗憾,实际上也没有必要完全去中心化。一方面,因为技术最终并不被其中的参与者所管控,而是在经济浪潮和社会发展中归集到了大的资本集团或者威权政府之手,最终形成一个被资本和权力规训的"垄断"市场和"专制"社会。另一方面,区块链所实现的"去中心"运行事实,不仅可以是多中心化的模式,更为重要的是,由于区块链所散落的中心具有动态化的移动表征,参与创建和持续维护的每一个"中心"都具有被最新技术的中心所替代或者被前者所转移的可能。

---

① 参见蔡恒进主编:《区块链:链接智能未来》,人民出版社 2020 年版,第 37 页。

② 蔡恒进主编:《区块链:链接智能未来》,人民出版社 2020 年版,第 167 页。

(二)中心化与去中心化立法之间存在多种区别

1. 信任渊源不同,必然使区块链立法的主体对象和运行逻辑的制度表征产生形式差异

区块链在形式上的非中心化特质,其系统有序运行的体系模块具有无须借助外在第三方机构(政府或者中心组织)的重要信任源,其信任源于参与多方达成的共识性信任机制(表现为智能合约)。这种信任源与中心化系统运行的信任源具有本质差异,中心化系统获得参与者的信任源取决于单一中心的权威组织,而非中心化的信任源被认为是超越传统中心化信任机制的新范式,除了多中心化表征外,还具有吸引各方积极参与的共益式信任机制。共益式信任机制建立的技术基础在于计算机模块分布式构建中提供的相互印证机制。相互印证机制的底层架构就是通过计算系统和储存模块,以技术的方式实现模块之间和使用者之间达成信任的非中心化运行逻辑。非中心化的运行逻辑会使此技术的发展呈现主体、系统、演进方面的开放性,会产生很多与中心化运行逻辑不同的创新发展保障和应用问题规制方式。鉴于此,与中心化的主体明确性不同,区块链立法中的主体对象由于是散乱的,在具体制度构建中,在多中心化的主体规则问题上会产生困境。更为重要的是,由于中心化运行逻辑基础合约与作为非中心化区块链系统的智能合约不同,相关的制度构建逻辑必然会产生差异。

2. 监管方式不同,必然使区块链立法的监管主体采用不同于以往的制度激励和惩戒举措

在中心化运行逻辑的系统中,立法一般会通过鼓励中心主体不断加大投入的制度激励机制来实现,同时在中心化系统问题的制度监管方面,主要是通过明确监管对象和监管环节的方式来应对。中心化系统的激励机制的核心在于明确构建中心化系统的主体和对象,鼓励用户或者参与者进行竞争,通过技术竞争实现技术创新,继而让“强者更强、弱者淘汰”。但是区块链技术可以整合参与者的力量,通过转变传统的技术竞争为技术合作,进而带来更为强大的技术创新。与此相应,在具体立法方面,由于去中心化的激励机制在于通过比特币的方式奖励“挖矿”的主体积极参与区块链的共建共益,这会增加立法的监管

主体在不同参与者中的监管成本,因为区块链运行体系的完善不仅包括最初的构建者或者发起者,还包括未来进入区块链并使用区块链的众多参与者,以及为创新区块链而出现的各种新技术和新方案。这使立法者在决定对监管主体该采用何种模式或者何种路径时不得不被动进行创新,并在激励与惩戒之间以平衡原则来完善对区块链应用过程中监管方式的制度构建。

3. 归责对象不同,必然使区块链立法的归责方式与传统中心化系统的归责方式有区别

中心化系统的归责方式是通过立法对系统中的关键抓手"中心"进行直接归责。在具体立法中,一般只需要对中心对象和中心环节进行直接规制即可,具体环节呈现为"事前、事中、事后"对中心对象和中心环节两个方面的直接监管方案。在时间选择上,主要采取定期或者不定期的路径程序。但是非中心化的区块链系统结构正在消解这种以中心为抓手的监管模式和归责方式。因为非中心化的系统缺乏明确的"中心环节和中心对象",由于区块链监管环节和对象的散乱性和多元性,立法者无法准确找到归责的对象和环节,必然推动立法者创新非中心化系统的归责方式。区块链对象和环节的散乱与多元就意味着任何使用区块链的主体都可能会成为技术创新和应用问题产生的关键节点和直接对象,进而成为立法者需要规定的核心内容和监督管理的重点对象,这要求立法者的归责方式应当是概括的和综合的。只要参与区块链建设和应用都会成为立法者需要着力监管的环节和对象,这会促使立法者在对监管对象进行立法时采用开放的立法模式,但其结果却是增大了监管环节和对象的不确定性,也开启了归责方式不统一的随机性引擎。

4. 动力环节不同,必然使区块链立法的全链条覆盖要求与传统中心化的单链条覆盖要求迥异

区块链主体参与的自由性、散乱性和多元性与传统主体的明确性、固定性和单一性具有系统动力环节上的本质差异。中心化的系统的运行动力环节是单链条的,只需要立法者在进行规制时明确主体、客体、内容和方式。区块链主体的自由性、散乱性和多元性会让去中心化的运行方式在立法规制全覆盖方面变得更为宽泛和虚化,在具体立法中,立法者无法对涉及的相关主体和环节进行全链条、全覆盖、全过程的监管和治理。与此相应,区块链的技术系统主要采

取多模块存储、多系统共建、多主体应用的内在特质和动力方式，任何治理主体都无法更改或者直接进入治理对象内部进行合理治理。其中的重要原因之一，正是立法者作为规范构建的决定者，并不真正认知和掌握这种全链条技术的内在运行逻辑，更无法在复杂的社会实践中对参与主体散乱、动力环节多样的非中心化系统形成规律化、准确化和规范化的认知与判断，在具体立法时就会出现无法对全链条、全过程、全领域进行制度化覆盖的实践困境。

总而言之，由于区块链技术的复杂性和应用的广泛性，立法者无法完全认知此种技术和此种技术应用中的各种“显与隐”的问题，更无法在具体激励和监管中找到区块链系统运行的“七寸”和“关键”。这会使关于区块链技术的立法体系出现结构性混乱和有效性不足的困境，其结果就导致区块链技术在人们、社会、国家和国际之间的应用出现创新乏力、应用泛化和监管无力的情形。这也是区块链技术在最初创造和发明出来后，会有很长一段时间处于沉寂无用、野蛮生长和极度扩张三个阶段的内在原因之一。只有区块链技术经过实践检验，对参与者提供持续性正向作用（降低成本、保护隐私和传递价值等），才会在人类社会的广泛实践中被用于各个领域，以发挥过往发明者未能预计的潜在功能和显著作用，进而产生技术人员和研究者无法估量的推动力量和社会价值。

二、区块链立法的“加密货币”之问

（一）“数字货币”和“加密货币”的立法异同

区块链技术应用中的价值传递工具是类似于 NFT 的代币工具（一种技术化的信用币），一般也被称为虚拟代币，它是一种加密货币。“比特币最初为极客推崇，背后其实是一种技术崇拜。后来很多无政府主义者喜欢，这是一种去中心的文化。”[①]作为与传统货币不同的虚拟加密货币，虽然有时候被一些交易者简称为“数字货币”，但是其本质上与国家货币不具有相同的性质，它虽然被称为“数字货币”，但却是误导，它只是不能被广泛应用的虚拟加密货币形式，并不被主权国家认可为与国家主权货币一样的数字形态（这被认为是真正的“数字货币”），所以就不具有一般等价物的特性。只是在区块链系统中，由于被参

① 彭帅兴：《区块链从入门到精通》，中国青年出版社 2019 年版，第 53 页。

与者借以通过加密货币传递相关价值，比特币可以在区块链系统快速运行中以类似于现实货币的形式进行交易，所以被称为区块链体系中的“货币”。

在区块链系统运行和扩展中，立法者对加密货币如何进行定性，其与现实货币（尤其是合法的“数字货币”）该如何进行区分就成为了制度需要解决的两个重要问题。对于此问题的立法态度，将会影响甚至决定加密货币能否获得合法地位以及能否获得市场认可和交易双方信任。而其能否获得合法性和合理性的定位要求，会成为区块链能否快速获得信任并吸引用户广泛参与其中的至关重要因素。

在我国，数字货币和加密货币也已经成为区块链发展的重要问题。区块链的 NFT 是加密货币，作为一种代币工具主要通过技术化的形式进行构建和获得。我国人民币数字化已经在推进和应用中，并被纳入合法的范畴，但是对区块链应用出现的加密货币还没有在规范上予以合法化。其原因在于比特币等加密货币“监管存在消费者保护、全球化资产流动和单一的主权国家各自监管之间的对立、难以确定法律责任主体等难题[①]”。当下国内各种加密货币、比特币等的交易市场多是非法的。正是由于区块链加密货币未能获得法定地位，相关活动出现了虚拟货币非法集资、代币交易无法监管、比特币虚假宣传等乱象。很多不懂或者被引导的爱好者、投机者等进行的比特币交易处于隐匿和脱离监管的暗网之中，不仅产生了很多卷款跑路、虚假交易等的非法问题，也出现了与洗钱赌博、非法交易和恐怖主义等的犯罪问题。

国家认可的通用数字货币和区块链自身运行中的“加密货币”显著差异并不在于加密本身，而是在于货币发行系统中的“非中心化”问题。数字货币的加密是以中心化的形式进行的，就如纸币上的防伪标识；区块链的“加密货币”是通过技术哈希算法进行加密的，这种技术可以有助于国家数字货币广泛应用中的加密策略，二者技术上并无本质差异。但是区块链技术的加密虽然破解难度大，但是技术进行破解也并非难事，同样数字货币的加密技术也能够破解。这就会使立法者在选择是否将加密货币进行合法化时，无法真正信任技术带来的货币的可控性难题。在中心化数字货币发行中，立法者可通过规则管控货币的

---

① 胡继晔：《虚拟数字货币监管与立法前瞻》，载《人民论坛》2021 年第 29 期。

发行量，预防出现经济发展不可控的乱象，尤其是导致金融领域出现的系统性风险问题。立法者无法准确预想区块链加密货币发展和应用的后果，导致其在是否给予比特币合法地位的过程中无法形成确定一致的规则意识和规范要求。比特币不能获得官方承认的重要原因之一，正是由于加密技术并非一劳永逸，其依然存在漏洞。实践中，国内外出现了比特货币漏洞导致的大量案例，为我国将比特货币合法化增加了更多的不确定性。因为这种加密代币在传播中会在互联网交易中出现大量被盗取和复制的不良情形，这不仅会使区块链系统出现交易紊乱和病毒横行的混乱情况，还会导致各种交易主体财产权益的损失，甚至还会引发一个国家或者区域的金融系统紊乱和经济急剧衰退的严重风险。这也是我国制度规范中，认为数字货币是合法的交易中介，但是以区块链技术为核心构筑的各类代币（比特币等加密货币）并不被承认为合法的交易中介的重要因由。在我国出台的各类关于代币的规范中，基本都要求广大参与者和相关民众警惕以加密货币为对象的恶意炒作和虚假宣传，防止被骗出现财产损失的不利境况。

（二）“加密货币”的规范定性

1. 我国规范上并不承认区块链系统中加密货币的货币属性，在国家的多部规范性文件中否认了区块链加密货币的货币性质

2013 年 12 月 3 日，中国人民银行等五部委发布《关于防范比特币风险的通知》（银发〔2013〕289 号），规定比特币为虚拟商品，指出“从性质上看，比特币应当是一种特定的虚拟商品，不具有与货币等同的法律地位，不能且不应作为货币在市场上流通使用”，这在规范上基本否认了区块链系统传递价值的比特币具有主权货币的相关属性。并且该通知明确要求应当“依据《中华人民共和国电信条例》和《互联网信息服务管理办法》，提供比特币登记、交易等服务的互联网站应当在电信管理机构备案”，这为比特币等加密货币作为特殊商品进行交易提出了规范上的备案监管方式。与此相应，2017 年 9 月 4 日，中国人民银行等七部委在诸多国家或地区尚在观望时，率先发布《关于防范代币发行融资风险的公告》，该公告指出，“代币发行融资是指融资主体通过代币的违规发售、流通，向投资者筹集比特币、以太币等所谓‘虚拟货币’，本质上是一种未经批准非

法公开融资的行为,涉嫌非法发售代币票券、非法发行证券以及非法集资、金融诈骗、传销等违法犯罪活动。”该公告指出了融资主体通过以比特币为代表的加密系统产生的虚拟代币进行融资是一种非法集资行为,不仅涉嫌相关违法行为,严重的会导致犯罪。所以该公告指出,“有关部门将密切监测有关动态,加强与司法部门和地方政府的工作协同,按照现行工作机制,严格执法,坚决治理市场乱象。发现涉嫌犯罪问题,将移送司法机关。代币发行融资中使用的代币或‘虚拟货币’不由货币当局发行,不具有法偿性与强制性等货币属性,不具有与货币等同的法律地位,不能也不应作为货币在市场上流通使用”。这在官方层面彻底否定了区块链系统中形成的虚拟货币具有主权货币同等法律地位的性质。该公告还明确指出,“代币发行融资(ICO)行为涉嫌非法集资、非法发行证券以及非法发售代币票券等违法犯罪活动,任何组织和个人应立即停止从事ICO。随着各地ICO项目逐步完成清退,以发行迅雷‘链克’(原名‘玩客币’)为代表,一种名为‘以矿机为核心发行虚拟数字资产’(IMO)的模式值得警惕,存在风险隐患”。再次通过风险预告的形式,提醒各位玩家和参与者预防风险,谨慎投资,以防犯罪。其实关于虚拟数字货币中的ICO项目等的非法甚至犯罪活动,早在2014年,我国央行编写的《2013年中国人民银行规章和重要规范性文件解读》就指明了其存在的三重问题:“较高的投机风险、较高的洗钱风险、被违法犯罪分子或组织利用的风险”,为我国代币玩家中的投机者或者资产管理的投资者进行了先期预警和风险提醒,促使普通民众能够识别骗局和潜在的投资风险,不要盲目跟风“进仓”,导致财产损失。

为了持续预警各种代币所产生的投资、诈骗和炒作问题,防范区块链中加密货币带来的金融领域系统性风险和违法犯罪行为。2021年9月15日,中国人民银行等十部委联合发布了《关于进一步防范和处置虚拟货币交易炒作风险的通知》(银发〔2021〕237号),该通知明确指出:“(一)虚拟货币不具有与法定货币等同的法律地位。比特币、以太币、泰达币等虚拟货币具有非货币当局发行、使用加密技术及分布式账户或类似技术、以数字化形式存在等主要特点,不具有法偿性,不应且不能作为货币在市场上流通使用。(二)虚拟货币相关业务活动属于非法金融活动。开展法定货币与虚拟货币兑换业务、虚拟货币之间的兑换业务、作为中央对手方买卖虚拟货币、为虚拟货币交易提供信息中介和定价服务、代币发行融资以及虚拟货币衍生品交易等虚拟货币相关业务活动涉嫌非法发售代币票券、擅自公开发行证券、非法经营期货业务、非法集资等非法金融活动，一律严格禁止，坚决依法取缔。对于开展相关非法金融活动构成犯罪的，依法追究刑事责任。（三）境外虚拟货币交易所通过互联网向我国境内居民提供服务同样属于非法金融活动。对于相关境外虚拟货币交易所的境内工作人员，以及明知或应知其从事虚拟货币相关业务，仍为其提供营销宣传、支付结算、技术支持等服务的法人、非法人组织和自然人，依法追究有关责任。（四）参与虚拟货币投资交易活动存在法律风险。任何法人、非法人组织和自然人投资虚拟货币及相关衍生品，违背公序良俗的，相关民事法律行为无效，由此引发的损失由其自行承担；涉嫌破坏金融秩序、危害金融安全的，由相关部门依法查处。”该通知给比特币等加密货币进行了违法定性。

2. 以比特币（NFT）为代表的加密货币进行的各种交易在我国依然是非法的

央行出台的多项规范都认为发行比特币进行融资属于非法发行证券的活动。如上文文件，2017 年 9 月 4 日，中国人民银行等七部委率先发布《关于防范代币发行融资风险的公告》就明确了比特融资交易的非法行为。2018 年 1 月 12 日，中国互联网金融协会发布的《关于防范变相 ICO 活动的风险提示》呼吁“广大消费者和投资者认清相关模式的本质，增强风险防范意识，理性投资，不要盲目跟风炒作。对于 IMO 模式以及各类通过部署境外服务器继续面向境内居民开办 ICO 及‘虚拟货币’交易场所服务，发现涉及非法金融活动的，可向有关监管部门或中国互联网金融协会举报，对其中涉嫌违法犯罪的，可向公安机关报案。中国互联网金融协会会员应加强自律，抵制非法金融活动，不参与任何涉及 ICO 或炒作‘虚拟货币’的行为”。早在 2008 年，最高人民法院等印发的《关于整治非法证券活动有关问题的通知》就指出，“非法证券活动是一种典型的涉众型的违法犯罪活动，严重干扰正常的经济金融秩序，破坏社会和谐与稳定”，这在规范上将加密货币产生的非法证券活动定义为严重干扰经济金融制度的违法甚至是犯罪的行为。一些规范同样也对涉比特币等的代币交易情形的相关非法性风险和金融风险进行了预警和提醒。2021 年 6 月，海南省地方金融监管局、人行海口中心支行、海南银保监局、海南省委网信办、海南省公安厅、海南省市场监管局发布《关于防范以"虚拟货币""区块链"名义进行非法集资的风险提示》,明确要求"海南省内任何组织和个人不得非法从事代币发行融资活动;任何所谓的代币融资交易平台不得从事法定货币与代币、'虚拟货币'相互之间的兑换业务,不得买卖或作为中央对手方买卖代币或'虚拟货币',不得为代币或'虚拟货币'提供定价、信息中介等服务;各金融机构和非银行支付机构不得直接或间接为代币发行融资和'虚拟货币'提供账户开立、登记、交易、清算、结算等产品或服务,不得承保与代币和'虚拟货币'相关的保险业务或将代币和'虚拟货币'纳入保险责任范围"。2021 年 7 月,北京市地方金融监督管理局、人民银行营业管理部、北京银保监局、北京证监局发布的《关于进一步防范"虚拟货币"交易活动的风险提示》也明确要求:"辖内各金融管理部门、网络电信管理部门、公安部门对虚拟货币交易、ICO 及变相 ICO 持续保持监管高压,综合运用现场约谈、行政调查、封停网站、刑事立案等手段予以打击。在此,我们严重警告开展相关活动的在京机构及人员,不得宣传推广有关虚拟货币项目或平台,不得开展虚拟货币业务销售或交易,不得向投资者开展虚拟货币交易或变相交易业务,不得从事或代理从事境内外虚拟货币发行交易活动,辖内各金融机构和非银行支付机构不得为任何虚拟货币交易买卖提供服务。"从中可以看出,地方规范同样强调了比特币等加密货币的非法性。

3. 在货币交易领域,加密货币依然被监管部门认定为存在扰乱金融系统的虚拟风险的产品

2021 年 6 月 21 日,中国建设银行股份有限公司发布《关于禁止使用我行服务用于虚拟货币交易的公告》,指出"虚拟货币交易炒作活动严重扰乱经济金融正常秩序,侵害人民群众财产安全。为进一步贯彻国务院金融委会议精神,落实人民银行等多部委、行业协会《关于防范比特币风险的通知》《关于防范代币发行融资风险的公告》《关于防范虚拟货币交易炒作风险的公告》以及近日人民银行有关部门约谈指导要求,打击虚拟货币交易行为,保护社会公众的财产权益,维护正常经济金融秩序",再次明确了虚拟货币扰乱经济金融的非法行为,并强调了人民群众应当加强防范比特币、虚拟代币等交易的风险。2021 年 5 月 18 日,中国互联网金融协会、中国银行业协会、中国支付清算协会发布《关于防范虚拟货币交易炒作风险的公告》,要求正确认识虚拟货币及相关业务活动的

本质属性,并在该公告中指出:“虚拟货币是一种特定的虚拟商品,不由货币当局发行,不具有法偿性与强制性等货币属性,不是真正的货币,不应且不能作为货币在市场上流通使用。开展法定货币与虚拟货币兑换及虚拟货币之间的兑换业务、作为中央对手方买卖虚拟货币、为虚拟货币交易提供信息中介和定价服务、代币发行融资以及虚拟货币衍生品交易等相关交易活动,违反有关法律法规,并涉嫌非法集资、非法发行证券、非法发售代币票券等犯罪活动。”其实,不仅我国将加密货币定为非法货币,在美国其也不能认定为法定货币,只是作为可以交易的价值进行定性。美国统一州法全国委员会(ULC)草拟的《统一虚拟货币业务监管法案》将虚拟货币界定为价值的一种数字表现,可作为交换媒介、记账单位、价值储备,而非法定货币(无论是否可以以法定货币计价)。

4. 在代币治理领域,各种非法活动类型花样新、涉案范围广、涉案人数多,极易发生群体性事件

各种以区块链比特币为噱头的加密货币的不良宣传,在引发诸多非法集资活动的同时,还引发了相关犯罪问题,主要有非法集资问题和以虚拟货币为载体的洗钱、恐怖等犯罪问题。这些违法行为无论是规范上还是实践中,都被我国监管部门严厉打击,并持续推动立法机关出台治理规范和监管机制。早在2008年,为了整治非法证券的相关活动,最高人民法院、最高人民检察院、公安部、中国证券监督管理委员会联合下发了《关于整治非法证券活动有关问题的通知》,其明确指出:“从近期办理的一些案件看,非法证券活动具有以下特征:一是按照最高人民检察院、公安部《关于经济犯罪案件追诉标准的规定》(公发〔2001〕11号),绝大多数非法证券活动都涉嫌犯罪。二是花样不断翻新,隐蔽性强,欺骗性大,仿效性高。三是案件涉及地域广,涉案金额大,涉及人员多,同时资产易被转移,证据易被销毁,人员易潜逃,案件办理难度大。四是不少案件涉及境外资本市场,办理该类案件政策性强,专业水平要求高。五是投资者多为离退休人员、下岗职工等困难群众,承受能力差,极易引发群体事件。”该通知为以区块链相关虚拟代币为主题所开展的相关宣传、市场交易和投资活动,进行了规范上的定性,特别是明确了其可能涉嫌非法目的的违法犯罪行为。

5. 我国中央银行和原银保监会对虚拟加密货币的限制和风险提示一直是高强度的，对虚拟代币而言，其合法性也就一直处于否定的姿态中

我国中央银行和原银保监会等部门陆续出台了限制虚拟货币炒作和金融风险的警示和防范通知，再次强调了虚拟货币的非法地位。2018 年 8 月 24 日，银保监会、中央网信办、公安部、中国人民银行、国家市场监督管理总局发布《关于防范以“虚拟货币”“区块链”名义进行非法集资的风险提示》，对虚拟货币和以区块链名义进行炒作的代币进行了非法定性，指出与此相关的行为在规范上基本都被认定为“非法集资”那么如何通过规范化的指引区分虚拟货币和以区块链名义进行的非法集资活动，通知也给予了监管者和普通民众多种可视化的识别特征，以防止各种损失的发生。相关识别标准主要包括：“一、网络化、跨境化明显。依托互联网、聊天工具进行交易，利用网上支付工具收支资金，风险波及范围广、扩散速度快。一些不法分子通过租用境外服务器搭建网站，实质面向境内居民开展活动，并远程控制实施违法活动。一些个人在聊天工具群组中声称获得了境外优质区块链项目投资额度，可以代为投资，极可能是诈骗活动。这些不法活动资金多流向境外，监管和追踪难度很大。二、欺骗性、诱惑性、隐蔽性较强。利用热点概念进行炒作，编造名目繁多的‘高大上’理论，有的还利用名人大 V‘站台’宣传，以空投‘糖果’等为诱惑，宣称‘币值只涨不跌’‘投资周期短、收益高、风险低’，具有较强蛊惑性。实际操作中，不法分子通过幕后操纵所谓虚拟货币价格走势、设置获利和提现门槛等手段非法牟取暴利。此外，一些不法分子还以 ICO、IFO、IEO 等花样翻新的名目发行代币，或打着共享经济的旗号以 IMO 方式进行虚拟货币炒作，具有较强的隐蔽性和迷惑性。三、存在多种违法风险。不法分子通过公开宣传，以‘静态收益’（炒币升值获利）和‘动态收益’（发展下线获利）为诱饵，吸引公众投入资金，并利诱投资人发展人员加入，不断扩充资金池，具有非法集资、传销、诈骗等违法行为特征。”①

---

① 2018 年 8 月 24 日，中国银行保险监督管理委员会、中央网络安全和信息化委员会办公室、公安部、中国人民银行、国家市场监督管理总局联合下发《关于防范以“虚拟货币”“区块链”名义进行非法集资的风险提示》。

三、区块链立法“智能合约”之问

(一)智能合约的立法概念

区块链构建和运行的底层逻辑在于其系统架构中维系其可持续运行的“智能合约”,它是底层架构内嵌的运行规则和共识机制。从形式上看,智能合约属于数字合同的范畴,主要是指包含一套以数字形式指定的承诺性和共识性的协议。“与传统的法律协议的首要区别在于,智能合约可以借助自治代码来履行合同义务。有了智能合约,(区块链各方参与者的)合同义务就可以不再写入标准法律文本中,而是借助严格、正式的计算机编程语言(如以太坊的 Solidity),将其记录到智能合约代码之中。智能合约代码将会在支持区块链底层协议的所有节点上,以分布式方式执行,无须依赖任何中介机构或可信中间商。”[①]区块链能够去中心化运行的基本保障,除了基础的去中心化架构和能够脱离第三方进行交易的加密货币外,最为基础的运行条件恰好是其系统中保证当事人顺利应用技术的被称为“代码即法律”的智能合约。[②] 代码即法律的意义在于,在互联网特别是区块链交易互动中,此系统中的参与者必须遵循代码形成的规范逻辑和制度机制,这种逻辑和机制自建立之日起就成为参与其中的所有主体和系统自身一以贯之的根本规范。与此同时,这种规范由于修改难度大不易被干涉,也不易被改变,继而强化了区块链技术发明与应用的去中心化目标。

智能合约的立法范畴需要在保证去中心化的目标前提下,完善“自动履行功能与去中心化纠纷解决机制、以合同信赖理论与技术代码相协调、技术应用与社会契约公正相一致等内容。”[③]但是在现有立法情形下,我国关于区块链立法的相关规定,还无法完全满足前述理论目标的要求。国家互联网信息办公室于 2019 年 1 月 10 日发布,并于同年 2 月 15 日起实施的《区块链信息服务管理规定》也在具体制度构建方面缺乏体系性和全面性,还不足以实现规制区块链

---

① [法]普里马韦拉·德·菲利皮、[美]亚伦·赖特:《监管区块链:代码之治》,卫东亮译,中信出版集团股份有限公司 2019 年版,第 75 页。

② 劳伦斯·莱斯格所著的《代码:塑造网络空间的法律》一书中提到“代码即法律”,随着互联网普及与应用,代码技术渐渐被用于法律的或非法律的规制。

③ 参见夏庆锋:《智能合约的法律性质分析》,载《东方法学》2022 年第 6 期。

系统的科学化目标。虽然该规定第6条“区块链信息服务提供者应当具备与其服务相适应的技术条件,而且技术方案应当符合国家相关技术标准规范”的规定对区块链技术标准提出了规范化要求,但关于智能合约存在的理论问题和实践问题的法律规制依然尚付阙如。对于区块链安全性能,立法者同样面临左右为难的尴尬境地,若规定区块链服务提供者公布区块链的漏洞细节,将会对信息服务提供者和部分系统用户的数据安全不利;但若规定不披露则会加剧网络黑客不法攻击的频率,削弱供应者的系统安全意识,使更多系统用户遭受利益损失。

当下立法者还无法对智能合约提出有效的规制手段,其中存在的问题与现有研究智能合约的主题有直接关系。现在对智能合约的研究主要局限于关注技术忽略理论,强调比较视角忽略全面性特征,片面强调应用风险弱化解决问题的效率价值,强调智能合约的结构特质忽略其与传统合同的差异。智能合约以售货机为原型主要强调自动,这种自动内嵌代码的逻辑。① 立法者需要系统性整合技术和法律对其进行规制的概念定义,以实现立法者平衡其有效规制智能合约问题与实现智能合约使用者高效、自主的去中心化目标的张力关系。

(二)“智能合约”与“普通合同”的异同

智能合约所具有的独特属性能够为现代社会的经济发展提供高效率与低成本的缔约流程,并伴随区块链技术与网络技术的发展而不断优化与完善,最终实现公正、透明的交易结果。② “智能合约”与“普通合同”虽然在形式上看差别不大,但是针对出现的实践问题存在立法上的明显不同。

普通合同和智能合约之间的规范区别主要有以下几点:(1)合同的主观性质不同。普通合同是法律规定的合同,智能合约是通过计算机代码构筑的共识合约类型,前者属于主观合约,后者属于数据技术创造的客观合约。(2)合同相对性不同。普通合同具有线上线下双向认同的共识逻辑,在主体之间具有相对性,其签订的效力只在签署的主体之间:智能合约是使用区块链(公链、私链或

① 参见夏庆锋:《智能合约的法律性质分析》,载《东方法学》2022年第6期。

② 夏庆锋:《智能合约的法律性质分析》,载《东方法学》2022年第6期。

者联盟链)的各主体必须提前认同和同意后才可以进入区块链系统的前提性合约类型,具有参与者的绝对性和隐秘性,对于其中参与的各方主体较大的稳定性。(3)签订方式不同。普通合同必须双方共同签署才有效,后者是技术化的开放合约,无须主体签署即有效,但是使用者必须在签署后才可以使用此链条,以发挥区块链去中心化的价值和作用。(4)合同相对方确定性不同。普通合同的相对方比较明确和固定,智能合约只有一方是明确的,就是参与者。参与使用区块链的所有主体都是明确的,只是相对方不够明确,具有明显的不确定性,这种不确定性也是区块链使用者难以明确归责的重要因素。只有区块链出现技术问题或者交易纠纷时,才会通过技术去寻找区块链应用或者交易的相对方,但难度极大,几乎难以实现(理想情况可以)。这也是智能合约实施中的匿名性困境。因为匿名的智能合约发生法律纠纷,纠纷的另一方是谁都将无法快速和准确确定的(大多时候甚是无法确定的),采取传统的诉讼方式进行解决将使难度变大,也无法有效保护当事人的合法权益。[①] (5)合同更改条件不同。普通合同比较容易改变,只需要合同相对方在合法条件下进行协商即可更改,但是智能合约形成的代码共识是不易改变的,同样也不易被干涉,只有技术需要更新或者全部使用者达成共识后才可更改。正因如此,立法中一般认为智能合约是固定存在的,不容易更改,普通合同容易修改,具有变动性。在我国的《民法典》中,由于未将智能合约列入其规范限定的范围,同时规范未能有效表明智能合约的技术代码和运行逻辑,在产生争议时无法在规范上得到处理和解决,无法进行立法归责。

有研究者甚至直接否认了,智能合约的合同性质,认为"智能合约实则是一段代码或数字程序,并非合同内容,缺乏合同的一般要件,如合同形式、终结条件及适用规则等格式条款"。[②] 这种观点也增加了智能合约被纳入立法体系进行有效规制的难度。无论立法者是否将智能合约纳入合同的范畴,区块链技术匿名化的智能合约机制都给社会关系契约化的合同提供了新的分析视角和理解路径,也为社会发展中的技术方式提供了新的进路。

---

① 参见张夏恒:《区块链引发的法律风险及其监管路径研究》,载《当代经济管理》2019年第4期。

② 张夏恒:《区块链引发的法律风险及其监管路径研究》,载《当代经济管理》2019年第4期。

四、与区块链立法相关的其他重要问题

区块链的快速发展，特别是区块链应用前景无限广泛，促使区块链从经济领域进入了更为宽泛的其他领域（如政治、社会、文化等），必然会产生更多不曾预料的实践新问题，这都需要立法进行有效回应。“区块链系统的完全共享账本方式增加了交易透明度，却也未能摆脱用户隐私安全的传统网络风险隐患。在 2019 年‘MIT 比特币世博会’上，会议现场向公众展示了物理密钥如何提取并攻击当前最安全的高科技数据加密存储器，快速窃取节点上所有的数字资产、历史交易记录等私人信息。”①不仅是区块链中的信息被窃取和隐私泄露的问题，还有各种不曾预料的问题都需要立法者的及时应对。比如，区块链系统上交易后税收治理、数字人格保护、数字资产市场有序运行（所有、使用、收益、处分等财产权益和人格权益）、虚拟货币恶意挖矿治理、金融交易中的洗钱犯罪、社会治理法治化、文化保护和发展共建性、司法公正目标共促、国家安全保障等问题都离不开立法者的及时有效应对。

在区块链数字资产和数据保护方面，有学者建议以《民法典》第 127 条为基础，以区分为原则对相关财产进行有效的法律规制（其中涉及区块链数字资产从所有到破产、信托、担保、继承等一系列制度内容）。② 而在区块链“挖矿”治理方面，2021 年 9 月 3 日，国家发展改革委等部门联合发布《关于整治虚拟货币“挖矿”活动的通知》，提出了国家治理挖矿的四大基本原则：（1）坚持分级负责；（2）坚持分类处理；（3）坚持依法依规；（4）坚持积极稳妥。从中可以看出，国家层面针对区块链等虚拟货币并非一概禁止或者杜绝，而是根据不同类型，在坚持依法依规的同时，强调积极稳妥的立法方案。这种方案可以有效实现加密货币有序进入和退出市场，并在保证激励技术创新机制的同时，强化社会和金融市场的持续性稳定。

在区块链运行的监管方面，区块链数字货币交易容易产生各种洗钱等违法犯罪行为，无法被有效监管和及时发现，立法者大多时候也无的放矢。因为区

---

① 金璐：《规则与技术之间：区块链技术应用风险研判与法律规制》，载《法学杂志》2020 年第 7 期。

② 参见司晓：《区块链数字资产物权论》，载《探索与争鸣》2021 年第 12 期。

块链网络通常是开放的假名网络，交易比特币等加密货币无须通过银行建立账户并按照反洗钱法规要求提供基本的个人信息，就可以通过点对点进行直接交易，以逃避监管和打击。更为重要的是，人们可以随时与任何人进行比特币交易——由于它的自动化特征，一旦开始执行就很难停止或撤销，这也增加了监管的难度和主体后悔的可能。① 在美国，虽然也有银行保密相关的法律规范，但是各种通过比特币进行洗钱或者其他犯罪问题依然缺乏制度上规制的有效性和监督方式上的直接性。因为虽然"美国按照《联邦银行保密法》和相关州有关货币转移的法律规定，涉及价值转移的金融服务必须遵守'一揽子'反洗钱法规。尽管存在这些金融监管的法律规定，但在实践中，大多数管理数字货币的区块链协议并没有设计机制去遵循这些法律的要求。"②

另外，关于区块链的立法还需要有效统合已经出台的相关法律法规，以满足以区块链为主题的立法在融惯性方面的要求。以电子商务为例，当下的法律规范还难以涵盖区块链应用中的各种电子交易行为，其中的关键问题就是区块链应用的监管是否属于电子商务的范畴，这就需要与已出台的电子商务规范进行有效衔接。但是 2018 年 8 月 31 日通过的《电子商务法》对电子商务的范围进行了明确规定，"本法所称电子商务，是指通过互联网等信息网络销售商品或者提供服务的经营活动。法律、行政法规对销售商品或者提供服务有规定的，适用其规定。金融类产品和服务，利用信息网络提供新闻信息、音视频节目、出版以及文化产品等内容方面的服务，不适用本法"。从中可以看出，比特币或者区块链产生的虚拟货币如果是通过互联网进行销售和服务的商品，其是适用《电子商务法》的。但是区块链运行中产生的比特币等代币又在具体运行中具有了融资或者非法集资等行为，这就需要统合刑法、税法、合同法等规范来对其进行有效规范。

---

① 参见[法]普里马韦拉·德·菲利皮、[美]亚伦·赖特：《监管区块链：代码之治》，卫东亮译，中信出版集团股份有限公司 2019 年版，第 63 - 64 页。

② 参见[法]普里马韦拉·德·菲利皮、[美]亚伦·赖特：《监管区块链：代码之治》，卫东亮译，中信出版集团股份有限公司 2019 年版，第 63 页。

第三节　区块链立法的未来趋势

一、区块链立法与国家发展战略

（一）区块链立法的战略逻辑

《中华人民共和国国民经济和社会发展第十四个五年规划和2035年远景目标纲要》要求，“培育壮大人工智能、大数据、区块链、云计算、网络安全等新兴数字产业，提升通信设备、核心电子元器件、关键软件等产业水平……”该纲要在国家层面，对区块链未来的发展提出了规划方案和战略要求，但是以区块链为基础产业的新兴技术，需要立法来实现其激励创新、规制问题、增强国际技术竞争力的目标。技术迭代发展促进区块链技术从1.0层级到2.0层级以及3.0层级的革新。技术的跨越和升级，更是促进了区块链应用领域从初始时的金融和贸易领域，跨入了人类社会的各个领域（有时候甚至是未能预料的新领域和新场景），如健康公益、科学研究、国家发展、社会治理、组织形态和人类变革等领域。因为“区块链3.0则更多地对应人类的组织形态的变革，包括健康、科学和基于区块链的司法、投票等。”①区块链技术和应用的升级和跨越，必然需要立法者针对可能出现的实践新问题和应用新要求提供升级的制度供给和规范引导。

我国虽然出台了一些涉及区块链应用的法律法规，但是统一性、系统性和全面性不足，缺乏规范应当有的科学性、协调性和针对性，尤其是在与区块链相关的国家安全、数据主权、信息保护、隐私权利、知识产权、交易应用和技术监管等方面缺乏有针对性的制度规定。而散落于各种法规中的制度节点还无法发挥整体合力继而难以形成行之有效的制度架构和脉络体系，这导致现有的制度规定无法有效保证我国在国际层面的区块链技术安全和法律竞争。缺乏能够在国际上进行竞争的制度规定，不仅不利于技术自身的创新发展，更不利于技

---

① 徐明星等：《区块链：重塑经济与世界》，中信出版集团股份有限公司2016年版，第181页。

术在国家各领域的应用和推广。

鉴于此，我国在国家层面应当制定统一的区块链立法，在具体立法中，如果无法规定区块链所涉各个方面的制度节点，那么首先应当明确区块链立法须遵循的基本逻辑、核心原则和关键制度节点。区块链立法的基本逻辑应当在整合国家技术发展策略的基础上，以人民为中心、以科技为支撑、以"规智"为主要目标，构建符合我国实际的区块链法治体系。同时，这种法治体系必须是以技术可控和向善的原则"面向人民、面向世界、面向未来、面向现代化"，最终达至构建人类命运共同体的良善之治。在区块链立法关键制度节点的构建中，还应当以促进技术创新、增强有效应用、可以合理管控为原则。尤其需要指明的是，在区块链所涉的关键数据保护中，应当坚持平衡个体和公益的原则，即有效平衡公共利益、国家发展和个体权益。并且，在具体制度构建中不能只看近期利益和短期利益，需要在制度节点上与国家发展的国际战略相协调、相一致、相统一，以"技术向善、为人民服务、世界大同"为内在理念和价值导向，通过国内法的系统保障和国际法的结构协调，以技术可控的逻辑为构建人类命运共同体有机系统提供基础保障、技术助益和制度供给。

（二）区块链立法的国际竞争

随着美国、欧盟、英国、新加坡等国家或地区对区块链技术的立法推动和标准创立，特别是区块链技术在金融领域以及国家治理等方面的潜在作用，各个国家或地区开始着手构建自身能够控制的区块链体系，以在技术持续竞争的国际格局中获得自身生存的空间。这必然会引发国际区块链技术创新发展的技术竞争和国际冲突，同时会引发国家之间有关区块链立法的制度竞争。因为在当下科技引领社会和国家发展的时代背景下，"谁掌握了技术，谁就掌握了创造财富的密码，而谁掌握了技术的标准，谁就掌握了使用源源不断财富的密码"。[①] 区块链在未来金融领域快速发展以及各种跨国境的问题治理中，必将发挥不可替代的作用，这会使各国立法者持续关注区块链领域的相关应用和规制问题，

---

① 参见《央视网：谁掌握了区块链技术，谁就掌握了财富》，载凤凰新闻网2019年11月13日，https://ishare.ifeng.com/c/s/7rXPtgkonHq。

尤其是当下数字货币和各种代币在各个国家经济发展和国际投资领域之间此起彼伏，通过各种舆论传播和宣传，变换为各种“名称”，不断吸引各种投资者或者投机者（各种以比特币为核心的变种代币大多成为了“击鼓传花”的非法传销和庞氏骗局）投入巨资，继而被国际资本收割，最后让投资者血本无归。这种不容回避的互联网骗局，必然需要立法者进行合理规制和及时应对，以提高市场信誉度、保障消费者信心和巩固投资者热情。

科学技术大发展以来，以美国为首的西方国家，控制着国际金融结算系统（如 SWIFT 国际结算系统）和商品贸易体系，美国通过中心化的美元控制和影响世界经济及其他领域，进一步挤压了其他国家发展科学技术的空间和制度竞争力层级。特别是伴随着美元绑定原油强化了美元中心化的地位，进一步提高美元权威来对各国金融交易进行体系化控制和系统化链接。中心化的美元通过滥印纸币绑架世界和导致世界经济通货膨胀，并影响世界秩序的不稳定。“2008 年到 2013 年，美国实施了四轮量化宽松政策，货币超发，美元泛滥，导致了美元的贬值与全球主要货币汇率的不平衡。汇率的剧烈波动加剧了全球贸易的不平衡，进而又进一步加大了全球经济的不平衡”①。区块链技术的非中心化运行系统可以有效提升金融结算的便利效率，并且能够将各种权力（权利）从大资本家手里抢夺回来，以参与者的身份掌控本就属于自身的控制权。因为在理论层面以及中本聪创建点对点去中心系统的实践方面，“基于区块链的数字货币的广泛使用，（都）将降低中央银行对货币政策的影响力。在多数市场经济体中，中央银行通过增多或减少基础货币的供应，来调控通货膨胀和刺激经济增长”②。无论是理论上还是实践层面，区块链的应用都是为了提高经济参与者的控制权，而不是强化中心化的经济资本或者政治组织的权力。所以，从本质上和发展趋势上看，区块链立法必然会涉及经济资本管控权的再分配和政治组织中国家权力的再平衡，同时也会涉及国家制度竞争力和技术创新的强激励问题。

---

① 徐明星等：《区块链：重塑经济与世界》，中信出版集团股份有限公司 2016 年版，第 74 页。

② ［法］普里马韦拉·德·菲利皮、［美］亚伦·赖特：《监管区块链：代码之治》，卫东亮译，中信出版集团股份有限公司 2019 年版，第 68 页。

(三)区块链人才的立法保障

区块链发展和应用离不开人才的培养和科学技术教育的系统完善。当下,国际竞争的本质是综合国力的竞争,其中最为关键的竞争之一就是技术竞争。技术竞争的本质在于人才和教育的竞争。我国区块链的发展,在学习国外技术的同时,需要完善自己的人才培养体系,这就要求相关技术教育体系必将在学校创新和技术应用方面进行完善,以对我国技术竞争产生重要的积极影响和正向作用。2020 年 4 月 30 日,教育部印发了《高等学校区块链技术创新行动计划》,该计划明确指出:"当前,全球科技创新进入空前活跃的时期,以人工智能、量子信息、移动通信、物联网、区块链为代表的新一代信息技术加速突破。区块链技术的集成应用在全球范围内呈现强劲发展势头,在新的技术革命和产业变革中起着重要作用,将在建设网络强国、发展数字经济、助力经济社会发展等方面发挥更大作用。为加快高校区块链技术创新,服务国家战略需求,制定本行动计划。"而为了更好地培育科技人才,促进区块链等技术快速发展的举措也被纳入了日常规范之中。在地方教育举措层面,北京市教育委员会于 2021 年 12 月 23 日出台了《北京高校区块链技术创新发展实施方案》,对具体落实教育部的区块链行动计划提出了响应方案,并在其中强调了人才培养的重要性,为人才培养提出了培育和引进的规划。该实施方案主要提出了两点:(1)引育汇聚高水平人才队伍。支持北京高校加强区块链人才队伍建设,加大区块链关键核心技术领域顶尖人才引进和汇聚力度,培育一批领军人物和高水平创新团队。鼓励高校与科研院所、新型研发机构、行业企业共同建立区块链高端人才资源池计划,加强互聘互用。(2)培养高水平复合型创新人才。引导北京高校完善区块链高层次人才培养方案,设立区块链研究生培养专项,推动长安链在教育教学实践应用,加强区块链人才培养的产学研协同,与科研院所、新型研发机构、行业企业等联合开展研究生培养,加快培养区块链领域的高水平复合型创新人才。

在国家层面,也出台了培养人才的相关举措。2021 年 5 月 27 日,工业和信息化部、中央网信办发布了《关于加快推动区块链技术应用和产业发展的指导意见》,对区块链积极应用、政策支持力度、鼓励地方投入、公共服务体系建设、产业人才培养、国际交流合作等提出了明确要求，并在人才培养方面明确要求依托自身和国际合作培养人才，主要包括两个方面的要求：(1)依托"新工科"和特色化示范性软件学院建设，支持高校设置区块链专业课程，开展区块链专业教育。通过建设人才实训基地等方式，加强区块链职业技术教育。培育产业领军型人才和高水平创新团队，形成一批区块链领域的"名人"。(2)人才培养和技术发展还需要围绕"一带一路"倡议，建设区块链国际合作交流平台，在技术标准、开源社区、人才培养等领域加强区块链国际合作。鼓励企业拓展国际交流合作渠道，提升国际化发展水平和层次。整体而言，通过各种规范性文件为区块链人才培养提出的方案举措，基本上包括依托自身技术和教育体系进行的培养，以及强调国际合作培养复合型人才的路径。

无论是国家还是地方，都需要通过立法为区块链技术人才培养和国际合作给予制度供给，通过规范提高科技人才培养的有效投入，建立科学化的教育供给体系。

二、开放发展中的区块链立法

(一)数字资产的规范定性

区块链技术中最为关键和基础的发明在于加密货币的产生。加密货币在最开始被称为虚拟货币、比特币、NFT等，但是不论名称如何变化和多样，其本质上就是以加密代码为表征在区块链中进行交易和转移的一种价值化的数字代币，是具有一定资产属性的数字商品。但是各种名称的产生促使加密货币（或虚拟货币）发展为类型多样的庞大集合，各国为了应对多种多样的加密货币的监管问题，在制度上和监管策略上逐渐选择了不同的模式、架构及法律机制。[①] 无论选择何种模式，其本质问题都在于加密货币的规范定性，即加密货币在规范上该如何对其性质进行明确和定位的问题。

1. 明确加密货币的制度属性

区块链推广和应用中出现的多重风险来自加密货币（比特币）难以有效进行监管和无法全面认知的多重属性。由于缺乏规范上的定性，实践中数字代币

---

① 参见苏宇：《数字代币监管的模式、架构与机制》，载《东方法学》2021年第3期。

的价值一直处于变动和无法有效评价的状态，各种点对点价值的传递和跨境国际贸易的支付等也由于对其定性的不明无法进行有效的运转和恰当的监管。“当前我国区块链发展中的第一大困境就是虚拟货币的法律定性不明确……2013 年发布的《关于防范比特币风险的通知》中，将比特币定性为虚拟商品，并规定个人可以合法持有和买卖；2017 年《民法总则》也作出了‘网络虚拟财产应受法律保护’的概括性规定。”[①]虽然相关规范中给予了网络虚拟财产概括性的保护规定，但是虚拟加密货币的规范性质在法律规范之中依然没有明确，区块链的快速发展更是使立法者不得不对加密货币进行规范。由于缺乏更高层级规范的基本定性，加密货币在价值传递中的风险和交易中的不可信性依然居高不下。有的学者建议及时研究加密数字货币的不同类型，分类实施监管方案、制定相关标准、引入监管科技，为应对未来数字代币监管与治理之挑战作准备。[②] 中本聪发明比特币的动机是创建一种“纯粹点对点的电子现金形式”，在交易中不需要信任第三方，并且货币供给不会被任何人改变，以降低交易成本和中心化的管控程度。[③] 这种点对点的交易模式可以有效规避中介管理组织（大多数为政府或者中央银行）滥发货币带来的无法被监管问题。还需要指出的是，数字货币的规范属性直接与区块链的规范定性相关。所以，要想明确数字货币的规范定位，还“要完善基本法律制度，以法律形式明确区块链的合法地位及法律性质，提高立法层级，可由全国人大相关部门牵头其他关联部门出台法律或行政法规”[④]。

2. 区块链数据权属的规范定性

由于区块链自身性质的不同（公有链、私有链、联盟链等），其涵盖的数据权属也会出现归属上的差异。国家层面在区块链数据权属上还缺乏系统的制度规定，立法者应根据不同的区块链性质进行类型化规范，在坚持保护国家数据安全、个人信息安全、隐私权利和公共利益等基本原则的基础上，建立分层分类

---

① 郭少飞：《算法法人的理论证立及构成要素探析》，载《东方法学》2021 年第 5 期。

② 苏宇：《数字代币监管的模式、架构与机制》，载《东方法学》2021 年第 3 期。

③ 参见［黎］赛费迪安·阿莫斯：《货币未来：从金本位到区块链》，李志阔、张昕译，机械工业出版社 2020 年版，第 163 页。

④ 张夏恒：《区块链引发的法律风险及其监管路径研究》，载《当代经济管理》2019 年第 4 期。

的保护制度。区块链性质的区分主要是为了明确区块链中的数据权属该归谁。“区块链中的数据权属问题仅指用户上链的特别数据即事务数据、实体数据和合约数据的归属。”[①]所以，区块链中的数据权属必然需要涵盖其中的事务、实体和合约等类型的数据。在具体立法中应区分公有链、联盟链和私有链等不同种类的区块链，分层分类区分其中各自的数据权属：(1)在公有链中，可以明确规定为任何主体都不对其中的数据存在民事权益，因为在公有链中不存在中心式数据控制者，也无收集处理数据的行为，应当是各主体共有数据共益收益；(2)在联盟链和私有链中，可以明确规定赋予相关参与主体以约定的形式对相关数据进行权属划分（其中必须明确不侵犯国家利益、公共利益和个人权益的相关规定），通过占有数据的不同类型分享所得收益；(3)在所有区块链上的政务数据中，在规范上应当明确规定其应归国家所有，这样可以有效赋予国家在政务发展和社会治理中的主体地位，以有效促进国家通过区块链建立经济安全和国家安全的体制机制（其中主要体现为数据主权问题）。[②] 三个层面的性质区分，可以为我国未来区块链的统一立法提供有效的节点建议和方案选择。

除了三个层面的数据分类外，区块链中的个人数据该如何进一步强化保护和规范，也是区块链立法中不可或缺的关键内容。个人数据保护方式和原则从“隐私到知情”“从知情到同意”“从所有到使用”“从绝对到相对”等多重理念的转变都与互联网、大数据、云计算等快速发展中信息数据变得日益重要直接相关。因为当下社会的数据使用原则正在大数据云计算的推动下，“从隐私第一变为脱敏第一”“从默示同意变为明示同意”。区块链技术的应用可以有效提升数据脱敏的可能，并且可以有效促进知情明示同意原则在个人数据保护中的有效贯彻。因为“区块链技术视角的引入能切实破解其间可能遇到的障碍和阻力，极大地激发了知情同意模式下个人数据权保护的长处和优势，使处于不同节点的主体真正有能力掌控自身数据，增强其彼此间的信任度，降低各自担负的成本支出。”[③]但是，当下个人信息保护中的隐私立法和个人数据保护立法无法完全应对“隐私具有的强烈切己性和具身性”所内嵌于主体的敏感问题和脆

① 程啸：《区块链技术视野下的数据权属问题》，载《现代法学》2020 年第 2 期。

② 参见程啸：《区块链技术视野下的数据权属问题》，载《现代法学》2020 年第 2 期。

③ 曹晟旻：《区块链技术视角下个人数据权保护的模式转向》，载《思想战线》2021 年第 3 期。

弱特质,[①]这却为区块链非中心化高的信任和知情同意下隐私信息的具身和切己的保护功能提供了发挥作用的机会。毕竟区块链技术可以“让隐私保护从离身转向具身,从积极控制转向消极防御,从中心化转向分布式”[②]。这也为立法者通过去中心化分布式信息储存机制和高度的过敏机制,为个体隐私保护和个人数据保护提供一种与过往不同的立法选择。当然,在具体区块链立法中,也可以选择合规监管制度来实现区块链对个人信息的保护,“合规监管制度是区块链技术在《个人信息保护法》框架下持续发展的制度保障,需要将法规要求转化为具体的合规任务,优化区块链技术编校方案促进技术合规升级,并将区块链技术合规处理后的个人信息作为合规对象”[③]。

(二)沙盒监管机制强化我国区块链的立法监督

区块链技术带来了世界金融模式的变革,也给我国带来了众多风险和各种挑战,我国监管机制存在难以有效应对的境况。区块链形成的代币激励和运行的不透明会引发金融市场领域的不法行为,因为“代币激励和区块链内外形成的不透明性效应促进了经营者合谋、歧视性行为和剥削性定价等反竞争行为”[④]。区块链对金融的发展是颠覆性的,金融创新、金融监管和金融市场之间的三元悖论在区块链金融领域表现得也更为突出,反竞争现象更是凸显了金融监管部门对区块链金融的监管问题。当下,金融监管部门主要利用金融科技和数据资源优化传统金融监管的方法和工具,实现以科技为核心的智慧监管。[⑤]但是区块链的监管难度较大,这不仅是因为区块链本身是去中心化的,更因为“一个区块链可能横跨多个不同的司法管辖区,面对不同的监管规则,因此难以

---

① 参见李凌:《隐私保护技术变革的价值逻辑、困境及方向》,载《新闻与写作》2022年第1期。

② 李凌:《隐私保护技术变革的价值逻辑、困境及方向》,载《新闻与写作》2022年第1期。

③ 赵炳昊:《个人信息保护法与区块链技术冲突的双向纾解及合规监管》,载《法学论坛》2022年第6期。

④ 黄运康:《从代码到法律:区块链平台数字竞争规则的建构》,载《重庆大学学报(社会科学版)》2022年3月10日网络首发论文。

⑤ 参见沈伟:《数字经济时代的区块链金融监管:现状、风险与应对》,载《人民论坛·学术前沿》2022年第18期。

实现同时遵守所有的监管规则"①，这就对区块链监管部门提出了新问题，也为立法者提供了不得不关注的新命题。

针对上述问题，有学者建议"加强穿透式监管和技术驱动监管，充分运用监管科技的手段，同时借鉴日本、英国、美国等虚拟货币、金融科技方面的先进国家经验，真正探索出区块链的风险治理思路与监管区块链、虚拟货币的法律路径"②。其实早在2016年，我国就尝试通过穿透式监管的方式，先试先行了"中国式的沙盒监管"机制。2016年，国务院办公厅发布的《互联网金融风险专项整治工作实施方案》就要求采取穿透式监管方法，即根据业务本质属性执行相应的监管规定。该方案明确要求"打击非法，保护合法。明确各项业务合法与非法、合规与违规的边界，守好法律和风险底线。对合法合规行为予以保护支持，对违法违规行为予以坚决打击"。鉴于此，立法机关可以"结合数字货币特点，为数字货币在'监管沙盒'内构建包含规制主体、准入标准、监管措施和消费者保护措施的具体规则，既可满足监管机构、数字货币企业和消费者三方主体的利益均衡，也可在一定程度上维护国家货币主权"③。沙盒模式的选择、虚拟货币的法律定位、智能合约的立法化、区块链的分层监管等具体措施才是中国语境下区块链风险治理和监管的路径选择。④ 因为以技术监管技术，通过区块链监管区块链才是立法者应当着重把握的重点方面，以技术为切入的沙盒监管机制可以为立法提供有效的路径选择和制度建议。

建议我国立法机关在吸收国外经验的基础上，以沙盒监管为切入点，通过授权立法的模式，建立企业沙盒入门标准和退出机制，完善我国区块链应用中的监管体制改革和消费者权益保障，形成"中国式沙盒监管"新机制。⑤

---

① [黎]赛费迪安·阿莫斯：《货币未来：从金本位到区块链》，李志阔、张昕译，机械工业出版社2020年版，第259页。

② 杨东：《区块链+监管=法链》，人民出版社2018年版，第304页。

③ 李晶：《"监管沙盒"视角下数字货币规制研究》，载《电子政务》2020年第11期。

④ 参见汤媛媛：《区块链风险治理：困境与规制》，载《税务与经济》2020年第5期。

⑤ 参见陈志峰、钱如锦：《我国区块链金融监管机制探究——以构建"中国式沙箱监管"机制为制度进路》，载《上海金融》2018年第1期。

三、新兴领域的区块链应用立法

(一)元宇宙发展中的相关立法

元宇宙是一个虚拟的时间与空间的集合,是通过数字化形态承载的与人类社会并行的平行宇宙。[①] 在平行宇宙里,若要有效保持其运行的可持续,必然需要持续不断地注入能够支撑宇宙运行的动力和灵魂。动力就是元宇宙发展的经济,它是元宇宙能够持续运转的能量基础和物质条件;灵魂就是元宇宙的底层架构,它是元宇宙能够持续运转的计算机代码和智能合约的制度机制。区块链技术的发展为非中心化的元宇宙"生长"提供了技术可能,能够有效扩展元宇宙的虚拟空间和底层架构。"区块链技术为元宇宙基础设施建设提供动力,是一个不可缺少的工具……区块链技术可以打造一个去中心化的清结算平台,创建价值传递机制,明确元宇宙的价值归属问题,创建一个稳定、高效的经济系统,提高规则的透明度,保证各项规则均可落地执行。"[②]元宇宙中经济传递价值的载体即前文一直探讨的"加密货币"(比特币等),它是元宇宙系统经济运转的一般等价物和货币表征;元宇宙秩序结构即前文一直探讨的"智能合约",它是维系虚拟空间有效运转的社会契约和共识结构。正是由于区块链技术为元宇宙提供了基础设施和技术动力,元宇宙才可以打造一个虚实结合的经济发展场景和人类生存新空间,而其中的经济发展和新空间的持续运行需要外在共识性秩序来保证,这就要对区块链共识架构的"智能合约"进行立法上的合理性论证。

从内容上看,"元宇宙经济的核心领域围绕数字创造、加密资产和数字市场等展开。"[③]这以加密货币(虚拟货币,NFT)为主要代表,需要在立法中进行明确,为互联网的经济结构提供制度保障。NFT 构成了元宇宙存储数据的价值基础,并且包含原生币和代币两种数字货币,代币又可以分为同质化币和非同质

---

① 参见黄安明、晏少峰:《元宇宙:开启虚实共生的数字平行世界》,中国经济出版社 2022 年版,第 9 页。

② 黄安明、晏少峰:《元宇宙:开启虚实共生的数字平行世界》,中国经济出版社 2022 年版,第 55 页。

③ 邓建鹏:《元宇宙经济的法律风险及其规制》,载《电子政务》2023 年第 1 期。

化币，非同质化币不可互换，其是独一无二的。[①] 这些数字货币必然冲击实体经济和金融系统。元宇宙金融以基于公共区块链的去中心化金融为核心。这种新型金融开创了低成本、高效率的运营方式，但因其无准入门槛，以及全球参与主体身份不明确、防篡改、抗审查、自我创制规则及自动运行等特点，冲击着金融监管的法律体系。[②] 而前述各种问题的关键可以总结为虚实空间交流互动的两个问题：第一，虚拟空间的虚拟主体交流和价值交换问题；第二，虚拟空间向真实空间进行主体交流和价值转换的变动问题。虚实空间的主体互动和价值转换是元宇宙空间治理必须予以重视的真实问题，其主要体现为元宇宙发展中，数据流通的国家安全问题和国际私人科技带来的更高维度垄断的公共利益难以保护和受损的应用问题。[③]

但是由于元宇宙不仅是未来数字经济发展中得以实现对移动互联网产业结构和数字经济结构的重构和再造的核心因素，而且还是未来包含工业经济在内的整个经济体系的基础要素和新兴形态，[④]会对真实空间的经济产生至关重要的影响（包括可能存在或者隐含的潜在风险）。有学者就指出，即使元宇宙经济基于区块链去中心化的治理方式，可以有效强化个人对加密资产的掌控，但是元宇宙经济在加密资产、数字市场、知识产权和去中心化自治等经济领域依然存在众多不容忽视的法律风险。[⑤] 与此相伴，在社会层面，元宇宙“还会引发社会生产结构、运行机制、关系状态的联动变革，在变革中也将引发用户数据隐私被泄露、元宇宙平台权力被滥用、用户个体意识被操控、歧视风险加剧、意识形态安全无法保障等社会风险”[⑥]，这都需要立法者或者研究者能够在深入元宇宙实践的基础上进行多重预判和全面分析，进而制定能够有效应对此种社会风险的制度和方案。

---

① 参见黄安明、晏少峰：《元宇宙：开启虚实共生的数字平行世界》，中国经济出版社 2022 年版，第 42 页。

② 参见邓建鹏：《元宇宙金融规制理论》，载《财经法学》2022 年第 5 期。

③ 参见袁曾：《元宇宙空间铸币权论》，载《东方法学》2022 年第 2 期。

④ 参见杨东、高一乘：《论“元宇宙”主体组织模式的重构》，载《上海大学学报（社会科学版）》2022 年第 5 期。

⑤ 参见邓建鹏：《元宇宙经济的法律风险及其规制》，载《电子政务》2023 年第 1 期。

⑥ 王文玉：《元宇宙的主要特征、社会风险与治理方案》，载《科学学研究》2022 年 11 月 20 日网络首发论文。

前述相关风险还会从经济和社会领域进入文化和政治领域，元宇宙构建的底层结构和各种场景会引发文化冲突和政治危机，继而会产生一系列不得不应对的人本之争和权力变动。这种争论和变动也就成为了“风险社会”形成的内在动因，风险社会必将是未来虚实社会的重要特质，而作为未来经济社会数字化转型的主场景之一，元宇宙还可能会对社会生产和组织方式、产业发展逻辑和个体创新创造能力产生深刻影响。[①] 每个人都会在元宇宙中成为自己能够想象的“超人”，在元宇宙中做任何可能想做的事情，以实现在现实世界中实现不了的“梦想”，也必将引发当下不曾碰到过的问题和风险。这都需要立法者与时俱进保持对技术发展的敏感度，以在未来元宇宙的竞争中为国家战略竞争提供可供助益的制度建议。

整体而言，元宇宙未来的发展可以简要分为三大阶段：(1)在游戏、社交、娱乐等领域进行基础应用；(2)逐步向医疗、建筑、培训、教育等领域扩展，进入延伸应用阶段；(3)最终成为全景式社交互动虚实结合的生态阶段。[②] 三个阶段会让元宇宙的发展产生三重不同的实践问题：(1)基础阶段主要表现为硬件和软件的建设问题，这个阶段主要是通过提升硬件和软件系统建构元宇宙的外在条件，其中所关注的主要问题是如何塑造代码即法律的原则性道德秩序；(2)应用阶段主要会产生主体在元宇宙中进行信息互动和价值互换的有序运转问题，包括主体身份、互动程序和具体监管等方面的制度建构；(3)在生态阶段，此时由于虚拟空间基本上类似于一个现实社会，其需要建构大量的代码式法律（包括内嵌的道德伦理），这需要技术服务者和立法者进行通力合作形成可供使用的制度方案和规范体系，并且需要不断随着技术和理论的深入进行弥补和修正。因为元宇宙“显然（是），再造一个全新的数字社会，是一个生态级的系统性工程，至少需要从环境建构到系统支持再到功能填充的多个层次。环境层是底层性的、基础性的交互环境建构，关键是以数字孪生的方式生成现实世界的镜像，搭建细节极致丰富的拟真场景。系统层是中观的、支持性的社会基本契约

---

① 参见左鹏飞：《元宇宙的主要特征、发展态势及风险研判》，载《社会科学辑刊》2023年第1期。

② 参见黄安明、晏少峰：《元宇宙：开启虚实共生的数字平行世界》，中国经济出版社2022年版，第17页。

系统的建构”[①]。

在未来发展中,元宇宙会逐渐形成一个平行于现实世界的新世界,其中必然需要对其存在的主体类型、组织形态、权利义务、道德伦理等进行规定,立法者必然需要对元宇宙所产生的各种宏观、中观、微观等层面的经济问题和社会问题进行治理,并且国家应当大力鼓励学术研究者和科学家深入研究元宇宙引发的各种新问题(包括科技问题、伦理问题和立法结构问题等),以形成有效的技术方案和法律策略。

(二)社会系统运行中的区块链应用立法

任何国家和民族要想站在时代的主峰,立法者必须具有超前性思维和科学化认知特别是必须具有面向科技发展的理论意识,以能够为一个国家的科技创新提供制度支撑。这种理论思维对区块链技术也显得相当重要。在社会系统运行中,各种新兴科学技术都会对社会系统运行产生影响。区块链技术的发展和应用对社会系统的安全稳定和可持续运行具有重要的推动作用,并且会在未来社会形态再造方面产生不可估量的结构性影响。这需要立法者及时有效回应区块链应用中的各类实践问题。

1. 在物联网方面,区块链技术使物联网发生迭代升级,产生了很多需要进行立法规制的现实问题

在区块链的支持和助力下,物联网将从 IoT(Internet of Things)阶段演进到 CoT(Chain of Things)时代,信息的载体将在网状的基础上发展出链上的世界。[②] 这会改变过往物联网的运行环境,促使立法者应当及时关注的未来世界和物联网多样的热点问题。国际上的区块链研究相关的热点主题除了包括物联网之外,还延伸到了医疗健康、数据隐私保护、能源交易与共识算法等人类生活的方方面面。[③] 这从侧面说明了区块链立法必然会广泛涉及物联网在人类发展、国家安全和计算机创新等领域的各种新情况。为了给未来物联网发展和人

---

① [韩]金相允:《元宇宙时代》,刘翀译,中信出版集团股份有限公司 2022 年版,推荐序 2 第 XXXI 页。

② 参见杨东:《区块链 + 监管 = 法链》,人民出版社 2018 年版,第 173 页。

③ 参见罗棋等:《国际区块链研究主题挖掘及演化分析》,载《现代情报》2021 年第 9 期。

类生活变换迭代提供制度支撑，前述各种新情况都需要立法者和学术研究者予以深入研究和持续关注。

2. 在互联网未来发展上，区块链技术会成为互联网3.0革命的关键技术和底层支撑，这为互联网的制度规制提出了新要求

当下互联网存在“价值传递难、用户身份不明、数据主权之争”等诸多缺陷，Web3.0恰好成为下一代互联网和元宇宙发展较好的路径选择和底层技术保障。从技术本质上看，Web3.0与元宇宙发展密不可分，在区块链技术的叠加下，具有安全可信、传递价值、新型激励、全真互联等多重优势。[①] 区块链的终极应用不仅是变革企业结构和代替现有中介，而且为建立更加区中心的世界创造了一种可能。[②] 区块链的分布式记账的单向应用并不是其唯一价值，其重要目的是推动其多方向应用的发生。区块链多方向应用的表现之一正是其具有的价值传递和数据变动功能。区块链必然会使虚拟世界的价值发生移动，如果多个区块链之间发生相互作用和交易，将导致前所未有的复合式网络效应。[③] 这种效应进一步推升了交易的相关便捷度和关联度，进而真正对现在的复合网络进行迭代式变革。互联网的迭代式变化，会引发社会领域的深刻革命，不仅会影响经济发展的传统模式，更会改变原有传统的生产力和生产关系的结构类型。对于生产力和生产关系结构类型的颠覆性改革，必须要在国家上层建筑法律规范中进行及时呈现，这个强化中心化的权力机关通过自身实现对国家发展的可引导和可规控的目标。

3. 在司法应用方面，区块链在纠纷解决场景、解决途径、证据交换、环境模拟、便捷效率、共识合约、方案可追溯、证据存证等方面提供了无限可能

如在经济矛盾领域，区块链技术可以有效建立“纠纷解决、保护、教育的生态，实现可追溯、可信的纠纷解决机制，改变传统的纠纷解决模式，实现‘链金有法’”。[④] 而在完善区块链纠纷解决司法体制机制中，通过“基于区块链技术建

① 参见郭全中、冷一鸣：《Web3.0与下一代互联网发展》，载《新闻爱好者》2022年第8期。

② [美]威廉·穆贾雅：《商业区块链：开启加密经济新时代》，林华等译，中信出版集团股份有限公司2016年版，第147页。

③ [美]威廉·穆贾雅：《商业区块链：开启加密经济新时代》，林华等译，中信出版集团股份有限公司2016年版，第147页。

④ 参见杨东：《区块链+监管=法链》，人民出版社2018年版，第403页。

立的去中心化自治组织、基于密码经济学的机制设计、具有公正感”[①]等优势为新系统提供有效运行的技术条件和外在标准。为了提升区块链在司法领域的应用水平，需要在区块链的硬件和软件两个方面对司法系统进行升级和完善。区块链司法应用是国家治理体系和治理能力现代化及探索中国式法治现代化的重要内容，在司法领域推广和应用区块链技术会面临一系列新问题与新困境，特别是面向互联网司法和在线诉讼等的现实需求，妥善处理司法区块链系统中不同层级的司法数据流转与价值实现问题，成为区块链司法所面对的首要问题，亟须立法者对区块链司法科技的新范式给予顶层设计和宏观构建。[②] 未来，在线诉讼很可能进入元宇宙时代，在线诉讼将会产生与传统现实世界不同的困境和难点，这既离不开区块链技术的创新进步，也离不开立法者的制度保障。

4. 在其他各种可能应用的领域，区块链技术正在发挥未曾预料的作用和价值

区块链的未来价值就像当年互联网刚出现时一样，还无法全面评估、衡量和评价。比如，区块链与食品安全追溯、国家税收、证券交易、价值传递、跨境交易、商业业态、农业医疗、慈善公益、保险领域、通信互联、人工智能、无人驾驶、科技港口、社会模拟、政务治理、政党建设等领域都有广泛的链接前景、应用体现和功能作用，这需要国家立法机关及时制定相关的法律规范以应对实践中可能出现的多元问题和复杂境况。

① ［阿根廷］费德里科·阿斯特、［法］布鲁诺·德法因斯：《当在线纠纷解决遇到区块链：去中心化司法的诞生》，张智豪译，载《中国应用法学》2021 年第 6 期。

② 参见杨东：《“以链治链”：面向元宇宙的区块链司法科技范式革命》，载《中国应用法学》2022 年第 6 期。

第九章　区块链监管及社会治理

区块链中的共识机制、智能合约能够打造透明可信任、高效低成本的应用场景，构建实时互联、数据共享、联动协同的智能化机制，从而优化政务服务、城市管理、应急保障的流程，在社会治理领域有广泛的应用空间。自从区块链上升为国家战略以来，政府对区块链产业发展和落地场景越来越重视。与之相应的是，广东、山东、北京、上海等地纷纷出台了一系列区块链产业发展政策。2021 年 3 月，《中华人民共和国国民经济和社会发展第十四个五年规划和 2035 年远景目标纲要》提出，要打造数字经济新优势，加快推动数字产业化。推动区块链技术创新，以联盟链为重点发展区块链服务平台和金融科技、供应链管理、政务服务等领域应用方案，完善监管机制。目前，尽管越来越多的国家监管机构采取措施对区块链进行监管，但在区块链领域的监管方面缺乏统一的方法。笔者认为，完善区块链监管机制，重点要加强对区块链信息服务提供者和使用者的监管。

第一节　区块链监管模式和依据

区块链技术具有数据不可篡改和时间戳的存在性证明的特质，不仅在数字货币、支付与结算、证券发行与交易、客户识别与征信、资产权益证明与智能合约、数字票据、反洗钱、供应链管理等业务方面具有广阔的应用空间，而且能够广泛应用于社会治理的各个领域。当然，新技术发展不仅能够带来机遇，也有与之相伴的风险，这就要求监管部门在应用区块链技术时必须重视市场的监管需求，以提供相应的监管功能。区块链行业的发展离不开政府的正确指引与保驾护航，监管部门如果不能充分认识到这项新技术的变革性力量，相应的法律法规、监管制度就可能会远远滞后于技术发展，导致与区块链技术应用相关的民事活动缺少适时的制度监管，增加民事主体的法律风险。[①] 目前，国外在区块链监管方面的探索起步较早，能够为我国探索监管机制提供有益借鉴，随着国家互联网信息办公室发布《区块链信息服务管理规定》，中国区块链监管框架基本搭建完成，为今后区块链应用落地奠定了基础。

一、区块链监管概述

区块链监管有狭义和广义之分，由于区块链技术与虚拟货币发展关系密切，所以狭义的区块链监管是指将基于区块链技术的以虚拟货币为基础资产的衍生品交易、为虚拟货币交易提供支付服务以及私人虚拟货币交易平台纳入国家监管范畴的业务活动。随着人们对区块链技术的日益重视，该技术越来越多地被应用于公证、存证等社会治理场景当中，通过区块链证明某个信息在某个时间点确实存在过。因而，与狭义的区块链监管不同，广义的区块链监管更加强调由国家权力对区块链技术在不同的应用场景中予以监督和管理，以确保其规范运用。

区块链技术的核心是分布式实时同步技术，可以实现基于信息系统的价值转移。明确区块链的这一法律内涵和特征是监管的基点，是保护和促进有利于这一核心技术特征的区块链技术发展的前提。除此之外，为了实现这一核心技术而采取的其他技术手段会产生一些新的特征，如匿名、不可篡改等，这些特征既有可能增进社会福祉，也有可能被用于违法犯罪。随着我国在区块链领域的投入不断增大，区块链技术的发展应用势必会日新月异，其对金融领域的渗透会不断深入，但与之对应的立法工作、标准建立、专利申请等未同步跟进，这将对国内金融市场发展造成极大的不稳定影响。区块链技术的发展使金融行业的资产和信息的互动性、不同金融业务的融通性变得更加频繁，从当前区块链的发展和应用来看，虽然区块链监管难度日益增加，但是如果不能正确运用监

---

① 参见周瑞珏：《区块链技术的法律监管探究》，载《北京邮电大学学报（社会科学版）》2017 年第 3 期。

管的手段，就极易引发金融监管缺失风险。

而且，区块链领域尚缺乏统一的国际安全技术标准，加强区块链监管能够促进其健康有序发展。有研究指出，区块链对法律产生的影响或者挑战主要体现在两个方面：一是法律主体不明确，区块链中系统维护和治理主体不明确，在区块链系统中不存在一个为整个系统承担责任的中心机构，缺乏中心化的法律实体，这使传统法律规则难以在事后对分布式账本系统进行监管，要实现有效监管，必须围绕事前的规则来推进；二是链上规则不明确，在区块链参与者的语境中，代码即法律，但法律不是代码，与法律上规定权利义务方式不同，区块链技术规则直接决定了区块链系统的安全性和稳定性，并直接影响每一个参与者的权利与义务，可能引发智能合约漏洞、发行合规性、个人信息保护等一系列问题。[①] 同时，由于区块链技术天然与金融风险密切相关，因而区块链监管具有典型的全球化特征，很容易产生跨境法律风险。这是因为，与传统的受国家金融监管部门严密监管的金融系统不同，区块链领域的价值与资产的跨境转移不需要经过银行账号就可以实现。

事实上，必须正确看待技术创新与监管之间的关系。当前世界范围内并没有可以称作最优的区块链监管经验，各国对区块链技术的监管模式存在较大差异，人们还无法预料各国未来将采取何种监管模式，因而各国的监管动向成为了制约区块链发展的重要因素。之所以如此，是因为区块链的发展目前还处于试验阶段，对于究竟要如何对区块链进行监管这一问题，没有哪个部门或者企业能够给出明确的答案。在区块链发展实践中，有一种观点认为，监管的不确定性对企业创新影响较大，它可能使企业创新停滞不前或者倒退，从而导致未来区块链发展大幅减速。必须指出的是，不能简单认为对区块链进行监管就必然造成区块链发展的负面影响，而要正确看待监管对于区块链发展的利与弊。即便对区块链发展进行监管存在一定程度的负面影响，也要看到科学合理的监管对区块链健康发展的积极意义。

---

① 参见邓建鹏、孙朋磊：《区块链国际监管与合规应对》，机械工业出版社 2019 年版，第 53 页。

二、区块链监管模式

区块链技术基于其技术特性,能够在互联网的非信任环境下创建信任,最早是作为比特币的底层技术进入人们的视野,在当前的发展阶段,区块链应用除了数字货币应用的延伸之外,越来越多的地方开始将区块链技术应用于实体经济政务、医疗、金融、农业、供应链等领域。关于区块链监管问题,目前在金融领域应用的讨论最为集中,分析金融领域区块链监管模式,有助于更好地理解区块链监管问题。大体而言,目前对于区块链的金融应用如何监管,国内外学术界存在严格监管、放松监管和限制监管三种不同的主张。

(一)严格监管

金融科技是技术驱动的金融创新,虚拟货币及其背后的区块链技术是金融科技的创新代表,在提升金融业质效的同时,因伴随着大量风险而引发监管忧虑。目前,美国、加拿大、墨西哥等国虽然允许数字货币的发行和使用,但是通常对证券属性的通证发行采取较为审慎的监管态度。美国总统拜登在当地时间 2022 年 3 月 9 日签署了一项名为“确保负责任地开发数字资产”的行政命令,指示政府机构对快速增长的加密市场投入更多的关注,呼吁财政部等政府机构评估数字资产的好处和风险。① 英国央行金融政策委员会(FPC)认为,加密货币经济功能应在现有监管框架内发挥,监管范围应根据需要进行调整,以确保与传统金融部门产生同等的监管效果,需要推动英国国内及全球范围内对加密货币资产实施更严格的监管。② 美英两国最新动态反映出,世界经济体大国希望通过严格的监管实践在全球虚拟货币治理中发挥积极作用,这也包含了对区块链应用的严格监管态度,因为区块链技术是加密货币的重要底层技术。在我国,官方对以区块链为底层技术的虚拟货币明确表达了严格禁止的监管态

---

① 参见董宇佳:《拜登签署数字资产行政命令　美国如何平衡行业监管和发展?》,载百家号“科创板日报”2022 年 3 月 10 日,https://baijiahao.baidu.com/s?id=1726907806899057276&wfr=spider&for=pc。

② 参见《英国央行:加密资产需要更严格的全球监管》,载网易网 2022 年 3 月 24 日,https://www.163.com/dy/article/H38NGG280519QIKK.html。

度。2021年9月15日,中国人民银行等十部委发布的《关于进一步防范和处置虚拟货币交易炒作风险的通知》明确指出,比特币、以太币、泰达币等虚拟货币具有非货币当局发行、使用加密技术及分布式账户或类似技术、以数字化形式存在等主要特点,不具有法偿性,不应且不能作为货币在市场上流通使用。

(二)放松监管

在区块链发展初期,区块链技术对自身风险是无法实现监管的,因而各国实践中出现了一种比较开放和包容的监管态度——放松监管。在放松监管模式当中,政府或监管部门通常会以加速创新为出发点,选择与企业合作,并且提供相应的政策和资金支持,加快区块链等金融科技创新的发展和应用。比如,马耳他早在2013年就表现出了对区块链的积极拥抱态度,在Sliema镇上安装了比特币ATM机,力图将Sliema镇打造成“区块链岛”,而且从2016年开始,时任马耳他总理的穆斯卡特多次提议和呼吁将欧洲建设成虚拟货币中心,并为区块链技术提供宽松的监管政策。2018年1月,马耳他金融服务管理局(MFSA)表示,允许对加密货币和作为ICO的一部分代币进行投资。2018年7月,马耳他议会通过了三项区块链技术监管法案,分别为《马耳他数字创新管理局法案》《创新技术协议和服务法案》《虚拟金融法案资产法》。这三项法案分别针对加密货币、区块链技术、分布式账本技术三方面制定,马耳他也成为了世界上第一个在辖区内针对区块链提出具体立法的国家。此外,日本对加密货币的态度也是较为开放和积极的,日本于2016年5月通过《支付服务法案》修正案,承认数字货币是一种合法的支付手段。也要看到,虽然放松监管模式在一定程度上有助于促进区块链技术的发展和成熟,但是在风险防范方面往往存在较大不足。如果区块链的发展不断走偏,那么对技术本身的更新迭代将会产生较大的负面影响,技术研发的目的在于应用需求,区块链正是由于在资产确权、数据存证、商品防伪、物流追根溯源等方面的应用才受到各国关注,而当投机氛围浓重,占据主导时,原有的应用价值或将被掩盖,阻碍真正对社会有益的技术进步。①

① 参见盘和林:《严监管助区块链回归正轨》,载《国际金融报》2020年1月13日,第3版。

（三）限制监管

对于任何一个行业而言，监管和发展都是相辅相成的，健全的监管治理框架对于行业发展和风险防范的推动作用是非常显著的。“监管沙盒”是 FCA 于 2015 年 11 月率先提出的创新监管理念，“监管沙盒”作为一个受监督的安全测试区，通过设立限制性条件和制定风险管理措施，允许企业在真实的市场环境中以真实的个人用户与企业用户为对象测试创新产品、服务和商业模式。具体而言，“监管沙盒”要求创新企业填写测试申请表并提交到 FCA 进行审核，通过审核后，FCA 派专人和企业联系，共同确定项目测试方案和选择合适的测试工具。在测试结束后，申请企业向 FCA 提交总结报告，FCA 根据测试结果予以正式评估，通过评估的企业可以选择是否在更大范围内推广其产品。“监管沙盒”打破了传统监管思维，立足于保护消费者权益、促进金融创新的监管理念，创设了一套新的监管制度和监管工具，实行差异化监管，对于监管者、被监管者和金融消费者而言分别具有不同的意义。通过“监管沙盒”这一“试验田”的开辟，在其中对金融创新产品进行测试，既实现了政府的弹性监管，有助于减少创新理念进入市场的时间与潜在成本，又促进了政府与监管对象之间的合作，降低了监管的不确定性，同时保护了金融创新产品的消费者，防范了金融风险。该监管方式比较适合小型经济体，对初创企业实施“监管沙盒”有助于鼓励金融创新，支持其改良金融服务模式。自从英国正式发布“监管沙盒”的指引文件以来，正式进入测试环境的企业除了一些银行和其他机构外，多数为初创企业，业务类型主要包括基于区块链技术的跨境和国内支付解决方案、帮助消费者进行财务管理的移动应用程序、证券管理平台和借贷产品。

三、区块链监管依据

2019 年 10 月 24 日，中共中央政治局就区块链技术发展现状和趋势进行第十八次集体学习。中共中央总书记习近平在主持学习时强调，区块链技术的集成应用在新的技术革新和产业变革中起着重要作用。我们要把区块链作为核心技术自主创新的重要突破口，明确主攻方向，加大投入力度，着力攻克一批关键核心技术，加快推动区块链技术和产业创新发展。从我国区块链发展实践来看,我们更加重视区块链的技术价值,鼓励企业在金融领域以外的社会治理领域积极发展和应用这一技术。为了规范区块链技术发展,国家通过健全完善相关法律法规、政策规定和鼓励行业自治,为构建一套严密的区块链监管制度体系进行了有益尝试。

(一)法律法规

区块链是一种新型互联网技术,将对许多行业发展产生巨大影响,确保其健康发展离不开国家的立法回应。我国目前在区块链监管方面的法律法规还比较少,《国家安全法》《网络安全法》《数据安全法》《区块链信息服务管理规定》等法律法规主要从宏观、中观、微观三个角度明确了区块链应用与发展的监管方向。从宏观角度来看,区块链应用与发展应当能够更好地保障国家安全,不得同维护国家安全和社会公共利益相违背,不得同保护公民、法人和其他组织的合法权益相违背。从中观角度来看,区块链应用与发展应当能够有效弥补互联网的可信性缺陷,通过智能合约和共识机制改变连接方式,推进网络基础设施建设和互联互通,建立健全网络安全保障体系,提高网络安全保护能力,带来生产关系的改变,为不同参与主体、不同行业的可信数据交互提供有效的技术手段,实现互联网信息技术的价值转变。从微观角度来看,区块链应用与发展应当严格遵守国家制定的法律法规,不得擅自从事经营性互联网信息服务,或者提供超出许可项目的服务。总体而言,这些法律法规能够为区块链应用与发展提供相应的方向性指引,但是相关内容对于区块链在社会治理各个具体领域应当如何应用还缺乏系统健全的规定。

(二)政策规定

区块链是新一代信息技术的重要组成部分,对于推动企业数字化转型,促进产业数字化发展,推进数字中国建设都起着强大支撑作用。随着互联网技术更新迭代,区块链技术优势逐渐凸显,从国家到地方出台的一系列区块链政策导向来看,其中不乏区块链技术在具体社会治理领域应用与发展的具体原则与规定。一方面,在国家层面,中国人民银行等十部委发布的《关于进一步防范和处置虚拟货币交易炒作风险的通知》,工业和信息化部印发的《工业互联网创新发展行动计划(2021—2023年)》,工业和信息化部、中央网信办印发的《关于加快推动区块链技术应用和产业发展的指导意见》,最高人民法院印发的《关于加强区块链司法应用的意见》,国务院印发的《“十四五”数字经济发展规划》等一系列政策文件,明确了区块链在产业变革和社会治理中的重要作用,同时就如何加快推动区块链技术应用和产业发展,促进区块链和经济社会深度融合作出了体系性的规划和安排。另一方面,在地方层面,为加速推动区块链在赋能实体经济和社会治理领域的落地应用,近年来,湖南省、贵州省、海南省、湖北省、北京市、上海市等地结合自身发展优势,陆续出台了加快区块链产业发展的专项扶持政策,积极探索区块链产业发展路径。因而在实践中,各地区块链应用与发展各有侧重,北京、广东比较注重区块链在政务领域的应用,浙江、四川提出建设区块链基础设施,海南、重庆重点强调区块链在金融领域的应用。

(三)行业规范

在技术应用和发展的转型时期,法治不完备是一种正常现象。区块链应用与发展日新月异,对区块链在具体领域应用的法律风险难以一一通过立法加以规制。有学者指出,对于面向公众的区块链网络必须满足哪些内部治理要求,现有法律并无规定,因此使用者只能任凭网络的创始人和开发者随意制定内部治理框架并选择通过技术代码实施,尽管可能不会出台强制性法律标准,但制定区块链治理的最低标准指日可待。① 我国《区块链信息服务管理规定》第4条规定:“鼓励区块链行业组织加强行业自律,建立健全行业自律制度和行业准则,指导区块链信息服务提供者建立健全服务规范,推动行业信用评价体系建设,督促区块链信息服务提供者依法提供服务、接受社会监督,提高区块链信息服务从业人员的职业素养,促进行业健康有序发展。”我国区块链产业规模呈现不断扩大的明显趋势,为促进区块链行业安全有序发展,共建共治共享行业生态,深圳等地探索制定了《区块链行业自律公约》,为区块链应用与发展提供了行业的监管依据。此外,数字藏品作为区块链技术创新应用之一,范围已涉及

---

① 参见[英]凯伦·杨:《区块链监管:“法律”与“自律”之争》,林少伟译,载《东方法学》2019年第3期。

多个领域,为了推动基于区块链的数字藏品行业健康有序发展,共同维护良好的市场秩序和行业环境,可信区块链推进计划数字藏品项目组发起了《可信数藏计划自律守则》,目前已有包括腾讯、百度、京东、趣链、红洞、纸贵等数十家单位正式签署了该自律守则。[①] 应当肯定的是,加强区块链行业自律是规范区块链应用与发展的重要路径,能够有效维护行业秩序。

第二节　我国区块链监管的行动逻辑

区块链不同于传统的数据库,不需要集中维护,而是由一个遍布全球的点对点网络来共同管理,组成这一网络的数以万计的计算机被称为"点"或"节点",这些节点上存储着相同的区块链副本,并借助软件协议来精准地控制各个节点如何储存数据,如何参与交易,以及如何参与执行代码。[②] 通过区块链,陌生主体通过分布式的协同记账建立起点对点的信任,令互联网有了传递信任的能力,从而对利益分配机制和社会生产关系产生巨大颠覆。区块链和互联网并没有本质的不同,加强区块链监管有利于不断拓展区块链技术的落地和应用,基于社会治理的现实需要,必须明确区块链应用的监管目标、监管对象、监管主体和监管方式等问题。

一、区块链监管目标

人类社会生活进入数据化时代,在计算机信息产业发展过程中产生了许多新型技术,区块链就是其中之一。习近平总书记在主持中央政治局第十八次集体学习时强调,要抓住区块链技术融合、功能拓展、产业细分的契机,发挥区块链在促进数据共享、优化业务流程、降低运营成本、提升协同效率、建设可信体系等方面的作用。在社会治理过程中,区块链技术的应用能够实时固定人和事

---

① 参见《区块链企业超 1300 家　数字藏品行业自律守则形成》,载东方财富网 2022 年 7 月 15 日,https://finance. eastmoney. com/a/202207152451302014. html。

② 参见[法]普里马韦拉·德·菲利皮、[美]亚伦·赖特:《监管区块链:代码之治》,卫东亮译,中信出版集团股份有限公司 2019 年版,第 7 页。

的关键数据,不容篡改,这不仅为穿透监管目标的达成提供了便利与平台,而且使被监管者能够通过链上可信数据做到"自证清白",从而自动合规。[①] 为此,在社会治理领域,对链上的人和事等要素的有效监管成为区块链的重要监管目标。

(一)人的穿透

区块链网络是去中心化的,所以可以通过匿名让别人无法知道个人的真实身份,这吸引了不少犯罪分子利用区块链从事各种网络犯罪或非法交易,例如,加密交换黑客、诈骗项目、市场操纵要求将加密作为赎金或在黑市和暗网上将比特币作为货币。社会治理归根结底是做和人相关的工作,区块链技术的匿名特性可能会成为社会治理的一个威胁。为了防止这种威胁,区块链在社会治理领域的应用首先要对链上的人的身份进行穿透式监管。穿透式监管是强监管的重要工具,依托区块链可以将监管落实到主体、行为、流程等各个关键环节上,最早在金融领域提出,是指透过金融产品的表面形态,将资金来源、中间环节与最终投向穿透连接起来,甄别金融业务和行为的实质,根据产品功能、业务性质和法律属性明确监管主体和适用规则,从而对金融机构的业务和行为实施全流程监管。[②] 除了金融领域,穿透式监管还可以用于各类安全性监管、消费者保护等各个场景。

在传统的互联网中,我们的网络身份都是由网站中心化控制的,不同的网站迫使我们使用不同的身份。当前,个人数据在整个数字生态系统中被共享,大部分数据运行在公开环境下。在区块链赋能数字身份中,借助非对称加密,私钥拥有者可以推导出相应的地址,作为身份的唯一标识符,进而将身份属性通过智能合约进行关联。用户可以选择性地公开身份数据,也可对第三方进行授权使用,同时因为区块链去中心化的特性,服务商之间不必维护用户身份存储,统一从区块链中公开或授权的方式获得相关信息即可。区块链对人的穿透主要解决用户是谁以及是不是用户本人的问题,社会治理主体可以通过数字身

---

① 参见陈文君:《区块链穿透式监管的社会治理应用》,载《上海法治报》2020 年 1 月 8 日,第 6 版。

② 参见陈晓静:《区块链:金融应用及风险监管》,上海财经大学出版社 2018 年版,第 47 - 49 页。

份认证来了解其面对的对象，并且可以根据不同的监管要求对用户身份进行审查。

与此同时，区块链为物联网的发展带来了契机。物联网综合了传统互联网、移动网络、传感器网络等，扩展了新的互联网概念，从而将万物互联互通。近年来，物联网技术的广泛应用为物理世界整合到计算机网络世界创造了机会，从而减少了人力消耗，提升了生产效率和经济效益。然而，物联网在带来开放性、包容性的同时，也不可避免地引入了安全性、匿名性等隐患。在区块链框架中，区块链技术中的公开透明、共识机制、不可篡改特性可以解决物联网中的安全性和匿名性隐患，确保物联网终端自动采集数据并直接上传到链上，从而使物联网设备无须人为干预就可以将数据安全地存储在不同的节点中，并且由物联网和资金链条叠加形成的供应链可以让资金流、物流和信息流互相印证和记录。

（二）事的穿透

社会治理对应具体的社会关系，区块链在社会治理领域的应用能够将体现具体社会关系发生的“事”的流程数据上链，从而通过证据固定实现对社会治理当中各种事项的穿透。

区块链对社会治理环节的事项穿透主要是通过专门的区块链信息服务提供方，将事件发生各个环节的音频、视频、文档、代码等电子文件计算出哈希值，进而把哈希值上传存证到相应的链上，从而达到固定重要事项法律事实的目的。区块链节点的哈希算法的应用可以有效地避开隐私信息的直接暴露，再加上对数据的非对称加密，即使其他人截取到了公钥，以现在的技术也没法由公钥推算出私钥，从而在很大程度上降低了信息中隐私数据的泄露风险。① 哈希值也称数据指纹，用数据指纹采集的方式固定证据不碰触数据原文，即使数据指纹泄露，也无法通过数据指纹推测出原文，穿透式监管充分利用了哈希值这个数据指纹的特点，只固定证据而不揭示证据，当需要取证时才会重新出示原文进行比对，该种方式最大程度地实现了自证清白，穿透事实但不穿透秘密，灵

---

① 参见李乃权：《基于区块链的隐私数据安全综述》，载《网络安全技术与应用》2022 年第 1 期。

活且有弹性,能够有效保护商业秘密和个人隐私。[①] 2018 年 9 月 6 日发布的最高人民法院《关于互联网法院审理案件若干问题的规定》指出,当事人提交的电子数据,通过电子签名、可信时间戳、哈希值校验、区块链等证据收集、固定和防篡改的技术手段或者通过电子取证存证平台认证,能够证明其真实性的,互联网法院应当确认。由此可见,区块链存证目前已经得到了官方的认可。

对于社会治理领域区块链应用的监管目的在于增强社会的信任,社会信任对于促进社会和谐稳定具有重要意义。区块链技术的广阔应用场景与社会治理多元化需求具有一致性,这为运用区块链技术推动社会治理提供了供需动力。[②] 在区块链穿透式监管的社会治理方案当中,关键数据上链是增强社会信任的基本要求,区块链技术中的分布式网络结构设计可以让数据存储锚定,不容篡改,从而将数据变成可信数据,在司法节点的证明下,还可以变成有法律效力的重要证明信息。从数据上链的角度来看,区块链虽然不能百分百保真,但是实时固定有利于最大限度记录事实真相。此外,嵌套节点是穿透式监管通过区块链监管的重要模式,在具备区块链技术底层的经济活动中,监管者以"监管节点""观察节点"加入被监管机构的联盟链,即"嵌套"入链条,节点具有获得全链所有实时信息,最后达到业务各方单点记账、全网广播、监管者实时接收全部广播信息并根据业务逻辑和实际情况采取实时监控或实时固定合规证据,事后监管的方式。[③] 以法链存证为例,该平台是一家区块链存证及出证一站式服务提供商,该平台将电子文件的签署时间、签署主体、文件哈希值等数字指纹信息广播到法链所有成员的节点上,信息一经存储后无法篡改、随时可查询,从而满足电子证据司法存证需求。

二、区块链监管架构

目前,区块链技术已上升为国家战略,并被纳入新基建的信息基础设施范畴。2019 年 1 月 10 日,国家互联网信息办公室室务会议审议通过了《区块链信

---

① 参见陈文君:《区块链穿透式监管的社会治理应用》,载《上海法治报》2020 年 1 月 8 日,第 6 版。

② 参见张佳星、谢熠、彭凯平:《区块链与社会治理:契合、优势与风险》,载《社会发展研究》2020 年第 1 期。

③ 参见陈文君:《区块链穿透式监管的社会治理应用》,载《上海法治报》2020 年 1 月 8 日,第 6 版。

息服务管理规定》,该规定的出台明确了中国境内的区块链监管主体——国家互联网信息办公室。从而形成了以国家互联网信息办公室为监管主体,以工业和信息化部为标准制定主体,以行业协会等为自律主体的三层监管架构。

(一)以国家互联网信息办公室为监管主体

国家互联网信息办公室成立于2011年5月,主要职责包括落实互联网信息传播方针政策和推动互联网信息传播法制建设,指导、协调、督促有关部门加强互联网信息内容管理,负责网络新闻业务及其他相关业务的审批和日常监管,指导有关部门做好网络游戏、网络视听、网络出版等网络文化领域业务布局规划,协调有关部门做好网络文化阵地建设的规划和实施工作,负责重点新闻网站的规划建设,组织、协调网上宣传工作,依法查处违法违规网站,指导有关部门督促电信运营企业、接入服务企业、域名注册管理和服务机构等做好域名注册、互联网地址分配、网站登记备案、接入等互联网基础管理工作,在职责范围内指导各地互联网有关部门开展工作。[①]《区块链信息服务管理规定》明确了国家互联网信息办公室的区块链监管主体地位,该规定第3条规定:"国家互联网信息办公室依据职责负责全国区块链信息服务的监督管理执法工作。省、自治区、直辖市互联网信息办公室依据职责负责本行政区域内区块链信息服务的监督管理执法工作。"2016年之前,中国鲜见区块链方面的政策文件,2017年和2018年,央行联合其他部委先后出台了《防范代币发行融资风险的公告》和《关于防范以"虚拟货币""区块链"名义进行风险集资的风险提示》两个文件,加强了对假借区块链之名行传销、诈骗等融资炒币活动的监管。随后在出台的《区块链信息服务管理规定》中对区块链采用的是"备案制",其第11条规定,区块链信息服务提供者应当在提供服务之日起10个工作日内通过国家互联网信息办公室区块链信息服务备案管理系统进行备案,备案信息主要包括服务提供者的名称、服务类别、服务形式、应用领域、服务器地址等信息。这意味着,假借区块链之名的"伪"区块链项目可能无法备案,只有真正的区块链项目才能备

① 参见《国家互联网信息办公室设立》,载中国政府网2011年5月4日,http://www.gov.cn/rsrm/2011-05/04/content_1857301.htm。

案。应当肯定的是，备案制的规定对于规范和强化区块链信息服务安全意识、培育中国区块链良好产业生态具有重要指引作用。

（二）以工业和信息化部为标准制定主体

2015年4月20日，中央编办发〔2015〕17号文件——《关于工业和信息化部有关职责和机构调整的通知》将信息化推进、网络信息安全协调等职责划给中央网络安全和信息化领导小组办公室（国家互联网信息办公室）。调整后，工业和信息化部负责网络强国建设相关工作，推动实施宽带发展；负责互联网行业管理（含移动互联网）；协调电信网、互联网、专用通信网的建设，促进网络资源共建共享；组织开展新技术新业务安全评估，加强信息通信业准入管理，拟订相关政策并组织实施；指导电信和互联网相关行业自律和相关行业组织发展。负责电信网、互联网网络与信息安全技术平台的建设和使用管理；负责信息通信领域网络与信息安全保障体系建设；拟定电信网、互联网及工业控制系统网络与信息安全规划、政策、标准并组织实施，加强电信网、互联网及工业控制系统网络安全审查；拟订电信网、互联网数据安全管理政策、规范、标准并组织实施；负责网络安全防护、应急管理和处置。① 其中，区块链技术作为新型互联网技术，为区块链技术和产业创新发展提供标准支撑是工业和信息化部的法定职责。为积极构建完善区块链标准体系，加快推动重点标准研制和应用推广，工业和信息化部指导中国信息通信研究院牵头联合多家企业启动可信区块链推进计划，加快构建可信区块链标准体系，并且明确提出要积极对接ITU、ISO等国际标准组织，实质性参与更多区块链的国际标准化工作。目前，工业和信息化部联合中央网信办发布了《关于加快推动区块链技术应用和产业发展的指导意见》，明确提出要坚持标准引领，推动区块链标准化组织建设，建立区块链标准体系。加快重点和急需标准制定，鼓励制定团体标准，深入开展标准宣贯推广，推动标准落地实施。积极参加区块链全球标准化活动和国际标准制定。

---

① 参见《工业和信息化部机构职责》，载工业和信息化部官网2015年9月16日，https://www.miit.gov.cn/gyhxxhb/jgzz/art/2020/art_4a8ec0f5dc754b30be418107d0de6c1b.html。

（三）以行业协会等为自律主体

在当前的科技创新时代，区块链技术激发了越来越多的全新发展思路，一跃成为由信息互联网时代转向价值互联网时代的核心技术。健康的环境才能促进行业蓬勃发展，面对全球各国积极拥抱区块链以及不断加快其应用落地的整体形势，以及随之而来的肆意蔓延的概念炒作等行业焦虑，如何在加强行业监管的同时加强行业自律，更好地推动区块链行业健康可持续发展，成为各大企业的关注焦点。对此，《区块链信息服务管理规定》第 4 条规定："鼓励区块链行业组织加强行业自律，建立健全行业自律制度和行业准则，指导区块链信息服务提供者建立健全服务规范，推动行业信用评价体系建设，督促区块链信息服务提供者依法提供服务、接受社会监督，提高区块链信息服务从业人员的职业素养，促进行业健康有序发展。"这为区块链行业组织加强行业自律提供了重要政策依据，也是基于此，越来越多的企业开始探索加强行业自律的发展路径。比如 2021 年 6 月 17 日，由西安市区块链技术应用协会组织发起，中关村区块链产业联盟、上海区块链技术协会、深圳市信息服务业区块链协会、陕西省区块链技术应用协会、江西省区块链行业协会、南京区块链产业应用协会、榆林市区块链产业协会八家机构基于我国当前区块链行业的高速发展现状，对区块链企业及从业人员自身责任感、区块链行业合规化发展的深度思考，在 2021 中国西部数字经济博览会暨第二届中国西安区块链产业发展论坛上，共同发布了《关于加强行业自律促进区块链行业健康发展的联合倡议书》，旨在营造自律、诚信、守法、合规的行业环境，推动区块链行业健康有序、高质量、可持续发展。

三、区块链监管对象

《区块链信息服务管理规定》第 2 条规定："在中华人民共和国境内从事区块链信息服务，应当遵守本规定。法律、行政法规另有规定的，遵照其规定。本规定所称区块链信息服务，是指基于区块链技术或者系统，通过互联网站、应用程序等形式，向社会公众提供信息服务。本规定所称区块链信息服务提供者，是指向社会公众提供区块链信息服务的主体或者节点，以及为区块链信息服务的主体提供技术支持的机构或者组织；本规定所称区块链信息服务使用者，是指使用区块链信息服务的组织或者个人。”据此可知，区块链技术是该规定的主要调整对象，该条规定不仅明确了《区块链信息服务管理规定》的调整范围，而且明确了监管机关的主要监管对象。

（一）区块链信息服务提供者

根据《区块链信息服务管理规定》，区块链信息服务提供者指的是向社会公众提供区块链信息服务的主体或者节点，以及为区块链信息服务的主体提供技术支持的机构或者组织。这里一方面明确了“主体”和“节点”是区块链信息服务提供者，另一方面明确了区块链信息服务技术支持的机构或者组织也是区块链信息服务提供者，他们都是区块链信息服务监管的主要对象。其中，如果向社会公众提供区块链信息服务的主要形式是互联网站、公众平台以及软件，那么主体是这些载体的运营者，这个运营者可以是个人，也可以是组织或机构。按照区块链备案系统所进行的分类，主体主要包括两类：一类是基础设施类主体；另一类是应用类主体。[①] 至于提供区块链信息服务的“节点”，其就是一个区域的提供区块链信息服务的服务器。因为在互联网区域，一个企业所有的运行数据都在一个服务器里，那么这个服务器就是节点。区块链网络没有中心服务器，只拥有众多的节点，操作一个节点的可以是普通的钱包用户、“矿工”和多个人协作。那么，这里所说的“技术支持”究竟是何种程度、何种类型的技术呢？

一般而言，“技术支持”的范围比较广泛，既包括区块链技术，也包括和区块链相关、与区块链技术有交互的技术，如云计算、大数据和人工智能等其他相关技术，主要强调的是它们为区块链信息服务的应用提供了专业化和系统性的支持，比较常见的技术支持包含硬件制造商和互联网服务提供商的支持。具体而言，当前基于区块链的网络是依赖互联网的数据交互发展的，并在 TCP/IP 协议之上运行，区块链的应用与计算力密切相关，除算法外，区块链依赖的计算力与硬件密切相连。[②] 因而，《区块链信息服务管理规定》详细规定了区块链信息服务提供者在落实信息内容安全管理以及建立健全用户注册、信息审核、应急处

---

① 参见贾翱：《区块链信息服务监管对象研究——以〈区块链信息服务管理规定〉第二条为中心》，载《大连理工大学学报（社会科学版）》2020 年第 2 期。

② 参见王文、刘玉书：《区块链发展亟待有效监管》，载《经济日报》2018 年 10 月 11 日，第 16 版。

置、安全防护等管理制度方面的责任。

(二)区块链信息服务使用者

无论是传统互联网还是区块链网络,都不能成为违法犯罪的"温床",区块链监管除了要对区块链信息服务提供者进行监管之外,还要对区块链信息服务使用者进行监管。根据《区块链信息服务管理规定》,区块链信息服务使用者是指使用区块链信息服务的机构或者个人。在对区块链信息服务使用者加强监管的制度设计中,《区块链信息服务管理规定》第10条明确指出,区块链信息服务使用者不得利用区块链信息服务从事危害国家安全、扰乱社会秩序、侵犯他人合法权益等法律、行政法规禁止的活动,不得利用区块链信息服务制作、复制、发布、传播法律、行政法规禁止的信息内容。否则,将按照《区块链信息服务管理规定》第16条的规定进行处理,即区块链信息服务提供者应当对违反法律、行政法规规定和服务协议的区块链信息服务使用者,依法依约采取警示、限制功能、关闭账号等处置措施,对违法信息内容及时采取相应的处理措施,防止信息扩散,保存有关记录,并向有关主管部门报告。因此,作为一个区块链信息服务的使用者,只要不违反《区块链信息服务管理规定》第10条的规定,并配合区块链信息服务提供者的要求进行身份认证,就可以认为是遵守了管理规定。

四、区块链监管方式

根据工业和信息化部发布的《2018年中国区块链产业白皮书》,区块链几乎能在所有的产业中落地,因为大部分产业有提效率、降成本、优化产业诚信建设的需求,正因如此,对区块链技术的加紧研发在企业科研竞赛中十分重要。[①] 因而,规范区块链在各行各业中的落地和应用极其必要。从目前的监管实践来看,我们对区块链主要采用了行政监管、自我监管和法律监管三种方式。

(一)行政监管

在区块链监管方面,政府扮演着非常重要的角色。工业和信息化部发布的

---

① 参见王明卓:《区块链信息服务提供者的法律监管路径初探》,载《上海法学研究》集刊2020年第15卷。

《中国区块链技术和应用发展白皮书(2016)》建议各级政府主管部门借鉴发达国家和地区的先进做法,结合我国区块链技术和应用发展情况,及时出台区块链技术和产业发展扶持政策,重点支持关键技术攻关、重大示范工程、"双创"平台建设、系统解决方案研发和公共服务平台建设等。那么各级政府及其主管部门自然有义务探索区块链的监管之道。适度的监管不仅不会对区块链构成利空,反而可能是利好。[①] 我国《区块链信息服务管理规定》明确规定,国家互联网信息办公室和各省、自治区、直辖市互联网信息办公室负有相应的监督管理执法职责。从目前各国发展区块链实践来看,政府利用行政监管的方式既可以为人们提供这项新型技术更多利弊信息以帮助人们作出是否要与特定区块链系统进行交易的决策,也可以采取严格的监管制度在注册审查、备案审查、执法检查、行政处罚等环节禁止特定的行为,当然也可以作为"矿工"参与到区块链网络中,在网络治理方面发挥积极作用。

(二)自我监管

除了前述行政监管外,自我监管也是区块链监管的一种重要方式。所谓自我监管,是指区块链网络自觉地调整自己的动机和行为,使之符合一定社会或阶级的规范要求,实现预期目标的一种方法。区块链依赖分布式共识运作,所有"矿工"和其他支持这一去中心化数据结构的人,有权通过共识来确保法律或社区规则的适用,他们也充当了"法官"的角色,有权实施区块链网络的规则或价值,如果网络节点多到可以达成一致,他们就可以采取行动制止非法活动。[②] 自我监管的本质是允许区块链各个节点自主决定如何行为,它消除了对中心化机构的依赖。实践中,不同的区块链网络有不同的社会规范,并将这些社会规范作为直接监管的依据。

(三)法律监管

任何一项新型科学技术如果运用不当,都会危害人类社会发展,法律监管

① 参见杨东:《区块链+监管=法链》,人民出版社2018年版,第436页。

② 参见[法]普里马韦拉·德·菲利皮、[美]亚伦·赖特:《监管区块链:代码之治》,卫东亮译,中信出版集团股份有限公司2019年版,第205页。

是确保区块链技术应用和发展的重要保障。区块链可以在社会治理领域广泛应用,其去中心化特点将进一步冲击单一化、集中化的法律监管模式,也必然能够影响人们社会生活的各个领域。由于数字时代的法律规范出现了"代码化"的现象和趋势,相应的法律关系也必然会发生变化,不仅权利义务的产生机制会发生变革,法律关系的主体也会发生变革。① 在这种背景下,通过与时俱进的法律规则对区块链进行监管之所以必要,是因为区块链是数字世界里围绕数据的记录、组织和传播的一种新技术,可以对数据规则进行数据治理,它的发展将引起生产关系的变革和重构,能够超越技术层面,实现法律和利益分配机制层面上的改造和重构。比如针对近年来基于区块链技术兴起的虚拟货币,《关于进一步防范和处置虚拟货币交易炒作风险的通知》就指出,开展法定货币与虚拟货币兑换业务、虚拟货币之间的兑换业务、作为中央对手方买卖虚拟货币、为虚拟货币交易提供信息中介和定价服务、代币发行融资以及虚拟货币衍生品交易等虚拟货币相关业务活动涉嫌非法发售代币票券、擅自公开发行证券、非法经营期货业务、非法集资等非法金融活动,一律严格禁止,坚决依法取缔。对于开展相关非法金融活动构成犯罪的,依法追究刑事责任。

第三节 区块链社会治理

社会治理迫切需要路径创新以打破现实困境。2019 年 10 月 31 日,党的十九届四中全会通过了《关于坚持和完善中国特色社会主义制度 推进国家治理体系和治理能力现代化若干重大问题的决定》,该决定指出,"必须加强和创新社会治理,完善党委领导、政府负责、民主协商、社会协同、公众参与、法治保障、科技支撑的社会治理体系,建设人人有责、人人尽责、人人享有的社会治理共同体"。区块链是近年来极具革命性的一项计算机技术新型应用模式,是以分布式数据存储、点对点传输、共识机制、加密算法等方法按照时间顺序将数据区块以顺序相连的方式组合成的一种链式数据结构,并以密码学方式保证的不可篡

---

① 参见马长山主编:《数字法治概论》,法律出版社 2022 年版,第 17 - 18 页。

改和不可伪造的分布式账本。随着城镇化进程和社会流动不断加快,社会治理体系和治理能力面临着日益严峻的考验。实现社会治理数字化、精细化、智能化,需要在维护国家安全、加强社会治安防控体系建设、防范化解社会矛盾风险、切实保障公共数据安全、培育社会信任、推动社会共治等社会治理领域充分发挥区块链技术优势,通过区块链赋能创新社会治理路径,打造共建共治共享的社会治理新格局。

一、区块链与维护国家安全

作为战略性前沿技术的区块链与国家安全关系极为密切,未来区块链在推动经济社会发展进步的同时,必然给各国政治、经济、军事、文化、社会等领域的安全带来巨大影响。① 目前,全球很多国家对这一全球性的颠覆性技术寄予了很大的期望,世界各主要国家和地区纷纷布局区块链发展和应用探索,以美国、俄罗斯、以色列等为代表的国家极为重视区块链技术在网络安全领域的应用。其中,美国国会发布的《2018 年联合经济报告》专门讨论了加密货币和区块链问题,明确指出要将区块链技术作为保护美国数字基础设施的潜在工具,以防止网络攻击和威胁对经济和关键基础设施造成巨大损失。在俄罗斯,国防部于 2018 年启动了区块链研究实验室,专门分析和研究区块链技术如何用于识别网络攻击并保护关键基础设施。在以色列,证券管理局从 2018 年就已经开始利用区块链技术来改善和应对网络信息安全问题。

区块链技术包含分布式存储技术、非对称加密技术、智能合约、共识机制四大核心技术,不仅能够改善数据记录保存和增强数字身份认证,而且可以保护物联网设备安全以防止服务攻击,在应对网络安全方面具有积极作用。据资本实验室发布的《2022 全球区块链应用市场报告》,2021 年全球通信/安全领域的区块链应用案例涵盖范围较广,包含通信网络建设/服务、数据/存储保护、身份管理、AI/物联网、链上安全等多个应用场景。事实上,在网络安全领域之外的国家安全领域,区块链应用场景应用也日益增多。比如在经济安全领域,根据

① 参见穆琳:《总体国家安全观视角下的区块链与国家安全》,载《信息安全与通信保密》2020 年第 1 期。

《2022区块链技术与金融应用安全白皮书》统计，金融是区块链应用场景中探索最多的领域，以银行等金融机构为应用重点，互联网企业等科技公司参与共建，目前在SCF、贸易融资、跨境金融、信用证、资金监管等具体业务场景中都有具体的应用落地。在军事领域，区块链可以广泛应用于保密支付、供应链管理、外部供应链审计、国防合同管理、加密通信终端、身份认证管理、网络和数据冗余、无人机管理、反黑客入侵检测、反恐追踪和制裁等多个场景。

二、区块链与社会治安防控体系建设

加强社会治安防控体系建设是推进社会治理工作布局现代化的基本要求。公安机关是社会治安防控体系建设的主体，近年来，公安部门在促进智慧城市建设和提高执法服务质量的过程中，极为重视将大数据、云计算、人工智能等技术同公安工作相结合开展智慧警务建设，促进公安信息化系统协调运作，实现资源整合、数据共享。但是，在目前的社会治安防控体系建设实践中，公安机关数据采集使用、信息孤岛等问题严重制约公安机关工作效率。比如，在数据使用方面，由于各地信息系统建设技术规范不一致，部门之间缺乏协调机制，各地数据兼容性差，出现了大量重复采集数据和数据孤岛的现象，并且无法实现共享。此外，目前公安机关采用的底层技术相对落后，其采用传统的数据存储方式决定了其系统安全系数不高，各级警务部门、业务单位、信息系统都承载着海量的数据资源，尤其是在“云上”技术迅速发展的今天，各类信息向云服务器集中，而服务器一旦受到攻击或出现技术问题，存储的数据信息将面临严重威胁。①

在这样的背景下，作为一种新型底层技术的区块链，以其去中心化和更安全的特点，为智慧警务建设更新升级提供了技术支撑。加强区块链在社会治安防控体系建设中的运用，不仅可以解决数据的重复采集问题和减轻系统运行负担问题，而且可以在更大程度上挖掘数据之间的关联性以保证数据共享，调动共识机制各方共同维护信息系统安全。虽然在现代警务中，公安机关为了适应

---

① 参见杨德浩：《信息社会背景下区块链技术对现代警务的赋能》，载《上海公安学院学报》2020年第5期。

加强社会治安防控体系建设的时代要求，持续推进信息化建设并取得了一定成效，但是长远来看，区块链广泛应用于社会治安防控体系建设，实现数据共享和数据安全，仍有较大空间，比如与物联网技术的结合可以解决物联网技术所面临的遭遇恶意软件攻击、可扩展性差、中心数据库处理效率低等问题。与人工智能、大数据的结合能够使数据在收集—识别—分析—反馈（存储）的过程中提高数据分析与处理结果的准确性。运用区块链技术构建跨警种信息共享平台，能够提升公安机关协同作战的能力。实践中，已经有不少地方关注到了区块链在解决人民群众反映较多的警务部门接警处响应慢、受案立案环节监督难、服务群众效率低等问题上的积极意义，并且开始策划区块链技术在规范和监督民警前端执法行为、强化"情指勤舆督"一体化实战化运行各个关键节点中的应用场景。

三、区块链与社会矛盾风险防范化解

矛盾纠纷化解是基层社会治理的"神经末梢"，事关群众切身利益，需要充分发挥调解、仲裁、行政裁决、行政复议、诉讼等在防范化解社会矛盾中的积极作用。数字化浪潮之下，人民法院不断挖掘区块链技术在司法领域应用的广度和深度，为当事人提供更高水平的司法服务，最高人民法院发布的《关于加强区块链司法应用的意见》进一步推进人民法院运用以区块链为代表的关键技术加速数字化变革。实践中，在杭州、北京、广州三家互联网法院的主导下，分别搭建了"司法区块链""天平链""网通法链"等电子证据平台，以区块链技术累积存储了海量电子证据，大幅提升了办案效率，拓展了区块链的司法运用场景，并产生了广泛影响。区块链具有去中心化、不可篡改、智能合约等特性，这些特性使存储在其中的信息数据更加可靠，在司法存证验证领域具有独特的技术优势，可以进一步提升司法工作质效。实际上，司法区块链应用原理并不复杂，智能合约司法应用将合同的签约、履约、催告等行为实时记录在司法链上，实现了交易链路全流程自动存证和执行，从而从源头上固定了什么人在什么时间通过什么网络做了什么事的事实。①

---

① 参见张晨：《区块链技术带来司法"加速度"》，载《法治日报》2022 年 6 月 9 日，第 6 版。

利用区块链技术化解矛盾纠纷，能够有效提高矛盾纠纷化解能力和水平。比如在调解领域，为防止上传后的证据在流转过程中消亡或者被篡改，借助区块链技术的调解平台可以将上传后的证据直接存证于调解区块链平台，协议上链成功后，当事人在调解过程中可以通过哈希值对比确定在调解平台上申请证据核验，从而验证数据有无被篡改，这样一来，即使当事人身处两地，也仍然可以在调解过程中真实地完成举证和质证。在公证领域，利用区块链底层技术将用户在公证处系统上传的关键数据进行证据固化上链，不仅可实时在线查验，而且能够避免数据上传、存管过程中产生的纠纷，从而提升公证业务数据存管法律质效。在仲裁领域，融合区块链、全证据链等先进技术，可以将仲裁业务关键数据以分布式方式存储在联盟区块链的各个节点上，将实时保全的数据形成完整的证据链，发生纠纷后，仲裁委可以在线核验存证证据，快速进行后续的仲裁流程，仲裁中还可以实现智能化、批量化处理，解决仲裁通知等文书电子送达问题，大幅提高案件审理和执行效率。区块链技术全程留痕和可追溯的特性，能够通过数据加密保障数据安全，进而打通各部门间的系统壁垒，从而为建立一个各部门共同参与，集诉讼、调解、仲裁、行政执法、公证等为一体的大数据平台提供技术支撑。

四、区块链与公共数据安全保障

公共数据是支撑党政机关整体智治、数字政府、数字经济、数字社会、数字法治的重要基础资源，是推动经济社会发展和社会治理能力现代化的关键生产要素。国务院印发的《"十四五"数字经济发展规划》指出要坚持"创新引领、融合发展，应用牵引、数据赋能，公平竞争、安全有序，系统推进、协同高效"的原则，对"十四五"时期我国数字经济发展作出了整体性部署，明确提出到2025年，数字经济核心产业增加值占国内生产总值比重达到10%，数据要素市场体系初步建立，产业数字化转型迈上新台阶，数字产业化水平显著提升，数字化公共服务更加普惠均等，数字经济治理体系更加完善。目前，我国数据安全立法体系虽然日渐完善，但是社会治理还面临着缺乏网络安全防护能力和缺乏数据安全保障能力的问题，公共数据安全体系建设与公共数据开放国家战略要求之间仍有较大提升空间，特别是在各国数据安全立法进度参差不齐的情形下，公共数据安全在越来越多的节点中面临着极其复杂的网络环境，这加大了数据安全问题反追溯的难度。

溯源不仅可以获得流动人员的行动轨迹，还能分辨产品的真伪，政府、企业等机构应用了大数据、物联网以及云计算等技术，竭力保证溯源数据的安全可靠，然而，数据仍面临着完整性和安全性等问题，在此方面，区块链技术有很大的优势。在应用区块链时，如果出现数据被恶意篡改的情况，其中运行节点会对比账本信息的一致性，实施相应的措施并保障原有数据的安全。[①] 区块链可以保障上链后的数据安全流转，在流转中需要网络的转发，因此区块链需要多技术加持，方能保障数据要素上链前、上链中、上链后期的数据采集、流转、分析的全封闭安全闭环。具体而言，区块链通过数据区块和链式结构来存储数据，每个数据区块包括区块头和区块体两部分，都有唯一的哈希值作为区块地址与之对应，当前区块通过存储前一区块哈希值与前一区块相连，从而形成链式结构，区块头中封装了前一区块链的哈希值、时间戳、Merkle 树根值等信息；区块体存储交易信息，即由区块链记录的数据信息，每笔交易都由交易方对其进行数字签名，从而确保数据未被伪造且不可篡改，每一笔已完成的交易都将被永久性地记录在区块体中，供全体用户查询，全部交易数据基于 Merkle 树的哈希过程生成唯一的 Merkle 树根值存储在该区块的区块头中，Merkle 树这种存储结构极大地提高了查询和校验交易信息的运行效率和扩展性；同时，每个区块生成时，都由区块的记账者为区块加盖时间戳，标明区块产生的时间，随着时间戳的增强，区块不断延长，从而形成一个拥有时间维度的链条，使数据能够按时间进行追溯，从而保证数据的可追溯性。[②] 因而，基于区块链技术的治理系统能有效解决信息中心机构及中心节点在发生故障或遭受攻击时造成的数据丢失及泄露难题，使公共数据信息储存和传播的安全性更有保障。

五、区块链与推动社会共治

信任被认为是推动社会共治和促进经济社会发展的重要社会资本，随着传

---

① 参见张帅、项伟：《基于区块链对溯源数据的多方共享系统》，载《计算机系统应用》2022 年第 6 期。

② 参见刘敖迪等：《区块链技术及其在信息安全领域的研究进展》，载《软件学报》2018 年第 7 期。

统城乡二元结构向新型城镇化转型，以往单位主导的计划经济模式和行政主导的街道管理模式不再适应转型之后的社会治理需要，特别是城市社区居民组织化程度较低、缺乏参与治理的有效渠道和机制成为社区治理面临的主要困境，[①]社区的家庭和居民个体均处于原子化的隔绝状态，加上缺乏有效的社会联系而无法自发地形成普遍的社会信任。区块链技术的产生以其自身技术优势重新定义了社会信任与信用，并推动社会信用由人和制度的信用向数字信用转变、中心化的机构信用向去中心化的系统信用转变。[②] 利用区块链技术变革创新社会治理路径是新时代社会治理转型的题中之义，区块链技术在社会治理中大有可为，可以有效培育社会信任和有力推动社会共治。

社会治理需要多元主体协商共治，治理合力匮乏就会造成决策过程的复杂化、碎片化、无序化，且会在一定程度上剥夺居民参与治理的空间。[③] 区块链的共识机制要求基层社会治理各主体之间以主体互信共治为前提，遵守共同协议并履行义务，共同管理和协调整个治理网络，共同维护和监督数据安全，并自发协同参与基层社会治理活动。区块链的时间戳保证了基层社会治理各环节信息的可追溯性、安全性、客观性，同时，信息加密以及密钥算法保证了信息的不可篡改性，为化解基层治理中可能出现的纠纷提供了解决依据。基于联盟链形式形塑多元主体治理合力，不仅能够保证参与基层社会治理的各主体成为联盟链的各个组成节点并以此开展治理活动，同时设置一定的准入机制和协议，还能促进各主体对基层社会治理资源的共建、共治、共享。

---

① 参见王德起、林小莉、何晶彦：《“党建＋区块链”：城市社区治理新路径》，载《城市学刊》2020年第6期。

② 参见张佳星、谢熠、彭凯平：《区块链与社会治理：契合、优势与风险》，载《社会发展研究》2020年第1期。

③ 参见王德起、林小莉、何晶彦：《“党建＋区块链”：城市社区治理新路径》，载《城市学刊》2020年第6期。

第十章　区块链司法

第一节　人民法院区块链制度建设

一、构建法院区块链的意义

区块链技术的集成应用在本轮科技革命与产业变革中发挥着重要作用，我国国家战略已将区块链技术列为国家治理重要支撑技术。最高人民法院要求积极推进互联网、人工智能、大数据、云计算、区块链、5G 等现代科技在司法领域的深度应用，努力把智慧法院建设提升到新水平。[①] 在此指导下，运用区块链技术的独特优势构建法院区块链，推进司法改革，提高司法效能，将是发展"区块链 + 司法"模式的重点。

近年来，我国一直致力于发展互联网司法，建立互联网法院，司法领域对区块链技术持积极的研究态度，在法律规则与技术标准方面积累了丰富的经验，已经取得的实践探索和机制建设成果为区块链技术与司法融合奠定了系统的架构基础。区块链技术已被全国诸多法院选择作为发展数字化业务的重要底层技术，在其实践应用中展现出了独特的价值功能。

（一）净化司法环境，促进审判公正

首先，法院区块链能够有效防止司法腐败。法院区块链能对审判者与当事人的身份信息进行隐匿处理，排除权力、财物、人情等因素干涉，从根本上减少

---

① 参见《最高人民法院关于人民法院贯彻落实党的十九届四中全会精神 推进审判体系和审判能力现代化的意见》，载最高人民法院公报网，http://gongbao. court. gov. cn/Details/247b997dce1ba3c979858f8bb3edc7. html。

司法腐败的可能,缔造清明的诉讼环境。其次,法院区块链能够有效保护当事人隐私。诉讼当事人可以通过法院区块链的"非对称密码"技术做到精细化数据授权,解决现下软件、快递等服务需要实名认证带来的隐私侵害危险,建立当事人与法院间的信任关系,促进司法公正。最后,法院区块链能优化诉讼程序并整合回避及错案追责等可操作性较弱的制度,在提高法院办案效率的同时维护司法公正。

(二)提高司法效率,缓解法院压力

构建法院区块链能将本由审判者处理的大量枯燥的程序性工作交由区块链科技手段进行高效解决,这实质上是对诉讼程序的一种智能化、数字化程序分解与重构。如法院可以运用区块链技术对文书材料与诉讼证据进网络化的传输、存储、审理、执行;无须审判者干预介入即可完成立案、组庭、审判流程管理、失信惩戒等程序,优化诉讼结构,节约诉讼时间,降低诉讼成本,缩短诉讼周期。因此,构建法院区块链能使诉讼流程简化,提高法院诉讼效率,缓解法院诉讼压力。

(三)有效化解司法审判者的职业风险

在法院进行司法工作的过程中,司法审判者面临案件积压、行政干预、利益诱惑等诸多风险因素,构建法院区块链便能通过程序设计和制度过滤将困扰审判者、影响审判工作的风险因素进行滤化,在保障审判者生命安全的同时减轻其精神压力,维护其心理健康。[①]

二、法院区块链建设的重点

目前,法院区块链构建工作已取得初步成果,许多法院已在诉讼服务的提升、智慧法院的搭建、区块链与诉讼程序的结合等领域进行了实践,在提升智慧司法水平、助力经济社会高质量发展中发挥了重要作用。区块链技术在我国司

---

① 参见陈文、孙梦龙:《司法区块链的诉讼程序价值、功能及链际建设》,载《法治论坛》2021 年第 3 期。

法领域的融合应用已向纵深发展，进一步明确细化区块链技术在审判执行工作中的应用场景是当前法院区块链建设工作的重点。①

(一)发展智慧诉讼，优化诉讼流程

要提高智慧诉讼服务的质量，就要发挥区块链“防篡改、可校验、可追溯”的特性，以法院区块链的构建促进审判方式改革。

1. 保证诉讼活动真实性

当事人线上申请立案、网络庭审、交换证据时，要将个人身份信息、电子证据等资料进行上链储存。这样既能随时有效地进行数据校验与追溯，防止电子数据被篡改，又能促进数据高效流转，优化整个诉讼流程。

2. 提升办案活动透明性

法院区块链的构建能为在线办案提供技术支持与帮助，可以运用区块链系统将案件诉讼全周期的法律文书进行固化存证，探索智能送达新路径，解决送达困难顽疾，增强法院办案公信力，实现智慧法院网络化、智能化、阳光化的“三化”目标。

(二)助力审判执行，提高办案质效

传统电子证据的真实性难以保障，而法院区块链能以技术优势补强这一缺点。

1. 推进人工智能司法运用

区块链与人工智能同为助力司法智慧化的新兴科技手段，将二者有机结合，既可简化案件审理流程，提高办案效率；又能批量化处理案件，生成范式裁判文书，提升办案质量。

2. 推动在线证据制度发展

在最高人民法院的主导下，我国已搭建了 32 个人民法院区块链统一平台节点，存证高达 3 亿条，缓解了电子证据取证、存证、认证等环节存在的困难。一些互联网法院还探索了跨链技术，搭建司法联盟链并打通合同链、存证链、金

---

① 参见颜卉:《抓好区块链司法应用的着力点》，载《人民法院报》2022 年 7 月 18 日，第 2 版。

融链、版权链等内外链路，为电子数据产生、储存、传输、校验全生命周期完整性审查提供了创新性技术保障。

3. 促进法院执行工作规范

将法院区块链用于执行工作的记录，包括法院执行人员的财产查控行为、已结卷宗的可信存证、审判转执行的一键式立案及司法拍卖工作等上链存档，可以敦促实现执行全流程的规范化、可信化。

（三）促进司法协同，保障数据流转

构建法院区块链，系统内要促进法院、检察机关、公安机关与司法行政机关协同合作，系统外应鼓励法院与行政执法部门、不动产登记部门、金融保险机构及联合信用惩戒等单位友好沟通协作，实现司法系统内外协同，提升案件相关材料的信息共享水平和在线流转效率。

1. 类型上扩大业务协同范围

整合数据资源，聚合法院、检察院、公安机关、仲裁机构、公证机构等部门数据，便利各方主体查验以打造数据共享的联盟链，并通过链上协作如上链发布与核验失信执行人名单来确保信息在法院内外流转的安全可信，以提升司法联盟链的威慑力与公信力。

2. 地域上扩大业务协同范围

从全国筛选具有可靠资质的联盟链上链，逐步增加最高人民法院的司法链节点协作单位，从而实现并扩大区域链司法应用规模效应，促进区域链内数据流转。

（四）完善社会治理，推动纠纷解决

随着互联网经济的发展，在线交易、在线购物已成为我国居民日常生活中的常见交易形式。同时，金融纠纷、电商纠纷等新型案件呈现出不断增加的态势。此类案件数量大而涉案金额小，给法院工作带来了压力。

1. 大力推广智能合约应用模型

面对互联网经济的发展，应在网络购物、金融消费等领域发展智能合约应用模型，从源头上推动纠纷化解，促进互联网经济社会治理效能提高。

2. 以区块链技术强化智能合约质效

将前端调解平台上的调解人员个人资料、相关音频视频、调解协议进行链上存证,获得双方当事人同意后,将调解协议通过链上节点传递进行司法确认,最终转化为可自动执行的智能合约,实现矛盾纠纷的一站式解决。

3. 以区块链技术强化知识产权案件中公证证据的效力

操作上前移区块链存证时间节点,对知识产权进行即时的上链固化和永久化保存,强化公证证据效力,降低当事人举证难度和成本。①

三、法院区块链建设的探索应用

(一)智慧法院

1. 智慧法院概述

智慧法院是依托现代人工智能,围绕司法为民、公正司法,坚持司法规律、体制改革与技术变革相融合,以高度信息化的方式支持司法审判、诉讼服务和司法管理,实现全业务网上办理、全流程依法公开、全方位智能服务的人民法院组织、建设、运行和管理形态。② 构建智慧法院要坚持需求导向,顺应大数据时代要求,积极运用互联网思维,不断加强和完善法律数据智能化开发与应用,加快智慧法院建设,服务法官办案、服务人民群众,为实现审判体系和审判能力现代化,促进司法为民、公正司法提供有力支持。③

以区块链技术推进智慧法院建设有利于保障司法公正,提高司法效能,提升司法公信力,这是人民司法事业发展的需要,更是新时代人民群众的新期待。

2. 以区块链技术搭建智慧法院体系

(1)运用不同区块链探索智慧法院建设的应用场景。

区块链分为私有链、联盟链和公有链,可以根据其不同的特性通过类型选

① 参见颜卉:《抓好区块链司法应用的着力点》,载《人民法院报》2022 年 7 月 18 日,第 2 版。

② 参见周强:《充分运用信息手段加快建设智慧法院》,载中华人民共和国最高人民法院网 2017 年 6 月 8 日,https://www.court.gov.cn/zixun-xiangqing-47212.html。

③ 参见《"法信——中国法律应用数字网络服务平台"正式上线周强强调 加强法律数据智能化应用积极推进"智慧法院"建设》,载人民法院出版集团网 2016 年 10 月 14 日,http://www.courtbook.com.cn/mtbd/29667.jhtml。

择构建特定的司法区块链。私有链适合智慧法院内部系统构筑,联盟链可用来建造内部智慧司法体系、智慧法院与外部机构合作体系等,公有链适用于智慧法院公共服务体系建设,为公众参与提供便利。

(2)运用区块链建设以审判为中心的智慧司法体系。

在发展司法区块链的过程中,智慧法院的建设不是孤立的,智慧检务、智慧公安也在探索中,以智慧法院为核心节点建立全面智慧司法体系已成为当下重要目标,智慧法院与智慧检务、智慧公安等节点的联动已成必然。各节点间实现有机连接存在两条路径:一为互联网,较区块链而言,互联网构建难度较小,建设成本较少;二为区块链,较互联网而言,区块链成本更高且难度更大,因此目前智慧法院构建中,对区块链的应用尚未全面普及,但区块链具有互联网不具备的独特技术优势。

区块链特有的信息透明、证据难以篡改和自动触发相关司法行为的技术及一体化诉讼模式与全方位诉讼体系能为诉讼服务的全流程提供可靠保障。此外,区块链技术在解决收集证据阶段易发生的篡改、隐匿和毁损证据的难题上具有传统互联网技术难以比拟的优势,可从源头上提高法院办案质效,防范冤假错案发生。目前我国在司法区块链平台建设及电子证据研究等领域已取得了一些优良成果,技术、政策、制度方面都为法院区块链的构建夯实了基础,运用区块链技术建设以审判为中心的智慧司法体系已经势在必行。

(3)运用区块链建设全国统一的智慧法院体系。

最高人民法院顶层设计对智慧法院建设给予了高度重视,各地法院积极响应,探索尝试了诸多具有地方特色的平台系统。从积极角度来看,群策群力的模式能最大限度调动地方法院积极性,在各施所长的同时探索更多可能性。此模式也取得了一些成果,不乏创新优异者为智慧法院体系构建提供新思路;但这种重复式的建造会对各地法院人力、物力、财力造成不必要的浪费,且繁复的平台系统良莠不齐,彼此间难以兼容,无法在全国法院系统进行普及,共享性与协同性有待提高。

智慧法院的建设要遵循统一规划、融合共享、创新驱动、安全发展的总要求,对加快建设智慧法院工作进行整体布局。① 从人民法院业务和职能需求出发,统一化要求以融合共享理念为指导,打造能统一适用于全国各级法院系统的司法管理、诉讼、服务平台。但统一化并不意味着限制地方法院按其所需对平台系统进行改造创新,在构建全国统一化智慧法院体系时,也应鼓励地方法院探索富有地方特点的系统。

3. 运用区块链建设智慧国际司法合作体系

当今国际社会贸易繁荣、合作频繁,但跨国犯罪的问题也日益严重。在实践上,我国解决跨境电商贸易等国际争议时面临的最大难题是证据获取与认定,若各国能构建智慧国际司法合作体系,则可解决这一难题。目前一些国家已在建设智慧法院的基础上进一步探索构建国际范围的智慧司法合作体系,如2018 年欧盟成立欧盟区块链合作伙伴关系,成员方包括英、法、德等 22 个国家,范围涉及保险、医疗、金融、能源、司法等多个领域。② 我国对智慧法院的建设活动也能增强在国际司法协助等领域与他国智慧法院间的智慧司法合作功能,我国将区块链技术作为重要突破点,很有可能激发域外对区块链司法的研发热情,相互影响形成良性循环,进而构建起智慧国际司法合作体系。

智慧国际司法合作体系并非一朝一夕就能够建成的。受认知差异、标准不统一和缺乏安全保障等外部条件制约,以区块链技术构建智慧国际司法合作体系面临较多阻碍,我国可在条件完备时与“一带一路”友好合作国家进行司法区块链试点对接,并以此为基础总结经验,稳步扩大推进。③

(二)司法存证

1. 司法存证概述

区块链司法存证是指以无利害关系的技术为第三方身份(技术和算法充当虚拟第三方),将需要存证的电子数据以交易的形式记录下来,打上时间戳记录

① 参见《最高人民法院关于加快建设智慧法院的意见》,载最高人民法院公报网 2017 年 4 月 12 日,http://gongbao.court.gov.cn/Details/5dec527431cdc22b72163b49fc0284.html。

② 参见王子辰:《欧盟启动新机制“拥抱”区块链技术》,载中国财经网 2018 年 2 月 2 日,https://finance.china.com.cn/roll/20180202/4532647.shtml。

③ 参见孙占利:《运用区块链推进智慧法院建设研究》,载《法律适用》2020 年第 1 期。

在区块中，从而完成存证的过程。[①]

证据素有"法庭之王"的称号，当前司法区块链的运用也大多聚焦于证据领域。[②] 传统电子证据在收集、固定、审查等各环节都存在一定的应用困境，而区块链证据的全流程可信化有利于解决这一难题。

2. 完善区块链存证制度构建

(1)转变电子证据的运用理念。

①利用推定制度完善区块链存证自我认证。传统模式下，我国的电子证据需要结合司法鉴定意见方能发挥作用，如杭州互联网法院审理的区块链存证第一案中，当事人不仅要进行区块链存证，还要向司法鉴定机构申请司法鉴定。[③] 这种模式会提高当事人的举证难度与成本，也会造成司法资源的浪费。最高人民法院《关于民事诉讼证据的若干规定》创新性地规定了五类推定模式，通过建立证据推定制度来完善区块链存证的可采性判断，能够在很大程度上对证据真实性进行补强，同时对区块链电子证据辅以补强佐证，判断其与传统证据的印证关联度，也可以判定证据的效力。

②加大与科技界的跨界合作。以区块链为代表的电子证据在司法实践活动中采信度较低，一个原因为司法工作人员不熟悉电子证据。电子证据蕴含大量的信息科技知识，因此需要公证机关或司法机关鉴定方能被采信。对此应当加大与专业人才的跨界合作，一方面在智慧法院建设中引进相关人才，如聘请技术顾问参与涉及区块链存证的诉讼案件，配合审判者工作，破除审判中的技术壁垒；另一方面建立区块链存证司法专家智库，加强信息科技界与司法界的交流，共同培养区块链技术与证据法专业的复合人才，为法院审理区块链存证案件提供专家咨询服务。[④]

(2)建立区块链存证配套制度。

①建立法院主导的区块链存证平台。现阶段的区块链存证技术在本质上

---

① 参见可信区块链计划：《区块链司法存证应用白皮书(1.0版)》，载中国信通院网，http://www.caict.ac.cn/kxyj/qwfb/bps/201906/t20190614_201169.htm。

② 参见孙占利：《运用区块链推进智慧法院建设研究》，载《法律适用》2020年第1期。

③ 参见杭州互联网法院民事判决书，(2018)浙0192民初81号。

④ 参见田颖：《区块链技术在电子数据存证中的困境及完善路径》，载《河南科技》2022年第9期。

属于联盟链,较私有链而言具有较高的安全性,但与公有链相比还是有所不足。从技术中立角度出发,区块链存证技术大多由第三方技术平台支持,若该平台涉及诉讼,其中立性便难以判断。对这一潜在问题,最优解应当是由法院自己建立区块链存证平台。但由于技术水平限制,法院目前没有建立区块链存证平台的专业水平,短期内可以考虑引入法院独立的监管链作为替代,如将技术平台与接入平台的信用财产挂钩等,以达到强化区块链存证平台中立性的目的。

②对入链前数据进行严格监管认证。要发挥区块链存证技术的完整功能,就必须认证入链前证据的真实性。司法运用层面,审判者可以通过推定制度对证据真实性进行推定;技术发展层面,只有构建相关制度才能根本地解决问题。区块链电子证据的内容是系统化的,除了证据本身外,还包含了附属信息与关联痕迹,因此可以考虑将相关附属信息与关联痕迹一同入链,当区块链证据存疑时,即可根据入链时的相关信息进行综合判断。[①] 具体操作上,可以对区块链系统进行设定,在证据产生时便采集背景相关元数据,加强对入链前数据的管控,补强其真实效力。

③扩大区块链入链存证之范围。我国法院实务工作中已经出现了将传统证据电子化的应用方式,但该电子化证据是否属于电子证据尚存争议。从理论上看,电子证据与区块链证据使用并无差别,因此随着区块链存证技术的发展与智慧法院的建设,应当扩大区块链存证范围,将电子化证据纳入其中。[②]

(三)在线诉讼规则

1.在线诉讼规则概述

在线诉讼,是指当事人、诉讼参与人利用法院提供的网上诉讼服务平台在线上实施诉讼行为,法院在线实施包括调解、审理、裁判在内的各种诉讼活动。"在线诉讼不但是技术的革新,也是司法理念的革新。"[③]

---

① 参见朱建明、张沁楠、高胜:《区块链关键技术及其应用研究进展》,载《太原理工大学学报》2020年第3期。

② 参见朱珂廷:《区块链存证问题研究》,载《江苏工程职业技术学院学报》2022年第2期。

③ 何海波:《在线诉讼:让司法正义更加触手可及》,载《人民法院报》2021年6月26日,第2版。

在线诉讼是智慧法院的基本体现之一，但当前我国法院的纠纷解决机制依然以线下诉讼为主，在线诉讼在应用程度与范围上都有所不足。《人民法院在线诉讼规则》明确了在线诉讼的法律效力、基本原则、适用条件，为我国在线诉讼发展提供了共性的规则指引，我国的在线诉讼还需进一步探索精细化、场景化的规则建设。

2. 以区块链构建场景化的在线诉讼规则

(1)探索建立相对独立的民事案件在线诉讼制度。

现行民事在线诉讼制度主要套用线下诉讼规则。虽然二者都以解决纠纷为目的，但线上诉讼具有数字网络化的特点，其在诉讼主体真实性、电子证据效力认定等问题上与线下诉讼存在差异。应当明确线上诉讼不是线下诉讼的简单在线化，而是具有相对独立管辖范围和独立诉讼规则的诉讼体系。

增强“移动微法院”伴随式诉讼服务功能。线上民事诉讼活动具有当事人线下、线上空间相分离的特性，为了向当事人提供差异化且精准化的线上诉讼服务，要增强“移动微法院”的伴随式诉讼服务功能，在提高审判质量的同时减轻当事人诉讼成本负担。同时尝试跨域数据融合，提高跨域在线立案的覆盖度、数字化送达的可及性，为证据、文书的提交提供快捷方式，建立区别于线下诉讼制度的立案与送达流程制度，推进线上诉讼的标准统一与深层应用。

对在线诉讼的审理机制进行深化改革。线上诉讼具有虚拟化、移动化的特征，与线下诉讼的现场性、公开性、直接言词原则等诉讼机理存在不同，必须结合在线诉讼特征对传统线下诉讼原则进行重新解读。① 在对基础在线诉讼制度进行完善时，还应积极探索多元互动参与方式融合的在线诉讼机制。如利用民事案件繁简分流，对特定案件尝试完全的在线书面审理，降低诉讼成本；设立电子督促程序，对债权债务关系明确无异议的案件进行高效分流等。

尝试健全线上诉讼新型执行机制。智慧法院与传统司法信息化具有显著差异。② 传统执行机制以国家司法为中心，依靠国家强制力保障实施，而线上诉讼中区块链技术使法律约束与执行走向一体化，呈现出法律规则与技术规则相

① 参见左卫民：《中国在线诉讼：实证研究与发展展望》，载《比较法研究》2020 年第 4 期。

② 参见王禄生：《智慧法院建设的中国经验及其路径优化——基于大数据与人工智能的应用展开》，载《内蒙古社会科学》2021 年第 1 期。

融合的趋势。[1] 民事诉讼标的具有虚拟程度高、权益保障实效强的特性,对此要尝试健全线上诉讼的新型执行机制,探索民事简易案件判决智能合约式执行、静默化执行监督,并建立便捷的集约式在线保全、禁令、异议等诉讼活动智能化辅助体系,与线上诉讼审理机制结合,共同保障当事人权益。

(2)引导打造一体化的刑事案件在线诉讼制度。

我国目前的刑事案件在线诉讼规则制度探索有限,受多方因素影响,未能充分展开。我国可以在前期经验积累的基础上引导打造一体化的刑事案件在线诉讼制度。

打通刑事诉讼办案全流程的技术支撑。整合公、检、法现有的规范制度,从适用范围、身份认证、质证辩论等方面入手进行一体化构建。在适用范围上,刑事案件在线诉讼主要适用于案情简单、程序简便等不宜线下审理的案件;在身份认证上,可以将公安部居民身份认证系统与智能人脸识别系统相结合,保障诉讼主体身份信息的真实性;在电子证据的提交质证上,可以发展电子卷宗调阅功能,提高举证质证的效率。

以权利保障视角完善刑事案件在线诉讼规则。民事诉讼活动具有更强的协同性和交互性,因此更适用于线上诉讼,而刑事诉讼目的是行使国家刑罚权,线上诉讼只有在助力权力限制和权利保障的前提下才能发挥作用。因此,要从犯罪嫌疑人权利保障的角度来考察在线诉讼规则的设计。首先,尊重诉讼主体对庭审方式的选择;其次,保障线上与线下诉讼具有同样的法律效力和流程安排;最后,要使线上举证更能保障犯罪嫌疑人、被告人的质证权,使其能够全面、准确、高效地举证,促进庭审裁判的公正性。

立足于刑事案件审理的特殊性,提升在线诉讼支撑体系。刑事案件涉及侦查、检察、审判机关的协调,对证据规格、数据安全、权利保护等方面的要求更加严格。因此要运用技术与法律双重优势,协调技术与法律间的冲突,确保智能司法在法治轨道上良性发展。应当构建复合协同验证的诉讼主体身份认证方法,可以运用区块链、多方安全计算、拓展现实等技术探索高拟真、再现化的在

---

① 参见高薇:《互联网争议解决中的执行问题——从司法、私人到去中心化数字执行》,载《法商研究》2018 年第 6 期。

线示证方式,尝试建立具有高复杂环境抗干扰能力的跨网系人机物融合庭审支持技术,以健全刑事案件的技术支撑体系。①

四、实践范例

(一)杭州互联网法院

杭州互联网法院于2018年正式上线了全国首家司法区块链,其区块链由三层结构组成,包括区块链程序、区块链全链路能力层、司法联盟层,以解决电子数据生命周期的生成、存储、传播、使用,特别是生成端的可信性问题。②

2019年,杭州互联网法院推出首个区块链智能合约应用,打造了“自愿签约—自动履行—履行不能智能立案—智能审判—智能执行”全流程闭环,实现了网络数据和网络行为的全流程记录、全节点见证、全链路可信、全方位协作。③

(二)数秦科技区块链智慧诉讼平台

数秦科技区块链智慧诉讼平台是首个连接法院、公证处等执行部门,为金融机构提供不良资产处置服务的区块链平台。平台主要包含金融机构线上贷款业务全流程的存证上链和违约逾期数据的在线诉讼管理两块业务,覆盖的业务场景包括企业信用贷款和企业其他类型借贷以及个人的信贷业务。此外,浙江数秦科技有限公司还以业内首创的区块链平台“氚平台”为底层基础设施,发布保全网、数融平台、数农平台和医疗区块链应用等产品。

数秦科技通过应用区块链与大数据技术,突破了金融业风险处置与司法处置的“瓶颈”,建设了区块链智慧诉讼平台,实现将司法处置通道贯穿银行金融业务债权周期,为金融纠纷案件批量处置创造了有利条件。④

---

① 参见刘艳红:《人工智能技术在智慧法院建设中实践运用与前景展望》,载《比较法研究》2022年第1期。

② 高敏:《杭州互联网法院上线全国首个司法区块链》,载百家号“浙江日报”2018年9月18日,https://baijiahao.baidu.com/s?id=1611935209026026024&wfr=spider&for=pc。

③ 参见余建华、吴巍、张名扬:《杭州互联网法院区块链智能合约司法应用上线存证量超19亿条》,载中华人民共和国最高人民法院网2019年10月28日,https://www.court.gov.cn/zixun-xiangqing-194221.html。

④ 参见焦糖:《区块链智慧诉讼平台》,载《张江科技评论》2021年第4期。

第二节 人民检察院区块链制度建设

一、构建检察院区块链的意义

区块链技术作为能够去中心化、不可篡改、可追溯、多方共同维护的分布式数据库,构建了多方平等数据共享,严格维护监督的数据管理模式,在助力互联网经济发展的同时,给检察业务的革新发展带来了启发。中共中央《关于加强新时代检察机关法律监督工作的意见》明确提出要"加强检察机关信息化、智能化建设",这要求检察机关抓住本轮以区块链和人工智能为代表的信息技术革命,快速渗透各领域带来的机遇,促进检察业务往更加灵活、高效、自主的新型模式转变,其价值体现如下。

(一)可以提高检察业务自主性

传统的检察业务开展往往需要依赖第三方机构,以保证其获取信息的准确性、可信性。以往的互联网技术虽然实现了信息去中心化,但在涉及价值转换及信用保证时,依然需要由权威的第三方机构进行数据核对与整合来提供交互行为的信任基础。区块链技术可以实现交互行为各方的平等、共同参与记录、存储、验证证据,具有可追溯性,据此,检察机关在调查取证的过程中就可以摆脱对第三方数据的过度依赖。

(二)可以提高检察机关公信力

由于传统检察业务的大部分信息源于第三方机构,而一些机构的数据存在错误、残缺或隐瞒的问题,对这些问题数据进行核对整合需花费较长时间,因此检察机关无法全面掌握信息,作出及时反应。以区块链技术加密存储的档案实现了数据的不可篡改,解决了档案数字网络化中产生的管理和开放利用难题,使数字档案安全性得到了大幅提升。同时,检察机关可基于不可篡改的日志类型数据,还原追溯历史操作,使法律监督过程更加透明,提高检察机关的公信力。

(三)可以促使检察工作灵活高效

传统的数据管理机制具有中心化、可篡改的缺点,这导致真实的交互行为信息无法全面、准确地被数据呈现,也就无法及时全面地传输至检察机关,导致检察工作开展受限,无法发挥事前预防与事中监督功能。区块链技术下的数据管理体系具有去中心化、可追溯和不可篡改的优势,检察业务就不再局限于事后监督模式,而是可以通过智能合约等技术参与到事前的预防性监督工作中。①

二、检察院区块链建设的重点

构建检察院区块链,就应当借助区块链技术的优势,将其前沿理论与智慧检务相结合,强化基础研究,运用区块链新技术有力支持检察工作,占据智慧检务创新制高点,取得智慧检务新优势,提高检务办案水平和工作效率。

(一)以人为核心:利用区块链确保司法责任制落实

司法责任制是本次司法改革的前提与基础,其目标在于"谁办案,谁负责"和"终身追责",这就要求必须建立权责统一、权责明晰的权力运行机制。为响应这一目标,检察院的办案数据已经录入全国检察机关统一业务应用软件,具备了落实司法责任制的现实基础。建立检察院区块链可以确保检察人员数据的录入、修改、删除全过程有源可溯。检务电脑可以传播、记账、储存案件的相关信息,其通过分布式传播记账后,存储至系统所有电脑节点,进行实时更新。这种案件数据的集体维护形成了一种可信任的数据库,若案件数据被修改,则全部节点均可查溯,在形成可溯源机制的同时保障了司法公正,促进了司法责任制的落实。

(二)以公益诉讼为先导:建立区块链电子证据存证系统

检察院四大检察职能包括民事检察、刑事检察、行政检察和公益诉讼检察,

---

① 参见郭锐:《区块链技术助力检察业务发展前景展望》,载人民网,http://blockchain.people.com.cn/n1/2019/1112/c417685-31450768.html。

公益诉讼检察中的调查取证一直是困扰检察人员的一大难题。对此,我国检察机关已经开始探索区块链技术与公益诉讼调查取证的结合,建立区块链电子证据存证系统,该系统能够对食品药品类案件、环境生态资源类案件、国有资产保护领域等行政、公益诉讼案件做到即时介入并收集、固定证据,有利于因果关系的确认与损害结果的认定。检察院电子存证系统还可以与"两法衔接"平台、行政执法部门平台进行联动,对每一次证据的存取、变动加盖时间戳,使每一次行为的时间点都有据可查,进而形成数据链条。数据链条可以辅助检察人员分析证据间能否相互印证,是否矛盾,是否具有关联性,把好案件证据关,高效还原不法侵害的真实过程。

(三)以案件为基本点:完善检察人员专业知识体系

检察院的业务主要包含刑事诉讼、公益诉讼和诉讼监督三类。随着互联网经济的发展与技术的进步,在此三类案件类型中出现了越来越多的新型案件,包括以区块链技术进行的犯罪,特别是集中在金融犯罪和互联网犯罪领域,如P2P借贷等金融诈骗往往会假借区块链之名。这一趋势就要求检察人员增进对区块链技术的了解,学习其技术原理,在以往经验的基础上深入理解办案的主客观因素,分析主客体间的因果关系,对案件进行精确定性,以避免冤假错案的发生,完善检察人员的专业知识体系,提高办案专业能力。①

三、检察院区块链建设的重点

(一)智慧检务

1.智慧检务概述

智慧检务是依托大数据、云计算、移动互联网、人工智能等信息技术,提高检察机关的办公、办案、服务、决策的智能化水平,内部服务检察干警办案办公,外部服务人民群众,促进司法为民、司法便民,维护司法公正,提升司法能力,规范司法行为,深化司法公开,强化法律监督,提升司法公信力,推进检察工作现

① 参见吕游:《论区块链技术在大数据背景下对检察工作的影响》,载《上海法学研究》集刊2019年第20卷。

代化的一种全新检务运营模式。①

智慧检务具有双重意义。第一重意义是人工智能、大数据等新技术在提升检察管理与业务办案质效中的工具价值；第二重意义是指向检察机关司法办案和检察管理的对象、目标和任务。“智慧检务”建设包含“数据”、“算法”与人的“能动介入”三个要件，蕴含“智慧辅助”“智慧管理”“智慧反哺”层次化的发展目标。②

2. 智慧检务搭建层次

(1)第一层次：智慧辅助。

在智慧辅助层次的搭建上，要坚持以“全业务智慧办案”为智慧检务建设的核心，这也是近年来智慧检务平台搭设的重点。通过对现有的检察院信息化工作平台进行改造，统筹推进全业务办案的智慧辅助系统，将证据标准、法律文书等转化为数据模型，提高检察院办案质效。

具体来说，一是升级统一的业务应用系统。其中以加强民事行政检察工作、刑事诉讼监督工作和公益诉讼工作为重点，优化功能，完善系统，形成数据开放。二是升级检务办公平台。增加智能检索、智能拟稿、智能校对等办公功能，完善智能会议系统，改革移动办公系统，并同步建立智能化涉密文件与设备管理系统。三是建设智能辅助办案系统。充分利用大数据、区块链、人工智能可视化等新兴技术，统筹研发文书自动生成、线索发现、类案推送、量刑建议等既多样化又个性化的智能辅助应用。

(2)第二层次：智慧管理。

构建智慧检务的第二层次，应当以对检务工作的支持与管理为目标。目前的智慧检务研发重点涉及建立精确化的案件流程管理和案件质量管理机制两个方面。对此，首先要运用区块链技术研发智能化的流程监控系统，为办案环节设计明确的指引、控制与预警功能，争取做到流程可视化、全程可追溯、结果可评价；其次要研发统一的案件质量评估系统，对办结案件进行全面系统、科学

---

① 参见国务院：《“十三五”国家信息化规划》，载中华人民共和国中央人民政府网，http://www.gov.cn/zhengce/content/2016-12/27/content_5153411.htm。

② 参见陶建平：《“智慧检务”建设的分析与展望》，载中国检察官网，http://zgjcgw.com/html/practice/guarantee/2020/0420/113.html。

标准的分析与评价,并总结案件经验用于大数据算法;最后要动态更新案管知识库,为办案全过程提供智能辅助问答支持,并提升流程管理、质量评价等案件智能管理水平。

(3)第三层次:智慧反哺。

构建智慧检务的最终理想状态便是达成"智慧反哺"。所谓"反哺",便是通过检察官与智慧检务系统的人机结合,减轻检察官繁重的工作压力,如一些地方检察院针对司法实践中的常见罪名制定了数据采集标准,在对相关数据进行采集与特征分析的基础上进一步开发大数据司法办案辅助软件,为检察官在此类案件中的证据采信、事实认定、法律适用提供参考,从而实现对检务工作的智慧反哺。通过对区块链大数据和人工智能的运用,可以摆脱司法工作人员不足的局限,从大量的案件中提炼出社会治理的信息数据,总结出社会治理规律,促进治理体系和治理能力的现代化,使司法个案的成功解决转化为推动完善社会治理机制的有机组成。[①]

(二)检察公益诉讼线上工作

1. 检察公益诉讼概述

检察公益诉讼是指人民检察院以公益诉讼起诉人身份提起公益诉讼,依照民事诉讼法、行政诉讼法享有相应的诉讼权利,履行相应的诉讼义务,但法律、司法解释另有规定的除外。[②]

探索建立检察机关提起公益诉讼制度,是党的十八届四中全会作出的一项重大改革部署。在党中央的领导下,检察公益诉讼制度从顶层设计到实践落地,从局部试点到全面推开、健康发展,形成了公益司法保护的"中国方案",受到了广泛关注与大力认同。[③] 目前我国的公益诉讼线上工作之重心主要在线索收集、存在取证和全国公益诉讼案件整理等方面。

---

① 参见陶建平:《"智慧检务"建设的分析与展望》,载中国检察官网,http://zgjcgw.com/html/practice/guarantee/2020/0420/113.html。

② 参见《最高人民法院、最高人民检察院关于检察公益诉讼案件适用法律若干问题的解释》,载最高人民检察院网,https://www.spp.gov.cn/spp/zdgz/201803/t20180303_368652.shtml。

③ 参见张纯:《〈民主与法制〉周刊专访:张雪樵谈如何完善检察公益诉讼法律体系》,载中华人民共和国最高人民检察院网,https://www.spp.gov.cn/zdgz/202108/t20210825_527708.shtml。

2. 区块链在检察公益诉讼中的适用

将区块链技术与检察公益诉讼结合需要设计具体的应用方案，可以从以下四个方面进行方案搭建尝试。

（1）联盟链搭载检察公益诉讼诉前集成式应用。

区块链可以根据其特性进行细分，其中联盟链拥有严格的身份认证和准入、权限分配机制，其特性决定了适合用于政府部门间的数据共享，因此可用于搭载检察公益诉讼相关工作。

检察公益诉讼中，必须保障检察部门拥有核心监管职权，不同公益诉讼案件的当事人所享有的信息读写权利也要限制在自身案件中。联盟链特有的"部分去中心"的混合式 P2P 网络可以将检察部门设为"超级节点"，对公益诉讼中的隐私信息不进行全局披露，而是仅由检察部门这一"超级节点"进行读写。相较于公有链，联盟链可以将不同的业务区块链进行隔离，在授予不同节点特定权限的同时，保障各节点为了同一目标工作，更适合各级检察院和其他诉讼主体共同参与。此外，联盟链可以打破公益诉讼各主体间的"信息孤岛"，促进检察院、行政机关、涉案企业之间的信息共享，防止信息不对称，同时能保障信息的隐私安全。综上所述，将联盟链引入检察公益诉讼的诉前工作，打造检察公益诉讼的联盟链集成式应用，是构建检察院区块链的重要环节。

（2）非对称加密保障节点身份认定。

所谓非对称加密，是指一种由加密人以私钥加密，解密人使用加密人的公钥进行解密的机制，公钥由私钥产生且相互对应。在检察院区块链的构建中，可以以该技术确保各节点的身份认定，即当用户登记时，会产生一个随机数，而该随机数会产生一个私钥，私钥的字符串又将同时产生公钥与地址。只有公钥和地址是公开的，用户接收他人文件时，需要向对方提供自身地址；若想向他人发送文件，则需要提供公钥和地址。

利用这一身份认定技术，可以建立检察院与其他行政部门的交流合作机制，对信息的非对称加密可视为任一行政部门对所发出信息的签名，可以保障信息的真实性，还可以认定该信息是由该部门负责人亲自发出的。

（3）链上存证与智能合约证据筛选。

可以尝试在各个社区间设立特定公益诉讼联盟链准入节点，将现有的公益诉讼智慧平台进行上链对接，联盟链对各节点调查取证中提供的线索进行抓取和上链保存，后续由检察院将其作为证据提交。同时可以用区块链技术编写智能合约作为筛查线索的辅助工具，将其架构于区块链上，利用去中心化的特点使智能合约参与双方的身份认证、交易过程等记录基于分布式系统，并依据区块链时间戳、最长链原则等技术保障合约内容不被修改、破坏及合约内容的自动执行。面对大量杂乱线索，可以在联盟链中构建线索排查智能合约，将符合标准的线索自动发送到检察院公益诉讼联盟链，进行计算存证，完成初步线索与证据选用。

(4)以智能合约对接正式起诉。

智能合约可以用于发送正式的公益诉讼检察建议。首先，可以将证据筛选成功、案件事实认定清楚等要素作为启动智能合约的前提要件，当条件达成时便由智能合约自动向联盟链上相关主体发送公益诉讼检察建议。

其次，发送检察建议后会产生两种后果。其一，该主体已经履行检察公益诉讼的内容，且将相关证据文件提交至联盟链，智能合约便对该过程进行哈希计算，并将数据值储存于公益诉讼联盟链上。其二，该主体未履行检察公益诉讼的内容，智能合约便自动移送案件信息至法院，并提起正式的检察公益诉讼。①

(三)智慧刑检

1.智慧刑事检察系统概述

智慧刑检由智能审查逮捕、智能审查起诉、量刑建议、类案推送、远程提讯、远程庭审、远程送达、智能语音识别、出庭一体化九大系统创新组合而成，以充分适应“捕诉一体化”办案需求。

区块链技术对智慧刑检具有极大的推进价值，能够提高办案效率，缓解案多人少的矛盾；促进司法公正，努力实现“同案同诉”；规范司法行为，加强办案监督效果；提升决策水平，充分发挥区块链大数据的预测作用。

---

① 参见孙丽君、尉宇航：《区块链用于检察公益诉讼线上工作的路径研究》，载《山西高等学校社会科学学报》2021年第11期。

2. 区块链技术在智慧刑检中的应用

(1)选择区块链切入点，明确角色定位。

建设智慧刑检系统，需要以各地的社会经济水平和检察信息化建设水平为基础，借鉴国外智慧政务的成功经验，以需求为导向，建设具有地方特色的智慧刑检系统。一方面，通过地方检察院试点对智慧刑检进行尝试；另一方面，发挥检察一体化优势，将地方创新发展为全国经验，对成功的地方经验进行广泛的复制与推广。

首先，要明确区块链技术在辅助刑事办案系统中的角色定位。区块链辅助刑事办案只能发挥辅助作用，而不能代替线下刑事诉讼活动与检察官的独立判断。若过度依赖智能手段机械办案，检察官就会沦为“办案机器”，办案能力不升反降。①

其次，建议将检察院案件审查报告作为区块链辅助办案系统的数据源。区块链算法需要大量高质量数据作为数据源，但司法大数据的体量不代表质量，“大”而不“准”的数据无法满足算法的需求。当前智能辅助办案系统的数据来源主要是中国裁判文书网，但其文书数量不完整且过于简单，因此建议在建设智慧刑检时将案件审查报告作为数据源。

再次，刑事检察官需深度参与区块链辅助刑事办案系统之研发。仅靠计算机信息技术专家进行系统研发，缺乏对检察业务的深入理解，因此需要刑事检察官根据业务需求归纳办案经验并梳理成知识，与计算机信息技术专家进行沟通结合，共同研发智慧刑检系统。

最后，构建区块链辅助刑事办案系统要因地制宜。不同地方的量刑规范会导致最终裁量的刑罚存在实际差异，如各省盗窃罪定罪之数额标准就有所不同。因此，构建区块链辅助刑事办案系统要考虑各地的实际影响因素。

(2)抓住数据开放机遇，构建检察大数据共享体系。

构建大数据共享体系，就要破除信息壁垒，实现检察院与其他部门间的数据共享，为刑事检察工作提供服务。其一，检察院内部各系统间应当加强信息

---

① 参见姜洪:《张军:智慧检务建设要聚焦科学化智能化人性化》，载中华人民共和国最高人民检察院网，https://www.spp.gov.cn/spp/tt/201806/t20180604_380720.shtml。

共享。目前最高人民检察院建立了检答网和案例库,但没有与统一业务应用系统集成,无法共享。其二,检察院要积极参加政法机关跨部门大数据共享平台建设,与公安机关、法院、司法行政部门进行对接,实现数据的交换共用。其三,检察院要加强与行政部门的沟通,通过“两法衔接”平台,推动刑事司法与行政执法间的信息流通。

(3)推动区块链在智慧刑检中的应用要遵循司法规律。

最高人民检察院提出,“符合司法机关办案规律、检察机关办案规律,才能成就智慧检务”①。由此可见,司法规律是司法机关开展各项活动必须遵循的底线。检察机关建设智慧刑检系统,将“区块链+”技术理念应用于检察工作,以解决影响司法公正的深层次问题,做到“司法为人民服务”。但对司法规律的认识会受到历史的局限性限制,因此需要与时俱进,在区块链的实践探索中发现新的司法规律,并进一步定量分析,为采取犯罪预防救济措施提供决策依据。②

四、实践案例

(一)佛山市禅城区人民检察院“区块链+社区矫正”试点工作

佛山市禅城区人民检察院已经建成“区块链+社区矫正”联动平台。这一尝试是全国首个“区块链+社区矫正”的应用模式,该平台采用全方位、多维度的监管矫治综合性信息化系统,以禅城区长期持续对“一门式”“云平台”“区块链”等现代化治理手段的探索为基础,目前已与禅城区“一门式”自然人数据库、社会综合治理云平台相结合,形成了“区块链+社区矫正一张图”。该模式为社区矫正工作和社会的综合治理工作提供了更加便捷、高效的技术管理工具,管理人员可以通过社会综合治理云平台打开“区块链+社区矫正一张图”,该图按照禅城区的板块标识了不同颜色,并标出司法网格员、重点管理人员、被治安处罚的社区服刑人员等所处位置,点击该人员图标,便可即时了解其所有信息,进

---

① 姜洪:《张军:智慧检务建设要聚焦科学化智能化人性化》,载中华人民共和国最高人民检察院网,https://www.spp.gov.cn/spp/tt/201806/t20180604_380720.shtml。

② 参见马建刚:《大数据视野下智慧刑事检察探析》,载《中国检察官》2022 年第 3 期。

行实时管理。

除此之外,“区块链 + 社区矫正”平台也可以在帮助社区服刑人员重新融入社会上发挥独特作用。检察院可以通过“区块链 + 社区矫正”中的轨迹跟踪、行为监控、信用分析等评价模型进行精准分析,减少社区服刑人员重新犯罪的可能性,为其重塑“社会人”身份。

(二)武汉公益诉讼“黑科技”:区块链与卫星遥感技术

2018 年,武汉经济技术开发区人民检察院办理了一件特殊的公益诉讼案件:辖区某耕地地块被违法占用,需固定其面积和使用、变化情况,但由于没有相关社会性鉴定组织,只能向被诉单位获取证据材料。而被诉单位提供的证据材料是否可靠存在很大的疑问,此时,检察院决定采用区块链技术和卫星遥感技术进行取证。卫星遥感影像图直观地显示了农田被硬化成违法建筑的全过程,为提起公益诉讼提供了强有力的证据。

这一“黑科技”是全国首例以区块链技术与卫星遥感技术结合应用于公益诉讼,破解土地、水域侵害取证难题的探索实践。未来,可以借助区块链和卫星遥感技术,由机器自动发现线索,检测到指定区域内林地面积变小、耕地用途变更、水域被污染或非法填埋,便会将线索直接发送到检察院,并同步存证作为举证材料。①

第三节　公安机关区块链制度建设

一、构建公安机关区块链的意义

随着区块链技术的发展与完善,中央及各级公安部门领导都对公安部门的信息化表达了高度重视,提出要坚持政治建警、改革强警、从严治警,把大数据作为推动公安工作创新发展的大引擎、培育战斗力生成新的增长点。从 2011

---

① 参见舒翔宇:《区块链和卫星遥感技术》,载人民网,http://capital.people.com.cn/n1/2018/0601/c417685-30027488.html。

年发展公安通信网络与计算机信息系统建设的“金盾工程”到如今“智慧公安”工作理念的提出，都显示了我国公安部门不断运用新兴技术深化公安大数据、物联网等领域改革、提高警务工作质量与效率的愿景。

目前大数据、区块链、云计算等信息技术已在公安工作中得到了广泛推广运用，警务数据的产生与汇集速度呈阶梯式增长，各级公安机关快速累计并不断增长的信息数据已成为继警力资源、装备资源的又一核心资源。区块链技术作为一种信息技术资源，在现代警务工作中具有极大的应用优势。

(一)消除“信息壁垒”，提高公安运行效率

互联网以平等、开放、迅速为理想目标，通过TCP/IP协议实现了电脑互联，但电脑产生的数据是由个体占有储存的，“信息壁垒”难题始终存在。当今公安机关已广泛使用数据信息技术，但随着数据的不断增多和分类，实际上不同部门掌握了不同种类的信息。目前公安机关依然存在部门间分工模糊、程序繁杂、规章僵化的问题，这就导致了信息在不同部门之间、不同单位之间难以流动，形成了“信息壁垒”。

区块链可以利用信息技术减少流程中产生的摩擦，弥合不同单位、部门间因性质、利益、权限等原因产生的裂隙，实现数据在不同功能、阶层、权限的部门间的流通与共享，使公安机关在横向业务上进一步向社会开放，在纵向结构上实现扁平化、弹性化，从根本上破除“信息壁垒”，提升公安机关工作效率。

(二)分布式账本技术，提高公安数据质量

在政府治理体系中，公安机关发挥着重要的作用，许多情境下，市场主体的交互行为都需要公安机关发挥中介作用进行证明或协调。公安机关掌握了大量的社会高价值数据，但其数据质量需要进一步提升。一方面，大数据信息化公安系统的建设使数据爆发式增长的同时，海量数据分散游离于公安机关内外，导致数据资源繁杂无序且难以管理；另一方面，警务系统的数据库分类封闭在一个闭环结构中，且由于公安机关执法者、中介者的权威性与中立性限制，大量数据无法与社会互通，减弱了数据的可靠性与时效性。

区块链技术的优势在于其本质上是一个覆盖了不同主体点对点的分布式

账本系统,各主体的活动记录都会记录在链上,使相关信息记录得以在大范围、短时间内进行全网认证、广播与匹配。在数据真实性保障方面,任何信息数据都必须经其余主体核查后方可上链,否则会被系统拒绝上链。在数据传达实时性方面,全网认证广播模式下,上级公安机关的指令可以迅速到达基层公安机关,同时对基层公安机关发送的真实数据进行收集。在数据可追溯性方面,该模式下对数据的修改或删除都会被系统记录并拒绝变动,使新入数据与历史数据保持连贯一致,随时可以查询追溯。广播上链的数据带有时间戳,过滤无效数据的同时实现永久性储存,为公安机关提供优质服务奠定了技术基础,有利于提高公安机关数据应用的质效。

(三)哈希算法与智能合约,保障公安数据质量

长期以来,公安机关一直面临信息共享性低、协同能力差的困境,这一困境使其难以适应共建共治共享的社会环境。公安机关的"数据孤岛"效应是由多方面因素造成的。首先,公安机关的信息系统承载了大量的数据资源,其"云服务器"成了大量重要、敏感、高价值信息的集中容器,一旦遭到攻击或出现技术问题,这些数据信息的安全就将面临严重的威胁。其次,公安机关内部出于权限、层级、条块等分割,彼此间缺乏信息的沟通共享,亦不利于协同合作。最后,公安机关为了维稳保密,对敏感民生数据选择性、限制性公开,或试图设立条款来抑制社会对信息的需求。综合来看,目前公安数据存在重数量轻质量、重形式轻实效、重供给轻需求的问题。

区块链技术的架构包含哈希算法、非对称加密、智能合约等,具有去中心化、防篡改的特性,可以用于解决信息安全与共享难题。其中,哈希算法可被视为一个特殊函数,在当前实际算力下,几乎不可能出现数个不同输入得到一个输出结果的情况。也就是说,若数据哈希值出现了变化,则可以推定其数据输入值发生了变化,任何数据的修改都会产生连锁反应,从而保证数据不被篡改。智能合约技术则通过在区块链上写入认证、统一代码,由系统自动运行确保合同执行,同时自动依据代码对内容与签名进行验证,避免了办理业务的烦琐程

序，方便公安机关部门间数据共享。[①]

二、公安机关区块链建设的重点

（一）标准化建设

我国目前对区块链这一新兴技术的认识、推广与应用还未有统一全面的指导标准，构建公安机关区块链时如何保障安全性、规范性、兼容性等问题亟须探讨。《中国区块链技术与应用发展白皮书》作为区块链建设标准化的重要研究文件，已指出了部分领域区块链技术的应用短板并提出了建议，对区块链技术在我国不同领域的应用发展进行了深入论述。公安机关构建区块链过程中，涉及面更广泛，内容更复杂，其应用效果会对社会管理的方方面面产生影响，因此在进行现代化智慧警务建设中，务必要以该白皮书的指示为基础，探索警务区块链的标准化、统一化之路。

（二）制度化建设

区块链技术尚未完全发展成熟，当其出现严重的技术性问题时便会给公安机关的工作带来混乱。公安机关的警务工作涉及社会安全与稳定，当发生系统技术故障时可能会引发信息安全问题，给社会治理工作带来安全隐患。因此在构建公安机关区块链时首先要保障能够有完善的制度确保系统秩序化运行，弥补区块链技术的缺陷。对此，构建公安机关区块链就要在分布式账本的写入访问、数据的维护与长期保存等每一环节都制定统一的管理制度，对操作流程、分工、纠错等步骤进行规范化管理，以此确保公安机关区块链在高效运转的同时规范安全地发挥作用。

（三）安全化建设

区块链技术作为基层应用技术，其本身的安全与完整会影响到以其为基础建立起的一切上层应用的安全性能，尤其是公安机关的信息系统安全牵扯到整

---

① 参见杨德浩：《信息社会背景下区块链技术对现代警务的赋能》，载《上海公安学院学报》2020 年第 5 期。

个社会的治安问题。因此,对公安机关区块链进行广泛推广应用的基础是将安全作为该技术的核心精髓构建起一套“信用解决方案”,将区块链安全体系覆盖到区块链建设前、应用中、完成后的全过程,实现全方位无死角的安全建设,从各个层面、阶段保障区块链本身的系统安全、信息安全。

(四)法治化建设

区块链技术凭借特有的去中心化、去权威化特性,有效弥补了传统“中心—边缘”治理模式的不足。近年来区块链技术发展迅猛,对其与政务、司法工作的结合运用已上升到国家战略层面。但区块链这一新兴技术的未来发展存在不确定性,为防范这种不确定性,我国应当在法治化进程加快的同时完善法律制度对区块链的规制,促使其发展秩序化、受控化,能够被灵活用于各种场景。

综上所述,区块链的标准化是从根本上认识区块链并对其制定标准化概念,制度化是从管理上对区块链建设、应用全过程进行规制,安全化是在技术上保障区块链能够稳定运行,法治化是从宏观角度为区块链的发展制定出合法性框架。只有四管齐下,方能保障公安机关区块链建设中数据事前可控、事中可监察、事后可审核。

三、公安机关区块链建设的探索应用

(一)智慧公安

1. 智慧公安概述

智慧公安是以互联网、物联网、云计算、智能引擎、视频技术、数据挖掘、知识管理等为技术支撑,以公安信息化为核心,通过互联化、物联化、智能化方式促进公安系统各个功能模块高度集成、协调运作,实现警务信息“强度整合、高度共享、深度应用”之目标的警务发展新理念和新模式。①

构建智慧公安是当前信息技术变革下的时代潮流与未来警务形态演进的必然趋势。信息资源已成为公安机关重要的战斗力要素,在给公安机关工作方式带来变革的同时,也给整个社会的治理带来了新变化。

---

① 参见张兆端:《“智慧警务”:大数据时代的警务模式》,载《公安研究》2014 年第 6 期。

2. 智慧公安体系的建构

(1)建构智慧公安的支撑保障体系。

①由云计算平台提供技术支撑。云计算平台是整个智慧公安体系建设的"大脑"与"总开关",应当在省级范围建立统一的公安机关云计算平台,规范公安机关大数据信息化的数据标准与技术架构,整合全省各警种的信息系统,以实现基础设备的集中管理、共享应用,同时解决高低峰设备错峰问题,保障云计算平台高效安全的运算环境,为区块链应用创造技术条件基础。[①]

②通过大数据中心实现分析共享。大数据中心是智慧公安体系建设的"心脏"与"总枢纽",汇集了全省的数据资源。应当以现有信息中心为基础,建立省级公安统一大数据中心,以满足公安机关内外各部门、各单位的数据储存管理需要,使各地公安机关能共享数据资源,发挥区块链聚合效应,形成大数据业务链、管理链、应用链,多链互动,按需流动,推动大数据的深度关联。

③以感知体系进行智能感知。智能感知体系是智慧公安体系建设的"耳目"与"总集成",智能感知系统要从源头上构建全方位、自动化、多手段的数据采集网,如布建人像卡口、电子警察、电子围栏等动态感知终端,为大数据平台提供新鲜数据,推动数据资源一体化应用,实现对各类治安防控要素的实时信息采集和监控管理。

④以警务工作门户提供应用服务。警务工作门户是构建智慧公安系统的"手脚"和"总调度",能够通过对警种业务应用的碎片化、模糊化处理,整合业务信息推送入口,解决同一指令对派出所多头指挥、多处考核、多方指导的问题。因此应当建立省级统一的公安警务工作门户,实现"一站式"服务功能,精准服务民警,推动基层工作的智能化、一体化、数据化。

(2)建构智慧公安具体应用场景。

①建造智慧公安综合应用体系。建造智慧公安首先要推进智慧指挥体系的建设,整合指挥、警综、图像、情报等信息系统,开发指挥处置、协调联动、情报推送等一体化警务指挥平台,改变传统"金字塔"式公安管理机制,实现跨区域、跨阶层的扁平化智慧公安模式建构的综合指挥调度,促进警务工作由传统的力

---

① 参见戚思宇:《数据警务:未来警务发展的新模式》,载《公安研究》2017 年第 4 期。

量联合向信息融合方向转变，打击犯罪从单一向多元、分散到集约的转变，提高合成作战指挥能力。

②建立智慧侦查打击应用体系。随着现代科技的发展，犯罪类型构成也在发生变化。智慧侦查体系应当广泛使用大数据区块链技术进行侦查和数据挖掘，通过案件集成、人员画像及轨迹融合等技术及时发现犯罪线索，打击犯罪行为，总结犯罪规律，提高合成研判与精准打击能力，使智慧侦查打击更加高效化、准确化。①

③打造智慧民生服务应用体系。以智慧公安便利民生，一方面推动公安机关各部门发展互联网线上服务与网络流程再造，对智慧信息系统进行优化，实现公安机关线上服务的一网贯通；另一方面将智慧公安系统对接数字政府平台，加入自助办证终端、网上办事大厅等功能，全面实现移动支付、身份认证、电子证照等公安便民服务全程智能化办理。②

（二）智慧侦查

1. 智慧侦查概述

智慧侦查是指在侦查过程中依托大数据理念和思维，以海量数据为支撑，综合运用互联网、物联网、云计算、智能感测等先进技术手段，深度挖掘社会运行中的各项数据，并对与案件相关的人、事、物、空间、行为等要素进行智能关联串并，通过对违法犯罪信息的精准回溯、预测，从而实现侦查工作质态的飞跃提升。③

在区块链技术和智慧公安系统的构建下，针对刑事犯罪的侦查工作必然会走向以区块链大数据为驱动力的更加智慧、更加高级的发展形态，开展智慧侦查建设是当今时代推动公安机关事业发展的趋势所向。

2. 智慧侦查实现路径建设

（1）先进思想引领，形成侦查新思维。

当前大数据区块链处于高价值创造的窗口期，此时进行公安机关侦查工作

---

① 参见于丽：《如何利用大数据思维构建“智慧警务”》，载《电脑知识与技术》2015 年第 30 期。

② 参见班婷：《大数据背景下智慧公安模式的建构》，载《广西警察学院院报》2021 年第 1 期。

③ 参见翟海、江平：《大数据时代的智慧侦查：维度分析及实现路径》，载《中国刑警学院学报》2018 年第 3 期。

的智慧化建设可以事半功倍,取得更高的系统性成效。但前提是公安机关的侦查部门必须树立先进开放的思想理念,引导智慧侦查工作的展开。一要突破传统侦查理念的束缚,充分认识到区块链技术对智慧侦查工作的必然性与重要性,以先进的观念指导侦查工作、提高办案能力,实现区块链技术与侦查活动的高价值结合。二要将数据摆在智慧侦查的核心位置,借助区块链资源优势,在转变观念的同时不断进行实战探索,开拓侦查工作的新方法、新路径,不断提高公安机关打击犯罪的水平。

(2)数据资源支撑,夯实侦查新基石。

智慧公安框架下的智慧侦查是以海量数据为基础进行建设的,侦查工作必须打破"数据孤岛",对分散的碎片化数据信息进行采集与整合,形成区块链大数据的汇聚效应。首先要进行数据信息的采集,公安机关可以通过警务移动采集系统等先进工具围绕各种治安要素进行公安基础信息的全面采集,通过网络收集、有偿购买、合作交换等方式采集具有潜在价值的数据信息,同时以内部合作的方式采集高危人群户籍地、犯罪高频输出地等数据,形成公安机关跨区域数据共享机制。其次要在数据采集的基础上进行数据信息的整合,在保密安全的前提下强化公安数据的整合共享与按需取用,改变原始数据标准不一、存储杂乱等数据应用水平低的问题和公安机关各部门间缺少沟通的局面,使警务云数据中心为智慧侦查提供源源不断的数据支持。

(3)深度应用数据,挖掘侦查新价值。

目前公安机关获取的数据不断增长,但其利用率较低,只有激活"沉睡数据",方能使侦查工作发生质的飞跃。一要探索数据挖掘新途径,通过加强软件开发、借鉴先进经验或与社会科研机构展开深度合作,建立以智慧运算模型为核心的实战应用系统,进行数据的挖掘与自动碰撞,服务于智慧侦查工作。二要搭建智慧侦查合成大平台,整合现有应用系统,全面汇集碎片信息,发挥多侦联动统筹模块功能的合力,确保情报"关联快""一键通""反馈灵"。

(4)严密防控风险,明确侦查应用域。

区块链相关法律尚未完善,在智慧侦查中使用大数据可能导致侦查权行使不当,侵犯公民隐私。技术层面,智慧侦查要从保护公民隐私角度出发,发展保密技术,强化内部数据管理约束,利用信息安全防控技术和大数据匿名化技术对侦察活动进行异常行为检测，严防泄密情况发生。法律制度层面，健全区块链智慧侦查的法律法规，使区块链侦查有法可依，重点对数据的采集、传输、使用、销毁等环节及区块链侦查的真实性、合法性、合理性进行综合立法。

(5)专业人才保障，培育侦查生力军。

区块链智慧侦查系统的使用主体是公安机关人员，但当下公安机关中大数据人才较少且分散在不同的岗位，人才资源呈匮乏态势。对此，一方面要培养多型人才，在强化民警本职技能的基础上还要大力培育刑事技术、情报研判、网络侦察等多专业的一专多能复合人才。另一方面要汇集人才资源，加强专业生源定向培养，与腾讯、大疆等科技公司进行战略合作，协助培养在职民警，同时提高福利待遇，留住高科技人才，建立区块链人才专家库，打造具有公安侦查实战能力与熟悉区块链技术的高端复合人才。①

(三)公安综合办案平台

1. 公安综合办案平台概述

公安综合办案平台是指以区块链技术搭建的全国统一、资源平等、高效互通、安全规范的大数据办案平台。目前公安机关的办案平台数据源于公安网数据、社会网数据及涉密部门网数据，尚未建立起统一的综合平台来解决工作中的数据分散和涉密数据使用等问题。此情形下，公安机关之间的信息处于相对封闭的状态，这给日常办案带来了一定的阻碍，建设统一协调、安全可靠的综合办案平台是解决这一问题的必由之路。

2. 基于区块链技术搭建公安综合办案平台

(1)以区块双链完成数据储存。

与传统单链式区块链相比，双链式区块链处理数据速度快、拓展性好，应当以区块双链建设私有链与联盟链。前者由公安涉密部门网络节点组成，储存、维护公安涉密数据；后者由公安部门、政府部门与相关企业作为节点，储存、维护非公安数据并转发私有链信息。通过双链结构将公安数据与非公安数据进

---

① 参见翟海、江平：《大数据时代的智慧侦查：维度分析及实现路径》，载《中国刑警学院学报》2018年第3期。

行分离,减少数据冗余,提高处理效率。

(2)通过功能分区为业务提供支撑。

综合办案平台能规范高效执法的基础是通过前期调研,参照功能使用频率与关联性等因素进行功能分区,使办案人员能够自由组织功能项,为公安机关开展各类活动创造友好便利的环境。

(3)分层权限控制与信息交互。

构建综合办案管理平台应当设计一个权限管理与审批的模块,并由公安部门的领导进行控制,根据办案人员所属的部门、级别及具体办案、业务的需要为公安人员进行分层次的权限管控,并对办案手段的实施进行审查与批复。

(4)设置执法监督部门子节点。

区块链本质上是一个能够相互验证的记账系统,在综合办案平台中,办案人员在其个人用户地址上一切处理数据的操作均需要公私链的验证,并按区块链封装的原理连接到执法记录链上。因此以区块链技术搭建公安综合办案平台应当将公安执法监督部门作为一个子节点设置于私有链中,执法监督人员可通过分析层嵌入智能合约实现部分监督工作的自动化升级。①

四、实践范例

(一)深圳四部门信息交换平台

深圳四部门信息交换平台由深圳市公安局、税务局、海关与中国人民银行深圳市中心支行联合开发,运用区块链技术构建了信息情报交换的高速网络,助力提升公安部门与其他部门联合办案的犯罪打击能力。

深圳四部门信息交换平台聚焦于打击虚开发票与骗取退税等违法犯罪活动,破获了“海啸”“流金”等重大虚开骗税案件,涉及税额148亿元。其中,税务部门已与公安机关联合开发了“警税通”平台,该平台被评为“2018年深圳市在营造共建共治共享社会治理格局上走在全国前列创新实践示范项目”,对不法

---

① 参见周子杰、陈雷:《区块链技术背景下公安综合办案平台的应用机制研究》,载《中国市场》2021年第25期。

分子形成了高压威慑。①

（二）eID 数字身份

eID 数字身份是以公民身份号码为根，由“公民网络身份识别系统”基于密码算法统一为中国公民生成的数字标记，在确保签发给每个公民的数字身份唯一性的同时，可以减少公民身份明文信息在网上的传播。

eID 数字身份旨在构建全国统一数字身份体系，打造我国数字身份基础设施，在保护公民隐私的前提下实现多种数字身份认证技术之间数字身份的互通，推动数据的流通和开放，促进我国数字经济发展，建设网络强国。②

---

① 参见《区块链技术再添新应用　深圳四部门搭建信息情报交换平台》，载新浪网，http://shenzhen.sina.com.cn/news/zh/2019-11-21/detail-iihnzahi2443198.shtml。

② 参见公安部第三研究所：《eID 数字身份体系白皮书（2018）》，载移动支付网，https://m.mpaypass.com.cn/download/201809/12104342.html。

后　记

自区块链技术上升为国家战略以来，许多法学理论界和实务界的专家学者们，在无形中达成了一种共识：区块链和法治的结合将掀起中国法治建设的一场革命。然而，一边是高端前沿的科学技术，一边是严肃谨慎的语言艺术，两个学科似乎都各自围墙高筑，以免其他学科学者的进入。学科之间的高门槛不应成为法律从业人员退缩的理由。一个现代化国家必然是法治国家。作为底层架构的区块链技术，与人工智能和大数据的融合，必将引起社会生产方式和人类生活方式的巨大变革。这种深层次的社会变革需要法治发挥固根本、稳预期、利长远的保障作用，推进党和国家各方面工作法治化，在法治轨道上全面建设社会主义现代化国家，让中国式现代化在法治的护航下展现出更加持久的发展活力。

打破学科之间的门槛，让懂法律的人读懂区块链技术，让懂区块链技术的看懂法律，编写我国首部与区块链技术相关的法学教材、为法治中国建设贡献绵薄之力，是本书编写组共同的使命和初心。通过探讨与区块链相关的法学研究、法律法规和法律实务，本书的目标，包括但不限于加强读者对区块链技术等新兴领域立法的了解、为政府工作人员开展相关领域的执法工作提供参考，助推法治政府建设，为法律服务人员队伍建设和法治人才素养的提升提供素材。

编写一本与先进科学技术相关的法学教材是一件非常不容易的事情。本书的编写源于哈尔滨工业大学（深圳）马克思主义学院创院院长杨志教授和哈尔滨工业大学（深圳）区块链发展研究院院长林熹教授共同的倡议，最初由哈尔滨工业大学（深圳）马克思主义学院从事科技与法律研究的法学博士李想老师和区块链发展研究院特约研究员、西北政法大学校友吴俊杰律师负责执行，在吴俊杰律师的牵线搭桥下，西北政法大学的杨锦帆、张夏恒、国瀚文、郭研、李佳飞、张永林等6位从事科技与法律研究的老师们和美国印第安纳大学伯明顿分校的许程准博士也参与到了本教材的编写，促成了跨学院、跨学科、跨学校和跨国界的交流合作。

在《法律科学（西北政法大学学报）》杨建军主编，西北政法大学法治学院、法律硕士教育学院陈玺院长等多位前辈、专家和同行的鼓励下，在向林熹教授为代表的技术界多次请教之余，编写小组不断挑战和突破自己，共同努力、精诚合作，以高标准严格要求自己，历时三年左右，终于完成了书稿。编写组既注重理论性，又兼顾实用性；同时，考虑到读者行业的多元性、学科背景的多元性和需求的多元性，本书以尽可能通俗易懂的方式呈现与前沿技术相关的法律法学研究成果。

在本教材的编写过程中，其他西北政法大学的老师们和哈尔滨工业大学（深圳）马克思主义学院的师生们，以及一些实务界的法律工作人员也给予了积极指导，并提出了宝贵意见，在此对他们表示深深的感谢！

本书的出版也离不开法律出版社工作人员的认真细致的审稿和校对工作，在此表达最真诚的谢意！

本教材可与哈尔滨工业大学（深圳）区块链发展研究院院长林熹教授、百度区块链总经理肖伟博士主编的《超级链——技术原理与实战开发》教材搭配学习使用。

本书的出版，得到了李想老师深圳市"孔雀计划"引进人才科研启动项目《未来科技与法治的交叉融合研究（MA11409001）》、哈尔滨工业大学（深圳）——西北政法大学《区块链技术应用中的法律风险调查和防范外协合同（50400/0201629）》横向课题项目的支持，同时本书也是这些项目的阶段性研究成果。

本书已被纳入"2023年西北政法大学本科教材"项目，西北政法大学法治学院、法律硕士教育学院"高等政法院校法治学系列教材（第一批）"和西北政法大学数字法学研究院"数字法学文库"，同时也是哈尔滨工业大学（深圳）马克思主义学院、区块链发展研究院与西北政法大学法治学院、法律硕士教育学院战略合作学科建设的重要成果。

限于时间和经验,本书编写过程中还有诸多不足之处,敬请各位读者批评指正!

李　想　杨锦帆

2023 年 11 月 17 日